Stadtplan, Palma de Mallorca, von 1935

Alexander Sepasgosarian

Mallorca

unterm Hakenkreuz 1933-1945

MatrixMedia Verlag

Impressum

Internet: www.matrixmedia-verlag.de

Umschlagabbildung:
Hafen von Palma de Mallorca, Fotografie frühe 1930er, (Foto-Balear, Orsinger), privates Sammlerarchiv Alexander Sepasgosarian

Gestaltung und Layout: MatrixMedia
Lektorat: Uwe Friedrich, Göttingen
Druck: druckhaus köthen, Köthen
ISBN 978-3-946891-01-7

Einführung

Mallorca unterm Hakenkreuz?

Mallorca unterm Hakenkreuz? Trifft das denn zu? Ist der Titel nicht allzu gewagt? Zugegeben, das Eiland wurde weder von der Wehrmacht besetzt noch stand es jemals unter dem direkten Einfluss Hitlers. Doch Mallorca, die »Lieblingsinsel der Deutschen«, übt nicht erst seit dem Boom des Massentourismus eine ungeahnte Anziehungskraft auf die Bundesbürger aus. Schon in den 1930er Jahren lebten viele Deutsche auf dem größten Landstück des Inselarchipels. Allein in Palma, der Hauptstadt der Balearen, waren damals rund 3.000 Reichsangehörige gemeldet, kaum weniger als heute.

Für jene Mallorca-Deutschen war der Zeitraum 1933 bis 1945 nicht minder prägend als er es für ihre Landsleute in der Heimat oder in anderen Teilen der Welt sein sollte. Das Hakenkreuz und das Nazi-Regime waren auch für die Lebenswege der Insel-Deutschen in jenen Jahren häufig von bestimmender, geradezu entscheidender Bedeutung gewesen.

Es ist nur wenig bekannt, dass die Nazis auf Mallorca über straffe Organisationen und Parteistrukturen verfügten. Schon vor der Ernennung Hitlers zum Reichskanzler am 30. Januar 1933 hatten Deutsche auf der Insel die »NS-Ortsgruppe Palma de Mallorca« gegründet. Die Auslandsorganisation der Nationalsozialistischen Deutschen Arbeiterpartei (NSDAP) zählte in ihrer Hochphase mindestens 55 Mitglieder sowie darüber hinaus viele Sympathisanten. Nicht alle waren lediglich Fußvolk der Partei. Manch unrühmliches Mitglied, wie etwa Baron Kurt von Behr machte später im Weltkrieg Karriere.

Die braunen Parteigenossen waren keine Deutschen, die auf der Sonneninsel lediglich urlaubten oder überwinterten. Sie waren deutsche Residenten – also ordnungsgemäß registrierte ausländische Einwohner – die sich auf Mallorca niedergelassen und hier für sich einen neuen Lebensmittelpunkt geschaffen hatten. Ähnlich wie heute Zehntausende von Bundesbürgern lebten und arbeiteten auch sie auf dem Eiland, führten Unternehmen, übten ihren Beruf aus, gründeten Familien. So mancher Deutscher heiratete sogar in die mallorquinische Gesellschaft ein und zog seinen Nachwuchs auf der Insel auf.

Die Forschungsliteratur hat sich bislang vor allem mit den deutschen beziehungsweise deutsch-jüdischen Emigranten befasst, die während der Nazi-Zeit Deutschland teils fluchtartig verließen und nach Irrwegen im Exil schließlich auf Mallorca strandeten. Der US-Germanist Reinhard Andress veröffentlichte 2001 sein Buch »Der Inselgarten« über jene Gruppe von Autoren und Schriftstellern, die nach 1933 und bis zum Ausbruch des Spanischen Bürgerkrieges 1936 in Cala Rajada einen vorläufigen Unterschlupf gefunden hatten. Zu ihnen zählten unter anderem Franz Blei, Karl Otten, Martha Brill, Erich Arendt. Für Palma wiederum ist in diesem Zusammenhang der Schriftsteller, »Homme de lettres« und Kunstsammler Harry Graf Kessler zu nennen, der eineinhalb Jahre zurückgezogen auf Mallorca lebte.

Zwar fand die Insel im Gesamtwerk der erwähnten Literaten hie und da ihre Erwähnung. Doch können die Genannten nicht als repräsentativ für die Deutschen auf Mallorca angesehen werden. Die Exilliteraten waren im abgelegenen Nordosten der Insel weitgehend isoliert, sprachen wenig Spanisch und konnten sich auf dem Eiland fast nur mit Hilfe und Geldüberweisungen von auswärts über Wasser halten.

Schon lange vor Andress widmete sich der spanische Germanist Germà García Boned in zahlreichen Publikationen dem deutschen Schriftsteller Albert Vigoleis Thelen, der von 1931 bis 1936 auf Mallorca gelebt hatte und später seinen Roman »Die Insel des zweiten Gesichts« veröffentlichte. Boneds jahrzehntelange, verdienstvolle Forschung konzentrierte sich dabei vor allem auf Thelens literarisches Werk und das spanische Umfeld des Schriftstellers. Die jüngste Veröffentlichung Boneds gemeinsam mit Martin Breuninger, »Mallorcas vergessene Geschichte«, von 2011 legt den Schwerpunkt ebenfalls auf die verfolgten Literaten.

Bislang kaum beschrieben ist hingegen das Bild jener Deutschen, die auf Mallorca integriert waren, beruflich hier ihr Auskommen hatten und am gesellschaftlichen Leben der Insel teilnahmen. Unter diesen Residenten befanden sich Hoteliers, Kaufleute, Handwerker, Ärzte, Architekten, Lehrer, Journalisten, Künstler, ja, auch Überlebenskünstler.

Das auf Mallorca präsente Deutschtum war in seiner Zusammenballung heterogen strukturiert. Ähnlich wie im »erwachenden« Dritten Reich fanden sich hier allerlei Schattierungen der politischen Zustimmung zum Naziregime. Es gab ebenso glühende Hitlerverehrer wie vehemente Hitlergegner, konservative Befürworter und abwartend verharrende Skeptiker, ganz zu schweigen von den Desinteressierten, die in der südlichen Entrücktheit Mallorcas das Geschehen in Deutschland weitgehend ausgeblendet hatten.

Der Aufbruch Deutschlands in das Dritte Reich und später in den Weltkrieg fand seinen Niederschlag auch auf der Insel und unter ihren deutschen Bewohnern. Hatten schon vor 1933 viele Deutsche auf Mallorca gelebt, so erhöhte sich die Zahl der Residenten nach dem Machtantritt Hitlers zusätzlich. Die Zunahme war zurückzuführen auf die politischen Emigranten und jüdischen Auswanderer, die angesichts des wachsenden Naziterrors sich im Ausland in Sicherheit bringen wollten. »Mallorca war schön, Mallorca war billig und Mallorca war weit weg von Hitler«, benannte Lore Krüger Jahrzehnte später die Gründe, die ihre Eltern, deutsche Juden im Rentenalter, veranlasst hatten, sich 1933 auf der Insel niederzulassen.

Es waren aber nicht nur die politischen Ereignisse in Deutschland, sondern auch die Arbeitsmöglichkeiten in Spanien, die viele Deutsche auf Mallorca heimisch werden ließen. Schon damals gab es einen Tourismusboom und Beschäftigte im Fremdenverkehr fanden ein lohnendes Betätigungsfeld in der Mittelmeer-Destination. Obendrein ließ die Freizeitorganisation der Nazis, »Kraft durch Freude« (KdF), ihre Kreuzfahrtschiffe in Palma vor Anker gehen.

In die prosperierende Tourismusregion mit ihren sonnigen Stränden sowie den ehrgeizigen Siedlungs- und Kurbad-Projekten, an denen deutsche Architekten mitplanten, brach der Spanische Bürgerkrieg im Sommer 1936 wie ein Wintersturm herein. Das Geschäft mit dem Fremdenverkehr kam schlagartig zum Erliegen und viele Reichsangehörige, wenn auch nicht alle, verließen fluchtartig die Insel. Ein großer Teil kehrte »heim ins Reich«, auf Schiffen der Reichskriegsmarine, die das Nazi-Regime mit propagandistischem Pomp bereitstellte. Andere Deutsche, für die eine Rückkehr nach Nazi-Deutschland aus politischen oder rassischen Gründen nicht in Frage kam, suchten ihr Heil in Drittländern oder kämpften auf Seiten der Spanischen Republik gegen die aufständischen Franquisten.

Hitlers Eingreifen zugunsten General Francos spülte eine neue Welle von Deutschen nach Mallorca. Die Legion Condor, die auf Seiten »National-Spaniens« gegen den angeblichen »Bolschewismus« kämpfte, wurde mit Mannschaften und Kriegsgerät auf der Insel stationiert. Von Pollença aus starteten die Wasserflugzeuge der Seeflieger-Aufklärungsstaffel AS/88, um Städte, Häfen, Bahnanlagen und Industriezentren an der spanischen Ostküste zu bombardieren. Auch für diese »Legionäre« wandelte sich der Krieg vom iberischen Abenteuer zu blutigem Ernst: Von 1937 bis 1939 kamen allein 13 Seeflieger mit Basis Pollença bei Kampfeinsätzen ums Leben.

Die deutschen Residenten, die während der Jahre des Bürgerkriegs und des Weltkriegs auf Mallorca lebten, nahmen intensiv an den Geschehnissen teil: Jene, die dem Nazi-Regime nahe standen oder sich vom patriotischen Pathos mitreißen ließen, feierten die Siege in den Blitzkriegen ebenso wie sie mit der Ausweitung des Krieges zum Weltenbrand schließlich die sich immer deutlicher abzeichnende Niederlage hinnehmen mussten. Bezeichnend hierfür ist, wie dem in Palma lebenden deutschen Fotografen Heinz Hausmann allmählich die Lust verging, auf Landkarten im Schaufenster seines Geschäfts den Frontverlauf mit Hakenkreuzfähnchen abzustecken, nachdem der triumphale Vormarsch der Wehrmacht in Russland nach dem Debakel von Stalingrad zu einem heillosen Rückzug verkommen war.

Mehr noch, der Krieg begann an die Pforten der unbeteiligten Balearen zu klopfen. Hitlers Wehrmacht rekrutierte sich auch auf Mallorca: Nicht wenige der deutschen Residenten mussten ihre friedliche Insel verlassen und an die zahlreichen Fronten des Weltkriegs eilen. Wer nicht freiwillig dem Ruf zur Fahne folgte, wurde unter massiven Drohungen zum Militäreinsatz für Führer, Volk und Vaterland genötigt. So mancher Mallorca-Deutscher sah »seine« Insel nie wieder.

Darüber hinaus musste die deutsche Gemeinschaft immer öfter gefallenen Piloten der Hitler'schen Luftwaffe auf den Friedhöfen der Insel das letzte Geleit geben. Die jungen Männer waren nach Abschüssen oder Abstürzen im Meer ums Leben gekommen, ihre Leichen an die Küsten gespült worden. Nur wenige Soldaten wie etwa Hans Kieffer oder Konrad Grabert hatten 1944 das Glück, von Fischern lebend aus dem Wasser geborgen zu werden.

Nicht nur der Krieg, auch der Naziterror waren auf Mallorca Realität. Der Schatten des Holocaust reichte bis in die lichtdurchfluteten Villenviertel wie dem El Terreno in Palma. Dort nahm sich das deutsch-jüdische Ehepaar Ernst und Irene Heinemann, bedroht von der Ausweisung an Hitler-Deutschland, 1940 das Leben.

Das Ende des Weltkriegs war auch für die Deutschen auf Mallorca eine einschneidende Zäsur. Wer allzu eng mit dem Nazi-Reich verbandelt gewesen war, musste selbst im franquistischen Spanien untertauchen oder wurde auf Druck der US-Amerikaner und Briten an die westalliierten Besatzungsbehörden nach Deutschland ausgeliefert – eine Erfahrung, die der Radiotechniker Johann Dumpert machen musste.

Die spanischen Behörden schlossen 1945 das deutsche Konsulat in Palma. Der letzte Amtsinhaber, Nazi-Konsul Hans Dede, entzog sich in einem Versteck auf dem Festland erfolgreich seiner Ausweisung.

Wie für ihre Landsleute im zerstörten Nachkriegs-Deutschland brach auch für die auf Mallorca verbliebenen Residenten eine wirtschaftlich schwierige Zeit an, wobei sie im Vergleich zu den katastrophalen Lebensverhältnissen in den deutschen Ruinenstädten sehr wohl in einem sonnenverwöhnten Paradies leben durften. Doch auch hier waren Arbeitsmöglichkeiten und Einkommen rar. Erst als mit dem Wirtschaftswunder der 1950er Jahre ein neuer, weitgehend elitärer Tourismus seinen Anfang nahm, fanden auch die verbliebenen Mallorca-Deutschen wieder ein Auskommen im aufblühenden Fremdenverkehr.

Das Palma der Deutschen

Ruhiger, beschaulicher und moderner als heute

Die Stadt Palma der 1930er Jahre ist mit dem Palma der Gegenwart kaum zu vergleichen. Die Mittelmeer-Metropole hat in den vergangenen Jahrzehnten ein atemberaubendes Wachstum erlebt. Lebten damals knapp 100.000 Einwohner in Palma, ist es heute gut das Vierfache. Viele stadtplanerische Maßnahmen veränderten zudem das urbane Gesicht zum Teil bis zur Unkenntlichkeit, auch wenn einzelne Koordinaten der Wahrnehmung unverrückbar erhalten geblieben sind. Die Wahrzeichen der Stadt wie die Kathedrale am Meer oder das in luftiger Höhe thronende Castillo de Bellver haben den Wandel der Jahrhunderte überdauert und sind somit Bindeglieder zwischen der mittelalterlichen Epoche der »Ciutat« und der Balearen-Metropole von heute.

Das Palma der Deutschen in den zwölf Jahren der Nazi-Zeit war von seinen Dimensionen her nicht nur eine weitgehend beschauliche, sondern gleichwohl auch sehr moderne Stadt, in mancher Hinsicht sogar deutlich moderner als heute. Schon 1916 führte die Stadtverwaltung mit der elektrischen Straßenbahn ein öffentliches Nahverkehrsmittel ein, dessen Netz in den 30er Jahren nahezu das gesamte Stadtgebiet umspannte. Über eine derartige Verkehrsinfrastruktur würde man in Palma heute wieder gerne verfügen.

Die einstige »tranvía«, die von der deutschen Firma Siemens installiert worden war, verband Can Pastilla an der Playa de Palma mit Cala Major und Cas Catalá im Westen. Die Linie endete kurz vor der damals unbebauten Bucht von Illetes. Von der Plaza de España verkehrte die Straßenbahn sternförmig über die Avenidas bis in die abgelegenen Vororte wie Son Rapinya, Sa Vileta, Son Ferriol und Es Rafal. Daneben gab es den regulären Zugverkehr, der das Zentrum von Palma mit S'Arenal verband. Zwischen dem Bahnhof in Palma und dem Hafen verkehrte seit 1931 ebenfalls eine Bahn, die die Stadt in einem unterirdischen Tunnel durchquerte und an der Mole endete.

Deutsche Industrieunternehmen hatten früh an der Modernisierung Palmas mitgewirkt. So war es eine Niederlassung der deutsch-spanischen Firma Ahlemeyer aus Bilbao gewesen, die von 1903 an die Stromversorgung der Stadt sicherstellte. Beim Aufbau des Elektrizitätswerks an Palmas Stadtstrand Can Pere Antoni arbeitete ein höchstwahrscheinlich deutscher Ingenieur namens Knorr mit. Eine US-Firma wiederum hatte die

Grundlage für das städtische Telefonnetz gelegt. Wie aus zeitgenössischen Anzeigen hervorgeht, besaßen in den 1930er Jahren zahlreiche Geschäfte und Lokale vierstellige Rufnummern.

Das Palma von damals öffnete sich weit mehr dem Meer, als dies heute der Fall ist. Kaum ein Besucher von auswärts und kaum ein junger Insulaner im berufstätigen Alter kann sich heute noch vorstellen, dass dort, wo die Hochhäuser am Paseo Marítimo stehen, vor 60 Jahren noch die Wellen des Meeres an die Steilklippen der Stadt anbrandeten, eine natürliche Felsbarriere, die stellenweise bis zu 30 Meter senkrecht in die Höhe strebte. Die Hafenpromenade mit ihren vielen Palmen und dem noch intensiveren Autoverkehr auf ihren sechs Fahrspuren ist ein relativ junges Bauwerk, das mit Betonpollern und reichlich Gesteinsaufschüttung dem Meer abgerungen wurde.

Bucht von Palma de Mallorca, Postkarte (Orsinger) 1930er Jahre

Bis in die 1980er Jahre standen die Windmühlen von Es Jonquet, seit Jahrhunderten ein ebenso profanes wie pittoreskes Wahrzeichen des Palmas der kleinen Leute, auf einer Steilklippe aus Sandstein. Als der Felsen in den 1970er Jahren abzubrechen drohte und die Mühlen gefährdete, wurde die Klippe mit einer Betonarmierung eingefasst. Wie die Windmühlen hatte einst auch die Kathedrale von Palma nahezu direkt am Meer gestanden, von den Wogen und der salzigen Gischt lediglich getrennt durch die Stadtmauer aus dem 17. Jahrhundert.

Stichwort Stadtmauer: Mit dem Abriss der historischen Verteidigungsanlage und ihren Bastionen war bereits im Jahre 1902 begonnen worden. Abgeschlossen wurden die Arbeiten aber erst in den 1930er Jahren. Auf zeitgenössischen Fotografien ist gut zu erkennen, wie 1931 die Reste der Stadtmauer vor dem Consolat de Mar, dem heutigen Sitz des balearischen Ministerpräsidenten, noch nicht gänzlich abgetragen worden waren. Parallel dazu entstand damals der Paseo de Sagrera, die mit Palmen gesäumte Promenade vor der gotischen Seehandelsbörse Lonja. Weiter westlich wurde zumindest auf den Abriss der Bastion »Baluard de Sant Pere« verzichtet. Wo heute das Kunstmuseum »Es Baluard« den Winkel der Stadtmauer krönt, ragte in jenen Jahren eine wenig ansehnliche Militärkaserne in die Höhe.

Die Besiedlung des Küstenstreifens in Palma – von den Es-Jonquet-Windmühlen bis zum heutigen Einkaufszentrum Porto Pi – wurde erst möglich durch die Vollendung des Westkais »Dic del Oest«, der seit 1956 wie ein langer Arm weit ins Meer hinausgreift und die Urgewalt der Brandung zähmte, so dass die wellige Flut sich in ein ruhiges Hafenbecken verwandelte. Erst unter dieser Bedingung konnte die Hafenpromenade, der Paseo Marítimo, aufgeschüttet werden. Auf seinem Fundament entstanden die heute weithin sichtbaren Hochhäuser der ersten Uferlinie.

Doch bereits in den 1930er Jahren hatten Bauherren zumindest ein Haus direkt an der Steilklippe mitten ins Meerwasser gestellt. Das Gebäude, das wegen seiner sieben Stockwerke »Casa des set pisos« genannt wurde, besitzt als Basis im Meer versenkte Zementsäcke, die auf einem flachen Unterwasserfelsen deponiert worden waren. Die Bauherren dieses Gebäudes waren Deutsche, die dort ursprünglich ein Hotel errichten wollten. Palmas erstes Hochhaus mit seiner geschützten Art-Déco-Fassade existiert noch heute, wenn auch nunmehr als Zwerg zwischen den später errichteten Gebäuden.

Wo sich heute Betontürme in den Himmel recken, befanden sich früher stattliche Villen aus dem 19. Jahrhundert. Deren Besitzer genossen von der Anhöhe den Weitblick über das Wasser. Damals waren Stadtviertel wie Son Alegre, Son Armadans und El Terreno dem wohlhabenden Bürgertum vorbehalten, das sich Sommerhäuser im modischen Stil der Zeit – Historismus, Neoklassizismus, Jugendstil, Art Déco – errichten ließ.

Villen mit Gärten am Meer in Palma, (Hausmann) 1940er Jahre

Es gibt noch ein, zwei Villen aus jener Ära, die einen Eindruck vom damaligen Lebensgefühl vermitteln. Die Gärten der Villen, die den terrassierten Abhang bis zur Wasserlinie begrünten, enden nun direkt an der Asphaltpiste des vorbeiströmenden Autoverkehrs.

In den 1930er Jahren war dieser westliche Bereich der Stadt Palma bei ausländischen Residenten äußerst beliebt. Neben dem Flair einer großzügigen Gartenstadt war es vor allem die Nähe zum Meer, die die Neuresidenten anlockte. Die Steilklippen ließen sich an diversen Stellen wie etwa bei S'Aigo Dolce oder Can Barbarà über Treppenstufen und Pfade hinabsteigen. Sie gaben den Zugang frei zu kleinen Stränden und Badebuchten, in denen im Sommer unzählige Anwohner Abkühlung von der Hitze fanden.

Reisende, die sich Palma in den 1930er Jahren von See aus näherten, genossen gerne das weiße Häusermeer, das sich über den rotbraunen Klippen hinzog und wiederum überragt wurde von den bewaldeten Hügeln samt dem Kastell sowie der Kathedrale aus

Palmas Stadtteil Can Barbarà, Postkarte (Arribas) 1930er Jahre

Sandstein im Osten. Die Fährschiffe machten damals an der Alten Mole (»Moll vell«) fest, Ankömmlinge gelangten mit wenigen Schritten in die Altstadt.

Betagte Mallorquiner schwärmen noch heute von den Spaziergängen auf der Alten Mole, die einen drei bis vier Meter erhöhten Fußweg aufwies, der »La Ribera«, das Ufer, genannt wurde und bis zum Leuchtturm »Es Far« führte. Dieses Bauwerk, verewigt im Wappen der Hafenbehörde, ist heute nicht zugänglich. Die Alte Mole wurde in den 1960er Jahren verbreitert, verlängert und eingeebnet, sodass ein beschauliches Verweilen, wie es etwa Albert Vigoleis Thelen in seinem Inselroman beschreibt, auf dem einstigen La-Ribera-Steg nicht mehr möglich ist.

Wer sich von der Hafenmole aus dem Stadtzentrum näherte, stieß rechterhand auf das Generalquartier des Militärs, unterhalb des Almudaina-Palastes, der in den 1930er Jahren durch nachträgliche Anbauten reichlich verunstaltet wirkte und noch nicht in seinem heutigen Glanz als einstiger Herrschaftssitz der Maurenkönige herausgeputzt worden war. Dies wurde mit der Renovierung Ende der 1960er, Anfang der 1970er Jahre erreicht.

Hotel Alhambra, Postkarte 1930er Jahre

Die heutigen Gärten der Horts del Rei mit ihren orientalisch anmutenden Wasserspielen konnten erst angelegt werden nach dem Abriss des Jugendstil-Theaters El Lírico und des benachbarten Hotel Alhambra. Diese Nobelherberge war in den 1930er Jahren mit ihrem Café und Restaurant ein beliebter Treffpunkt bei Mallorquinern und ausländischen Besuchern. Die Cocktail-Bar des Hotels, das »Morisco« (und spätere »Riskal«), wurde zeitweise von deutschen Gastronomen betrieben. Der Abbruch der repräsentativen Gebäudezeile im Modernismo-Stil erfolgte im Jahre 1966.

Nur wenige Schritte davon entfernt befand sich ein Jugendstil-Pavillon mit zwei Stockwerken, eine Konstruktion aus Holz und Glas, in dem ein Zeitungskiosk mit internationaler Presse beheimatet war. Betrieben wurde das Geschäft eine Zeit lang von einem Kölner namens Kleinschmidt. In mehreren Sprachen pries er seine Ware an. Wie Aufnahmen aus jener Zeit zeigen, war auf Deutsch außen an dem Pavillon zu lesen: »Buchhandlung – Zeitungen – Bücher – Postkarten«.

Auf der gegenüberliegenden Straßenseite des »Teatro Lírico« und »Hotel Alhambra« hat die alte Bebauung den Wandel der Zeit weitgehend unverändert überstanden. Wie

Paseo del Borne, Palmas Platanenallee im Herzen der Stadt, Postkarte verschickt 22. Juni 1933

schon in den 1930er Jahren finden sich hier Restaurants und Souvenirläden. Das ebenfalls dort befindliche Café »Lírico« erinnert mit seinem Namen weiterhin an das verschwundene Theater auf der Gegenseite.

Die übrigen Veränderungen im Zentrum halten sich im Vergleich zum Bauboom, der später über die Insel hereinbrach, in Grenzen. Insbesondere der Paseo del Borne, Palmas Platanenallee im Herzen der Stadt mit ihrem Baumbestand und dem beliebten Schildkröten-Brunnen samt Obelisken präsentierten sich den Zeitgenossen damals in etwa so wie heute. Der »Borne«, einst ein Flussbett, das man im 17. Jahrhundert aufgefüllt und planiert hatte, war in den 1930er Jahren, wie auch heute, erste Adresse und Flaniermeile der Stadt. So verwundert es nicht, dass diese Allee zur Zeit der Franco-Diktatur in »Paseo del Generalísimo« umbenannt wurde.

Wenige Unterschiede zu damals weist ferner der Platz vor Palmas Rathaus auf, an dem sich bis 1945 auch das Deutsche Konsulat befand. Die »Plaça Cort« war bereits 1921 auf ihre heutige Dimension erweitert worden, als ein Häuserblock auf dem Gelände abgerissen wurde. Der uralte Olivenbaum, eines der meistfotografierten innerstädtischen Motive Palmas, wurde dort erst 1989 eingepflanzt.

Einschneidender war die Umgestaltung des Zentrums im Bereich der heutigen Einkaufsstraße Jaime III, die im Schatten ihrer Kolonnaden unzählige und preisintensive Boutiquen beheimatet. Diese Achse wurde erst in den 1950er Jahren von dem Stadtplaner Gabriel Alomar in das Gewirr der Altstadtgassen hineingezogen. Er öffnete das Zentrum in Richtung Sa-Riera-Flussbett und schlug die Brücke zur damaligen Vorstadt Santa Catalina. Das frühere Fischerquartier ist jetzt ein beliebtes Markt- und Restaurant-Viertel. So wie heute siedelten sich schon in den 1930er Jahren ausländische Residenten dort gerne an und eröffneten Geschäfte. Die deutsche Familie Zinner etwa betrieb an der Plaza Progreso eine Wäscherei. »El Gato Negro« nannten die Mallorquiner das Unternehmen wegen seines Firmensymbols: Eine schwarze Katze mit weißen Manschetten, die sich die Pfote leckt.

Das Palma der deutschen Residenten war in den 1930er Jahren deutlich stärker geprägt von der Struktur und der Atmosphäre der verwinkelten Altstadt, als dies heute der Fall ist. Die Außenviertel waren großzügiger, weniger dicht besiedelt, das Auto war im Verkehr weniger dominierend, auch wenn 1933 bereits 8.000 Wagen registriert waren. Vieles ließ sich zu Fuß erreichen, wer nicht laufen wollte, dem stand die Straßenbahn zur Verfügung. Ruhe, Überschaubarkeit und Gelassenheit beherrschten das Lebensgefühl in den Straßen der Stadt. Der Wind vom Meer sorgte für beste Luftqualität. Wer heute mit betagten Anwohnern über den Wandel in Palma spricht, erlangt rasch den Eindruck, die Stadt habe im Laufe eines halben Jahrhunderts deutlich an Lebensqualität eingebüßt.

Die Deutschen der Insel

»Eine umfangreiche Kolonie auf Mallorca«

Teutonengrill, der Deutschen Lieblingsinsel, das 17. Bundesland – Bezeichnungen, die das Verhältnis der Deutschen zu Mallorca beschreiben, gibt es viele. Sie weisen auf eine innige Beziehung hin, die in den Jahrzehnten des Massentourismus entstanden ist, eine Entwicklung, die nicht immer frei von Spannungen war. Vor allem Mitte der 1990er Jahre, als mit dem sogenannten »Deutschen-Boom« immer mehr kaufkräftige Bundesbürger Fincas als Zweitwohnsitze erwarben, schürte dies unter der alteingesessenen Bevölkerung die Befürchtung vor kultureller Überfremdung und einem Ausverkauf der Insel.

Der massive Zuzug von Ruheständlern und Pensionären, aber auch von jüngeren Menschen im berufsfähigen Alter nach Mallorca bildete einen Höhepunkt der Sehnsucht der Deutschen nach südlicher Sonne und mediterraner Leichtigkeit – eine Tradition, die gut zwei Jahrhunderte zurückreicht. Schon zu Goethes Zeiten gab es den Drang hin zu den lichtdurchfluteten Wärmeregionen jenseits der Alpen, dorthin, »wo die Zitronen blüh'n«. In dieser Kontinuität ist auch der vergleichsweise junge Massentourismus zu sehen, der seine Geburtsstunde in den 1960er Jahren auf Mallorca erlebte und dessen Wiege an der Playa de Palma stand.

Bereits in den 1920er Jahren war auf der Insel ein ähnliches Phänomen zu beobachten: Ausländische Sonnenhungrige, unter ihnen viele Deutsche, entdeckten das Eiland als neue Heimat. »Schon seit 1929 gab es eine umfangreiche deutsche Kolonie auf Mallorca«, schrieb die deutsche Wochenzeitung »Die Insel« drei Jahre später. Und der Zuwachs ließ nicht nach: So waren Ende 1932, wenige Wochen, bevor Hitler die Kanzlerschaft angetragen wurde, bereits mehr als 2.200 ansässig gewordene Deutsche bei der Behörde des mallorquinischen Zivilgouverneurs gemeldet. Inselweit wurde die Zahl der Reichsangehörigen, die als Urlaubs- oder Wintergäste auf Mallorca verweilten, auf rund 9.000 geschätzt.

Nach zeitgenössischen Angaben des Fremdenverkehrsverbandes, dem bereits 1905 gegründeten »Fomento del Turismo«, stellten die Deutschen 1932 mit 22 Prozent gut ein Fünftel des Urlauberverkehrs. Ihr Anteil lag leicht unter dem der Briten und Franzosen (jeweils 25 Prozent), aber vor den Festlandspaniern (17 Prozent) und US-

Amerikanern (9 Prozent). Allein im Mai 1932 waren die Hotels auf Mallorca zu 80 Prozent von deutschen Touristen belegt. Im Oktober desselben Jahren machten in Palma elf Kreuzfahrtschiffe fest, bummelten 1058 deutsche Passagiere durch die Straßen der Balearen-Hauptstadt. Sie stellten ein Drittel aller Kreuzfahrtgäste in jenem Monat.

Viele von ihnen werden nicht wenig erstaunt gewesen sein, auf hier lebende Landsleute zu treffen, sobald sie etwa das Touristen-Informationsbüro oder so manches Hotel betraten. Auch in den Lokalen am Borne, dem dortigen Zeitungskiosk oder in Geschäften konnten die Landgänger auf Reichsangehörige treffen, die mitunter schon seit Jahren auf der Insel lebten.

Bei den Ausflügen durch das Stadtzentrum von Palma wird ihnen auf halbem Wege zwischen Rathaus und Plaça Major die »Relojería Alemana« aufgefallen sein. Dort ist das gediegene Uhren- und Schmuckgeschäft noch heute im Carrer Colom zu finden. Der Gründer des Betriebes, der junge Danziger Uhrmacher Wilhelm Krug, hatte sich bereits 1879 auf Mallorca niedergelassen, um sich als deutscher Handwerker eine neue Existenz aufzubauen.

Uhrmacher Wilhelm Krug (1.v.r.) vor seinem Laden in Palma

Er war beileibe nicht der erste, der sein Deutschtum auf die Insel brachte und es hier in unternehmerischer Tätigkeit entfaltete: Schon die romantisch gestaltete Gartenanlage des Schlosses von Bendinat bei Palma war 1862 bis 1867 von dem deutschen Landschaftsgärtner Hermann Vollert verwirklicht worden. Und Mallorcas berühmtester Maler des 19. Jahrhunderts, Ricard Anckermann, war, wie der Name schon anklingen lässt, Enkel eines preußischen Waffenschmieds aus Leipzig gewesen, der von 1796 bis 1804 auf Mallorca lebte und ein Jahr nach seiner Ankunft eine Mallorquinerin heiratete.

Zu Forschungszwecken hielt sich auch der deutsche Vogelkundler Alexander von Homeyer 1861 mehrere Monate auf der Insel auf. In Anerkennung seiner Verdienste benannte das balearische Umweltministerium im Jahre 2007 einen Strategieplan zum Schutze einheimischer Vogelarten nach dem Ornithologen, »Pla Homeyer«.

Nicht nur Männer fanden den Weg auf die Insel. Die Preußin Clara Hammerl folgte ihrem mallorquinischen Ehemann Guillem Cifre de Colonya 1889 nach Pollença, wo sie nicht nur Mutter von drei Kindern wurde, sondern 1908 nach dem Tode ihres Mannes auch zur ersten Frau avancierte, die in Spanien einer örtlichen Sparkasse vorstand.

Clara Hammerl mit ihrem Mann Guillem Cifre de Colonya und zwei Kindern

Ein anderer deutscher Unternehmer, Eduard Heusch, gründete im November 1902 die Perlenfabrik Majórica, deren Produkte nicht nur zu einem industriellen Aushängeschild Mallorcas wurden, sondern den Namen der Insel in alle Welt trugen. Nach einer schweren Krise um das Jahr 2001 konnte das nach wie vor existierende Unternehmen am Markt wieder Tritt fassen.

Zeitgleich mit Heusch agierten die deutschen Mitarbeiter der Firma Ahlemeyer auf der Insel und installierten am Stadtrand von Palma, unweit des heutigen Gewerbegebietes Polígono de Levante, das erste Stromkraftwerk der Inselhauptstadt.

Selbst in der tiefsten Agrarprovinz der Insel ließen sich Deutsche nieder. Mitten in der Kartoffelanbauregion von Sa Pobla eröffnete 1913 Gustav Alfred Rettich aus Blaubeuren bei Ulm eine Drogerie- und Metallwarenhandlung.

In Palma wiederum war der Kaufmann Ernst Schmid seit 1908 tätig. Der gebürtige Konstanzer handelte unter anderem mit Kaffee und Ersatzstoffen. Als er 1944 im Alter von 60 Jahren starb, hinterließ »Don Ernesto« eine große deutsch-mallorquinische Familie.

Ein Händler in Maschinen, Silber- und anderen Metallwaren war Alfred Müller. Der aus Magdeburg stammende Kaufmann bekleidete darüber hinaus von 1909 bis 1931 das Amt des deutschen Konsuls auf Mallorca. Max Holl, ein Angestellter Müllers aus der Zeit vor dem Ersten Weltkrieg, machte sich mit einer Silberwarenfabrik selbständig und wurde somit ein Konkurrent seines Ex-Chefs.

Wann erstmals ein deutsches Konsulat auf Mallorca eingerichtet wurde, verliert sich im historischen Nebel der Insel. Fest steht, dass bereits Mitte des 19. Jahrhunderts ein Ehrenkonsul für das Königreich Preußen ernannt worden war. Dieses Amt hatte der Mallorquiner Jacinto Almirall y Ramón inne. Parallel zur Entwicklung des deutschen Staatswesens stieg er 1868 zum obersten Vertreter des Norddeutschen Bundes auf. Nach seinem Tode wurde der Mallorquiner Miguel Salva zum Bundeskonsul ernannt. 1871, nach der Gründung des Deutschen Kaiserreichs, wurde Salva von Wilhelm I. als kaiserlicher Konsul im Amt bestätigt.

Der erste deutsche Honorarkonsul auf Mallorca – deutsch auch im Sinne der Nationalität – war Karl Schrader, der das Amt von 1906 bis zu seinem Tod 1907 bekleidete. Neben seinem Ehrenamt handelte der Kaufmann mit Mandeln und Aprikosen, darüber hinaus engagierte er sich eifrig in Kirchenangelegenheiten. Auf sein Betreiben hin wurde 1906 der erste deutsche evangelische Kirchenverein auf Mallorca gegründet.

Wenig später startete das erste deutsche Schulprojekt auf Mallorca. Die »Escuela Católica Alemana de Palma« wurde dank der Förderung und Protektion einflussreicher und deutschfreundlicher Mallorquiner 1912 in den Räumen des ehemaligen Franziskaner-Klosters installiert. Drei deutsche Lehrerinnen (M. Lücke, B. Stoltenhoff, J. Borgmeyer) erteilten dort bis in die Jahre des Ersten Weltkriegs Unterricht. Auch wenn die deutsche Schule nicht von dauerhaftem Bestand war, zählt das heutige Colegio Sant Francesc in denselben Räumen zu den renommiertesten Schulen in Palma.

Anders, als man heute gemeinhin annimmt, werden jene Deutsche, die sich seit den 1920er Jahren zunehmend auf Mallorca niederließen, von den Einheimischen nicht unbedingt als exotisches Novum empfunden worden sein – eben weil es damals schon wahrnehmbar Deutsche auf der Insel gegeben hatte. Eine Besonderheit und ein Unterschied zu heute mag jedoch sein, dass die damaligen Ausländer häufig als Berufstätige auftraten. Sie waren nicht einfach nur »Wintergäste« oder »Touristen«, ein Begriff, der damals noch gar nicht gebräuchlich war. Vielmehr errichteten jene Deutschen mit ihrer unternehmerischen Tatkraft und der ihnen häufig nachgesagten »teutonischen Sturheit« eine Infrastruktur auf der Insel, die aus heutiger Warte verblüfft.

Die Mallorquiner prägten für die Effizienz des deutschen Wesens einen volkstümlich gewordenen Begriff: »Cap cuadrat« – Quadratschädel. In dem sprichwörtlichen Attribut schwang seinerzeit Bewunderung mit für die als typisch deutsch erachteten Tugenden – Pünktlichkeit, Ordnungsliebe, Verlässlichkeit. Gleichzeitig kam darin das Erstaunen über die Beharrlichkeit zum Ausdruck, mit der jene Deutsche ihre Lebensziele verwirklichten.

Die unternehmerischen Aktivitäten, die damals von Teilen der deutschen Gemeinschaft auf der Insel angepackt wurden, können durchaus einem Vergleich mit der gegenwärtigen deutschen Parallelgesellschaft auf Mallorca Stand halten. Schon damals betrieben deutsche Unternehmer wie Ulrich Böhnisch (Hotel Royal), Willy Strohmeyer (Hotel Inglés), Walter Klein (Hotel Alcina) oder Heinz Gürtner (Hostal de Sol) in Eigenregie Hotels oder fanden Anstellung in der lokalen Hotellerie und Gastronomie. Deutsche Ärzte wie Paul Lobisch und später Bernhard Krebs eröffneten Praxen, behandelten Patienten. Sogar eine geprüfte deutsche Krankenpflegerin und Masseurin, Anna Bollmann, war 1932 auf der Insel zu finden. Deutsche Kaufleute mit Import- und Exportgeschäften wurden bereits erwähnt.

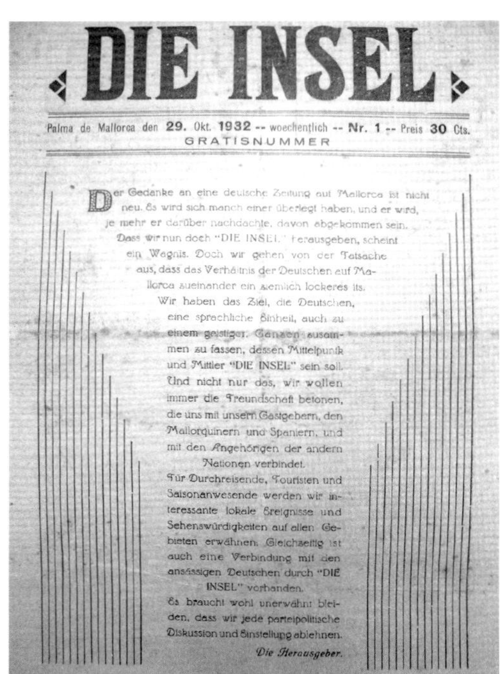

DIE INSEL

Palma de Mallorca den 29. Okt. 1932 -- woechentlich -- Nr. 1 -- Preis 30 Cts.
GRATISNUMMER

Der Gedanke an eine deutsche Zeitung auf Mallorca ist nicht neu. Es wird sich manch einer überlegt haben, und er wird, je mehr er darüber nachdachte, davon abgekommen sein. Dass wir nun doch "DIE INSEL" herausgeben, scheint ein Wagnis. Doch wir gehen von der Tatsache aus, dass das Verhältnis der Deutschen auf Mallorca zueinander ein ziemlich lockeres its.

Wir haben das Ziel, die Deutschen, eine sprachliche Einheit, auch zu einem geistiger. Ganzen zusammen zu fassen, dessen Mittelpunkt und Mittler "DIE INSEL" sein soll. Und nicht nur das, wir wollen immer die Freundschaft betonen, die uns mit unsern Gastgebern, den Mallorquinern und Spaniern, und mit den Angehörigen der andern Nationen verbindet.

Für Durchreisende, Touristen und Saisonanwesende werden wir interessante lokale Ereignisse und Sehenswürdigkeiten auf allen Gebieten erwähnen. Gleichzeitig ist auch eine Verbindung mit den ansässigen Deutschen durch "DIE INSEL" vorhanden.

Es braucht wohl unerwähnt bleiden, dass wir jede parteipolitische Diskussion und Einstellung ablehnen.

Die Herausgeber.

Wochenzeitung »Die Insel«

Mit einem Wort: Nichts Neues unter der Sonne! All die für die deutsche Gemeinschaft charakteristischen Errungenschaften, die heute auf Mallorca zu finden sind, lassen sich auch für die Zeit vor dem Zweiten Weltkrieg nachweisen. Bereits im Februar 1932 wurde eine neue deutsche Schule, das Colegio Alemán, in Palma gegründet. Das Gebäude im damaligen Villenviertel Son Alegre startete mit zehn Schülern und zählte bereits wenige Monate später 35 Schulkinder. Leiter der Privatschule waren der 48-jährige Studienrat Konrad Foerster aus dem sauerländischen Bigge und seine Frau Margarete.

Ebenfalls im Jahre 1932 wurde auf Mallorca erstmals eine deutsche Wochenzeitung veröffentlicht: Die liberale »Insel«, herausgegeben von Robert und Eva Spiesicke-Schlegel. Das damals 22 und 20 Jahre alte Geschwisterpaar muss in Spanien gut integriert gewesen sein. Die beiden Blattmacher hatten in León beziehungsweise in Vigo das Licht der Welt erblickt und waren offenbar auf dem Festland aufgewachsen.

Im Oktober 1933 erschien ein neues deutschsprachiges Wochenblatt auf Mallorca: »Der Herold« gab sich konservativer und weniger intellektuell, war aber wie die »Insel« weitgehend auf politische Neutralität bedacht. Schließlich lebten beide Blätter vom Anzeigengeschäft und richteten sich an ein breites Lesepublikum. Den erhalten gebliebenen Ausgaben zufolge existierte der »Herold« etwa ein Jahr.

Mit der Kanzlerschaft Hitlers schwoll der Zustrom der Deutschen auf die Insel zusätzlich an. Unter ihnen befanden sich jüdische Emigranten und politische Gegner der Nazis, die sich auf Mallorca zum Teil neue Existenzen aufbauten. Ein deutscher Schokoladenfabrikant, Weiser aus Berlin, plante gar, seinen gesamten Betrieb nach Mallorca umzusiedeln.

Wer Erspartes oder eine Rente in der Hinterhand hatte, konnte auf dem Eiland relativ günstig leben. Denn ungeachtet der Weltwirtschaftskrise war die Kaufkraft der Reichsmark der Peseta deutlich überlegen. »Zusammengefasst kann man sagen, dass man hier doppelt so viel erhält für seine Nebenausgaben (...) als in Deutschland«, schrieb die »Insel« im Dezember 1932. Im Juli darauf vermeldete das Blatt, »dass die Straßenbahn und der Autobus in Palma viermal billiger sind als in deutschen Großstädten.«

Den Geschäftsanzeigen in der »Insel« und im »Herold« sowie dritten zeitgenössischen Quellen ist zu entnehmen: Es gab seinerzeit auf Mallorca den deutschen Bäcker (Walter Rup), den deutschen Buchhändler und Zeitschriftenverkäufer (Anton Emmerich), deutsche Friseure (Hans Norget, Bruno Butterweck), deutsche Herrenausstatter (Johann Strauss, Rehak, Beric), den deutschen Hutmacher (Werner Bär), den deutschen Heizungsinstallateur (J. Schneider), den deutschen Elektriker (Friedrich Kobold), den deutschen Schiffsagenten (Peter Stadtländer), die deutschen Café-Inhaber (Erna und Fritz Leyser), den deutschen Gastwirt (Bobby Schüler), deutsche Pensionsbetreiber (Hermann Hiller, Friedrich Klever, Walter Bernhardt, Emma und Charlotte Münch, Lene Weyer), die deutsche Fußpflegerin (Erna Tischner), die Wäschereibetreiber (Oscar und Hilda Zinner), die

Der Herold

25 cts

DEUTSCHE WOCHENSCHRIFT FÜR SPANIEN UND BALEAREN.

Schriftleitung: Calle Montenegro 8, Tel. 2284.
Imprenta: Fernando Soler.
Bankverbindung: Crédito Balear, Palma.
Banco Alemán Transatlantico Barcelona.

Erscheint jeden Donnerstag.
Anzeigen laut Tarif. Kleine Anzeigen pro Wort 10 ctms.
Bezugspreis: Vierielj. Ptas. 3.-
Ausland: RM 3.-

Jhrg. 1933 — Palma de Mallorca, 1. Oktober — No. 1

DIE WELT FUNKT.

Genf!

In einer Unterredung, ueber die Genaueres noch nicht feststeht, soll der deutsche Reichsaussenminister von Neurath mit dem Praesidenten der Abruestungskommission Henderson Fuehlung genommen haben, um dann in den naechsten Tagen eingehendst ueber die Fragen "Abruestung" und "Ruestungskontrolle" zu verhandeln. An der Unterhaltung nahm auch der italienische Vertreter in Genf Baron Aloisi teil.

Befoerderungen in der deutschen Marine.

Berlin, 23. Sept. Vizeadmiral Förster, bisheriger Chef der Marinestation der Nordsee wurde zum Flottenchef, Konteradmiral Schultze zum Chef der Nordsee ernannt.

Staatssekretaer von Rohr in den Ruhestand versetzt.

Berlin, 25. Sept. Staatssekretaer von Rohr ist unter Gevaehrung des gesetzlichen Wartegeldes in den vorlaeufigen Ruhestand versetzt worden.

Deutscher Penklub tagt.

Berlin, 25. Sept. Donnerstag den 28. September tritt der deutsche Penklub zusammen, um ueber das Thema, "deutsche Schriftsteller in Oesterreich" zu konferieren. Es werden u. a. daran teilnehmen: Staatskommissar von Hinkel, Edgar von Schmidt-Pauly und Grete von Urbanitzky.

Reichsdeutscher Pfarrer landesverwiesen.

Gmunden, 23. September. Der siebziegjaehrige, reichsdeutsche evangelische Pfarrer Ernst Jahn wurde landesverwiesen.

Reichstagsbrandprozess

Amsterdam, 23. September. Gegen den Herausgeberdes Braunbuches ueber den Reichtagsbrand Muenzenberg hat die Staatsanwaltschaft Almelo Haftbefehl wegen Betrugs erlassen. Wie "Telegraaf" meldet, werden alle Poizeibehoerden ersucht, sich an der Auffindung des Betruegers zu beteiligen.

London, 22. September "Daily Telegraph" wendet sich in gerechter Weise gegen das Manoever des Londoner Gegenprozesses und schreibt, dass es eine unerhoerte Anmaassung waere, das deutsche Reichsgericht, eine Institution, die in der ganzen Welt hoechsten Ruf geniesse, vor Abschluss des Prozesses politischer Beeinflussung zu verdaectigen.

Bernard Shaow gegen den Londoner Prozess.

London, 23. September. Wie die "Koelnische Zeitung" meldet, hat der grosse englische Schriftsteller seine Beteiligung an einer Einspruchsversammlung gegen den Leipziger Prozess abgelehnt hat mit der Begruendung, dass es Englaendern, noch dazu kein Landsmann daran beteiligt sei, nicht zustehe sich in diese innerdeutsche Angelegenheit einzumischen.

Torglers Mutter darf an den Verhandlungen teilnehmen.

Der Praesident den Reichstagsbrandprozesses Dr. Buenger erteilte auf die Bitte des Verteidigers Dr. Sack die Erlaubnis, Torglers Mutter an den Verhandlungen teilnehmen zu lassen.

Die erste deustche Spielbank

Baden-Baden. Die projektierte Spielbank in Baden-Baden soll voraussichtlich am 1. Oktober ds. Jhrs. in Betrieb genommen werden.

Deutsches Autoungluek in der Schweiz.

St. Moritz. Ein deutsches Auto verunglueckte in der Naehe von Silvaplana. Chauffeur und Beisitzer wurden schwer verletzt, die drei Insassen verunglueckten toetlich.

Auf Grund des Berufsbeamtengesetzes.

Wien, 22. September. Dem "Wiener Journal" zu Folge sind Professor Mendelsohn-Bartholdy, Heinrich Poll, Anatomieprofessor und der bekannte Wirtschaftsrechtler Professor Arthur Nussbaum, saemtliche von der Universitaet Hamburg, in den Ruhestand versetzt worden.

Wochenblatt »Der Herold«

PENSION SONNENHOF
ES GARRIGO 50
SOLLER
Deutsche vegetarische Pension
im Mallorciner Landhaus.

Anzeige aus dem »Herold«

deutsche Erzieherin (Therese Noder – im Hause des Multimillionärs Juan March), deutsche Mechaniker (Fritz Kaufmann, Rudolf Kopp, Fritz Müller, Willi Jäger), die deutsche Werbegrafikerin (M. Hirschfeld), den deutschen Blumenhändler (Walther Freiherr von Herman), die deutschen Damenboutique-Inhaber (Lina und Ernst Seidemann), deutsche Fotografen und Fotogeschäft-Inhaber (Julius Obermeyer, Emil Orsinger, Heinz Hausmann), den deutschen Braumeister (Carl Drescher), die deutsche Kindergärtnerin (Caecilie Raulf), die deutschen Malermeister (Walter Dullin, Albert Hauf), den deutschen Tischler (Paul Fichtner), den deutschen Gärtner (Richard Fester), die deutsche Ballettlehrerin (Eva Tay), den deutschen Inneneinrichter (Rolf Sklarek), selbst deutsche Architekten (Heinz Möritz, Hermann Leclerc), die auf der Insel Häuser und Schwimmbecken entwarfen oder ganze Siedlungen planten.

Mit den Deutschen gelangten Errungenschaften nach Mallorca, wie sie auf der Insel bis dahin unbekannt gewesen sein dürften. So war der »Sonnenhof« in Sóller als »vegetarische Pension« vermutlich ein absolutes Novum. Der wohl erste Beach-Club Mallorcas wiederum wurde von dem Emigranten Viktor Skutezky ins Leben gerufen. Der aus Österreich stammende Berliner Filmproduzent schuf 1933 bei S'Aigo Dolça in Palma, wo heute die einstigen Meeresfelsen unter Beton und Asphalt nahezu vollständig verschwunden sind, sein Lokal »Palm Beach«. Es vereinte in sich ein Strandlokal mit Restaurant-, Bar-, Musik- und Tanzbetrieb unter freiem Himmel. Das »Palm Beach« als Keimzelle der späteren »Ballermann«-Gastronomie an der Playa de Palma? Der Reporter der »Insel« schrieb anlässlich der Eröffnung:

Hier kann man unsere deutschen Specialgerichte essen, ohne zu tief in die Tasche greifen zu müssen. Eine herrliche, direkt am Meer gelegene Café-Terrasse wird bald der Treffpunkt der gesamten deutschen Kolonie sein. Wir haben den Eindruck, daß Palm Beach ein kleiner, moderner Kurort für sich ist. Er bietet seinen Gästen von früh bis tief in die Nacht hinein alles, was sie sich nur wünschen: eine große eigene Badeanlage mit Süßwasserduschen, Motorbootausflüge, Ruderboote, Bridgeräume mit Unterrichtsgelegenheit, Ping-Pong, Tanztees, Freilichtkino und so weiter.[1]

Abgesehen von diesen unternehmerischen Interessen war Mallorca zudem, damals wie heute, ein Hort der Künstler und Kreativen. In der Galerie Costa in Palma sowie an anderen Orten der Insel stellten häufig deutsche Maler aus, unter ihnen Hans Paap, Professor Friedrich Kleukens, Ernst Curiel, Baronin von Schmiedeberg, Ulrich Lemann und Marie Lautenschlager. Neben den bereits aufgezählten Fotografen gab es weitere mit und ohne Ateliers, die ihre Aufnahmen in modischen Zeitschriften wie »Brisas« veröffentlichten oder Postkartenmotive kreierten, wie etwa die Baronin Sibylle von Kaskel und Karl »Charles« Schwarz.

Auf dem Gebiet der Poesie hielt der Sprachwissenschaftler Werner Schulz Vorträge über spanische Dichtung und Landeskunde, der Deutsch-Amerikaner Harold Tenbrock versuchte einen Theaterbetrieb auf die Beine zu stellen, die moderne Tänzerin Eva Tay trat wiederholt auf, unter anderem im Teatre Principal. Schriftsteller und solche, die es werden wollten, wie ganz besonders Albert Vigoleis Thelen, aber auch Wilhelm Schmidt-

Das »Palm Beach« als Keimzelle der späteren »Ballermann«-Gastronomie an der Playa de Palma

bonn, Robert Wachtel oder Ludwig Baehr-Carnap suchten auf der Insel den Musenkuss oder verbrachten hier den Lebensabend.

Gut dokumentiert ist zudem eine philosophische Tagung, die sogenannte »Woche der Weisheit«, die seit 1929 im Hotel Formentor abgehalten wurde. Bei der Veranstaltung im Jahre 1934 traten zwei herausragende Persönlichkeiten der untergegangenen Weimarer Republik verbal-rational gegeneinander an. Es handelte sich um den deutschbaltischen Philosophen Hermann Keyserling und den Kunstmäzen, Ex-Politiker und Literaten Harry Graf von Kessler.

Beide waren nach Hitlers Kanzlerschaft aus Deutschland emigriert und hielten sich für kurze Zeit auf Mallorca auf. Der Inhalt der eloquenten Auseinandersetzung dieser beiden Geistesgrößen ist nicht überliefert. Der Romanautor Albert Vigoleis Thelen schilderte die Veranstaltung Jahre später in Form einer drastischen Verballhornung. Für die deutsche Gemeinschaft auf der Insel blieb die Zusammenkunft der beiden Denker in dem exklusiven Luxushotel eine Marginalie.

Dagegen entwickelten die deutschen Inselresidenten in ihrem Alltag ein buntes Vereins- und Sozialleben. Gottesdienste in deutscher Sprache fanden wöchentlich statt, ungeachtet der Tatsache, dass es auf Mallorca keinen deutschsprachigen Geistlichen gab. Aus diesem Grunde traf hin und wieder der langjährige Pfarrer der deutschen Kirchengemeinde aus Barcelona in Palma ein, um die Gottesdienste zu zelebrieren. Betraut mit dieser Aufgabe wurde 1929 auch der spätere Widerstandskämpfer Dietrich Bonhoeffer. Er wirkte in Palma und Sóller.

Abgesehen von den kirchlichen Versammlungen kamen kulturell interessierte Deutsche gemeinschaftlich im Club »Amigos de España« zusammen, der neben Sprachkursen und Konversationsabenden auch schöngeistige Vortragsreihen, Liederabende, Hauskonzerte und Exkursionen organisierte. Hier war der polyglotte Werner Schulz mit seinen Übersetzungen spanischer und französischer Gedichte ein häufiger Referent.

Von Ende 1932 an wurden in populären Cafés wie dem »Morisco« am Borne Zusammenkünfte unter der Bezeichnung »Deutscher Abend« veranstaltet, bei denen sich interessierte Residenten regelmäßig zum Austausch treffen konnten, während die deutschen Barkeeper Billy und Charly (Walter Viehweg) die in Mode gekommenen Cocktails mixten. »Deutsche Abende« fanden auch in den Räumen der Deutschen Schule statt. Dort wurden ebenfalls Schachabende angeboten, sogar Kegelabende waren zumindest angedacht.

Viele der Reichsangehörigen, die auf Mallorca die sogenannte »deutsche Kolonie« bildeten, waren zum Teil bestens in die mallorquinische Gesellschaft integriert. Wenn auch nicht allzu viele in mallorquinische Familien einheirateten, so gab es doch unzählige, die ausreichend Spanisch beherrschten, um am sozialen Miteinander teilzuhaben. So war etwa im damals gegründeten Schwimmverein von Palma, dem »Club de Regates«, aus dem in den folgenden Jahren spanische Meister hervorgingen, die deutsche Schwimmerin Renate Klepper aktiv. Beim alljährlichen Schwimmwettbewerb vom Leuchtturm der Hafenmole nach S'Aigo Dolça (auf der Höhe des heutigen Hotels Meliá Palas Atenea am Paseo Marítimo gelegen) wurde im Sommer 1933 die 15-jährige Hotelierstochter Roswitha Hiller Zweite. In Palmas »Club de Tenis« wiederum arbeitete die Berlinerin Elsa Kusterko, damals 36 Jahre alt, als Tennislehrerin.

Kontakt mit der alten Heimat hielten die deutschen Inselresidenten vor allem auf dem Postweg. Die Möglichkeiten der Telegrafie und des Telefons von Mallorca zum Festland waren aber 1932 durchaus gegeben. Selbst Anrufe über ein drahtloses Telefon per Kurzwellensender von Mallorca nach Deutschland waren machbar: Ein drei Minuten langes Gespräch Palma-Köln kostete etwa 18 Pesetas, das 60-fache eines gewöhnlichen Zeitungspreises.

Was in Deutschland vor sich ging, erfuhren die Reichsangehörigen über die Zeitungen. Auch »Die Insel« und »Der Herold« veröffentlichten reichlich Korrespondentenberichte und Agenturdepeschen aus Deutschland. Seit Oktober 1932 waren auf Mallorca die zwei Sender des deutschen »Großrundfunksenders« per Radio zu empfangen, ausgestrahlt von den Stationen Leipzig und Frankfurt am Main. Von diesen Programmangeboten wurde von den deutschen Residenten ausgiebig Gebrauch gemacht, wie zeitgenössische Tagebuchaufzeichnungen belegen.

Aufgrund der engen Verbindung zu ihrer Heimat war den deutschen Insulanern das Agieren der politischen Parteien während der krisenreichen Endphase der Weimarer Republik durchaus bewusst. Und zwar so sehr, dass sich selbst im sonnigen Mallorca bestimmte Deutschenzirkel berufen fühlten zu parteipolitischer Tätigkeit. Das galt insbesondere für die Nationalsozialisten unter ihnen. Bereits im Sommer 1932, also sieben Monate vor Hitlers Berufung zum Reichskanzler, zeigten die Braunhemden auf dem Eiland Flagge. Im Villenvorort El Terreno, unweit der deutschen Schule, gründeten sie ihre eigene Inselorganisation: die NS-Ortsgruppe Palma de Mallorca.

NS-Ortsgruppe Palma de Mallorca

Die Nazis starten als Verein samt »presidente«

Adolf Hitler musste nicht erst am 30. Januar 1933 deutscher Reichskanzler werden, um Anhänger auf Mallorca zu rekrutieren. Der »Führer« konnte schon vorher auf Braunhemden unter südlicher Sonne zählen. Bereits am 28. Juni 1932 gründeten Reichsangehörige einen Ableger der Nationalsozialistischen Deutschen Arbeiterpartei (NSDAP) in Palma. Die »Ortsgruppe Palma de Mallorca« wurde im Braunen Haus der Münchner Parteizentrale der Abteilung Auslandsorganisationen entsprechend angegliedert.

Erster »Führer« der Nazis auf Mallorca war Heribert Bayer, ein 31 Jahre alter Hotelier, verheiratet, wohnhaft in Palma. Der Sitz der Ortsgruppe befand sich in der Straße Dos de Mayo, Nummer 48, im Villenvorort El Terreno. Das war bereits damals ein gediegenes Stadtviertel, in dem viele ausländische Residenten lebten und auch einige von Deutschen geführte Pensionen zu finden waren.

Die neugegründete Organisation musste sich in das balearische Vereinsregister eintragen lassen und benötigte dazu bereits im Vorfeld das Plazet der spanischen Behörden. Hierzu musste sie ihre geplanten Statuten übersetzt einreichen und sich darüber hinaus verpflichten, »in gar keinem Fall zu politischen und religiösen Fragen in Spanien« Stellung zu nehmen. Ferner durfte der Verein nicht nach Gewinn streben, der Vorstand Bayer wurde spanisch als »presidente« bezeichnet.

Stempel der NS-Ortsgruppe Palma de Mallorca

Was die Vereinigung von anderen Vereinen in Palma hingegen deutlich unterschied: Die Mitgliedschaft war auf Angehörige der »germanisch-deutschen Rasse« beschränkt. Der Zivilgouverneur Juan Manent gab dem Antrag der »Unión Nacional Alemana NSDAP«, wie sich die Ortsgruppe den Behörden gegenüber offiziell nannte, am 13. Juni statt, sodass die Gründung zwei Wochen später vollzogen werden konnte.

Die Ortsgruppe verkündete in ihrer Satzung als formelles Ziel, »ihre Mitglieder über das kulturelle, künstlerische und politische Leben in Deutschland zu informieren«. Unnötig zu betonen, dass die Absicht der Mitglieder nicht nur darin bestand, für Adolf Hitler die Werbetrommel zu rühren. Ihnen ging es auch darum, unter den deutschen Inselresidenten neue Mitglieder für die Partei zu rekrutieren und dazu beizutragen, dass das von ihnen angestrebte neue Deutschland baldmöglichst »erwache«. Im Sommer 1933 stellte sich die Partei folgendermaßen dar:

Die Nationalsozialisten treten im Auslande erst recht für die Geschlossenheit aller Deutschen ein, ob sie nun zur Partei gehören oder nicht. Vorbedingung ist lediglich, dass jeder Deutsche gewillt ist, in der Linie der nationalsozialistischen Regierung mitzuarbeiten.[2]

Heribert Bayer war schon am 15. September 1931 der NSDAP beigetreten und hatte die Mitgliedsnummer 610.443 erhalten. Der gebürtige Dresdner, Jahrgang 1901, arbeitete auf Mallorca als Direktor eines Hotels. Weitere Gründungsmitglieder der Orts-

Hans Dede (r. bei den Kindern) 1938 mit Mitgliedern der deutschen Gemeinschaft auf Mallorca während der Kundgebung zum 1. Mai am Strand von Portals Nous

gruppe Palma de Mallorca waren Walter Rup, der von Bayer zu seinem Stellvertreter ernannt wurde, sowie Arthur von Vigneulles und eine Frau, Violetta Sohm, die zur Vereinssekretärin erkoren wurde.

Insbesondere Walter Rup kann neben Bayer als weiteres Parteimitglied der frühen Stunde bezeichnet werden. Der Koch, Jahrgang 1908, NSDAP-Mitgliedsnummer 819.502, konnte sich seit 1. März 1932 »Pg« (sprich Pe-ge) nennen. Das war umgangssprachlich die gebräuchliche Abkürzung für »Parteigenosse«. 1936 sollte Rup zum NS-Ortsgruppenführer der Insel aufsteigen und sich als hartnäckiger Gegner des Konsuls erweisen.

Ebenfalls Parteimitglied war Paul Sienz, Ortsgruppenleiter beziehungsweise »NSDAP-Stützpunktleiter« in Palma in den Jahren 1933 und 1934. Er war zunächst Geschäftspartner von Walter Rup. Gemeinsam eröffneten sie im selben Jahr die deutsche Konditorei unweit der Plaza Gomila.

Bayer, Rup und Sienz waren Pgs der frühen Stunde und somit keineswegs »Märzgefallene«. Als letztere wurden solche Parteigenossen bezeichnet, die sich erst dann zu Hitler bekannten, als dieser die Reichstagswahlen vom März 1933 – bekanntlich unter teils massiven Repressionen – für sich entschieden hatte. Diese späten Neumitglieder lösten ein regelrechtes Wettrennen um noch halbwegs niedrige Parteimitgliedsnummern unter der Eine-Million-Schwelle aus. Von den »alten Kämpfern«, den Mitgliedern der ersten Parteigeneration, wurden die Neulinge häufig als Opportunisten beargwöhnt.

Kein Märzgefallener war in Palma Hans Paul, Jahrgang 1900, ein Kaufmann aus Durlach bei Karlsruhe, Pg seit 1. März 1932. Auch Bruno Butterweck, Jahrgang 1913 und Friseur aus Bochum, ist hier zu nennen, ebenso Herbert Harnischmacher, Jahrgang 1909 und Ladenangestellter aus Lechstedt bei Hildesheim.

Die Pgs der ersten Stunde blieben nicht lange unter sich. 1934, 1937 und 1938 verzeichnete die Ortsgruppe Palma de Mallorca schubweise intensive Eintrittswellen. Es waren nicht nur Männer, zumeist der Jahrgänge 1897 bis 1909, die sich den Nazis offiziell anschlossen und bei Parteieintritt in der Regel zwischen 20 und 40 Jahre alt waren.

Unter den Mitgliedern der Ortsgruppe befanden sich auch neun Frauen. Ihr Anteil lag bei 16 Prozent. So manche Frau folgte ihrem Partner nachträglich in die Partei, wie dies bei den Eheleuten Fichtner oder Tischner der Fall war. Andere Ehepaare wie Baur (1937), Thümmler oder Kobold (1938) wurden gemeinsam zu Neumitgliedern. Insgesamt verzeichnen die Parteiunterlagen der Ortsgruppe 55 Mitglieder, eine durchaus hohe Zahl, wenn in Betracht gezogen wird, dass bei Ausbruch des Spanischen Bürgerkrieges viele Deutsche die Insel verlassen hatten.

Die Zahl dürfte darüber hinaus noch höher gewesen sein, als es die Parteidokumente vermuten lassen. Denn die Unterlagen waren, als sie nach dem Zweiten Weltkrieg von den Alliierten beschlagnahmt und die Namen der Mitglieder in Listen erfasst wurden, nicht vollständig. So sind zwar weitere auf Mallorca aktive Parteimitglieder bekannt, aber in den Namenslisten tauchen sie nicht auf. Beispiele hierfür sind der oben erwähnte Paul Sienz, die Gründungsmitglieder Arthur von Vigneulles und Violetta Sohm oder Baron Kurt von Behr. In Palma agierte dieser Adlige um 1936 als NSDAP-Hauptleiter und war dafür bekannt, in brauner Parteiuniform in der Öffentlichkeit zu erscheinen. Seine unrühmlichste Rolle spielte er später im besetzten Paris.

Die NS-Ortsgruppe Palma de Mallorca organisierte politische Vorträge wie etwa am 15. April 1933 in der Pension Hiller. Dort sprach der Parteigenosse Jörn über »Das Problem des polnischen Korridors.«

Des Weiteren veranstaltete die Nazi-Vereinigung Kameradschaftsabende beziehungsweise »Kolonieabende«, bei denen getrunken und gesungen wurde. Häufig wurden dazu die Räumlichkeiten der Deutschen Schule im Stadtteil Son Armadans genutzt.

Ortsgruppe und Schule arbeiteten eng zusammen. Neben dem Direktor Ignatz Mayer, einem Badener aus Bühl, Jahrgang 1872 (Pg seit 1937, Mitgliedsnummer 3.402.437), trugen auch die beiden Junglehrer Johann »Hans« Bein und Kurt Adler das Parteiabzeichen. Die Letztgenannten bekleideten zudem Posten in der lokalen Parteihierarchie. Hans Bein aus Essen lebte seit 1933 auf Mallorca. In die NSDAP war er 1934 aufgenommen worden (Mitgliedsnummer 3.402.428).

Es ist zu vermuten, dass Albert Vigoleis Thelen gerade diesen Lehrer vor Augen hatte, als er in seinem Roman den »hohe(n) Beauftragte(n) der Partei, ein Lehrer mit Doktortitel aus dem Westfälischen, schwerer Mann mit Blutorden und auch sonst wenig ansprechend« erwähnte. Für diese Annahme sprechen Funktion, Beruf und Herkunft Beins, gegen sie jedoch der sogenannte »Blutorden«, eine Medaille, die 1934 vom NS-Regime an überlebende Teilnehmer des Münchner Hitlerputsches vom 9. November 1923 verliehen wurde. Offenbar schmückte Thelen die Romanfigur etwas aus. Denn ein »Blutorden« dürfte für Bein kaum in Frage gekommen sein. Zum einen war er zum Zeitpunkt des gescheiterten Staatsstreichs erst 16 Jahre alt und vermutlich gar nicht in München zugegen, zum anderen gab es die Auszeichnung nachträglich nur für besonders bewährte »alte Kämpfer« der ersten Stunde. Der Lehrer war jedoch erst 1934, also spät, in die NSDAP aufgenommen worden.

Der 29-jährige Hans Bein gab im Juni 1936 die Leitung der Ortsgruppe Palma an seinen Kollegen Adler ab. Kurt Adler, aus Unterkoskau in Thüringen und wie sein Kollege Jahrgang 1907, lebte seit 1935 auf Mallorca. Der Lehrer war der NSDAP im Mai 1933 beigetreten (Mitgliedsnummer 2.198.199). Adler folgte zwar auf Bein, hatte die Leitung der Ortsgruppe aber faktisch nur fünf Tage inne (vom 25. bis 30. Juni 1936). Danach war Adler anscheinend nicht mehr durchgehend in Palma anwesend, behielt aber offenbar seine Funktion offiziell weiterhin bei. Fakt ist, dass im Juli 1936 der oben genannte Walter Rup an seine Stelle trat, wenn auch formell nur als stellvertretender Leiter der Ortsgruppe. Dessen ungeachtet trat Rup nach außen hin als der oberste Parteiführer der Insel auf.

Insbesondere als die Lehrer der Ortsgruppe vorstanden, boten die Schulräume den institutionellen Rahmen für Zusammenkünfte bei Anlässen wie der Sonnenwendfeier, den Führergeburtstagen, dem Jahrestag der »Machtergreifung« oder dem Heldengedenktag. Auch die »Deutschen Abende« fanden mitunter in der Schule statt. Zur Teilnahme an diesen Treffen hätten die Inselnazis am liebsten gleichsam alle Residenten verpflichtet. Die Ankündigung zu diesen Veranstaltungen lasen sich etwa im »Herold« folgendermaßen:

Herr Sienz, Vorsitzender des Stützpunktes der hiesigen NSDAP, (...) lud (...) alle Anwesenden zu dem am Mittwoch, dem 21. Februar 1934 abends um 9.00 Uhr stattfindenden Kolonie-Abend ein. Es sei auch an dieser Stelle noch einmal allen Deutschen hier die Pflicht ihres Erscheinens an diesem Abend ans Herz gelegt.[3]

Ferner instrumentalisierte die NS-Ortsgruppe auch die Sommerfeste und Weihnachtsfeiern der Schule, um innerhalb der deutschen Gemeinschaft Flagge zu zeigen. Einen Eindruck davon, wie Veranstaltungen dieser Art in der Regel abliefen, gibt ein Bericht im »Herold« wieder:

Am 21. Februar veranstaltete der hiesige Stützpunkt der NSDAP seinen ersten diesjährigen Kolonieabend, zu dem alle Deutschen in Palma eingeladen waren.

Wenn der eine oder andere vielleicht etwas skeptisch hergekommen war, etwa nur aus einer gewissen Neugierde heraus, oder aber glaubte, sich »auch mal sehen lassen« zu müssen, so ging er hinterher in dem Bewusstsein nach Hause, einige außerordentlich anregende, gemütliche und frohe Stunden verlebt zu haben. Die Räume unserer Deutschen Schule waren recht geschmackvoll hergerichtet, die Tische weiß gedeckt und mit blauen Schwertlilien geschmückt.

Herr Stützpunktleiter Sienz hieß die Erschienenen herzlich willkommen, und Herr Konsul Dede begrüßte sie als »Vater der Deutschen Kolonie«. Nach einem Vortrag des Herrn Lehrer Bein, dem Singen des Deutschland- und Horstwessellied war der offizielle Teil beendet.

Dann wurde das Bier herbeigebracht, und es begann der überaus abwechslungsreiche »gemütliche« Teil des Abends. Reichen Beifall erntete Herr Bein für seine As-Dur-Sonate von Beethoven. Dann wurde es fidel. Mit geradezu unübertrefflicher Vortragskunst rezitierte Herr Professor Mayer humoristische Gedichte und setzte damit die Lachmuskeln seiner Zuhörer in gehörige Bewegung. Fräulein Scheder sang, mit großem Beifall aufgenommen, Lieder zur Laute. Gemeinsam gesungene Volkslieder, etwas Tanz, und leider nur zu rasch verging die Zeit, doch

Einige Mitglieder der NS-Ortsgruppe Palma de Mallorca: Konsul Hans Dede (vorne mittig im dunklen Anzug), Johanna Fliege, Leiterin NS-Frauenschaft, stehend r. neben Dede (teilweise verdeckt), NS-Ortsgruppenleiter Walter Rup in Uniform (stehend hinten, 3. v.l.), oben rechts Konsulatsangehöriger Erich Esch

jeder hatte den Wunsch, dass bald wieder ein solch gemütlicher Kolonieabend veranstaltet werden möchte.[4]

Parallel zum Agieren der Ortsgruppe setzte auch das NS-Regime auf die Durchdringung und Gleichschaltung bereits bestehender Vereinigungen. Das zeigte sich insbesondere beim 1919 gegründeten Bund der Auslandsdeutschen, der auch in Spanien präsent war. Seine ohnehin zumeist konservativen Mitglieder gaben sich schon vor 1933 betont deutsch. Mit der Machtübernahme verstärkte sich diese Tendenz. In einem veröffentlichten Aufruf in der »Insel« vom Juli 1933 heißt es:

Inzwischen hat das deutsche Volk (...) unter der Führung Adolf Hitlers ein neues arbeitswilliges, gesundes Deutschland aufgebaut. Für alle Deutschen draußen ist es Ehrenpflicht, nunmehr mit doppelter Liebe zur Heimat sich in den nationalen Dienst einzureihen. (...) Zu diesem

Zwecke brauchen wir mehr denn je die uneigennützige und tatkräftige Unterstützung des Auslandsdeutschtums.[5]

Appelle dieser Art verfehlten auch auf Mallorca ihre Wirkung nicht. Die Ortsgruppe in Palma erlebte ihre größten Parteizuwächse 1934, 1937 und 1938. Das bedeutet, dass die Organisation selbst während der Jahre des Spanischen Bürgerkrieges, in denen viele Auslandsdeutsche »heim ins Reich« kehrten, keinen Mitgliederschwund verzeichnete. Der Zustrom an Neumitgliedern auch nach dieser Zeit hielt an. Noch in den Jahren des Zweiten Weltkrieges registrierte die Ortsgruppe ein Dutzend Neuzugänge. Die letzten drei Beitritte erfolgten 1942. Die späten Anhänger, die ihre Übereinstimmung mit den Nazis nach außen hin durch eine Parteimitgliedschaft bekundeten, waren auf Mallorca ein 41 Jahre alter Arzt aus Moschingen (Bernhard Krebs), ein ebenso alter Kaufmann aus Bonn (Herbert Schmidt-Creutzer) und ein 51-jähiger Lehrer aus Sylt (Werner Eichborn).

»Heil Hitler« auf der Sonneninsel, das war für nicht wenige Deutsche in jenen Jahren durchaus Programm. Und die NS-Ortsgruppe existierte auf Mallorca bis zum Untergang des Dritten Reiches. Nachdem Walter Rup Palma 1941 verlassen hatte, wurde Horst »Orestes« Seyfarth sein Nachfolger. Über den jungen Kaufmann aus Zwickau, Jahrgang 1909, verheiratet und Besitzer eines »Volkswagens«, ist nicht viel mehr bekannt. Dieser letzte Stützpunktleiter überstand das Kriegsende offenbar unbeschadet auf der Insel und war auch später noch im Raum Pollença mit Immobiliengeschäften tätig.

Deutschland erwacht auch auf Mallorca

»Man hatte Sehnsucht nach Neuem und Besserem«

Die Ernennung von Adolf Hitler zum Reichskanzler am 30. Januar 1933 dürfte für die Mitglieder der NS-Ortsgruppe Palma de Mallorca sicher ein unglaubliches Freudenfest gewesen sein. Dokumente, die dies belegen könnten, liegen nicht vor.

»Hitler forma gobierno«, Hitler bildet eine Regierung, erfuhren die Leser der mallorquinischen Tageszeitung »Ultima Hora« einen Tag später auf Seite sechs. Es handelte sich um die Wiedergabe telegrafischer Korrespondenten-Telegramme, die in jeweils wenigen Zeilen die Einzelereignisse des schicksalhaften Tages schilderten.

Kommentiert wurde die Ernennung Hitlers zum Reichskanzler in »Ultima Hora« nicht. Sehr wohl aber verwiesen die abgedruckten Telegramminhalte auf Protestaktionen der kommunistischen Arbeiterschaft in diversen deutsche Städten sowie auf Straßenkämpfe zwischen ihnen und den Anhängern der Nazis in den Arbeitervierteln Berlins. Die Meldung trug den Titel »Comunistas y Racistas«. Die verfeindeten Lager wurden also mit den Begriffen »Kommunisten« und »Rassisten« benannt. Das ist ein Beleg dafür, dass die antijüdische Einstellung der Nazis bereits zu jenem Zeitpunkt auf Mallorca allgemein bekannt war.

Am 3. Februar veröffentlichte »Ultima Hora« erstmals ein Foto des neuen Reichskanzlers, am rechten unteren Rand der Titelseite. Es ist ein für damalige Verhältnisse überraschend moderner Bildschnitt, dicht am Gesicht. Die Aufnahme zeigt nur ein vages Porträt von »Adolfo«. In der Rückschau entweicht dem vergilbten Schwarz-Weiß-Konterfei mit seinem Schattenspiel eine nahezu dämonische Düsternis.

Adolfo Hitler nombrado jefe del gobierno en Alemania

Am 3.2.1933 veröffentlichte »Ultima Hora« erstmals ein Foto des neuen Reichskanzlers Adolf Hitler

Wie aber reagierten, abgesehen von den Mitgliedern der NS-Ortsgruppe, die übrigen Auslandsdeutschen der Insel auf die sogenannte »Machtergreifung«? Es gibt einige wenige Aufzeichnungen und Beschreibungen, die zumindest erahnen lassen, dass nicht jeder mit der Berufung Hitlers durch Reichspräsident Hindenburg gerechnet und sie erst recht nicht herbeigesehnt hatte. Darüber hinaus gab es Menschen, die die tiefergehende Bedeutung eines Reichskanzlers namens Adolf Hitler zunächst gar nicht ermessen konnten.

Das sorgfältig geführte Tagebuch der Maria Esch in Sóller etwa enthält keinerlei Eintrag zur Ernennung Hitlers. Die deutsche Residentin, die später die Erfolge Hitlers wie etwa den Anschluss Österreichs begeistert notierte und auch die »Führergeburtstage« mit Dankgebeten und Sekt beging, erwähnte die neue politische Situation im Reich erstmals am 5. März, dem Tag der berüchtigten Reichstagswahl, eine Woche nach dem Reichstagsbrand. »Wahltag in Deutschland! Historisch bedeutungsvoller Tag!!!«, schrieb Maria Esch. Per Radio verfolgte sie mit ihrer Familie und Bekannten abends in Sóller die Wahlresultate. »Große Aufregung!« notierte die 75-jährige euphorisch.

Wer kein Anhänger des »Führers« war, und auch sonst das politische Geschehen in Deutschland mit nur mäßigem Interesse verfolgte, dem fiel es auf Mallorca um so leichter, die Ereignisse in der alten Heimat aus den Augen zu verlieren. Entsprechend schrieb der Schriftsteller Vigoleis Thelen später in seinem Roman: »In einem südlichen Lande lebt der am besten, dem es gelingt, den Sinn für die Zeit ganz und den für das Räumliche nach Möglichkeit auszuschalten.« Dem Romankapitel »1933« ist zu entnehmen, dass der Machtwechsel auch für Thelen unerwartet eingetreten war. »Es war also soweit, wir hatten es nur nicht gemerkt. Während wir unseren Inselschlaf gehalten (...) – da war Deutschland erwacht.«

Seinem Roman zufolge erfuhr Thelen die Nachricht von Hitlers Kanzlerschaft von einem deutschen Bekannten, Hauptmann Joachim von Martersteig, so dessen Pseudonym, auf dem Rathausplatz in Palma. »Hitler ist an die Macht gekommen«, rief ihm der Bekannte zu, »Deutschland hat aufgehört zu sein, was es war.« Beide waren geradezu entsetzt, auch wenn Thelen die Beschreibung der Ereignisse in den für ihn bezeichnenden ironischen Sprachduktus einkleidete:

Lange debattierten wir über den Staatsstreich, der keiner sein wollte und darum um so gefährlicher war, und schieden in Unfrieden. Beide lehnten wir den neuen Modus ab, beide wollten wir diese Mythe nicht, ohne Juden noch angejudete Arier zu sein: Martersteig aus preußischmilitärischen Gründen, ich aus donquijotisch-menschlichen Überlegungen; aus Feigheit also. Irgendetwas in mir sträubte sich, einem Juden den Hals umzudrehen, ihn in den Zustand des Verrecktseins zu befördern, wie es das neue Programm meines Vaterlandes von jedem guten Untertan verlangte. Das wollte der Hauptmann, zum Töten erzogen, auch nicht, aber eigentlich kniff er da nur, um sich nicht zu besudeln.[6]

Die Romanfigur des preußischen Adeligen von Martersteig, der in Wahrheit weder preußisch noch adelig war, mag bei Thelen als Repräsentant für jene konservativen Bildungsbürger stehen, denen Hitler als plebejischer Emporkömmling, als »böhmischer Gefreiter«, suspekt war. Allzu ostentativ lehnten diese Kreise den Führer der braunen SA-Horden jedoch nicht ab. Denn ihre Abneigung gegen Sozialisten und Kommunisten war deutlich stärker ausgeprägt als die gegen Nationalsozialisten. In den politischen Wirren der Weimarer Republik und aus Furcht vor einer roten Revolution in Deutschland erschien den konservativen Kreisen der immerhin »vaterländisch« gesinnte Hitler als das kleinere Übel.

Hitler besichtigt u.a. mit Goebbels und Göring am 27. Februar 1933 das Reichstagsgebäude in Berlin nach dem Brand

Wer nicht eindeutig für oder gegen Hitler war, der begegnete dem neuen Reichskanzler auch auf Mallorca zumindest mit Skepsis. Einen Eindruck davon vermittelt der Leitartikel der »Insel«. Die Wochenzeitung, die sich in den Monaten der politisierten Endphase der Weimarer Republik stets unparteiisch und ausgewogen gegeben hatte, plädierte für Ruhe und Besonnenheit. Der Text ist eine Gratwanderung zwischen neutraler Analyse und politischer Positionierung, offenbar darum bemüht, den oder die Autoren weder bloßzustellen noch sie einer Kritik auszusetzen, von welcher Seite auch immer. Wörtlich heißt es in dem Leitartikel:

Adolf Hitler ist deutscher Reichskanzler geworden. Ganz abgesehen von all dem parteipolitischen Hin und Her, bleibt er eine markante Persönlichkeit. Ein Mann, der es versteht, aus einer Idee das zu schaffen, was heute hinter ihm steht, ist keine alltägliche Erscheinung. Endlich hat er Gelegenheit an der Spitze eines Staates, seine Pläne zu verwirklichen. Ohne parteipolitisch zu werden, wollen wir die Persönlichkeit schätzen, die sich durchgekämpft hat durch das innenpolitische Leben. Hitler ist kein amtliches Karrierenprodukt, er ging den Weg abseits des Bürokratentums. Ein Drittel fast der Wähler hatte er hinter sich, und er und dieses Drittel konnte nicht unbeachtet bleiben. Wir leben in einer Zeit des Zusammenbruchs des Sozialismus, den es angeblich geben soll – Jeder fühlt sich verpflichtet, sozial zu sein und redet davon, aber die Wirklichkeit spricht anders, sie bringt Beweise, die auf die Dauer nicht verborgen werden können. Unter solchen Umständen, für die die Köpfe nicht fähig genug sind oder für die es überhaupt keine Meister gibt, ist es nicht verwunderlich, wenn eines Tages ein Mann die Verzweifelnden um sich sammelt und ihnen eine verheißende Botschaft bringt.

Man hatte Sehnsucht nach Neuem und Besserem. Hitler versprach es und hatte Pläne. Jetzt ist seine Zeit gekommen. Unumstritten ist er eine fähige Persönlichkeit im Reich, wer hat sich gegen soviel durchsetzen müssen wie Hitler?! Alle Kritik, noch nie ist in der deutschen Republik so heftig kritisiert worden, ist ihm ungefährlich geblieben. Auch ist Kritik erst angebracht, wenn abgeschlossene Leistungen vorliegen. Bis zum Reichskanzler hat Hitler es nun gebracht, es besteht jetzt die Frage: Ist die Karre denn überhaupt noch aus dem Dreck zu ziehen? Seit der Brüningregierung haben sich immer kluge Männer bemüht, das Staatsschiff zu retten. Keinem gelang es. Sollte es dem letzten gelingen? Kritik ist unangebracht, abwarten oder besser machen ist die Losung.[7]

Der Leitartikel zollt Hitler Anerkennung, nach Jahren der beharrlichen Anstrengung jetzt zum Reichskanzler aufgestiegen zu sein. Aus den Zeilen lässt sich deutlich jene Politikverdrossenheit herauslesen, die viele Deutsche empfunden hatten, angesichts des Parteiengezänks im Reichstag, der Wirtschaftskrise und Massenarbeitslosigkeit, der überforderten Regierungen Brüning, Papen und Schleicher.

Jubel und Euphorie über die Ernennung Hitlers sind in dem Leitartikel jedoch an keiner Stelle zu finden. Eher schon, so scheint es, wollen die Autoren den neuen Reichskanzler in die Pflicht nehmen, Deutschland tatsächlich aus der wirtschaftlichen und politischen Krise herauszuführen. Er solle die Aufgabe, die vor ihm liegt, anpacken und mehr zuwege bringen als seine Vorgänger. Die »Insel«-Herausgeber sahen Hitler demnach zumindest in der Kontinuität der Weimarer Republik stehen, im Fortbestand ihrer Rechts- und Staatsform. Die einschneidende Zäsur, der historische Bruch, den der 30. Januar 1933 im Nachhinein in seiner ganzen Tragweite bedeutete, wurde von ihnen offenbar vorerst gar nicht als solcher wahrgenommen.

Flaggenzwischenfälle auf den Balearen

Die Fahne hoch, die Fahne runter

Die jungen Männer auf der Straße trauten ihren Augen kaum. Vor dem Haus in Port de Pollença, das ein Deutscher, Georg Kötzler, mit seinem Sohn bewohnte, prangte weithin sichtbar ein rotes Tuch. Es zeigte einen weißen Kreis im Zentrum und darin, deutlich erkennbar, ein schwarzes abgewinkeltes Symbol. Die sommerliche Brise des Jahres 1933 blähte die Hakenkreuzfahne des neuen Deutschland erstmals öffentlich auf Mallorca. Ungläubig betrachtete die Handvoll Männer den auffälligen Stoff an einem Pfosten im Vorgarten des Hauses. Niemand aus der Gruppe war mit dem, was in Deutschland vor sich ging, einverstanden. Beherzt griffen die Männer nach der Fahne ...

»Die Deutschen streiten über Politik und Nacktbaden.« Im Frühjahr 1933 war der Madrider Journalist Alardo Prats zu diesem Eindruck gekommen, als er für die Zeitung »El Sol« Mallorca bereiste, um das neuartige Phänomen der ausländischen Residenten zu recherchieren. Seinem Bericht nach lebten damals – mehr oder weniger dauerhaft – 20.000 Ausländer auf der Insel. Die Briten, stellte Prats fest, bildeten die größte Ausländergruppe, gefolgt von den Deutschen und US-Amerikanern.

Der Journalist vertiefte das Thema »Nacktbaden« nicht weiter, ging dafür aber umso mehr auf die politischen Diskussionen innerhalb der deutschen Gemeinschaft ein: Hitleranhänger und Sozialdemokraten, so Prats, stünden sich feindselig gegenüber. Die Ereignisse in Deutschland würden ihren Widerhall auch auf der Insel finden. Dennoch gebe sich die deutsche Gemeinschaft auf Mallorca maßvoll. Die Lage sei, alles in allem, ruhig.

Eine Sonderausgabe der Zeitschrift »Mallorca, la isla de oro y de nácar« (Die Insel des Goldes und des Nektars) berichtete 1933 ebenfalls über den »politischen Kampf« innerhalb der deutschen Kolonie zwischen »Hitlerianern« und »Sozialdemokraten«, insbesondere vor dem Eingang eines »Hakenkreuz-Klubs« im Ausländer-Wohnviertel El Terreno. Vermutlich handelte es sich dabei um den Sitz der NS-Ortsgruppe, die sich dort im Sommer 1932 gegründet hatte.

In den darauf folgenden Monaten verschärfte sich die Situation: Auf der vielbeschworenen Insel der Stille blieb es bei den politischen Auseinandersetzungen der

Mallorca-Deutschen untereinander nicht allein bei Wortgefechten. Vielmehr kam es, wie beim eingangs erwähnten Vorfall in Port de Pollença, derart zu Handgreiflichkeiten, dass selbst spanische Ordnungshüter auf den Plan gerufen wurden. Der Fall fand sogar Erwähnung in der englischsprachigen Wochenzeitung »The Palma Post«. Dem Bericht zufolge hatte die in Pollença demonstrativ gehisste Hakenkreuzfahne ein »wenig freundlich aussehendes Grüppchen von deutschen Antifaschisten« erzürnt, die das rote Tuch kurzerhand herabrissen. Daraufhin kam es, so das Blatt, »zu einem mittleren Aufstand«, als sich »loyale Nazis« mit den Hitlergegnern eine Schlägerei lieferten, um das von ihnen verehrte Banner wieder in ihren Besitz zu bringen. Eine Schlacht, die für die Nazis verloren ging, wie das Blatt mit britischem Understatement ironisierte: Bei dem Gezerre um das Tuch wurde die Fahne zerfetzt: »The Nazis lost, as the flag was torn to ribbons in the fight for its possession.«

Der Vorfall war der zweite seiner Art, bei dem spanische Behörden in Erscheinung treten mussten. Bereits einen Monat zuvor waren zwei Deutsche im Hafen von Port de

Hafen von Port de Pollença (heutige katalanische Schweibweise) im Norden der Insel, ursprünglich Puerto de Pollensa (spanische Schreibweise), Postkarte (Bestard) 1930er Jahre

Pollença beim Verchartern einer Yacht lautstark in Streit geraten. Der Mieter bestand darauf, unter einer Hakenkreuzfahne zu segeln, was vom Bootseigner strikt abgelehnt wurde. Als die Männer tätlich wurden, schritt die Polizei ein und fällte schließlich ein salomonisches Urteil: Da das Boot in Spanien registriert sei, dürfe am Mast einzig die Flagge der Spanischen Republik flattern.

Die Auseinandersetzungen rund um das neue Hoheitszeichen des Dritten Reichs blieben nicht auf Privatpersonen beschränkt. Auch im Bereich des Seehandels ereigneten sich Vorkommnisse, die von den Diplomaten als »Flaggenzwischenfälle« bezeichnet wurden. Lief ein Frachter mit Hakenkreuzfahne einen spanischen Port an, kam es vor, dass die sozialistisch beziehungsweise anarchistisch eingestellten Hafenarbeiter sich weigerten, das Schiff zu entladen.

Bereits im Mai hatte ein solcher Vorfall in Sevilla landesweit für Aufsehen gesorgt. Das deutsche Frachtschiff »Clio« war unter dem Hoheitszeichen Nazi-Deutschlands in den Hafen eingefahren, es kam zu einem Tumult unter den Schauermännern, bei dem schließlich 37 Arbeiter von der Polizei festgenommen wurden.

Im Juni wiederholten sich die Ereignisse in Barcelona. Sechs Mann enterten den vor dem Hafen ankernden Dampfer »Saturn« und versuchten die Hakenkreuzfahne herabzureißen und ins Meer zu werfen. Die Mannschaft an Bord verhinderte das Ansinnen und rief die Polizei, die die Männer festnahm. Schon vorher hatten Unbekannte das Deutsche Generalkonsulat in Barcelona attackiert: Am Paseo de Gracia 132 warfen »drei junge Burschen« Steine gegen das Gebäude, berichtete die Wochenzeitung »Die Insel«: »Einige Fensterscheiben gingen in die Brüche; die Täter entwischten unerkannt.«

Für die mallorquinischen Häfen sind Flaggenzwischenfälle nicht dokumentiert. Die beschauliche Insel war offenbar zu gut kontrolliert und die Arbeiterschaft möglicherweise zu wenig politisiert, um sich für den »Kampf gegen den Faschismus« einnehmen zu lassen. Doch das traf nicht auf die gesamten Balearen zu. Denn der gravierendste Zwischenfall ereignete sich auf Ibiza: Dort weigerten sich die Hafenarbeiter Ende September 1934, den unter der Hakenkreuzflagge fahrenden Frachter »Trapani« zu entladen. Das Vorkommnis führte zu diplomatischen Verwicklungen. Der Kapitän, E. Knickelbein, drahtete – »mit deutschem Gruß« – an seine Vorgesetzten: »Ich stehe unter dem Eindruck, dass von den vielen hier ansässigen Emigranten die Sache gegen uns als Hetze ausgenutzt wird, denn von glaubwürdiger Seite ist mir erzählt, dass vier Emigranten mit den Arbeiterführern in einer Kneipe verhandelten.«

Das Wirken der Emigranten gegen den Entladevorgang der »Trapani« war anscheinend erfolgreich: Der Frachter musste den Hafen von Ibiza nach zwei Tagen unverrichteter Dinge verlassen. Die Ladung, 5.080 Sack Düngemittel, wurde in Barcelona gelöscht.

Unterdessen brachte die NS-Ortsgruppe Ibiza die Identitäten von drei der Emigranten in Erfahrung. Es handelte sich um Franz von Puttkamer, 44, aus Posen, früherer Redakteur der sozialdemokratischen Zeitung »Frankfurter Volksstimme«, Walter Stern, 38, aus Troisdorf, und Dr. Hermann Brunner, 30, aus Fürth, Schriftsteller. Auch das Generalkonsulat in Barcelona wurde aktiv und berichtete in Absprache mit Mallorca an die Botschaft in Madrid:

Ein hier wohnhafter Deutscher, der kürzlich Ibiza besucht hat und die drei Personen kennt, hat noch folgende Angaben gemacht: F. von Puttkammer habe einen kleinen Laden, in dem er Reiseandenken, Postkarten und Zeitungen, darunter Emigrantenblätter, verkaufe. Walter Stern, der Besitzer des Photohauses »Estrella«, sei Jude; er arbeite zusammen mit Dr. Brunner, indem er diesem die Illustrationen zu den Artikeln über Ibiza liefere, die B. für katholische Zeitungen schreibe. Alle drei Personen seien gegen das neue Deutschland eingestellt, hätten aber – mit Ausnahme des vorliegenden Falles – bisher keine Gelegenheit gehabt, Schaden anzurichten, da sie in ärmlichen Verhältnissen lebten und völlig damit beschäftigt seien, den notdürftigen Lebensunterhalt zu verdienen.[8]

Die drei Emigranten hatten für ihren Protest im Nachhinein mit Repressalien seitens der deutschen Behörden zu rechnen, etwa wenn sie, wie im Falle Puttkamers, eine Passverlängerung beantragen mussten und diese nicht bewilligt erhielten. Ihr weiteres Schicksal ist nicht bekannt.

Selbiges gilt für Kapitän Knickelbein. Seine Spur verliert sich in der Geschichte, nicht jedoch die seines Schiffes: Als der Spanische Bürgerkrieg ausbrach, schaffte die »Trapani« deutsche Spanien-Flüchtlinge außer Landes. Sein Ende fand das Schiff dann im Zweiten Weltkrieg: Am 11. November 1943 wurde der 1855-Bruttoregistertonnen-Dampfer von den britischen Kriegsschiffen »Penn« und »Jervis« vor der griechischen Insel Kos versenkt. Falls die »Trapani« damals noch eine Hakenkreuzflagge gehisst hatte, dürfte der Stoff mit dem Schiff gen Meeresboden gesunken sein.

Reichstagswahlen auf den Wogen

Die deutsche Kolonie stimmt für Hitler

Wie die Flaggenzwischenfälle zeigen, haben Schiffe in den Gewässern der Balearen nicht nur beim Protest gegen das Nazi-Regime eine besondere Rolle gespielt. Auch wenn es um die Zustimmung zu den neuen Machthabern ging, kamen Seefahrzeuge zum Einsatz: In Zusammenhang mit den Reichstagswahlen vom 5. März 1933 waren die Deutschen im Ausland aufgerufen, ihre Stimmen abzugeben. Da ein solcher Urnengang von Ausländern auf spanischem Boden aber rechtlich nicht möglich war, sollte er auf Schiffen vor der Küste stattfinden, außerhalb der nationalen Hoheitsgewässer. Hierzu trommelten die deutschen Konsulate sowie die Ortsgruppen ihre »Volksgenossen« zusammen, charterten Schiffe und organisierten eine Fahrt hinaus aufs Meer, wo schließlich gewählt wurde.

Zwar waren die Stimmen des Auslandsdeutschtums für das offizielle Wahlergebnis nicht entscheidend. Gleichwohl aber beabsichtigten die Nazis diese Wahlen propagandistisch für sich zu nutzen. Als gänzlich frei konnten die März-Wahlen ohnehin nicht mehr bezeichnet werden. Zur Erinnerung: Nach dem Reichstagsbrand vom 27. Februar 1933 hatten Hitler und das von Konservativen dominierte Kabinett unter Vizekanzler Franz von Papen mit der »Verordnung zum Schutz von Volk und Staat« die demokratischen Grundrechte außer Kraft gesetzt und die Basis des Rechtsstaates verlassen. Die kommunistische Partei wurde verboten, die SPD hingegen im Wahlkampf mit Auflagen, Verhaftungen und brutaler Gewalt massiv behindert. Ungeachtet des Einschüchterungsterrors gegen linke und republikanische Organisationen gelang es der NSDAP nicht, die bereits sicher geglaubte Mehrheit zu erringen (Die Nazis erlangten lediglich 43,9 Prozent der Stimmen). Hitler musste daraufhin neue politische Winkelzüge auf den Weg bringen, wie etwa das Ermächtigungsgesetz, um seine Machtbefungisse zur Diktatur auszubauen.

Wie jene rund 50.000 in Spanien lebenden Deutschen sollten auch die Reichsangehörigen auf Mallorca ihre Zustimmung zum »erwachten« Deutschland bei der Reichstagswahl kundtun. Allerdings erfuhr das Konsulat in Palma zu spät von der Möglichkeit einer Stimmabgabe auf hoher See und war nicht in der Lage, so kurzfristig die Wählenden zusammenzurufen. Die »Insel« berichtete indes über die Wahl, wie sie zumindest in Barcelona organisiert worden war:

Durch die Bestimmung, dass Deutsche auf deutschen Schiffen wählen durften, wenn 50 Wählende an Bord waren (und das Schiff auf freiem Meer), wurde in Barcelona eine Wahlmöglichkeit geschaffen. Da diese Nachricht erst Sonnabend den 4. nach Palma kam, war es nicht möglich, sich näher darauf vorzubereiten. Trotzdem fuhren einige hinüber, um ihre Stimmen abzugeben. 120 Peseten und einen Tag Hunger kostete sie diese staatsbürgerliche Tat, denn auf der »Halle« war man nicht auf 720 Personen für Verpflegung eingestellt. 360 konnten jeweils wählen, soviel konnte die Schiffsleitung mitnehmen. Die erste »Rate« fuhr also morgens um 7.30 Uhr von Barcelona aus der spanischen Hoheitszone heraus. Der zweite Teil folgte um ein Uhr, sodass etwa 770 Personen gewählt haben. Alles ging glatt vonstatten. Bei der Landung gegen 6 Uhr abends hatten sich einige hundert Menschen am Kai angesammelt und sie mussten von einer Polizeikette zurückgehalten werden. Die

Blick auf den Hafen von Palma, Postkarte (Orsinger), verschickt 3. September 1934

»Internationale« erklang und man konnte Plakate mit den Aufschriften »Nieder mit dem Faschismus« und »Verrecke Hitler« sehen. Man antwortete mit dem Deutschlandlied.[9]

Das Stimmenergebnis auf der »Halle« unter Leitung des Schiffskapitäns war folgendes:

Nationalsozialisten	508
Deutsch Nationale	137
Christlich Soziale	2
Deutsche Volkspartei	31
Sozialdemokraten	28
Kommunisten	19
Zentrum	37
Ungültige Stimmen	4

Das Wahlergebnis macht deutlich, dass die Nazis zumindest unter den wählenden Deutschen in Barcelona durchaus die Mehrheit für sich gewonnen hatten. Doch ungeteilte Zustimmung hatten sie auch am Mittelmeer nicht erlangen können.

Die deutsche Kolonie im März 1936 beim Einschiffen, um auf den Dampfer »Tanganyika« der Woermann-Linie zu gelangen. Im Zentrum ist mit Hut Konsul Dede zu erkennen. Hinter Dede sind Paul Esch-Hörle und sein Neffe Erich Esch sowie seine beiden Schwestern im Bild zu sehen

Nach der Reichstagswahl vom März 1933 hielten die Nazis noch mehrfach Plebiszite ab, in denen die Bevölkerung aufgerufen war, die Politik der Regierung per Akklamation gutzuheißen. Das waren manipulierte Volksentscheidungen. Vor allem nach wehr- und außenpolitischen Ereignissen, die Hitler für sich als Erfolg verbuchen konnte, wurden Abstimmungen organisiert, in denen unter Appellen an das Nationalbewusstsein eine möglichst breite Zustimmung der Bevölkerung angestrebt wurde. Gekoppelt daran waren zugleich Reichstagswahlen, falls man sie überhaupt noch als solche bezeichnen konnte, denn Parteien waren neben der NSDAP längst nicht mehr zugelassen und die »Abgeordneten« wurden per Einheitsliste bestimmt.

Anlaufen der »Tanganyika« vor Palma in vier Barkassen

Zur Teilnahme an der plebiszitären Reichstagswahl nach der Wiederbesetzung des Rheinlandes waren am 29. März 1936 auch die Mallorca-Deutschen aufgerufen. Wie beschrieben, sollte die Abstimmung auf einem Schiff vor der spanischen Küste stattfinden. Die Residentin Maria Esch aus Sóller notierte in ihrem Tagebuch: »Um halb zehn nach Palma gefahren (...). Auf der Mole die ganze deutsche Kolonie Mallorcas versammelt. Mit drei Motorbooten auf die »Tanganyika« befördert, dort Wahlbetätigung.«

Der Schriftsteller und Nazi-Gegner Thelen gab die Wahl auf den Wogen ebenfalls, wenn auch karikierend, wieder:

In der Bucht von Palma lag ein deutscher Dampfer vor Anker, ein Schiff der Woermannlinie. Statt nun wie üblich seine Touristen auf die Insel loszulassen, war dieses Schiff eigens nach Mallorca gekommen, um Leute an Bord zu locken, deutsche Leute genauer gesagt, alle Auslandsdeutschen im wahlberechtigten Alter: die deutsche Kolonie sollte ihr »Ja« in geheimer Wahl auf den Führer ausbringen. Musikkapelle an Bord wie bei einem Sonntagsausflug auf dem Rhein, Gelegenheit zum Absingen vaterländischer Lieder, zum Schunkeln, zur stillen Heimwehträne. Und als persönliches Geschenk des Führers nach vollzogener Jasagung: zwei Stullen mit Schinkenspeck, Bier vom Faß, und Senf nach Belieben. Um die deutsche Kolonie während des Aktes unter die Hoheit des Dritten Reiches nehmen zu können, musste man den Machtbereich der spanischen Gewässer verlassen. Das lieh sich wundervoll zur Mittelmeerfahrt mit Kind und Kegel. Ein Tusch, die Ankerketten rasseln – Deutschland, Deutschland über alles ... Der Konsul hatte wochenlang vorher seine Werber von Haus zu Haus geschickt, nachdem erst viel Papier gekommen war: Deutscher Mann! Deutsche Frau! [10]

Thelen, der seine Teilnahme an der Wahlfahrt verweigerte, hatte sich den Verlauf von Bekannten berichten lassen. Seinen Schilderungen zufolge hatte das Konsulat großen Wert auf Vollzähligkeit der deutschen Gemeinschaft gelegt. »Mit Speck fängt man Mäuse«, schrieb der Autor Jahre später über den als geselligen Ausflug organisierten Schein-Urnengang. Mit sanftem Druck wurden auch weniger wahlbegeisterte Deutsche per Gruppenzwang zum Mitmachen genötigt. Den grotesken Abschluss der Seefahrt beschrieb Thelen so:

Gegen Ende der Fahrt, man näherte sich schon der Mole, der Senf war verstrichen, die Luftballönchen geplatzt oder verschrumpelt, die Bierreste gluckten schal in den Stangen, da ergriff der Konsul noch einmal das Wort und dankte allen für ihre Treue zum Führer, zum Reich, zur Heimat; und als kleinen Unkostenbeitrag erlaube er sich, pro Person 13 Peseten zu erheben, so ein Dampfer, das koste natürlich Geld. Die Begüterten, die für den Führer nicht nur Liebe, sondern auch Peseten übrig hatten, beglichen, ein wenig befremdet zwar, die Bagatelle; und die anderen dachten: verdammt, da sind wir wieder mal reingefallen. Aber niemand getraute sich ein Wort des Protestes laut werden zu lassen. [11]

Wie Thelen weiter schreibt, fiel die Wahl auf der »Tanganyika« offiziell einstimmig zugunsten Hitlers aus. Tatsächlich soll jedoch zumindest ein Bekannter mit »Nein«

gestimmt haben. Seine Stimme wurde demnach vom auszählenden Nazi-Konsul und seinen Wahlhelfern unterschlagen. Mit dieser Manipulation fiel die Zustimmung der Mallorca-Deutschen zum Führer demnach eindeutig aus.

Der Zeitzeuge Erich Esch, Enkel der oben genannten Tagebuchschreiberin, war ebenfalls an Bord gewesen. »Das Ergebnis damals war hoch rechts«, erinnerte er sich.

Sollte Thelen die Ereignisse in seinem Roman korrekt wiedergegeben haben, waren die 13 Pesetas zum damaligen Zeitpunkt wahrlich keine »Bagatelle«. Mit einem solchen Betrag ließen sich damals in den Restaurants in Palma gleich mehrere Tagesmenüs begleichen. Mehr noch: Die Pensionen Montcada und Hiller in El Terreno, beide unter deutscher Leitung, boten Zimmer an, bei Vollpension und freiem Tischwein, für elf beziehungsweise zwölf Pesetas.

Das Wurstbrot des »Führers«, es dürfte in der Tat so manchem seiner Wähler im Nachhinein sauer aufgestoßen sein.

Vom Kaufmann zum Konsul

Hans Dede steigt zum »Vater der deutschen Kolonie« auf

Selten hat ein Nazi-Konsul derart Eingang in ein Werk der Weltliteratur gefunden wie Hans Dede. Der oberste Vertreter des Dritten Reiches auf Mallorca spielt eine wenig rühmliche Rolle in Albert Vigoleis Thelens Roman »Die Insel des zweiten Gesichts«. Das 900 Seiten umfassende Werk, das 1953 in Frankfurt am Main erschien, seinerzeit ein großer Publikumserfolg war und ein Jahr später mit dem renommierten Fontane-Preis ausgezeichnet wurde, beschreibt einen Hans Dede, wie er auf Mallorca vom kleinen Kaufmann zum Honorar-Konsul des Dritten Reiches aufstieg und dem Romanautor das Leben schwer machte. Die literarische Rache des Schriftstellers: Im Gegensatz zu den meisten anderen Figuren in seinem späteren Roman verschleierte Thelen den Namen und die Funktion des Konsuls nicht. (Wie Dede mit dieser anprangernden Darstellung seiner Person nach 1953 umging, darüber hüllen sich jene, die es wissen könnten, in Schweigen.)

Kinoveranstaltung im Cine Borne 1937: Konsul Hans Dede in erster Reihe, 2. v.r., grüßt mit erhobenem Arm

Thelen lebte von 1931 bis 1936 auf der Insel, wo er sich mit Gelegenheitsjobs mehr schlecht als recht über Wasser hielt. Lange Zeit war sein Arbeitgeber eben jener Konsul Hans Dede, der zunächst eine Reise- und Schifffahrtsagentur leitete und gerne auf die Dienste Vigoleis' als Touristenführer zurückgriff (»Sie sind mein bester Führer!«). Der antifaschistisch eingestellte Thelen hatte jedoch zunehmend Probleme mit seinem Arbeitgeber, der ihn für das neue Deutschland Hitlers gewinnen wollte. Es kam schließlich zum Bruch zwischen den beiden, und nach Beginn des Spanischen Bürgerkrieges musste Thelen von der Insel fliehen. Als Höhepunkt des Romans schildert der Schriftsteller, wie er und seine Frau unter Selbstmorddrohungen den Konsul endlich dazu bringen, ihnen die benötigten Visa für die Ausreise auf einem britischen Flüchtlingsschiff in die Pässe zu stempeln.

Die jüdische Zeitzeugin Lore Krüger, die Dede in den 1930er Jahren im Konsulat erlebt hatte, beschrieb ihn 2004 als einen »farblosen, opportunistischen Karrieristen«. Sein ehemaliger Angestellter im Konsulat, Erich Esch, sagte 2006, Dede sei »als Chef nicht unsympathisch« gewesen, schilderte ihn jedoch als einen strengen, auf Umgangsformen bedachten, pedantischen und wenig humorvollen Menschen. Ein spanischer Mitarbeiter wiederum lernte den gealterten Dede als einen Mann mit präzisen Tagesabläufen kennen, er sei »wie ein Schweizer Uhrwerk« gewesen. Thelen beschreibt den Wandel, den sein Arbeitgeber nach der Ernennung Hitlers zum Reichskanzler durchlief, folgendermaßen: »Der Konsul, vor seinem Fall ein bescheidener, höflicher, gut erzogener und sehr umgänglicher Auslandsdeutscher, wurde nun ganz groß, ganz unumgänglich, jeder Zoll ein durchflaserter Dünkling der Bewegung.«

Wer war jener Nazi-Konsul auf Mallorca? Geboren am 21. September 1900 in Hamburg, absolvierte Hans Friedrich Theodor Dede wie schon sein Vater Heinrich eine kaufmännische Lehre. Nach Stationen in verschiedenen Handelsunternehmen in Deutschland, Italien und Frankreich gelangte er 1929 nach Spanien und 1931 nach Mallorca, wo er zunächst als Geschäftsführer die Reise- und Schifffahrtsagentur Baquera, Kusche & Martin S.A. (BKM) leitete. Dede war damals ein junger Mann von Anfang 30, sprachbegabt, geschäftstüchtig. Mit der Lübeckerin Erna, geborene Lühr, lebte er seit 1925 in kinderloser Ehe. Dede hatte sich, nach bürgerlichen Maßstäben, früh eine erfolgreiche Existenz als Angestellter geschaffen.

Die Ernennung Dedes zum Konsul des Drittens Reichs, so wie sie Thelen in der »Insel des Zweiten Gesichts« darstellt, ist nicht zutreffend. Dede war nicht infolge der Machtübernahme Hitlers im Konsulat eingezogen. Aus den Akten des Auswärtigen Amtes geht vielmehr hervor, dass das Außenministerium der Weimarer Republik nach dem Tode des langjährigen Mallorca-Konsuls Alfred Müller (verstorben am 21. Dezember 1931) Hans

Dede bereits am 22. März 1932 zumindest zum kommissarischen Leiter des Konsulats ernannt hatte – also gut zehn Monate vor Hitlers Aufstieg zum Reichskanzler.

Der junge Kaufmann war von seinem Arbeitgeber Baquera, Kusche & Martin für den verwaisten Posten vorgeschlagen worden. »Herr Dede genießt unser volles Vertrauen, er ist ein intelligenter, wohlerzogener und zuverlässiger Mann, in dessen Händen das Konsulat nicht besser aufgehoben sein könnte«, schrieb BKM-Vorstand Jost Kusche an das Generalkonsulat.

Tatsächlich gelang es Dede, vier Bewerber aus dem Rennen zu schlagen. Bald nach seiner Ernennung wurden die konsularischen Tätigkeiten in die Geschäftsräume von BKM an die damalige »Plaza Libertad 11« verlagert, also an die heutige »Plaza de la Reina«, direkt unterhalb der zentralen Platanenallee Passeig des Born.

Hans Dede bewährte sich auf seinem neuen Posten. Bereits ein knappes Jahr später, im Februar 1933, plante das Auswärtigen Amt, ihn demnächst auch offiziell zum Konsul zu ernennen. In Berlin war seit wenigen Tagen Adolf Hitler an der Macht. Da Dede keine jüdischen Vorfahren hatte, wie eine behördeninterne Prüfung im Juli ergab, sprachen auch keine rassischen »Bedenken« gegen das Vorhaben. Reichspräsident von Hindenburg bestallte Dede noch im selben Monat mit dem repräsentativen Amt. Im Mai 1934 erkannte dann nach längerem Prozedere auch die Spanische Republik Dede offiziell als Konsul an.

Allerdings: Kaum war Dede auch mit spanischen Weihen ausgestattet, plante die Reederei Baquera, Kusche & Martin unerwartet Dede zu versetzten, um nun den Sohn des Inhabers, Jost Kusche junior, zum Geschäftsführer auf Mallorca zu machen. Das Generalkonsulat war strikt dagegen, es wollte bei einem Weggang Dedes den konsularischen Posten nicht neu besetzen müssen. Das führte letztlich zur Trennung von BKM und Dede, der sich selbständig machte und im Juli 1934 dem Generalkonsulat meldete, er sei kaufmännisch nun »vollkommen ungebunden (...) in meinen Handlungen«. Es war letztlich alles eine Frage der Abfindung: Die Lösung Dedes von BKM brachte ihm an Entschädigung und Kommission rund 19.000 Pesetas ein. Ein guter Schnitt: Für das Geld konnte man sich zu jener Zeit in Palma zwei traditionelle Einfamilienhäuser mit Innenhof beziehungsweise Garten zulegen.

Neben der rein konsularischen Tätigkeit kamen damals auf Dede neue Aufgaben zu, die mit den Errungenschaften des jungen NS-Staates zusammenhingen. Dazu zählte das »Winterhilfswerk des Deutschen Volkes«, das Sach- und Geldspenden sammelte. Hierfür wurden auch im Ausland Listen erstellt, um möglichst jeden »Volksgenossen« anzusprechen. Auf Mallorca organisierte das Konsulat die Sammlung im Dezember 1933. Anzeigen im »Herold« forderten patriotische Solidarität ein: »Deutsche, helft alle einmütig mit bei dem großen Werk! Denkt an das Ziel: im kommenden Winter soll kein Deutscher hungern und frieren!« Infolge seiner Tätigkeiten für das Winterhilfswerk oder auch für den Schulvorstand wurde Konsul Dede bei gesellschaftlichen Anlässen mitunter zum »Vater der Deutschen Kolonie« stilisiert, wie dies etwa einem Bericht des »Herold« vom März 1934 zu entnehmen ist.

Was dem Aufsteiger aber nach wie vor fehlte, war der ausgeprägte »Stallgeruch« der Nazi-Partei. Die Parteiführer der NS-Ortsgruppe auf der Insel betrachteten sich selbst als die wahren Repräsentanten des Dritten Reiches. Sie beanspruchten für sich die Führerschaft über die »Volksgenossen« im Ausland. Einem Konsul, der anfangs noch nicht einmal Mitglied ihrer Partei war, begegneten sie mit Ablehnung. Tatsächlich war Dede erst zum 1. Februar 1934 der NSDAP beigetreten. »Er (Dede) selbst nimmt an den Veranstaltungen der Ortsgruppe der N.S.D.A.P. teil, da er sich bereits seit einiger Zeit zur Aufnahme in die Partei gemeldet hat (...)«, hielt das Generalkonsulat im Mai fest. Seine Mitgliedsnummer lautete 3.402.439. Für die sogenannten »Alten Kämpfer« der ersten Stunde war Dede damit ein ausgesprochener Späteinsteiger.

Vom spanischem Umfeld wurde der Konsul indes zweifellos als oberster Repräsentant Nazi-Deutschlands auf Mallorca wahrgenommen und hofiert. Ein Foto zeigt einen Kinosaal voller Besucher mit dem Konsul in erster Reihe, als Ehrengast und Gastgeber in einem. Der Hintergrund der gemeinsamen Propaganda-Veranstaltung von NS-Ortsgruppe und spanischer Staatspartei Ende 1937 erschließt sich aus einem Brief Dedes: »Kürzlich arrangierte die Partei zusammen mit der Falange eine Vorführung von drei deutschen Kultur- und Marinefilmen im Cine Borne, die sehr gut besucht war. Hoffentlich bekommen wir bald wieder einmal so interessante Filme zu sehen.«

Ungeachtet öffentlicher Auftritte dieser Art war Hans Dede seinen Parteigenossen als »Nazi« zu bürgerlich, zu wenig radikal und offenkundig auch zu judenfreundlich. Der Konsul habe zwar »nichts auf den Führer kommen lassen«, sei aber »kein Judenfresser« gewesen, schrieb NS-Gegner Thelen in seinem Roman. Für die rechtsextremen Kritiker kam die Haltung des Konsuls jedoch einer »Verhöhnung der in Deutschland herrschenden Ansichten« gleich. Sie monierten Anfang 1938, dass Dede das Konsulat in einem Gebäude untergebracht hatte, dessen Vermieter ein deutscher Jude war.

Die Kritik an Dedes Handeln und Auftreten ließ in den folgenden Jahren kaum nach. Vom September 1939 ist ein Bericht erhalten geblieben, in dem ein anonymer Autor die Mitglieder der deutschen Gemeinschaft auf Mallorca beschreibt. Das Papier ist ein Beleg dafür, wie dem Nazi-Konsul von bekennenden Nationalsozialisten selbst zu jener Zeit noch mit Misstrauen begegnet wurde. Das elfseitige Dokument trägt den hochtrabenden Titel »Beobachtungen eines Neutralen während 6-jährigen Aufenthaltes in

Palma de Mallorca« und ist das bezeichnende Machwerk eines Denunzianten. In plumpem Sprachstil und wichtigtuerischer Manier schwadroniert der Autor über ein gutes Dutzend Mitglieder der deutschen Kolonie sowie einige Ausländer und teilt diese ein in Kommunisten, Nationalsozialisten, Konservative, Unpolitische und Juden. Über Hans Dede schreibt der selbsternannte Informant:

Der Konsul selbst zeigt bis zu einem gewissen Grade alle Nachteile, die eben auch in anderen Ländern bei sogenannten Honorar-Konsuln beobachtet werden können. Es ist dies die Tatsache, dass diese Klasse von Konsuln meist vor allem ihre persönlichen Geschäfte in erster Linie fördern, ihre rein konsularische Tätigkeit aber an zweite Stelle setzen. Konsul Dede, der anfangs wohl noch beinahe auffällig gewisse Emigranten (ganz besonders auch jüdische Emigranten) stark protegierte, hat sich, soweit ich beobachten konnte, diesbezüglich nun wohl gebessert und seine Tätigkeit als Nationalsozialist energischer aufgenommen.[12]

Konsul Hans Dede 1938 als Redner bei einer Mai-Kundgebung am Strand von Portals Nous

Was dem Denunzianten lange nicht ausreichend erschien – nämlich Dedes Auftreten und Agieren als »energischer Nationalsozialist« –, das hatte für die jüdisch-deutschen Inselresidenten bereits fatale Auswirkungen. Denn als oberster Repräsentant des Dritten Reiches verstärkte der Konsul kraft seines Amtes den wachsenden Druck auf all jene Mallorca-Deutschen, die nicht dem Herrenmenschenbild der Nazi-Ideologie entsprachen.

Bereits im August 1933 war Dede von seinen Vorgesetzten angewiesen worden, Berichte anzufertigen über die in seinem Bereich »befindlichen deutschen Emigranten, nach jüdischen und marxistischen Flüchtlingen getrennt, mit Angaben der Namen besonders tätiger Führer und deren antinationaler Betätigung«. Einem Bekannten, der von den NS-Behörden als Informant angeworben worden war, schrieb Dede 1937: »Ich werde Ihnen gern Kenntnis geben von Leuten, die nach Deutschland zurückkehren und die ins K.z. gehören [...]« Allerdings, so räumte er einschränkend ein, wisse er oft nicht, wohin sich die Emigranten nach ihrer Abreise aus Mallorca begeben würden.

Strand von Portals Nous in heutiger Zeit

Wenn jüdische Mallorca-Residenten im Konsulat ihre Ausweispapiere erneuen lassen mussten, kamen sie in den folgenden Jahren nicht umhin, sich das »rote Jot« in den Reisepass stempeln lassen zu müssen. Mehr noch: Dem dortigen Melderegister für die Reichsangehörigen ist zu entnehmen, wie in die Matrikel jeweils die jüdischen Zwangsnamen »Israel« und »Sarah« per Hand nachgetragen wurden.

Erich Esch, der in diesem Buch noch häufig zu zitierende Zeitzeuge, war zugegen, als im Konsulat die ersten Maßnahmen des Regimes gegen jüdische Mitbürger umgesetzt wurden. Esch war 1932 als 16-Jähriger mit seiner verwitweten Mutter nach Mallorca gelangt und hatte vor dem Bürgerkrieg eine Lehre als Fremdsprachenkorrespondent beim Kaufmann und Konsul Dede begonnen. Später wurde Esch als Sekretär im Konsulat angestellt, bis der junge Mann zur Wehrmacht eingezogen wurde. Befragt im Jahre 2006 zu seinen Erinnerungen, schilderte Esch, wie das Konsulat auf Anweisung übergeordneter Dienststellen den Stempel für das behördliche »J« eigens anfertigen lassen musste. Zusätzlich wurde ein Stempelkissen samt roter Tinte benötigt, die nach Eschs Worten aufwendig zu besorgen war. Der Lehrling erlebte mit, wie etwa der jüdische Mallorca-Resident Alfred Kauffmann trotz des Protestes seiner »arischen« Frau Eva Maria das rote Jot in den Reisepass gestempelt erhielt. (Den Konsulatsunterlagen ist zu entnehmen, dass das Ehepaar im April 1944 aus Mallorca »ausgebürgert« wurde. Alfred Kauffmann, geboren 1884 in Hamburg, wurde anschließend von den spanischen Behörden im Gefangenenlager Miranda de Ebro interniert und gelangte später nach Kanada.)

Der Vollständigkeit halber sei aber auch erwähnt, dass einzelne jüdische Bürger, die bei Ausbruch des Bürgerkrieges unverzüglich von der Insel geflohen waren, sich später aus dem Ausland noch rat- und hilfesuchend an Dede wandten, um über ihn wieder in den Besitz ihres zurückgelassenen Hab und Gutes zu gelangen. Das gilt etwa für das Ehepaar Sklarek, das aus den USA an Dede schrieb, oder für Maria Müller, die ihn von Deutschland aus kontaktierte. Offenbar hatten die Genannten zu jener Zeit noch ein gewisses Vertrauen in den Vertreter des Dritten Reiches auf Mallorca.

Ungeachtet dieser Einzelfälle waren das Konsulat und sein Amtsinhaber Hans Dede zweifellos ein Bestandteil des staatlichen Machtapparates, mit dem deutsche Juden auf der Insel observiert, diskriminiert, unterdrückt und drangsaliert wurden. Diesen Druck bekam neben Alfred Kauffmann das Ehepaar Heinemann in El Terreno zuletzt so intensiv zu spüren, dass es sich 1940 das Leben nahm. Andere deutsche Juden suchten ihr Heil in der Flucht in sichere Drittländer. Die Familie Zinner, die eine Wäscherei in Palmas Stadtteil Santa Catalina betrieb, verschlug es gar nach Australien. Auch sozialdemokratisch eingestellte Deutsche wie die Familie Sy hatten unter den zunehmenden Repressalien zu leiden.

Angesichts dieser Erscheinungen wird es für Außenstehende wohl nicht wahrnehmbar gewesen sein, dass der Nazi-Konsul sich seinerseits einem wachsenden Druck durch seine Parteigenossen ausgesetzt sah. Die Macht- und Prestigekämpfe auf Mallorca zwischen dem Konsul und der Ortsgruppe waren notorisch und beschäftigten die Partei- und Staatsbehörden bis in die höchsten Stellen. Am 15. Juli 1939 schrieb Hans Thomsen, Chef der NSDAP-Landesgruppe in Spanien und damit oberste Parteiinstanz im Ausland, an das Generalkonsulat in Barcelona: »Selbstverständlich sind mir die Reibereien auf der Insel in allen Einzelheiten längst bekannt; das Aktenstück über Herrn Dede ist ziemlich umfangreich.«

Die Anschuldigungen gegen den Parteigenossen Dede basierten zum Teil auf Vorkommnissen, die bis 1936 zurückreichten. Der Konsul wiederum beschwerte sich seinerseits über die Ortsgruppe. Am 6. September 1939, sechs Tage nach Kriegsausbruch, schrieb er an die Botschaft:

So harmonisch und fruchtbringend die Zusammenarbeit zwischen Partei und Konsulat hier in den Jahren 1933 bis 1936 gewesen ist, so unharmonisch und geradezu unmöglich ist die Zusammenarbeit geworden, seitdem Pg. Rup im Juli 1936 die stellvertretende Leitung der hiesigen Ortsgruppe übernommen hat. Hierüber ist von mir die Landesgruppenleitung im Juni 1937 (...) sowie im März 1938 persönlich unterrichtet worden. Mir ist beide Male eine baldige Klärung in Aussicht gestellt worden, die allerdings bis heute nicht erfolgt ist.[13]

Mit einem vom 27. Oktober 1940 datierten Schreiben wurde die Lage für Dede ernst: Die Ortsgruppe strengte ein Parteiausschlussverfahren gegen ihn an, sodass die NS-Landesgruppe Spanien entsprechende Untersuchungen einleiten musste. Es waren unsichere Zeiten für Dede und für die Welt schlechthin: Zwei Wochen zuvor war die geplante Landung der Wehrmacht in England nach der erfolglosen Luftschlacht auf unbestimmte Zeit verschoben worden. Hitler wusste nicht so recht, wie es mit dem von ihm entfesselten Krieg weitergehen sollte und konsultierte unter anderem Spaniens Diktator. Das Treffen mit General Franco am Bahnhof des baskischen Grenzortes Hendaye lag erst vier Tage zurück, als die NS-Landesgruppe in Spanien dem »Parteigenossen Hans Dede, Konsul des Deutschen Reiches« eröffnete, er habe sich einer schriftlichen Vernehmung zu stellen. In dem mehrseitigen Schreiben wurden sämtliche Verfehlungen Dedes penibel aufgelistet. Der Konsul las:

Sie sind beschuldigt worden: den Bestrebungen der NSDAP seit Juli 1936 fortgesetzt zuwidergehandelt und innerhalb der Ortsgruppe Palma de Mallorca wiederholt Anlass zu Streit und Zwist gegeben zu haben.[14]

Dazu wurden diverse »Tatbestände« aufgezählt. Der erste Vorwurf lautete, Dede habe »den örtlichen Hoheitsträger der Partei beziehungsweise Stellvertretenden Ortsgruppenleiter von wichtigen Ereignissen nicht gebührend vorher in Kenntnis gesetzt und dadurch seine Teilnahme an offiziellen Veranstaltungen erschwert beziehungsweise unmöglich gemacht«. Als konkretes Beispiel wurde die Trauerfreier für den 1938 auf Mallorca ums Leben gekommenen Kampfpiloten und Bruder des »Caudillos«, Ramón Franco, genannt.

Der zweite Tatbestand lautete: »Sie hätten Anordnungen des Ortsgruppenleiters, die er Ihnen in Ihrer Eigenschaft als Pg. (Parteigenosse) gegeben, jedoch mit Rücksicht auf Ihre Stellung als Reichsvertreter in der Form einer höflichen Bitte gekleidet hätte, nicht befolgt und dadurch gegen die Parteidisziplin verstoßen.« So solle Dede sich seit Juni 1938 geweigert haben, zu den Parteiversammlungen zu erscheinen.

Der Konsul nahm zu jedem der aufgeführten Vorwürfen sorgfältig Stellung, wohl wissend, dass sein Amt und seine Position als Würdenträger auf dem Spiel standen. Mehr noch: Ohne den Posten des Konsuls war sein gutbürgerliches Leben auf Mallorca in Gefahr. Dede wäre dadurch abkömmlich geworden, sprich, er hätte mit seiner Einberufung in die Wehrmacht rechnen müssen. Und als klar denkender, die Vorteile abwägender Kaufmann wird ihm durchaus bewusst gewesen sein, dass eine berufliche Tätigkeit in einer friedlichen Region – noch dazu auf einer sonnigen Insel – einem riskanten Kriegseinsatz sicherlich vorzuziehen war.

In seiner Stellungnahme, die Dede schließlich bis zum 17. Januar 1941 ausformuliert und an die NS-Landesgruppe nach Madrid gesandt hatte, versuchte der Konsul einleitend, den politischen Charakter der Auseinandersetzung abzuschwächen:

Zunächst muss ich mit aller Deutlichkeit feststellen, dass es sich im vorliegenden Falle nicht um einen Gegensatz zwischen Partei und mir handelt. Es handelt sich vielmehr ausschließlich um persönliche Differenzen Rup/Dede.[15]

Jener Ortsgruppenleiter Walter Rup hatte sich vom Konsul in jeder Hinsicht übergangen gefühlt. Besonders verärgert hatte ihn, nicht bei der Trauerfeier für Ramón Franco dabeigewesen zu sein, der im Spanischen Bürgerkrieg mit dem Flugzeug bei Pollença tödlich verunglückt war. Der Sarg der Generalíssimo-Bruders war im Rathaus von Palma aufgebahrt, anschließend fand das Begräbnis auf dem Friedhof statt, bei dem auch der deutsche Luftwaffenattaché von Scheele aus Madrid anwesend war. Rup schrieb an den NS-Landesgruppenführer Otto Timm:

Mich persönlich, als Hoheitsträger hat Parteigenosse Konsul Dede nicht benachrichtigt, vielweniger die Parteigenossen oder gar die Arbeitskameraden. Meine Behausung ist vom Konsulat in fünf Gehminuten zu erreichen. – Zufällig begegnete mir Pg. Konsul Dede am Tage des Aktes, 20 Minuten vor Beginn desselben und tat erstaunt aus seinem Wagen heraus, ob ich nichts davon wüsste! – Natürlich war es für eine Beteiligung zu spät. – Die Handlungsweise des Herrn Konsuls lässt wieder einmal deutlich erkennen, wes Geistes Kind er ist und wie ihm das Ansehen des Deutschtums im Ausland am Herzen hängt.[16]

Dede wiederum stellte die Begebenheit in seiner Verteidigungsschrift an die NS-Parteiführer folgendermaßen dar:

Die Kranzniederlegung durch Attaché Oberstleutnant von Scheele am Grab des gefallenen Oberstleutnant Ramón Franco war keine Sache des Konsulats, sondern der hiesigen Marine-Dienststelle (Oberstleutnant Knappe).[17]

Sprich: Die Federführung lag nicht beim Konsulat, sodass auch keine Veranlassung bestanden hatte, die Ortsgruppe über die Trauerfeier zu informieren. Dede ließ in seiner Stellungnahme zudem keinen Zweifel daran, dass eine vertrauensvolle Zusammenarbeit mit dem Ortsgruppenleiter nicht gegeben war. Hierfür machte der Konsul auch die Umgangsformen Rups verantwortlich. Dede begründete darüber hinaus, warum er seit Februar 1938 an keiner Versammlung der Ortsgruppe mehr teilgenommen hatte. Um seine Kritik zu untermauern, sandte Dede einen eigenverfassten Versammlungsbericht mit, der die aus seiner Sicht untragbaren Zustände in einer Monatsversammlung der NS-Ortsgruppe schilderte. Diese war am 2. Februar 1938 im Saal des Kulturzentrums Ateneo am Borne in Palma abgehalten worden. Teilgenommen hatten die Parteigenossen Dede, Goldmann, Rup, Tischner sowie die Parteianwärter Ehnes, Esch, Ehepaar Kobold, Leclerc, Schwarz und Vollbrecht.

Zur Eröffnung der Versammlung hatte Frau Kobold einen von ihr verfassten Aufsatz über den Werdegang Adolf Hitlers vorgetragen. Anschließend geriet Ortsgruppenleiter Rup in Streit mit Dede. Auslöser war die Rückschau auf die »Kolonialfeier«, die in demselben Saal wenige Tage zuvor, am 30. Januar, dem Jahrestag der »Machtergreifung« Hitlers, stattgefunden hatte. Für Uneinigkeit sorgte nun im Nachhinein der Ablauf des Programms mit seinen diversen Begrüßungs-, Haupt- und Schlussreden. Rup hatte das Programm offenbar kurzfristig geändert, sodass er selbst, nicht jedoch, wie ursprünglich geplant, Dede die Veranstaltung offiziell beendet hatte. Dede sagte nun, er müsse sich »lebhaft wundern«, dass Rup mit dem im Vorfeld vereinbarten Programm zunächst einverstanden gewesen sei, dann aber die Abläufe geändert habe. Rup wiederum warf dem Konsul Misstrauen gegenüber den Parteimitgliedern vor und erklärte, künftig nun jedem Parteimitglied direkt die entsprechenden Aufgaben anordnen zu wollen; das gelte auch für das Parteimitglied Dede. Dede erwiderte darauf, dass Rup doch hinlänglich bekannt sein müsste, dass Dede, »in seiner Eigenschaft als deutscher Konsul nicht zur Ortsgruppe gehöre, sondern zur Sektion Auswärtiger Dienst; demzufolge könne auch keine Rede davon sein, dass er [Rup] berechtigt sei, ihm [Dede] Befehle zu erteilen.« Der Konsul betonte, den Ortsgruppenleiter »schon verschiedentlich« auf diesen Umstand aufmerksam gemacht zu haben. Rups Agieren bezeichnete Dede in der Versammlung als »Sticheleien« gegen seine Person.

Ein weiterer Vorfall vergiftete zusätzlich das Tagungsklima. So warf der Parteianwärter Schwarz Dede vor, der Konsul habe sich in Schwarz' Angelegenheit »wie ein dummer Junge« verhalten. Dede erwiderte daraufhin, Schwarz habe »ein paar Ohrfeigen« verdient. Was Dede besonders kritisierte, war, dass Rup Schwarz gewähren ließ: »Eine Rüge des ganz unglaublichen Angriffes des Pg. Schwarz auf Pg. Dede seitens des Versammlungsleiters Rup ist nicht erfolgt«, protokollierte Dede in seinem Bericht. Die Spannungen im Ateneo waren zum Greifen:

Die in der Versammlung erzeugte Atmosphäre war derart geworden, dass der sonst so ruhige und mit sozusagen allen Pgg. und Kolonialmitgliedern auf bestem Fuße stehende Pg. Tischner, der Leiter der hiesigen Ortsgruppe der DAF seit ihrer Gründung, sich veranlasst sah, Pg. Rup scharf zurechtzuweisen. Er nannte Pg. Rup sogar einen Stänker; ferner bezeichnete er u.a. das, was Pg. Rup ihm erwidert hatte, als Schwindel. [...]

Der letzte Teil der Versammlung war ausgefüllt mit Vorwürfen des Pg. Tischner gegen Pg. Rup. Ersterer warf Pg. Rup vor, dass in seinem Café von einer kleinen Clique von Leuten (wohl Parteianwärtern) systematisch gegen Pg. Dede gehetzt würde. Pg. Rup verlangte dafür Beweise. Das wüste Geschimpfe in dem offenen Saale des Ateneo endete damit, dass Pg. Rup als einer der Ersten sozusagen aus dem Saale stürzte, womit die Parteiversammlung ihren Abschluss fand.[18]

Das Dokument ist ein Beleg für die Fehde, die Dede mit Rup, beziehungsweise das Konsulat mit der Ortsgruppe auszufechten hatte. Es ging letztlich um die Frage, wem von beiden der Vorrang innerhalb der deutschen Kolonie gebühre: dem staatlichen Repräsentanten oder dem Hoheitsträger der Staatspartei, zu der sich die NSDAP entwickelt hatte. Diese Konkurrenzsituation der Kompetenzen zwischen Staats- und Parteiorganisation war auf vielen Ebenen symptomatisch für den Nazi-Staat. Die Rivalität trat auch auf Mallorca auf.

Die grotesken Auswüchse der Insel-Nazis mit ihrem Kleinkrieg untereinander fanden in dramatischen Zeiten statt: Im Februar 1938, als die Versammlung der Ortsgruppe im Ateneo in Streit und Zwietracht auseinander stob, tobte auf dem spanischen Festland nach wie vor der Bürgerkrieg mit unvermittelter Härte. Die Offensive der Franquisten in Aragón, insbesondere im eisigen Winterkrieg in Teruel, stand nur wenige Wochen vor ihrem Durchbruch an die ostspanische Mittelmeerküste, was von April an eine Zweiteilung der republikanischen Zone bedeutete. In Europa wiederum verstärkte Hitler zusehends seinen Druck auf Österreich. Es sollte nur noch vier Wochen dauern, bis die Wehrmacht die Alpenrepublik »heim ins Reich« holen würde.

Vor diesem Hintergrund erwies sich Mallorca als eine Insel der Seligen – zumindest für die Ortsgruppe, die genügend Zeit und Energie zu haben schien, ihre Konflikte mit dem Konsul zu pflegen. Als Dede sich 1941 dem Parteiverfahren stellen musste, befand sich halb Europa im Krieg. Die Rechnung seiner Widersacher ging indes nicht auf. So sehr Walter Rup und Konsorten Dede auch loswerden wollten, der Konsul fand zweifelsohne unbeschadet aus der Angelegenheit heraus und behielt sein Amt bis zum Untergang des Dritten Reiches.

Hans Dede wird insgeheim gewusst haben, dass er dabei mehr Glück als Verstand hatte. Denn hätten seine Gegner nur ein einziges Mal Kenntnis von jener Affäre bekommen, mit der er sich damals zeitgleich herumzuschlagen hatte, es wäre für den wenig zimperlichen Haufen der Ortsgruppe ein Leichtes gewesen, den verhassten Konsul als »Hermaphroditen« zu verunglimpfen und ihn ein für allemal aus dem Amt zu jagen.

Liebesaffäre mit Nachspiel

Eine missglückte Romanze bringt den Konsul in Bedrängnis

Der Ausbruch des Bürgerkrieges im Sommer 1936 war eine einschneidende Zäsur in vielerlei Hinsicht. Die ideologischen Konflikte, die militärischen Auseinandersetzungen und die sozialen Verwerfungen hatten Auswirkungen auf das Leben eines jeden Einzelnen.

Für den deutschen Konsul auf Mallorca gingen die politischen Umwälzungen in Spanien einher mit einer Begebenheit gänzlich privater Natur: Es handelt sich um eine unvorhergesehene Liebesaffäre samt folgenschwerem Nachspiel. Der eheliche Seitensprung des damals 36-Jährigen endete in einem emotionsgeladenen Debakel, das den Konsul beinahe Job und Ansehen gekostet hätte.

Das an sich belanglose Ereignis aus dem Privatleben eines Mannes wie Hans Dede enthielt peinliche Details und filmreife Szenen, Stoff also, wie ihn Hollywood gerne thematisiert. Was dem Konsul damals widerfuhr, mag auf den ersten Blick zweitrangig erscheinen. Die Schilderung der Umstände gewährt jedoch Einblicke in die Lebensverhältnisse von Deutschen auf Mallorca. Die Darstellung macht ferner deutlich, wie sehr die Menschen selbst in Kriegszeiten bemüht waren, die scheinbare Normalität ihres bürgerlichen Alltagslebens aufrechtzuerhalten, ungeachtet aller politischen Umbrüche und Unsicherheiten.

Konsul Hans Dede

Das Unheil kündigte sich für Dede im Oktober 1937 – also gut 15 Monate nach Ausbruch des Bürgerkrieges – mit einem Schreiben seiner Vorgesetzten an: Die deutsche Botschaft, die damals kriegsbedingt in Salamanca residierte, forderte ihren Vertreter in Palma auf, Stellung zu Vorwürfen zu nehmen, wie sie in Deutschland von einer gewissen Liselotte Zeller (Name geändert) gegen ihn vorgebracht wurden. Die Düsseldorferin bezeichnete Hans Dede als »erbärmlichen Lump«, der ihre Notlage angeblich ausgenutzt hatte, als sie in den ersten Tagen des Bürgerkriegs bei ihm Schutz und Hilfe gesucht hatte. »Als ich mich damals an den deutschen Konsul Dede in seiner Eigenschaft als Konsul wandte, um mir die Abreise aus Palma mit dem Wagen und Gepäck zu ermöglichen, glaubte dieser den Zeitpunkt für günstig, mich mit den widerlichsten Zudringlichkeiten zu belästigen«, hieß es in ihrem Schreiben an die Botschaft. Ferner war die Rede von Briefen, die der Konsul mit »Wilhelmine Meising« unterzeichnet und an Liselotte Zeller gesandt haben sollte.

Dede widersprach dezidiert, bat aber darum, man möge ihm eine eingehende Stellungnahme zu den Vorwürfen ersparen. Die Botschaft hielt die Vorwürfe vorerst für wenig glaubwürdig und wollte die Angelegenheit ohne »zwingende Gründe« nicht weiter verfolgen. Diese Haltung steigerte die Verärgerung der Frau. Sie wandte sich mit noch schärferen Schreiben an das Auswärtige Amt und die Reichskanzlei, wobei sie auf einer Stellungnahme Dedes bestand.

Die Postkarte, verschickt 1932, zeigt das Zentrum und den Hafen von Palma

Nach der Einschaltung der obersten Behörden war es nicht mehr möglich, die Beschwerden der Schreiberin zu ignorieren. Der Verwaltungsapparat setzte sich in Bewegung, es wurden diverse Briefe zwischen den Dienststellen Auswärtiges Amt, Botschaft, Generalkonsulat und Konsulat verschickt, wobei die Personalangelegenheit als »Geheimsache« eingestuft wurde. Parallel dazu nahm der Spanische Bürgerkrieg unter deutscher Beteiligung der Legion Condor seinen Lauf.

Zeller blieb ihrerseits nicht untätig und legte im Februar 1938 mit weiteren Schreiben nach. Sie sei nicht gewillt, »die Sache im Sande verlaufen zu lassen«, warnte die Düsseldorferin, und drohte damit, Dede nun auch öffentlich bloßzustellen und Kopien ihrer Schreiben »an die Kommandeure und Offiziere aller im Mittelmeer stationierten deutschen Seestreitkräfte, an die Kapitäne der deutschen Handelsschiffe, die Palma de Mallorca anlaufen, deutsche Offiziere der Legion Kondor als auch an sämtliche deutsche Handelsunternehmen sowie deren deutsche Angestellte in Spanien« zu senden.

Gleichzeitig schaltete Zeller offenbar einen Bekannten, Wilhelm Lindner, ein. Dieser Mensch stieß in dasselbe Horn, brachte aber in seinem Schreiben an das Auswärtige Amt noch ganz andere Kaliber in Stellung, um den Konsul auch politisch zu diskreditieren:

Vielleicht erinnert man sich bei dieser Gelegenheit an die bekannte frühere Einstellung dieses Konsuls zum Nationalsozialismus, der diesbezüglichen Beschwerden über ihn und an die Tatsache, daß derselbe, wie zur Verhöhnung der in Deutschland herrschenden Ansichten in der Judenfrage, das deutsche Konsulat noch bis vor kurzem in einem von einem Juden abgemieteten Haus untergebracht hatte, obwohl es in Palma nicht an anderen geeigneten Häusern und Wohnungen gefehlt haben soll.[19]

Es sollte für den Konsul noch unangenehmer kommen: Bei der deutschen Botschaft in Salamanca ging, ebenfalls im Februar 1938 – also just in jenem Monat, in dem die Konfrontation zwischen Dede und dem Ortsgruppenleiter Rup eskaliert war, – ein anonymer Brief ein, in dem die Schmähungen unter die Gürtellinie zielten:

Ein anatomisch recht interessantes Gebilde muss der deutsche Konsul Hans Dede sein. Dieser beneidenswerte Zwitter scheint sich mitunter so sehr als Frau zu fühlen, dass er sich in diesem Zustande als Berichterstatterin ausgiebt und seine Briefe mit Wilhelmine unterschreibt, sogar trägt er sich mit der Absicht sich mit einem gewissen Peter zu verloben. Ob er bei der Ausübung seines Berufes als Berichterstatterin Frauenkleider anlegt, geht aus seinen Briefen nicht hervor.[20]

Erich Esch, der in jenen Jahren im Konsulat angestellt war, erinnerte sich 2006 an die delikate Situation seines Arbeitgebers. Auf die Frage, warum Dede und seine Frau Erna keine Kinder hatten, antwortete er: »Eine hässliche Stimme sagte mir einmal, der Konsul sei Hermaphrodit. Ich wusste gar nicht, was das bedeutet.« Nach Eschs Worten habe es damals eine Briefkampagne gegen den Konsul gegeben, ohne dass ihm, Esch, etwas über die Hintergründe bekannt gewesen sei. »Dede sagte mir, ich müsse möglicherweise vor Gericht aussagen. Jemand habe ihn beleidigt als Hermaphrodit ...«

Druck bekam Dede auch von Seiten seiner Vorgesetzten. Dem Konsul blieb nichts übrig als sie aufzusuchen. Aufgrund der Kriegslage war das Generalkonsulat Barcelona im national-spanischen Burgos nördlich von Madrid untergebracht. Eigens dorthin geflogen, schenkte Dede, wie er festhielt, dem Generalkonsul Rolf Jäger »reinen Wein« ein. Der Inhalt seiner Ausführungen wurde auf drei Seiten Protokoll akribisch festgehalten. Hier einige eingekürzte Auszüge:

Betreffs Angelegenheit der Frau L. Zeller, Düsseldorf

Diese Angelegenheit, die in ihrem Kern eigentlich nur Frau Zeller und mich angeht, und von der die deutsche Kolonie auf Mallorka bis heute nicht die geringste Kenntnis hat, habe ich bisher als eine reine private Sache betrachtet. Nachdem es nunmehr aber scheint, als ob die Angelegenheit weitere Kreise zieht, sehe ich mich veranlasst, der Botschaft in aller Offenheit über den Fall zu berichten.

Frau L. Zeller, (...) heute etwa 29 Jahre alt, seit etwa drei Jahren verheiratet, besuchte schon als junges Mädchen verschiedentlich Mallorka. Ihr Vater ist anscheinend wohlhabend, auch ihr jetziger Ehemann. Mit dem Ehepaar Zeller unterhielten meine Frau und ich einen losen freundschaftlichen Verkehr, einige Hauseinladungen, einige gemeinsame Badeausflüge. Bei Ausbruch des spanischen Bürgerkrieges, 18. Juli 1936, befand sich meine Frau seit kurzem zu einem Erholungsurlaub in Deutschland und Herr Zeller auf dem spanischen Festland, wahrscheinlich Geschäfte halber.

Am 27. Juli 1936 rief Frau Zeller telephonisch bei mir an, um mir mitzuteilen, dass sie sich allein auf Mallorka befände. Es wurde vereinbart, dass ich sie, sobald es meine Zeit erlaube, besuchen würde. Tatsächlich besuchte ich sie kurz darauf in ihrer Wohnung, wo ich auch eine andere deutsche Dame antraf. (...) Frau Zeller erschien dann wieder auf dem Konsulat, um mich – ich glaube, es war der 29. Juli – für den Abend des gleichen Tages zum Essen einzuladen. Ich folgte der Einladung und lud sie daraufhin für den nächsten Abend zu mir ein. Frau Zeller nahm die Einladung ohne weiteres an und verlebte auch den Abend in meiner Wohnung. Es entwickelte sich daraus in den nächsten Tagen, an welchen wir uns in den Abendstunden gegenseitig besuchten, ein immer intimeres Verhältnis. Am 30. Juli 1936 verliess der erste Flüchtlingstransporter »Repulse« mit etwa 500 Ausländern den Hafen von Palma. (...) In den Tagen vorher und nachher bot sich mehrere Male die Gelegenheit, mit einem Schiff Mallorka zu verlassen. Frau Zeller zog es aber vor, von diesen Gelegenheiten keinen Gebrauch zu machen, sondern erst mit dem am 8. August 1936 von Palma abgegangenen Passagierdampfer abzureisen. (...)

Am 8. August 1936 schieden wir voneinander in aller Freundschaft. (...) Nachdem verabredet worden war, in Verbindung zu bleiben, und um die Sache möglichst unauffällig zu machen, andererseits aber durchaus für Frau Zeller verständlich, hatte ich im Juni 1937 von Sevilla aus einen mit Wilhelmine unterzeichneten Brief an Frau Zeller nach Auerbach an der Bergstrasse gesandt. Der Inhalt des Briefes enthielt zum Teil gemeinsame Erinnerungen, die für Frau Zeller den Absender des Briefes ohne weiteres erkennen liessen. Tatsächlich antwortete Frau Zeller darauf, und zwar mit zwei kurzen, nicht unterschriebenen Briefen, die nach Sevilla gerichtet und mir von der Post nach Palma nachgesandt waren. (...)

In dem einen Brief drückte Frau Zeller ihre grosse Freude darüber aus, dass sie meinen Brief erhalten habe. (...) In dem anderen Brief war erwähnt, dass ihr Mann einen Tag vor Ankunft des Briefes plötzlich in Auerbach angekommen wäre, den Brief geöffnet, und sie aller Erklärungen enthoben hätte, sondern sofort abgereist wäre, um sich von ihr zu trennen; sie bat mich, doch möglichst bald zu kommen. Da ich Mitte Juli für kurze Zeit dringend in Italien und Deutschland geschäftlich zu tun hatte, benutzte ich die Gelegenheit, mich erneut mit Frau Zeller in Verbindung zu setzen. (...)

Wie ein Blitz aus heiterem Himmel war es nun, als ich kurz nach meiner Rückkehr in Palma ein Schreiben von Frau Zeller erhielt (Mitte/Ende Juli 1937), worin sie mit einem Male in einer für mich unfassbaren Weise zu den aus Sevilla von mir gesandten Briefe gegen mich Stellung nahm. Ich antwortete darauf kurz, dass der Inhalt des Briefes mich überrascht habe und wohl nicht für mich bestimmt ist. Daraufhin erhielt ich dann gegen Ende August 1937 von Frau Zeller einen kurzen Brief, worin sie mich einen Lumpen nennt. (...) Für mich war das Vorgehen der Frau Zeller ein Rätsel, und dies ist es heute noch (...) und da das unverantwortliche Vorgehen derselben gegen mich weitergeht und dabei jeglicher Grundlagen entbehrt, möchte ich die Botschaft bitten, gegen mich ein disziplinarisches Verfahren einzuleiten oder aber gegen Frau L. Zeller öffentliche Anklage wegen Beamtenbeleidigung zu beantragen.[21]

Ungeachtet der spröden Behördensprache schimmert aus dem Text hindurch, was vorgefallen war: Zwei Menschen hatten in einer Ausnahmesituation wie in romanhafter Verklärung zueinander gefunden. Während die Franquisten auf Mallorca die Anhänger der spanischen Republik inhaftierten und bei Nacht-und-Nebel-Aktionen an Friedhofsmauern oder in Straßengräben liquidierten, erlebte Konsul Dede ein außereheliches Glück von kurzer Dauer. Dann entzweite die Aufdeckung der Affäre die Liebenden und machte aus ihnen erbitterte Gegner.

Für Dedes Vorgesetzte war klar, dass die Angelegenheit nur durch ein gerichtliches Verfahren aus der Welt zu schaffen sein würde. Sie waren bereit, gegen Zeller Strafanzeige wegen Beamtenbeleidigung zu stellen, wollten aber aus Rücksicht auf den Konsul zunächst grünes Licht von ihm erhalten. Generalkonsul Jäger wies Dede ausdrücklich darauf hin, dass eine Strafanzeige durchaus nachhaltige Folgen für ihn persönlich bergen könnte. So würde ein Strafverfahren neben einer eventuellen Ehescheidung in seinem Falle auch seinem Ansehen schaden oder sogar ein Strafverfahren gegen ihn wegen Ehebruchs nach sich ziehen.

Dede selbst war das offenbar ein zu großes Wagnis, er zog seine zuvor gegebene Zustimmung zu einer öffentlichen Strafanzeige zurück. Bei einer neuerlichen Zusammenkunft mit seinen Vorgesetzten im Juni 1938 in Berlin gab Dede zu Protokoll, dass über die Affäre ungeachtet der anonymen Schmähbriefe auf Mallorca nichts bekannt sei:

Aus der Kolonie selbst ist mir nie zu Ohren gekommen, daß irgend jemand etwa Bemerkungen über mich gemacht hätte, die Bezug haben könnten auf den Fall Zeller, und da ich in der Kolonie nicht nur Freunde habe, sondern unter den Koloniemitgliedern auch einige sind, die gern eine derartige Angelegenheit benutzen würden, um gegen mich als deutschen Konsul loszulegen, schließe ich, daß bis heute keiner auf Mallorka Kenntnis von dem Kern der mich angehenden Angelegenheit hat.[22]

Das Schreiben belegt, wie sehr Dede sich des doppelten Drucks bewusst gewesen ist, der einerseits wegen der verkorksten Liebesaffäre und andererseits wegen seiner politischen Widersacher in der Ortsgruppe auf ihn lastete. Der Konsul hatte in jenen Tagen des Jahres 1938 durchaus Grund, um Ruf und Posten zu bangen. Eine vage Hoffnung sah er darin, die Ex-Geliebte möge ohne weiteres Agieren zu ihrer Ruhe zurückfinden. Doch genau diese Hoffnung erfüllte sich nicht.

Daran ist möglicherweise Dedes Ehefrau schuld. Auch Erna Dede, von ihrem Gatten nach ihrer Rückkehr auf die Insel offensichtlich ins Bild gesetzt, hatte ein vitales Interesse daran, den Konflikt mit der Ex-Geliebten ihres Mannes aus der Welt zu schaffen. Denn in Anbetracht der Probleme, die dem Konsul drohten, waren nicht nur sein Amt und seine gesellschaftliche Stellung in Gefahr, sondern auch die bürgerliche Existenz, die sich das Ehepaar aufgebaut hatte.

Aus diesem Grunde wohl begab sich Erna Dede im Herbst 1938 erneut auf Deutschlandreise, um bei der früheren Freundin, quasi von Frau zu Frau, zu intervenieren, ein Unternehmen, das nicht nur kläglich scheiterte, sondern die seit Monaten stillhaltende Zeller zu neuerlichen wütenden Attacken gegen den Konsul reizte. So schrieb die Düsseldorferin am 14. Oktober einen geharnischten Brief an das Auswärtige Amt, in dem sie den Konsul erneut mit Schimpf und Schande bedachte. Und über Erna Dede hielt sie fest:

Vor kurzem ist nun auch noch die Ehefrau dieses Schweines hier erschienen & hielt sich mehrere Tage in Düsseldorf auf & versuchte mich zu sprechen & erschien sogar persönlich, wurde jedoch nicht vorgelassen. Nach einem letzten Versuch mich telefonisch zu sprechen, (...) artete sie in Drohungen aus. Diese »Frau Konsul« scheint es mit ihrem ehrenwerten Gatten an Dickfälligkeit noch aufnehmen zu können.[23]

Damit war das Maß voll. Dede stellte, tatkräftig unterstützt von Generalkonsul Jäger, im November 1938 bei der Staatsanwaltschaft Düsseldorf Strafantrag gegen Zeller »wegen fortgesetzter schwerer Beleidigungen und Verleumdungen«. Am 24. August 1939, einen Tag nach Abschluss des deutsch-sowjetischen Nichtangriffspakts, meldete Konsul Dede an das Generalkonsulat, nun sei in Bälde mit der Anberaumung eines Gerichtstermins zu rechnen. Knapp eine Woche später fiel die Wehrmacht in Polen ein und es herrschte Krieg. Und damit wurde der sogenannte »Gnadenerlass« vom 9. September auch im Verfahren Dede-Zeller wirksam: Hitler, der offenbar um die Lust seines Volkes am Prozessieren wusste, untersagte mit diesem Führererlass sämtliche Gerichtsverfahren, bei denen es um Bagatellen ohne erwartungsgemäß allzu hohes Strafmaß ging. Dede nutzte ein letztes Rechtsmittel zum Einspruch – vergeblich. Mit der Ablehnung stellte das Landgericht Düsseldorf das Verfahren am 5. Februar 1940 endgültig ein.

Viereinhalb Jahre nach dem Tête-à-tête Dede-Zeller auf Mallorca war die Welt eine völlig andere geworden. Es herrschte Krieg und vermutlich hatte auch Lieselotte Zeller nun gänzlich andere Sorgen als jene, den Konsul zu attackieren, um womöglich bei ihrem gehörnten Ehemann gut dazustehen. Es ist im Rückblick kaum nachvollziehbar, welch ein Aufwand an Korrespondenz und Behördeneinbindung in dieser Affäre betrieben wurde, und dies alles in Zeiten von Krieg und Terror, erst in Spanien, dann in Europa.

Erich Esch, der einstige Mitarbeiter im Konsulat, erfuhr erst im Jahre 2006 die wahren Hintergründe der Briefkampagne gegen seinen angeblich »hermaphroditischen« Chef. »Ich hätte nie gedacht, dass der mit einer Frau anbändelt«, sagte der 90-Jährige. Im Konsulat hatte der Mitarbeiter damals alle Hände voll zu tun, um die Evakuierungsmaßnahmen für die deutschen Spanien-Flüchtlinge zu organisieren. »Mir wird noch nachträglich schlecht!«, resümierte Esch, »die Tage der Verschiffung waren die aufregendsten. Und da hatte der Mensch (Dede) Zeit für solche Geschichten ...«

Der braune Zuckerbäcker

Ortsgruppenführer Walter Rup, Widersacher des Konsuls

Für Walter Rup war es sicherlich eine verpasste Chance: Der Ortsgruppenführer scheint keinerlei Kenntniss von der Affäre Dedes erhalten zu haben, denn sonst wäre sie für ihn vermutlich eine höchst willkommene Gelegenheit gewesen, die Verunglimpfung des Konsuls als »Hermaphroditen« für die eigenen Zwecke gehörig auszuschlachten. Hans Dede hatte selbst eingeräumt, »in der Kolonie nicht nur Freunde« zu haben und dass seine Gegner »unter den Koloniemitgliedern (...) gern eine derartige Angelegenheit nutzen würden«, um gegen ihn als Konsul »loszulegen«. Doch der Ortsgruppenführer war ahnungslos ...

Walter Rup, geboren 1908 in Ulm, war in jenen Jahren ein junger Mann mit strahlendem Lächeln und mühsam gebändigter Lockenpracht. Ein Foto, da ist Rup Mitte 20, zeigt einen fröhlich wirkenden Menschen. Und es gibt ein zweites Foto, auf dem Walter Rup gleichfalls lächelt. Er hält in jenem Moment ein gerahmtes Porträt von Adolf Hitler demonstrativ in die Höhe. Bei der Veranstaltung, offenbar ein Parteitreffen mit dem deutschen Konsul und Vertretern der Falange, wirkt Rup, in Schlips und Anzug, überraschend bürgerlich.

Die zur Schau getragene Harmonie auf dem Gruppenfoto täuscht. Denn Rup, der Mitte 1936 zum maßgeblichen Standortleiter der Nationalsozialisten auf der Insel aufgestiegen war, befehdete sich mit dem Konsul über Jahre hinweg. Damit fand einer der klassischen Konflikte des Dritten Reiches – der interne Machtkampf zwischen den NS-Parteifunktionären einerseits und den Repräsentanten der staatlichen Institutionen andererseits – seinen Widerhall auch auf Mallorca. Rup erwies sich als erbitterter Gegner des Konsuls.

Die ersten Hinweise zu Walter Rup auf Mallorca finden sich im Sommer 1933. Am 10. Juni veröffentlicht die deutschsprachige Wochenzeitung »Die Insel« eine Anzeige der »Pastelería Terreno« in der Calle Bellver, unweit der Plaza Gomila. »Erste deutsche Konditorei auf Mallorca«, hieß es in dem Text, »wir empfehlen unsere fachmännisch hergestellten Konditoreiwaren und werden bemüht sein, Sie durch Qualität und reelle Preise zu überzeugen.«

Der Zeitpunkt der Eröffnung der Konditorei mit Kaffee- und Gartenbetrieb ist gut gewählt. Erst Anfang Mai hatte das Blatt die Insel als neues Betätigungsfeld für Unternehmensgründer, speziell für »Mitteleuropäer«, gepriesen: »Auf Mallorca gibt es keinen internationalen Konditor, keinen Photograveur, keinen Reklameberater. Die Nachfrage danach ist groß.«

Als Inhaber der »Pastelería Terreno« werden laut Anzeige Sienz und Rup genannt, Rup fälschlicherweise mit zwei »P« geschrieben. Bei Paul Sienz handelt es sich um einen Vorgänger Rups als »Standortleiter« der NS-Ortsgruppe Mallorca. Am 20. Juni 1933 schreibt »Die Insel« über die beiden:

Zwei erstklassige deutsche Zuckerbäcker haben ein vielversprechendes Geschäft begonnen. Pasteleria Terreno hat heute nach einigen Tagen der Eröffnung schon einen Namen. Jeder lobt die Torten und das Gebäck.[24]

Walter Rup mit Hitler-Porträt, l. Frau Kobold und Esch-Hörle, r. Marqués de Zayas und Konsul Dede

Als Walter Rup gemeinsam mit seinem Kompagnon begann, in Palma »Hefegebäck – Obstkuchen – Speiseeis« feilzubieten, war er schon lange Mitglied der NSDAP. Der gelernte Koch stieß bereits am 1. März 1932 zur Partei, fast ein Jahr vor der Ernennung Hitlers zum Reichskanzler. Rup zählte damit zu den frühen Nazis, die der NSDAP noch während der sogenannten »Kampfzeit« vor der »Machtergreifung« beigetreten waren.

Pastelería Terreno

C. Bellver, 6 nahe Pl. Gomila Tel. 1382

Sienz und Rupp.

Erste deutsche Konditorei auf Mallorca.

Wir emfehlen unsere fachmaennisch hergestellten Konditoreiwaren und werden bemueht sein, Sie durch Qualitaet und reelle Preise zu ueberzeugen.

SPEZIALITAET:

HEFEGEBAECK - OBSTKUCHEN - SPEISEEIS

Schattiger Garten, schoener Nachmittagsaufenthalt.

Anzeige aus der »Insel« vom 10. Juni 1933

Der Bäcker befand sich zum Zeitpunkt, als er sich offiziell das Parteiabzeichen samt Hakenkreuz ans Revers stecken durfte, bereits auf Mallorca. Zumindest ist sein Aufenthalt auf der Insel seit 1931 belegt. Als Anschrift ist die Straße Bellver, Nummer 6 registriert. Also genau an der Stelle, an der später die Konditorei zu finden sein würde. Im Juni desselben Jahres zählte Rup auch zu den Gründungsmitgliedern der NS-Ortsgruppe Palma de Mallorca.

1933 heiratete Walter Rup eine Kollegin, Elisabeth Du Moulin. Die 25-jährige Köchin aus Essen zog zu ihm nach El Terreno. Die Bellver-Straße, durch die traditionell der Fußweg bergauf in den Park und zu Palmas Wahrzeichen, dem Castillo de Bellver, führt, heißt heute noch so. Einige wenige Villen, die dem späteren Bauboom auf Mallorca nicht zum Opfer fielen, geben einen Eindruck davon, wie das gediegene Viertel einst ausgesehen haben mag.

Die Konditorei war demnach bei ihrer Eröffnung in bester Lage angesiedelt. Zu einem späteren Zeitpunkt gab Walter Rup den Standort auf und wechselte direkt an die Plaza Gomila, Nummer 5, wo er laut Firmenstempel die »Pastry's Tearoom – Konditorei – Pastelería CAFE RUP« eröffnete. Das Lokal schaffte es bis in die 1989 herausgegebene Gran Enciclopèdia de Mallorca. Sie zählt im Eintrag über die Plaza Gomila auch die dortigen Gaststätten in den Jahren vor dem Spanischen Bürgerkrieg auf. Das sind neben dem Café de la Placeta und den Lokalen Bellver, Torres, Joe's, Mónaco und Oasis sowie dem Ballsaal Tito's insbesondere das Café »el Rupp«, kurioserweise erneut mit falschem Doppel-»P«.

Zwei Monate vor der Hochzeit trifft auch Elisabeths jüngere Schwester oder nahe Angehörige, Wilhelmine Du Moulin, Jahrgang 1912, aus Essen ein. Die Verkäuferin wohnte zunächst bei den Eheleuten, denen im Oktober 1934 ein Sohn geboren wird. Bei Ausbruch des Bürgerkrieges verlässt Wilhelmine Du Moulin Mallorca wieder. Walter Rup macht unterdessen Parteikarriere. Im Juni 1936 tritt der Ulmer Zuckerbäcker bei der Jahreshauptversammlung des Deutschen Schulvereins in Palma erstmals als Sprecher der Nazi-Partei auf und im Juli avanciert er zum sogenannten »Hoheitsträger«, also zum obersten Repräsentanten der Partei auf der Insel, auch wenn er offiziell lediglich als stellvertretender Leiter der Ortsgruppe geführt wird.

Der Zeitzeuge Erich Esch beschrieb Rup folgendermaßen: »Er kam aus dem Nichts und war plötzlich da, ein aufstrebender Jüngling mit Ambitionen.« In seiner neuen Rolle gerät Walter Rup rasch in Reibung mit dem Konsul. Als Leiter der Ortsgruppe hält sich Parteipionier Rup dem Spätmitglied Dede gegenüber durchaus für weisungsbefugt. Der Konditor sieht sich selbst als höchsten Vertreter Nazi-Deutschlands auf Mallorca. Dede wiederum hat als Konsul den angestammten Platz eines obersten Repräsentanten des Reichs inne. Von dieser auch bei spanischen Institutionen angesehenen Amtsposition möchte er sich ungern in die zweite Reihe verweisen lassen.

Bezeichnend für den Antagonismus Dede-Rup ist ein überliefertes Zitat, das dem Konditor zugeschrieben wird. Danach benötigte Rup für sein Café im Herbst 1940 eine Genehmigung und suchte zu diesem Zweck den Polizeichef von Palma auf. Dieser gab ihm den wohlmeinenden Rat, sich der Vermittlung des deutschen Konsulats zu bedienen. Daraufhin beschied Rup dem Beamten: »Sie scheinen nicht zu wissen, wer ich bin. Ich habe den deutschen Konsul gar nicht nötig, denn ich bin hier der Chef der Partei.«

Die Abneigung zwischen Rup und Dede beruhte auf Gegenseitigkeit, die Aversion steigerte sich parallel zum Fortgang der Blitzkriege. Ende Oktober 1940 sorgte Rup dafür, dass die NS-Landesgruppe in Spanien eine Untersuchung mit drohendem Parteiausschlussverfahren gegen den Konsul einleitete. Während Hans Dede seinerseits Beschwerden über Rup formulierte, ging beim deutschen Generalkonsulat in Barcelona auch jener bereits erwähnte Geheimbericht des »neutralen Beobachters« ein. Darin beschreibt der anonyme Informant den Ortsgruppenleiter folgendermaßen:

Parteileiter Rup: Sehr anständiger Mensch, treuer Nationalsozialist, grob, politisch und vor allem diplomatisch völlig ungeschult, jedenfalls aber verschwiegen und vorsichtig. Steht seit Jahren in Feindschaft mit dem Konsul, was mit sich bringt, dass Konsul und Parteileiter dauernd gegeneinander arbeiten.[25]

Die Beschreibung ist nicht die einzige, die sich zu Walter Rup finden lässt. Mit konsularischen, wenn auch vernichtenden Federstrichen skizzierte Dede den Konditor 1941 folgendermaßen:

Pg. Rup war 1931/32 als Koch im hiesigen Hotel Royal (Inhaber Bönisch) tätig. Laut Mitteilung der Inhaber wurde er wegen Küchendiebstahl fristlos entlassen. Er eröffnete später zusammen mit dem früheren Stützpunktleiter Paul Sienz eine Konditorei. Es kam zwischen beiden zu Meinungsverschiedenheiten, die 1933 durch langwierige Verhandlungen vor mir ausgetragen wurden.[26]

In demselben Schreiben erwähnte Dede einen Vorfall vom September 1940, der schlaglichtartig die antijüdische Einstellung des Ortsgruppenführers zeigt:

Auch in spanischen Kreisen scheint Pg. Rup ziemlich unangenehm aufgefallen zu sein. Anfang September vergangenen Jahres ließ mich der hiesige Zivilgouverneur zu sich bitten, um mir mitzuteilen, dass Pg. Rup von einem Herrn A. Miró, der Inspekteur des hiesigen Apothekerverbandes ist, ein paar Ohrfeigen bekommen hätte, weil Pg. Rup ihn als Juden bezeichnet hätte. Der Zivilgouverneur bat mich, doch darauf hinzuwirken, dass Probleme dieser Art in dieser Zeit hier nicht aufgerollt werden.[27]

Hatte schon der »neutrale Beobachter« Rup als »grob« und »diplomatisch völlig ungeschult« bezeichnet, lieferte Dede eine weitere Beschreibung, die seinen Widersacher negativ darstellte. Demnach war der Ortsgruppenleiter selbst im braunen Gewerkschaftsableger der Deutschen Arbeitsfront (DAF) auf der Insel höchst umstritten. So schrieb Dede über Rup:

Ferner erläuterte er sein Vorhaben, auch die Zusammenkünfte der hiesigen Frauenschaft zu besuchen, mit den Worten: »...und nun braucht Ihr nicht zu glauben, dass ich die Frauenschaft besuche, um mir die Weiber anzuschauen«. Die Folge dieser Verunglimpfung der DAF-Mitglieder war, daß die folgende DAF-Mitgliederversammlung, auf welcher wieder mit einem Auftreten des Pg. Rup zu rechnen war, nur schwach besucht war, so dass sich der DAF-Leiter Paul Fichtner veranlaßt sah, in aller Öffentlichkeit gegen die von Pg. Rup gemachten Äußerungen Stellung zu nehmen.[28]

Ausgerechnet bei seinem Erzfeind, dem Konsul, musste Walter Rup 1941 einen sogenannten Rückwanderer-Reiseantrag stellen, um nach Deutschland zurückkehren zu können. Möglich, dass der Konditor sich in jenen Kriegsjahren mit seinem Café wirtschaftlich nicht mehr über Wasser halten konnte. Der 32-Jährige ging tatsächlich »heim ins Reich«, 1943 ist sein Eintrag in die NSDAP-Ortsgruppe Stuttgart dokumentiert.

Es dürfte für Rup ein schmachvoller, für Dede hingegen ein triumphaler Moment gewesen sein, als der Zuckerbäcker im Konsulat vorstellig werden musste, um sein Reisevisum abzuholen. Beide werden sich insgeheim daran erinnert haben, wie Rup sich von Dede eine jegliche Einmischung verbeten hatte. Anlass war eine Geldstreitigkeit gewesen zwischen Rup und dem in El Terreno lebenden Malermeister Walter Dullin. Letzterer hatte Dede eingeschaltet. Im Verlauf der Auseinandersetzung schrieb Rup 1939 einen wenig schmeichelhaften Brief samt orthographischen Fehlern an Dede, in dem er ihm seine Geringschätzung deutlich bekundete:

In Erwiederung Ihres Schreibens vom 4. des Monats teile ich Ihnen mit, dass ich mich nicht entsinnen könnte, Ihnen jemals das Recht einer Intervention in meine geschäftlichen Angelegenheiten eingeräumt zu haben. Dieselbe ist daher ebenso überflüssig als unerwünscht, dies umsomehr, da ich mit Volksgenossen, denen heute, sechs Jahre nach der Machtübernahme, der deutsche Gruß »Heil Hitler« noch nicht eine selbstverständliche Herzensangelegenheit geworden ist, nicht gerne in Berührung komme und ich dieselben nicht besonders schätze. Heil Hitler![29]

Der ehemalige Konsulatsangestellte und Zeitzeuge Erich Esch erfuhr von diesem Schreiben erst im Jahre 2007. Ironisch bemerkte er zu Rup an: »Da ist wenigstens etwas von ihm erhalten geblieben. Ich hätte nicht gedacht, dass er ein zusammenhängendes Schreiben anfertigen könnte. Ich hielt ihn nicht für sehr intelligent.«

Baron im Braunhemd

Die Karriere des Insel-Nazis Kurt von Behr

Von all den Nazis, die auf Mallorca ihr Unwesen trieben, sollte er der berüchtigste werden: Baron Kurt von Behr, alter niedersächsischer Adel, machte im Dritten Reich Karriere und erlebte einen kometenhaften Aufstieg – samt bitterem Ende, wie es bei den meisten Nazi-Größen seines Kalibers der Fall war. Er und seine Frau nahmen sich in den letzten Tagen des Zweiten Weltkriegs mit Zyankali das Leben, nachdem sie zuvor eine Flasche Champagner, Jahrgang 1928, entkorkt hatten.

Ungeachtet seiner hohen Positionen taucht Kurt von Behr in wissenschaftlichen Publikationen allenfalls am Rande oder gar nur als Fußnote auf. Wenn er genannt wird, dann als Leiter des »Sonderstabes Bildende Kunst« beim »Einsatzstab Reichsleiter Rosenberg für die besetzten Gebiete« (ERR) in Frankreich. Das war jene Abteilung in Paris, die sich auf das Sicherstellen von Beutekunst spezialisiert hatte. Ihre Aufgabe bestand darin, Kunstwerke, Antiquitäten und wertvolle Pretiosen aus Museen und – häufig jüdischen – Privatsammlungen zusammenzurauben und nach Deutschland zu verfrachten.

Ein Foto zeigt Kurt von Behr im Beisein von Hermann Göring im Pariser Museum Jeu de Paume, das dem ERR als Depot für die zusammengetragenen Kunstgegenstände diente. Göring besuchte das Museum von 1941 bis 1944 an die zwanzig Mal, um seine eigene Kunstsammlung zu erweitern.

Auffällig an der Ablichtung ist, dass Behr auf dem Kragenbesatz Abzeichen des Roten Kreuzes trägt, dessen deutsche Sektion von den Nazis nach der Machtübernahme gleichgeschaltet worden war. In der Tat war Behr vom Präsidenten des Roten Kreuzes, Carl Eduard von Sachsen-Coburg, einem hochrangigen NSDAP-Angehörigen, für die Hilfsorganisation engagiert worden.

In Paris fungierte Behr für prominente Nazigrößen als Mann fürs Grobe, wenn es um die Beschaffung wertvoller Gemälde ging. Der US-Autor Hector Feliciano schreibt über den Baron:

Den Kunsthistorikern in seiner Mannschaft muss die Unkenntnis des Barons auf dem Gebiet der Kunst gewaltig erschienen sein. Das war, ohne jeden Zweifel, ein unaussprechliches Manko für den Leiter einer Dienstbehörde, die sich auf das Konfiszieren von Kunstwerken spezialisiert

Kurt von Behr mit seiner Frau

hatte. Definitiv: Von Behr, der ein pompös-prunkhaftes Gesellschaftsleben im nächtlichen Paris der Besatzungszeit führte, erscheint als bloßer Intrigant, der gerühmte Einladungen und Empfänge in seiner Residenz gab, zu dem Zwecke, sich bekannt zu machen und seinen Einfluss bei den deutschen militärischen Führungskräften in Frankreich zu erhöhen.[30]

Doch zuständig für den Kunstraub quer durch Europa war Kurt von Behr erst von 1940 an. Was trieb der Mann zuvor und welche Rolle spielte er auf Mallorca? Kein anderer Forscher hat sich so intensiv mit Kurt von Behr beschäftigt wie Alexander vom Hofe. In seinem 2013 erschienenen Buch »Vier Prinzen zu Schaumburg-Lippe« geht der Rechtsanwalt dem Verdacht nach, dass sein Großonkel Adolf Fürst zu Schaumburg-Lippe 1934 durch Kurt von Behr denunziert worden war. Der Hitlergegner Fürst Adolf hatte Deutschland mit seiner jüdischen Frau verlassen und residierte auf der Luxusinsel Brioni bei Venedig. Behr wiederum leitete in der Lagunenstadt den Aufbau der NSDAP-Ortsgruppen in Italien. Vom Hofe schließt selbst ein Mordkomplott der Naziführung gegen seinen Angehörigen nicht aus. Der vermögende Ex-Fürst kam 1936 bei einem Flugzeugabsturz in Mexiko ums Leben. Der Vorfall im Rahmen einer Vergnügungsreise konnte angeblich nie eindeutig aufgeklärt werden.

Ende 1934 taucht von Behr mit seiner Ehefrau, einer Britin, auf Mallorca auf. Das kinderlose Paar erlebt später auch den Ausbruch des Spanischen Bürgerkriegs auf der Insel. Behrs Anwesenheit und sein Agieren als »Gestapo-Agent« wurde schon damals von deutschen, spanischen und französischen Antifaschisten registriert und dokumentiert. So hieß es bereits 1936 in einer in Paris von Franz Spielhagen zum Spanischen Bürgerkrieg veröffentlichten Dokumentensammlung speziell über Behr:

Er hat mit Hilfe der Phalangisten blutige Jagden auf Emigranten veranstaltet. Ein deutscher Arzt und der Pazifist Kraschutzki sind ihm zum Opfer gefallen.[31]

Tatsächlich wurde der in Cala Rajada lebende Heinz Kraschutzki nicht erschossen, allerdings befand er sich neun Jahre als Häftling in Gefängnissen der Franco-Diktatur. Die Madrider Tageszeitung »ABC«, die im Oktober 1936 die Falschmeldung von der Erschießung Kraschutzkis veröffentlichte, schrieb, der Pazifist sei am 1. August auf Betreiben »des Chefs der Nazi-Agenten, von Behr,« von den Franquisten inhaftiert worden. Es ist denkbar, dass der braune Baron einer der Drahtzieher der Aktion gewesen ist, Beweise liegen aber nicht vor.

Kurt von Behr in Paris um 1943

Für die angebliche Erschießung eines »deutschen Arztes« lassen sich indes keinerlei Indizien finden. In der »Pariser Zeitung«, dem Organ der deutschen Emigration, hatte es am 6. August 1936 zumindest geheißen, der Gestapo-Agent Behr habe in Palmas Wohnviertel El Terreno einen »spanischen« Arzt wegen des Besitzes eines Feindsenders denunziert. Daraufhin sei der Mediziner erschossen worden. Auch das mag durchaus im Bereich des Möglichen liegen. Allerdings kennt der Lokalhistoriker Llorenç Capellà, der selbst seit Jahrzehnten im Stadtteil El Terreno lebt und forscht, den Fall eines erschossenen Arztes in diesem Zusammenhang nicht und schließt auch deutsche Machenschaften hinter den Hinrichtungen aus. »Die Franquisten«, so Capellà, »benötigten keine ausländische Hilfe, wenn es darum ging, jemanden zu denunzieren und zu erschießen. Das brachten sie schon alleine fertig.«

Der 90-jährige Zeitzeuge und ehemalige Konsulatslehrling Erich Esch erinnerte sich im Jahre 2006 an den Baron als eine unangenehme Persönlichkeit. Besonders im Gedächtnis blieb ihm haften, wie Kurt von Behr sich in der Öffentlichkeit in Uniform zeigte, wobei es sich nach Eschs Erinnerungen um eine braune SA-Uniform handelte. Bei der Vorlage des Fotos erkannte Esch den Baron und auch dessen Ehefrau wieder. Allerdings hatte er den Adeligen in seiner Erinnerung als Grafen abgespeichert. Bei den Gesprächen mit Erich Esch ergab sich folgender Dialog:

Esch: Es gab einen Graf, weiß nicht mehr, wie der hieß, mit Uniform und Heil Hitler schreiend durch die Gegend laufend. Mit der gelben Scheiß-Uniform, zackig durch die Straßen laufend. Grauenvoll!

Autor: War es ein Baron oder ein Graf?

Esch: Es war ein Adeliger, der mit brauner SA-Uniform herumgelaufen ist.

Autor: Wo? Auf der Straße?

Esch: Ich habe ihn ein- oder zweimal in brauner Uniform gesehen. Auf der Straße oder bei Versammlungen.

Autor: Und es störte Sie, dass er in Uniform umherlief?

Esch: Dass er damit herumlief, das stank mir! Was sollten da die Spanier von uns denken?!

Baron Kurt von Behr hielt sich seit Dezember 1934 gemeinsam mit seiner Frau Joy, geborene Clarke, auf Mallorca auf. Als Beruf ließ er ins Konsulatsregister »Privat« eintragen. 1935 erschien der Zusatz »Kommissar für freiwillige Krankenpflege / Rotes Kreuz«. Das Paar lebte zunächst in Port de Pollença, in der Casa Amaya Delaney. Baronin Joy von Behr war 1896 in Assam in Indien geboren und stand als Britin in engem Kontakt mit ihren Landsleuten im Norden Mallorcas. Später lebte das Paar in Palmas Armadans-Straße 71.

Über das Wirken Kurt von Behrs auf Mallorca finden sich nur wenige verlässliche Hinweise. Sie stehen in Zusammenhang mit der Auseinandersetzung, die Konsul Dede mit seinem Widersacher Walter Rup hatte. Demnach war auch der Baron dem Konsul nicht wohlgesonnen. Der NS-Landesgruppenleiter für Spanien, Hans Hellermann, schrieb 1936 in einem Brief an Dede, dass »Parteigenosse von Behr darauf hinwies, dass die Partei von Ihnen als Konsul zu sehr beaufsichtigt werde, was er damit belegte, dass beispielsweise das Konzept für eine Rede Ihnen zur Einsicht vorher vorgelegt werden müsse.«

Dass der Baron im Braunhemd mit dem braunen Zuckerbäcker Rup ein vertrauensvolles Verhältnis hatte, wird auch aus einem anderen Dokumente deutlich: Es handelt sich um einen der Beschwerdepunkte, die Rup gegen Dede vorbrachte: Dede, so Rup, habe ihn nicht mit an Bord eines deutschen Kriegsschiffes genommen, das 1936 vor dem Hafen von Palma ankerte. In seiner Verteidigungsschrift in Zusammenhang mit dem Parteiausschlussverfahren schilderte Dede die Situation folgendermaßen:

Es handelt sich hierbei anscheinend um das erste Anlegen eines deutschen Kriegsschiffes in Palma nach Ausbruch des spanischen Bürgerkrieges, und zwar um Torpedoboot »Leopard«, das am 11. August 1936 bei Dunkelwerden in die Bucht von Palma einlief, ohne sich vorher in irgendeiner Weise angemeldet zu haben. Das Boot warf in der Bucht Anker. Ich hielt es für richtig im Hinblick auf die damalige Situation, noch abends den Kommandanten aufzusuchen, und beantragte bei dem spanischen Hafenkommandanten eine besondere Erlaubnis für die Fahrt auf Reede, die ich auch erhielt. Bei Abfahrt der Barkasse vom Kai – es war inzwischen Nacht geworden – fanden sich unverhofft Pg. Rup und ein Herr von Behr ein, die mitfahren wollten. Ich erklärte ihnen, daß dies nicht angängig sei. Beide hatten keine Erlaubnis vom Hafenkommandanten. Im übrigen erklärte mir an Bord der Kommandant, dass er in der Nacht und draußen auf Reede den Besuch der beide Herren nicht empfangen möchte; er ließ sie vielmehr bitten, ihn am nächsten Morgen zu besuchen.[32]

Dass Kurt von Behr ohne die Hilfeleistung des Konsuls nicht an Bord des Schiffes gelangen konnte, macht deutlich, dass er damals noch nicht jener hochrangige NS-Funktionär war, zu dem er in Paris aufsteigen sollte.

Anders als man gemeinhin annehmen könnte, spielte Kurt von Behr im Bürgerkrieg auf Mallorca keine herausragende Rolle. Denn während die italienischen Faschisten vom 26. August 1936 an die Insel mit Kampfflugzeugen, Piloten, Mechanikern, Bomben, Munition und Treibstoff versorgten sowie darüber hinaus den sinistren Grafen Rossi entsandten, der die militärische Kriegführung zeitweise an sich riss, war Behr auf dem Eiland gar nicht mehr anzutreffen.

Der Baron hatte Mallorca samt Ehefrau nach Ausbruch der Kämpfe im Inselosten bereits am 18. August 1936 verlassen, und zwar an Bord des deutschen Torpedobootes »Kondor«, das wie andere Kriegsschiffe der Reichsmarine den Auftrag hatte, deutsche »Spanien-Flüchtlinge« vor dem Bürgerkrieg in Sicherheit zu bringen und heimwärts zu schaffen.

Der Name des Torpedobootes hat im Falle Behrs vermutlich zu Verwechselungen mit der Legion Condor geführt und dem Baron im Nachhinein eine Bedeutung als Verbindungsmann zu den Franquisten zukommen lassen, die von den antifaschistischen Beobachtern offenbar weit überschätzt wurde. Es ist zwar durchaus anzunehmen, dass Behr in der deutschen Gemeinschaft auf Mallorca die Hitlergegner unter seinen Landsleuten bespitzelte und bei staatlichen Stellen im Reich denunzierte. So ist im Konsulatsregister ein winziger Eintrag zu finden, demzufolge Behr den nach Pollença emigrierten Fotografen Georg Reisner observierte. Aber dass der Baron als Geheimagent den aufständischen Militärs bei der Vorbereitung zum Putsch geholfen haben soll – dafür haben sich keinerlei Hinweise finden lassen. Somit dürfte Behr von spanischer Seite lediglich als ein weiterer der vielen auf Mallorca lebenden Ausländer wahrgenommen worden sein.

Konsul Dede äußerte sich 1938 in Beantwortung einer dienstlichen Anfrage höchst abfällig über den Baron. Das ist ein weiterer Beleg dafür, dass Behr seinerzeit längst nicht als jener übermächtige Gestapo-Agent wahrgenommen wurde, als der er in den Exilmedien beschrieben worden war. In seinem Bericht hielt Dede fest:

Baron von Behr wird hier verschieden beurteilt. Für die jungen Parteianwärter, die er für die Partei interessierte, war er »der Mann«. Ältere Koloniemitglieder halten ihn für einen gewandten Schauspieler und Intriganten, der drauf und dran war, das Kolonieleben hier in Unordnung zu bringen. Seine Tätigkeit für das Aussenpol[itische] Amt der Partei war etwas zu auffällig. Von verschiedenen Seiten wurden mir Andeutungen über seine Mission gemacht, was ich ihm auch seinerzeit persönlich vorgehalten habe.[33]

Nach seinem Weggang von Mallorca tritt Behr offenbar erst wieder 1940 im besiegten Frankreich in Erscheinung. Und Paris scheint für den polyglotten Mann ein Fest fürs Leben gewesen zu sein – mit rauschenden Gelagen in seinem Palais, im Kreise der Wehrmachtsoffiziere. Die Reichsleitung der NSDAP schrieb 1943 über den Baron:

Pg. Kurt von Behr hat sich insbesondere um die Sicherstellung von Kunstwerken [...] verdient gemacht. Es handelt sich dabei um Millionenwerte, die im wesentlichen durch die geschickte Verhandlungstaktik und durch das schnelle Zugreifen des Obengenannten aus jüdischem Besitz rechtzeitig für die NSDAP sichergestellt werden konnten.[34]

Mit der Landung der Alliierten in der Normandie und dem Abzug der Deutschen aus Frankreich zeichnete sich jedoch auch für Kurt von Behr die kommende Niederlage ab. Die letzten Wochen seines Lebens verbrachte er mit seiner Frau im Kloster Banz in Oberfranken. Dorthin hatte der Stab Rosenberg ganze Zugladungen an Beutekunst ausgelagert. Am 19. April 1945 zieht das Paar den Freitod einem Leben abseits luxuriöser Annehmlichkeiten vor. Am nächsten Morgen findet das Dienstmädchen das Paar tot auf dem Bett vor. Joy von Behr hatte es sich nicht nehmen lassen, ihren Mann und sich vor dem Sterben mit blühenden Weißdorn-Zweigen zu bedecken, die sie tags zuvor eigens im Garten geschnitten hatte.

Die Nazis und der Schulverein

Der Kampf um die »deutsche Kulturstätte«

Es ist ein seltenes Fotomotiv im alten Postkartenformat, neun auf 14 Zentimeter, schwarz-weiß. Die Aufnahme zeigt ein Gebäude mit doppelläufiger Freitreppe, die vom Hof in die Belle-Etage hinaufführt. An der Stirnseite der Flachdach-Balustrade verkündet in markanten Lettern ein Schriftzug die Bestimmung der Einrichtung: »Deutsche Schule – Colegio Aleman«, und darüber, der Zusatz: »Deutsches Haus«.

Die Aufnahme zeigt ein festlich herausgeputztes Schulhaus, mit kontrastreichen Wimpeln am Dach und an der Veranda. Unübersehbar die gehisste Hakenkreuzfahne am Treppenabsatz. Vor der Schulbühne stehen die nummerierten Holzstühle in Reih und Glied, darüber sind die Scheinwerfer mit Stoff abgedeckt, um offenbar farbiges Licht zu erzeugen. Über allem Geschehen wacht ein Adler – ob aus Pappmaschee oder Blech ist nicht zu erkennen – mit dem Hakenkreuzemblem in den Fängen. Auf der Rückseite des Fotos hat jemand notiert: »Fertig geschmückt zur Sommersonnenwende 1936«.

Demnach fand das Fest am 21. Juni statt. Es muss eine stattliche Feier für die deutsche Kolonie in Palma gewesen sein. Der NSDAP-Landesgruppenleiter für Spanien, Hans Hellermann, war persönlich anwesend und zeigte sich in einem Brief vom 29. Juni voll des Lobes. Er sprach von einem »wohlgelungenen Sonnenwendefest«, Hauptorganisator sei der Parteigenosse Baron von Behr gewesen.

Auch Maria Esch notierte in ihrem Tagebuch unter dem 21. Juni: »Sonnenwendfeier in der deutschen Schule veranstaltet von der D.N.S.A.P. (sic!) Hauptleiter Baron von Behr.«

Vier Tage nach dem Fest, am 25. Juni 1936, holte indes Parteigenosse Kurt von Behr zum Schlag gegen den Konsul aus: Auf der Jahresversammlung des Schulvereins wurde der bisherige Vorstand aus den Ämtern gehebelt. Von Behr hatte zuvor seine Parteigenossen von der Ortsgruppe, zu denen auch der Schulleiter Kurt Adler gehörte, eingehend instruiert, sodass sie zahlreich erschienen waren und wie angewiesen abstimmten. Das Ergebnis: Jetzt leiteten nur noch Männer den Schulverein, die ganz auf NS-Parteilinie waren. Zum neuen Vorsitzenden des Schulvereins wurde wiederum Behr gewählt.

In einem Schreiben an den NSDAP-Landesgruppenleiter Hellermann in Madrid beschwerte sich Konsul Dede über die erfolgte Aktion:

Gestern abend war Jahreshauptversammlung des hiesigen Deutschen Schulvereins. Einige Minuten vor Eröffnung der Versammlung teilte mir der Schulleiter Pg. Adler mit, und zwar zu meiner allergrößten Überraschung, daß die Partei beschlossen hätte, den ganzen Vorstand neu wählen zu lassen und dafür von der Partei bestimmte Personen vorzuschlagen. (...) Ich drückte Pg. Adler gegenüber mein Befremden aus, daß er mich damit überrumpelt. Ich hätte zum mindesten erwartet, daß er mir als Reichsvertreter und Parteigenossen Gelegenheit gegeben hätte, meine Ansicht dazu zu äußern. Er meinte indes, die Partei habe es nicht nötig, darüber vorher meine Meinung einzuholen, sondern könne ihre Entschlüsse selbständig treffen. Mir ist vollkommen schleierhaft, was Pg. Adler veranlasst haben mag, künstlich und ganz überflüssigerweise einen Gegensatz zwischen Partei und Konsulat zu schaffen. Kein Sterbenswörtchen habe ich je vorher darüber aus seinem Munde gehört.[35]

Die »Schulangelegenheit« machte für alle Beteiligten den Gegensatz zwischen der Ortsgruppe und dem Konsulat schlagartig fühlbar. Vergeblich hatte sich Dede auf der

Deutsche Schule geschmückt zur Sommersonnenwende 1936

Sitzung für die Kontinuität des alten Vorstandes stark gemacht. Der bisherige Vorsitzende des Schulvereins, der Privatier und Plantagenbesitzer aus Sóller, Paul Esch-Hörle, verlor das Ehrenamt. Außer ihm wurden im Vorstand weitere bürgerlich-konservative Inselhonoratioren durch NS-Parteigenossen ersetzt. Esch-Hörles Mutter Maria vermerkte dazu in ihrem Tagebuch: »Bedeutsame Schulvorstandssitzung«.

Welche Vorteile mag sich Kurt von Behr von diesem »Coup« ausgerechnet haben? Das Schulgebäude diente, wie der Namenszusatz »Deutsches Haus« anzeigte, nicht nur als Bildungseinrichtung für Kinder, sondern auch als Treffpunkt für die deutsche Kolonie und mitunter als Saal für Gottesdienste. Die NS-Ortsgruppe hatte dort ebenfalls Treffen und Veranstaltungen abgehalten. Mit Behr als Vorsitzendem des Schulvereins war der Weg für die Parteiorganisation frei, im Deutschen Haus noch gezielter schalten und walten zu können.

Die braune Schulleitung war dadurch auch in der Lage, Kinder von der Schule zu weisen, deren Familien nach außen hin nicht vernehmbar genug Gefolgschaft mit den Nazis bekundeten. Da auf Mallorca an deutschsprachigen Schulen kaum eine Alternative vorhanden war, stellte dieser Weg für die NS-Ortsgruppe ein Mittel dar, Druck auf Eltern auszuüben und sie in den Gruppenzwang einzubinden. Von der Familie Sy hieß es, sie habe ihre Kinder in eine spanische Schule eingeschrieben, nachdem die Eltern als Sozialdemokraten die immer stärkere Vereinnahmung der Schule durch NS-Lehrer nicht mehr hinnehmen wollten.

DIE INSEL

30 Cts.

: 3. JUNI 1933 :
PALMA DE MALLORCA
ERSCHEINT SONNABENDS
2. Jahrg. Nr. 32.

DEUTSCHE WOCHENSCHRIFT FUER DIE BALEARISCHEN INSELN

Deutsche Schule auf Mallorka

"Hierdurch ist der Grundstein zur amtlichen deutschen Schule auf Mallorca gelegt." Mit diesen bedeutsamen Worten wurde vor kurzem die Gruendungsversammlung des deutschen Schulvereins geschlossen.

Nun ist es Aufgabe der gesamten deutschen Kolonie, die bisher noch in keinem Verein zusammengefasst war, an dem Aufbau der wichtigsten Kulturstaette, wie sie eine deutsche Auslandsschule darstellt, mit allen Kraeften mitzuwirken. Wir alle sind ja von der Notwendigkeit ueberzeugt, dass unsere Kinder entsprechend den heimatlichen Sitten und Ueberlieferungen aufgezogen werden muessen. Nur zu leicht kann eine Entfremdung deutscher Kinder im Auslande eintreten, wenn eine Staette fehlt, die deutsches Wissen, Zucht und Kultur verbreitet. Dieses hat selbstverstaendlich in voller Wuerdigung der Gastfreundschaft, die wir hier geniessen, zu geschehen. Jedes Volk ist stolz auf seine Geistesgüter und sieht es als vornehmste Pflicht an, diese der Nachkommenschaft zu ueberliefern.

Schicksal oder berufliche Pflichten brachten viele Deutsche ins Ausland, und hier wurde die Frage der Erziehung der Kinder ein Problem, das leider vielfach ungeloest blieb, weil keine Moeglichkeit bestand, die Kinder einer deutschen Bildungsanstalt anzuvertrauen. Hier auf unserer Insel ist von privater Seite versucht worden, das Problem zu loesen, und so anerkennenswert derartige Bestrebungen auch immer sind, so gewiss ist auch die Tatsache, dass eine deutsche Schule im Auslande nur dann Bestand haben kann, wenn sie vom Vertrauen der ganzen deutschen Kolonie getragen und vom Reich gefoerdert wird.

Ferner ist in Beruecksichtigung zu ziehen, dass erfahrungsgemaess die deutschen Schulen im Auslande Staetten des geistigen Austausches zwischen dem Heimat-und Gastlande bilden. So geben die Einheimischen gern ihre Kinder in gutgeleitete Auslandsschulen. Die Folge davon ist sehr oft die Anknuepfung bzw. Erweiterung auch der wirtschaftlichen Beziehungen zwischen den beiden Laendern.

Getragen von der ueberwiegenden Mehrheit der Kolonie, hat der Schulverein bereits seine Arbeiten aufgenommen. Innerhalb des Vereins ist kein Raum fuer die Austragung persoenlicher Meinungsverschiedenheiten untergeordneter Natur. Vor der kulturellen Aufgabe, die dem Schulverein gesteckt ist, muss alles zuruecksstehen, was kleinlich und nichtig ist. Es geht um unsere Zukunft, die Jugend, und ihr haben wir alles zu bringen, was in unseren Kraeften steht.

L. F.

* * *

Alle Freunde und Goenner des Schulvereins werden zu der am Freitag, 9. Juni d. J., um 9 Uhr abends, im Deutschen Konsulat, Plaza Libertad 11 (Borne) stattfindenden Zusammenkunft hierdurch freundlichst eingeladen.

Stiergefecht am Sonntag

Jeder wird die Schlange am Lirico gesehen haben. Der kommende Stierkampf wird erstklassig werden. Der Vorverkauf wird wohl schon einige Tage vor dem Kampf geschlossen sein-ausverkauft wird es heissen.

Wie wir hören sollen diesmal die Stiere auserlesene Tiere vom Festland sein. Beruehmte Namen sowohl der Matadore als auch der Stierzuechterein geben dem Spanier die Gewaehr für einen hervorragenden Sonntag in der Arena.

Viele Aulaender haben sich schon ihre Plätze gesichert und merkwuerdig viele Auslaenderinnen sind darunter. Nach dem vorjaehrigen Erfahrungen wird es wieder Ohnmachtsanfaelle geben und dies scheint den Spaniern eine neue Sensationszugabe zu ihrem Nationalsport zu sein.

Wochenzeitung »Die Insel«

Wie keine andere deutsche Einrichtung auf Mallorca hat das Colegio Alemán seit seiner Gründung den politischen Wandel von der Weimarer Republik hin zum Dritten Reich durchlaufen müssen. Ins Leben gerufen worden war die Schule im Februar 1932 von dem Lehrerehepaar Konrad und Margarete Foerster aus dem Hochsauerland. Die in Palmas Villenvorort Son Alegre angesiedelte Schule zählte zu Beginn zehn Kinder, im Oktober waren es dann bereits 35 Schülerinnen und Schüler.

Eine Anzeige der Schule macht deutlich, wie sich der 48-jährige Studienrat das Unternehmen vorstellte. Unter der Überschrift »Erziehungsheim & Erholungsheim« wurde Mallorca als paradiesische Mittelmeerinsel angepriesen: »Sonnen- und Seebäder das ganze Jahr. Individualunterricht in kleinen Klassen, Sportpflege, Lehrplan deutscher höherer Schulen, gute Küche.«

Ein halbes Jahr nach der Schulgründung wurde von dem Ehepaar Foerster die Notwendigkeit erkannt, gemeinsam mit den Eltern einen Schulverein zu gründen, um für die Einrichtung finanzielle Fördermittel sowie eine Anerkennung durch die Behörden zu erlangen. Der Verein wurde im Oktober 1932 ins Leben gerufen, zur Vorsitzenden wählten die Mitglieder eine Frau Stötzer, ihr Stellvertreter war German von Wenckstern.

Die Berichte über die Nikolausfeier und das Weihnachtsfest 1932, bei dem rund 300 Besucher zugegen waren, lassen vermuten, dass die Einrichtung innerhalb der deutschen Gemeinschaft sehr gut angenommen worden war. Foerster rührte zudem die Werbetrommel für sein Werk und betonte die Notwendigkeit sowie »den Wert einer deutschen Schule hier als deutsche Kulturstätte«. Am 1. Februar 1933 eröffnete der Schulleiter zusätzlich einen Kindergarten.

Die Entwicklung der Schule wurde bald von den politischen Ereignissen in Deutschland überschattet: Im Gefolge der Kanzlerschaft Hitlers entstand eine Dynamik in der Erziehungspolitik, die ihren Niederschlag auch auf Mallorca fand. Der Staat, der zunehmend von den Nationalsozialisten gelenkt wurde, nahm die bestehenden Bildungseinrichtungen im In- und Ausland ins Visier, um sie seinen eigenen Erziehungsmustern zu unterwerfen. Reibungen blieben dabei nicht aus.

Die liberale Wochenzeitung »Die Insel« deutete einen solchen Konflikt im März 1933 unter dem Titel »Das Schulproblem« an. Das Blatt berichtete, Foersters Interessen als Privatunternehmer erwiesen sich als Hindernis, um die Schule als staatliche Kulturstätte anzuerkennen.

Jetzt schaltete sich auch das Konsulat ein und beraumte für den 4. Mai 1933 eine Versammlung »zwecks Ausbau des Schulvereins« an. Beabsichtigt wurde jedoch nicht nur eine Ausweitung des Vereins, sondern die Übernahme der leitenden Funktionen. Ein Kalkül, das aufging: Neuer Vorsitzender des Vereins wurde der eingangs erwähnte Paul Esch-Hörle, der das Amt 1936 wiederum an Kurt von Behr verlieren sollte. Hinzu kamen neue Beisitzer, unter ihnen Hans Dede, der Kaufmann Ernst Seidemann, die Lehrerin Grete Luyken, der Friseur Hans Norget. Die »Insel« berichtete über die neue Organisation:

Der Schulverein hat den Zweck, eine deutsche Kulturstätte in Palma zu unterstützen und womöglich eine staatliche Unterstützung für die Schule zu erbitten. (...) Da nun in Palma schon eine deutsche Schule besteht als Privatunternehmen, ist es das Ziel des Schulvereins die Schule auszubauen und zu fördern und ihr das Vertrauen des Staates zu verschaffen. Höchstwahrscheinlich ist der Ausbau der Schule mit dem Wechsel der Leitung am ehesten zu erreichen.[36]

Konrad Foerster und seine Frau sollten also – im Klartext – aus dem schulischen Unternehmen gedrängt werden – was tatsächlich eintrat. Wie auch immer der Wechsel herbeigeführt wurde, ob unter Zwang oder durch fairen Abkauf: Fakt ist, dass die Foersters sich zurückzogen und die delikate Schulfrage noch vor den Sommerferien 1933 geklärt war.

Neben der Schule, wie sie von Foerster gegründet worden war, erwiesen sich bald darauf auch die Tage eines anderen deutschen Unternehmens als gezählt: Mitte September 1933 gaben die Verleger der »Insel«, die Geschwister Robert und Eva Spiesicke-Schlegel, bekannt, das Erscheinen ihres Blattes »bis auf weiteres« einzustellen. Das erste deutschsprachige Medium der Insel, das eine »jede parteipolitische Diskussion und Einstellung« stets abgelehnt hatte, hörte nach elf Monaten auf zu existieren. Keine zwei Wochen später indes tauchte in Palma »Der Herold« an den Zeitungskiosken auf. Dieses Medium gab sich in seiner Berichterstattung deutlich konservativer und »völkischer« als der Vorläufer.

So war es der »Herold«, der im Oktober 1933 sowohl über den Beginn des neuen Schuljahres als auch über den neuen Standort der Schule berichtete. Parallel mit dem Wechsel in der Schulleitung war die Einrichtung in ein neues Gebäude – jenes mit der Freitreppe – umgezogen. Das Colegio Alemán befand sich nun in El Terreno, unweit der damaligen Straßenbahnhaltestelle S'Aigo Dolça. Der »Herold« schrieb:

Ein weißes, funkelnagelneues Haus, inmitten eines jungen Gartens grüßt die Gäste, die der am letzten Sonntag stattgefundenen Einweihungsfeier der Deutschen Schule in Palma de Mallorca beiwohnten. Im Vordergrund das Meer, im Hintergrund der Park des Schlosses Bellver sind eine landschaftlich glückliche Lösung des lange schwebenden Projektes. Herr Konsul Dede setzte sich, wie uns der Vorsitzende des hiesigen Deutschen Schulvereins Herr Esch-Hörle erzählte, tatkräftig für die Verwirklichung ein.[37]

Zum neuen Leiter der Schule wurde Professor Ignaz Mayer ernannt. Der »Herold« beschrieb den 61-jährige Studienrat aus dem badischen Bühl als einen »jener Schulmänner, der seine reiche Erfahrung nicht zum Schwerpunkt seiner pädagogischen Ziele macht, sondern sich unter und mit der ihm anvertrauten Jugend selbst ein Stück Jugend bewahrt hat.« Seinen neuen Posten erhielt der Studienrat sicherlich wegen seiner Kompetenzen und nicht wegen des richtigen Parteibuches. Denn NSDAP-Mitglied wurde Mayer erst Ende 1937.

Ein neuer Lehrer an der Schule, Johann Bein, war der Regierungspartei hingegen deutlich früher beigetreten. Der 27-jährige Mann aus Essen durfte sich das Hakenkreuzabzeichen seit Februar 1934 ans Revers heften. Händel und Rachmaninoff – bei den Schulfesten war Bein auch für die musikalische Untermalung der Feierlichkeiten zuständig. Am 30. Januar 1934, dem ersten Jahrestag der Ernennung Hitlers zum Reichskanzler, organisierte Bein eine Gedenkfeier und erzählte – so der Bericht im »Herold« – »von der Begeisterung, die damals durch ganz Deutschland ging (...). Zum Schluß forderte der Redner alle Anwesenden auf, sich zu erheben und ein dreifaches 'Sieg Heil' auf unser geliebtes Deutschland, den hochverehrten Herrn Reichspräsidenten und unseren Volkskanzler auszubringen.«

Es ist angesichts dieser zeitgenössischen Erscheinungen ein Kuriosum, wie der »Herold« noch im Oktober 1933 im Namen der Schule versicherte, die Einrichtung verfolge »keinerlei parteipolitische Ziele« und nehme Schüler »ungeachtet ihrer konfessionellen Zugehörigkeit« auf. Die weitere Entwicklung der Schule ist nur spärlich dokumentiert. Im März 1934 war die Schülerzahl von zwölf auf 33 gestiegen. Unter den Kindern befanden sich 22 Deutsche, zwei Österreicher, ein Däne, ein Franzose und sieben Spanier.

Ein gutes Jahr später wurde Schulleiter Ignaz Mayer durch Kurt Adler ersetzt. Der junge Studienassessor, geboren 1907 in Unterkoskau in Thüringen, traf 1935 auf Mallorca ein. Zur NSDAP zählte der damals 25-Jährige bereits seit Mai 1933. Im Juni 1936, unmittelbar vor der Sitzung des Schulvereins, stieg Adler zusätzlich zum Leiter der Ortsgruppe Palma auf. Diese Position hatte zuvor sein Lehrerkollege Johann Bein innegehabt.

Angesichts der ideologischen Nähe der Lehrerschaft zur Ortsgruppe erscheint es auf den ersten Blick befremdlich, dass der agile Parteifunktionär Kurt von Behr 1936, wie eingangs beschrieben, gegen den amtierenden Vorstand putschte und diesen absetzte. Behr, Adler, Bein und Rup, der in der Ortsgruppe als Vize von Adler agierte, hatten dabei an einem Strang gezogen. Ihr Vorgehen bei der Übernahme des Schulvereins muss nicht allein gegen den Konsul gerichtet gewesen sein. Es ist vielmehr zu vermuten, dass dieser »braunen Elite« die alteingesessenen Honoratioren in Palma in ihrer bürgerlich-konservativen Ausrichtung nicht stramm genug als Nationalsozialisten auftraten.

Doch aus welchem Grund wollte Behr Mitte 1936 mehr Einfluss im Schulverein und damit auch in der deutschen Kolonie erlangen? Zieht man in Betracht, dass auf dem Reichsparteitag der NSDAP im September 1935 die Nürnberger Rassegesetze verkündet worden waren, mit denen den Juden die bürgerlichen Rechte entzogen wurden, dann drängt sich der Verdacht auf, dass Behr eine konsequente Umsetzung dieser antijüdischen Maßnahmen auch in der deutschen Gemeinschaft auf Mallorca anstrebte.

Nicht zu vergessen ist, dass Behr dem Auslandspolitischen Amt (APA) der NSDAP angehörte. Die Parteibehörde richtete im Ausland ihr Augenmerk häufig auf bereits existierende deutsche Vereinigungen. Anschließend durchdrang die APA diese Organisationen, instrumentalisierte sie für ihre Zwecke und setzte gezielt Vertrauensleute ein. Vieles spricht dafür, dass diese Vorgehensweise auch in Palma am Schulverein vollzogen wurde.

Die Rechnung des braunen Barons ging jedoch kaum auf. Denn kurioserweise wurde sein Putsch durch einen größeren, jenen des spanischen Militärs, vollständig unwirksam. Behr war faktisch keine drei Wochen Vorsitzender des Schulvereins, als der Spanische Bürgerkrieg auch auf Mallorca Realität wurde. Schon bald darauf flüchteten Behr und Lehrer wie Johann Bein von der Insel. Die Kulturstätte im »Deutschen Haus« verwaiste. In den folgenden Jahren wurde dort einigen wenigen deutschen Kindern, die auf Mallorca verblieben waren, weiter Unterricht erteilt. Eine 1938 für den »Weihnachtsmann« erstellte Liste zählt ein Dutzend zu beschenkender Kinder im Alter von eineinhalb bis 12 Jahren auf. 1943 wurde die Einrichtung »vorläufig auf Dauer des Krieges« geschlossen.

Erst in den 1970er Jahren sollte es auf Mallorca wieder zaghafte Bemühungen geben, deutschen Schulkindern einen Unterricht in ihrer Muttersprache anzubieten. Es handelte sich um eine Initiative von Eltern, die ihre Kinder an der spanischen Privatschule San Cayetano eingeschrieben hatten. Etwa zur selben Zeit kehrte der ehemalige Schulleiter des Colegio Alemán, Kurt Adler, noch einmal als Tourist auf die Insel zurück. Adler hatte den Weltkrieg und eine Flucht aus der DDR überstanden und war sein Leben lang Mathematiklehrer geblieben. Im Ruhestand wollte der Mann noch einmal seine alte Wirkungsstätte in El Terreno in Augenschein nehmen. Adlers Witwe erinnerte sich 2011: »Das Haus war verändert, der Eingang verschlossen, von einem Schulbetrieb keine Rede mehr.«

Privatier und »haltloser Phantast«

Paul Esch-Hörle und der Wille zum Führen der Insel-Deutschen

Heute erinnern sich allenfalls noch hochbetagte Sollerics, wie die Einwohner von Sóller genannt werden, an »Don Pablo«. In den 1920er und 30er Jahren war Paul Esch-Hörle jedoch nahezu jedem Bewohner des Orangentals ein Begriff und darüber hinaus einer der bekanntesten Deutschen auf der Insel – dies im positiven wie im negativen Sinne. Denn der gebürtige Duisburger (1884-1963) polarisierte wie kaum ein anderer die deutsche Gemeinschaft auf Mallorca. Für die einen war er ein engagierter Vertreter des Deutschtums, für die anderen ein penetranter Wichtigtuer.

Esch-Hörle agierte, wie im vorangegangenen Kapitel beschrieben, von 1933 bis 1936 als Vorsitzender des deutschen Schulvereins. Dies war nicht seine einzige Funktion. Er stand auch als Kirchenmeister dem deutschen evangelischen Kirchenverein Mallorcas vor, war Vertrauensmann des deutschen Flottenvereins für die Balearen und ein enger Vertrauter des Konsuls. Er durfte, wenn Hans Dede geschäftlich nach Deutschland reiste, als dessen Stellvertreter fungieren.

Es lässt sich dem Mann nicht vorwerfen, er habe die Ehrenämter lediglich wegen ihres gesellschaftlichen Ansehens angestrebt. Tatsächlich zeigte Esch-Hörle rührigen Einsatz. Als Vorsitzender des Schulvereins klapperte er in Deutschland Behörden ab, um Gelder und Lehrmaterialien für die kleine Inselschule zu ergattern, wie seine Mutter, Maria Esch, in ihrem Tagebuch vermerkte. Mehr noch: Esch-Hörle beförderte in seinem Auto zahlreiche Schiefertafeln von dort nach Spanien und musste sie offenbar mit viel Aufwand durch den Zoll bringen, damit die Schüler des Colegio Alemán die bevorzugten Schreibutensilien erhielten.

Paul Esch-Hörle

Wie viele Deutsche in jenen Jahren sah Esch-Hörle in Adolf Hitler einen Hoffnungsträger für Deutschland. Seine Bewunderung für den Reichskanzler ist belegt: Wie das Tagebuch seiner Mutter verrät, wurde an Hitlers Geburtstag »mit

Sekt auf den Führer angestoßen«, im Radio seiner dreistündigen Rede im Reichstag »gelauscht«, 1938 der Anschluss Österreichs euphorisch bejubelt.

Paul Esch-Hörle suchte auf Mallorca die Nähe der Repräsentanten des Dritten Reichs. Mitglied der NSDAP war der monarchistisch-konservative Mann allem Wissen nach jedoch nicht. Man kann Paul Esch-Hörle durchaus als einen der ersten deutschen Mallorca-Residenten im modernen Sinne erachten: Der Duisburger hatte sich die Insel bewusst auserkoren, um hier seinen Lebensabend zu verbringen. Allerdings genoss der Mann das Privileg, den Ruhestand in noch recht jungem Alter von gerade einmal 40 Jahren antreten zu können. Als Privatier, also als jemand, der von seinem privaten Wohlstand lebte, ließ er sich 1923 in Sóller nieder.

Der Bonvivant hatte zuvor das väterliche Unternehmen in Duisburg verkauft, eine Firma, die mit Kaffee und Ersatzstoffen gehandelt hatte. Die Barmittel legte Esch-Hörle in der Schweiz an. Wenn man so will, war der Neu-Resident auch der erste deutsche »Aussteiger« der Insel. Hier waren es das idyllische Sóller-Tal und das mediterrane Klima gewesen, das ihn bewogen hatten, die krisengeschüttelte Weimarer Republik hinter sich zu lassen. Ledig, jung und reich siedelte Esch-Hörle mit seiner verwitweten Mutter Maria Theresia auf die Insel über. In Anlehnung an das spanische System der Namensführung, bei dem die Nachnamen vom Vater und von der Mutter stets gemeinsam verwendet werden, nannte sich Paul Esch fortan Esch-Hörle.

Das ehemalige Haus von Paul Esch-Hörle »Ca Don Pablo«

Das Landhaus, in dem er mit seiner Mutter lebte, hatte Esch-Hörle dem Hoteleigentümer Juan Vidal aus Sóller abgekauft. Es handelte sich um ein traditionelles Steinhaus mit weitläufigem Garten außerhalb des Kernortes, an der Landstraße zum Hafen gelegen. Von den Einheimischen wurde das Haus bald schon »Ca Don Pablo«, das »Haus von Don Pablo« genannt. Die Villa wurde so zu einem festen Orientierungspunkt in der dörflichen Topographie. Obgleich das Anwesen mehrfach den Besitzer wechselte und umgebaut wurde, heißt es nach wie vor so. Don Pablo selbst hatte seiner »Finca« den Namen »Casa Tibur« gegeben. Hierbei handelte es sich um eine Hommage an den antiken

Dichter Horaz, der ein Landgut gleichen Namens in den Sabiner Bergen bei Rom besessen hatte. Esch-Hörle war ein klassischer Bildungsbürger seiner Zeit und ein Schöngeist, lateinische Poesie begeisterte ihn. Aufgewachsen in einer Kaufmannsfamilie, hatte der Vater dem jüngsten von vier Kindern zusätzlich zur Handelsschule das Studium antiker Sprachen gewährt. Mit Priestern pflegte Esch-Hörle in Latein fließend Konversation zu treiben, daneben beherrschte er die romanischen Sprachen Französisch und Spanisch.

Greise Anwohner können sich entsinnen, dass Esch-Hörle über seine Eingangstür einen lateinischen Spruch hatte malen lassen: »Ille terrarum mihi praeter omnes angulus ridet« – auf Deutsch: Von allen Winkeln der Welt lacht mir dieser am meisten. Den Satz seines Lieblingsdichters Horaz verwendete Paul Esch-Hörle gemeinsam mit dem emblematischen »Casa Tibur« auch im Briefkopf seiner Korrespondenz.

Auf Sóller war der Duisburger erstmals 1911 aufmerksam geworden. Eine Studienreise per Fahrrad hatte den 27-Jährigen durch Südfrankreich und über die Pyrenäen bis nach Barcelona geführt. Dort schwärmte ihm ein Pfarrer von der »Insel der Stille« vor. So setzte der junge Mann per Fähre nach Mallorca über, wo er eines Sommertages auf seinem Stahlross über Valldemossa und Deià in das Sóllertal hinabradelte.

Wie so viele nach ihm wurde auch Esch-Hörle von der Anmut des Orangentals gefangen genommen. Zwölf Jahre später verwirklichte der Mann mit der Casa Tibur seinen Traum vom Leben im Süden. Bald schon widmete sich der Neuresident der Zucht

Paul Esch-Hörle mit Beifaher

von Dackeln. Für die Welpen suchte er per Zeitungsinserat Interessenten. Seinem Lieblingshund »Ulyss« wurde nach dessen Tod ein Grabstein gemeißelt, den die heutigen Hausbesitzer zwischen Minze und Salbei in Ehren halten.

Bedeutsamer noch war die Errichtung einer runden Gartenlaube. Ihre Umfassungsmauern, die als steinerne Sitzbänke dienten, waren mit den Symbolen der astrologischen Tierkreiszeichen bemalt. Auf der runden Fläche der Laube veranstaltete Esch-Hörle mitunter rauschende Garten- und Tanzfeste. Als im Mai 1930 ein Schulgeschwader der Seestreitkräfte der Weimarer Republik zu einem Besuch in Palma einlief, warf sich Esch-Hörle in die Rolle eines Gastgebers und veranstaltete dort auf eigene Kosten und in Konkurrenz zum damaligen Konsul eine individuelle Feier für die Marine. Der Kommandant des deutschen Schulverbandes, Vizeadmiral Iwan Oldekop, erwähnte in seinem internen Abschlussbericht explizit Esch-Hörle und distanzierte sich deutlich von ihm:

Der im Bericht des Kreuzers »Berlin« schon erwähnte Herr Esch-Hoerle war auch diesmal bestrebt, besonders in den Vordergrund zu treten. Er lud 100 Offiziere, Unteroffiziere und Mannschaften nach Soller ein zum Tanz mit Bewirtung in seinem Hause und Garten. Am Tag darauf während des Ausfluges der Deutschen Kolonie bat er mich in sein Haus, um mir den Alkalden von Soller vorzustellen. Das ganze Auftreten des Herrn Esch scheint von dem Wunsche beherrscht, von sich reden zu machen und als eine der führenden Persönlichkeiten der Deutschen Kolonie zu erscheinen. Dabei stehen ihm der Konsul und die Mitglieder der Kolonie kühl ablehnend gegenüber. Es ist für später nachkommende Schiffe zu empfehlen, ihm gegenüber Zurückhaltung zu beobachten.[38]

Paul Esch-Hörle mit seinen Nichten und Neffen

Bei einer anderen Gelegenheit bewirtete Esch-Höre den Reichsbankpräsidenten Hjalmar Schacht in der Casa Tibur. Schacht machte damals mit seiner Frau sowie den Kindern Inge (22) und Jens (15) im Rahmen einer Mittelmeerreise Station auf Mallorca. Die Familie war sechs Tage zu Gast in Sóller. Wie sich Esch-Hörles Neffe erinnerte, waren der Reichsbankpräsident und der Inselresident zwar nicht miteinander befreundet, allerdings habe es seinem Onkel gefallen, dem Gast gegenüber »Honneurs zu machen«, wie sich der Neffe ausdrückte.

Unter den Gästen, die im Jahre 1929 in der Casa Tibur empfangen wurden, befand sich als junger Vikar auch der spätere Widerstandskämpfer Dietrich Bonhoeffer. Nicht nur für ihn spielte Esch-Hörle gerne den Fremdenführer. Dem Tagebuch seiner Mutter ist zu entnehmen, wie ihr Sohn häufig auch andere Besucher im Wagen zu Sehenswürdigkeiten kutschierte, mit ihnen Wanderungen auf den Puig Major oder Bootstouren zum Torrent de Pareis unternahm und sie bei Ausflügen in urige Lokale und Kellereien führte. Aus dem penibel geführten Gästebuch ist herauszulesen, welche illustren Besucher sich buchstäblich die Klinke der Casa Tibur in die Hand drückten: Unter ihnen befanden sich Politiker wie der anhaltinische Ministerpräsident Willy Knorr aus Dessau und der ehemalige preußische Handelsminister Reinhold von Sydow, Adelige wie der Schriftsteller Hans-Hasso Baron von Veltheim, Regierungsbeamte wie der Mathematiker Georg Scheffers, Professoren wie der Biologe Hermann Eidmann, Bankdirektoren, Industrielle, Kunstmaler, Konsuln wie der deutsche Amtsträger Heinrich Karl Fricke aus Cartagena – kurz, die betuchte Crème de la Crème der späten Weimarer Republik. Die Freunde des Hauses sparten nicht an Dank und Lob. Sie verewigten sich im Gästebuch und hinterließen wie etwa die Porträtistin Marie Lautenschlager Ölgemälde oder verfassten wie Heinrich Dahl überschwängliche Gedichte:

Bevor ich verlasse dies' Haus / Herz, ich schütte Dich aus,
Was ich erlebt kurze Zeit, / Sitzt fest bis in Ewigkeit.
Land, Du bist wunderbar! / Sonne, wie brennst Du so wahr!
Durch nichts ist der Himmel getrübt. / Das Meer so blau, dass man's liebt.
Menschen so friedlich und rein / Man kennt nicht das Wörtchen »gemein«.
Die Berge so hoch und so hehr. / Dies' alles ruft: »Wiederkehr!«
Der Señora und Don Pablo sei Dank / Mein weiteres Leben lang,
Für die Gastfreundschaft, die mir gewährt. / Ich hatte, was Herzen begehrt!
Möge in Zukunft nur Sonnenschein / Der Casa Tibur beschieden sein! [39]

Offenbar hatte Esch-Hörle sich in jenen kultivierten Kreisen per Mundpropaganda zu einem Mallorca-Kuriosum entwickelt, das man besucht haben musste. Ein Deutscher, der wie er frei von materiellen Zwängen dem ewigen Urlaub frönen konn-

Paul Esch-Hörle (M.) mit Angehörigen und geladenen deutschen Matrosen in Casa Tibur, Mai 1930

te, weckte einerseits Neugierde, andererseits fungierte er als vertrauenswürdiger Inselkenner und Ratgeber. Wenn man Esch-Hörle ein Verdienst aussprechen kann, dann dieses: Er war ein zwar inoffizieller aber dafür um so eifriger Werbetrommler für den frühen Tourismus auf der Sonneninsel.

Angesichts der solventen Situation Esch-Hörles ist es gut möglich, dass Neid und Missgunst die weniger vermögenden Insel-Deutschen anstachelten, schlecht über ihren Landsmann zu urteilen. Der Ruheständler wiederum fühlte sich ungeachtet seiner Dackelzucht und der Gästebetreuung scheinbar wenig ausgelastet. So dürfte Esch-Hörles Geltungsdrang, innerhalb der deutschen Gemeinschaft eine herausragende Rolle zu spielen, neben seinem Reichtum mit dazu beigetragen haben, dass so manche Zeitgenossen letztlich gegen ihn eingenommen waren.

Wie auch immer die Mitmenschen ihn sahen, gleichgültig ließ Esch-Hörle kaum jemanden. Ein Dr. Kurt Osswald etwa berichtete 1926 über ihn, es handle sich um einen »intelligenten und rührigen Mann von krankhaftem Ehrgeiz und überspanntem Selbstbewusstsein«. Esch-Hörle werde »haltlos von Phantasien hingerissen« und neige zu einem »regelrechten Größenwahnsinn«, schrieb Osswald an das Generalkonsulat in Barcelona und resümierte:

Ich glaube nicht, dass Herr Esch von dem Wahn, Führer und Sprecher der deutschen Kolonie Palma (bzw. Mallorca) zu sein, zu heilen ist.[40]

Der Hintergrund dieses Schreibens ist folgender: Esch-Hörle startete nur zwei Jahre nach seiner Ankunft auf der Insel eine Kampagne gegen den damaligen deutschen Konsul Alfred Müller, um diesen absetzen zu lassen. In seinem Bestreben sah sich Esch durch einen weiteren deutschen Residenten mit ähnlich gelagerter Persönlichkeitsstruktur – Waldemar Fenn – unterstützt.

Konsul Müller, geboren 1876 in Magdeburg, war noch von Kaiser Wilhelm II. zum Repräsentanten des Reichs auf Mallorca ernannt worden. Müller leitete die Geschicke der damals überschaubaren, aber durchaus aktiven deutschen Gemeinschaft seit 1910 und hatte insbesondere während der Jahre des Ersten Weltkriegs einen schwierigen Posten auf der Insel zu bekleiden. Spanien blieb zwar neutral, aber der Konsul wurde in Palma von seinen britischen, französischen, italienischen und amerikanischen Amtskollegen auf Schritt und Tritt im Auge behalten.

Hauptberuflich war Müller, der unverheiratet und ohne Angehörige auf Mallorca lebte, als Kaufmann tätig und handelte mit Industrie- und Metallwaren. Das Konsulat selbst befand sich an der Rambla in Palma. Müller war zudem engagiert in der deutschsprachigen Evangelischen Gemeinde. Der Konsul stellte die Amtsräume, mitunter auch sein Wohnzimmer für Gottesdienste zur Verfügung.

Möglich, dass die Gegnerschaft Esch-Hörles zu Müller aus diesen kirchlichen Angelegenheiten resultierte. In seinem intrigenreichen Machtkampf mit dem Konsul kam dem ehrgeizigen Esch-Hörle jedenfalls eine frühere Affäre um Alfred Müller zupass, die bereits im letzten Jahr des Weltkrieges für erheblichen Wirbel gesorgt hatte: Damals hatte ein deutscher Arzt auf der Insel, Paul E. Lobisch, dem Konsul Müller schwere Verfehlungen vorgeworfen.

Zuvor war Lobisch allerdings durchaus ein Vertrauensmann des Konsuls gewesen. So hatte er Müller an Weihnachten 1913 sowie im Sommer 1914 während dessen Heimaturlaube wochenlang im Amt vertreten. Das gute Verhältnis war jedoch verloren gegangen, denn zumindest im August 1918, während sich die Niederlage des Kaiserreichs abzuzeichnen begann, schrieb Lobisch an die deutsche Botschaft in Madrid, sie möge ein Disziplinarverfahren gegen den Konsul einleiten und ihn seines Amtes entheben. Der Arzt bezichtigte Müller der schweren Untreue. Der Konsul solle unter anderem deutsches Weißblech illegal vertrieben haben. Das Material stammte angeblich vom »Fangturm«, einem deutschen Frachter, der bei Ausbruch des Weltkrieges im Hafen von Palma interniert worden war. Zwar leitete die Botschaft diskrete Ermittlungen ein, aber offensichtlich gingen sie dem Mediziner nicht rasch genug vonstatten, sodass er im September in einem Schreiben nachlegte und deutlich unter die Gürtellinie zielte:

Was einige Prostituierte hier über den Konsul Müller erzählen, ist kaum wiederzugeben, daß er sie mit einem Mutterspiegel untersuche, wie oft er den Coitus in wenigen Stunden wiederhole, daß er sich seine eigene Seife hielte, Sachen, die jedem Deutschen die Schamröte ins Gesicht steigen lassen.[41]

Auch wenn nur wenige Dokumente zu jener Affäre erhalten geblieben sind, eines ist klar: In der Angelegenheit wurde viel schmutzige Wäsche gewaschen. Es kam zur Einschaltung der Justiz und zu Aussagen unter Eid. Der Einlassung der Inselresidentin Conradine Vogel vor einem spanischen Richter zufolge soll der Arzt gegen seine Frau und Kinder handgreiflich geworden sein und die Familienmitglieder zu Boden geschlagen haben.

Lobisch wiederum bezichtigte Conradine Vogel des mehrfachen Meineids und stellte die Haushälterin als die Geliebte des Konsuls hin. Ihrer beider Schlafzimmer würden neben den Räumen des Konsulats liegen und seien durch eine Türe verbunden. Der Konsul spiele mit der jungen Frau »unter lauten Juchzen und Schreien Greifen«, schrieb Lobisch an Müllers Vorgesetzte, »derart, dass die im Konsulatsbüreau befindlichen Personen oft gegen ihren Willen Kenntnis von dem eigentümlichen zwischen dem Kaiserlichen Konsul und dem Mädchen bestehenden Verhältnis nehmen mussten.«

Der Konsul wiederum hatte offenbar versucht, der malträtierten Arztgattin zu helfen. Das erschließt sich aus einem Schreiben Lobischs, der sich darüber beklagte, dass Alfred Müller »meiner Ehefrau hinter meinem Rücken heimlich Geld zusteckte und es mir unmöglich machte, meine armen Kinder vor dem moralischen Ruin zu retten ...« In einem Vermerk des Generalkonsulats hieß es später: »Die Feindschaft Lobischs geht bekanntlich auf seine Ehescheidungsangelegenheit und den Übertritt seiner Frau und Kinder zum Katholizismus zurück.«

Die im Hochsommer 1918 vorgebrachten Beschuldigungen des Arztes wurden vom Generalkonsulat und der Botschaft diskret und über den Zeitraum der deutschen Niederlage hinweg geprüft. Im April 1919 fand eine zweitägige Untersuchung statt. Die Verdachtsmomente ließen sich nicht erhärten. Das Ermittlungsverfahren gegen den Konsul wurde im Juli 1919 als erledigt zu den Akten gelegt.

Für Paul Lobisch war die Angelegenheit damit nicht vom Tisch. Vermutlich hielt er nach neuen Verbündeten Ausschau und fand diese in Neu-Residenten wie Paul Esch-Hörle. Über Esch kam Lobisch wiederum in Kontakt mit Waldemar Fenn. In Letzterem sah Lobisch seinen geistigen Erben, an den er sein Vermächtnis – die Akten mit dem Behördenschriftverkehr – weiterreichte, bevor er selbst schwerkrank zu seiner Operation nach München reiste.

Esch-Hörle wiederum soll damals gar die Absicht geäußert haben, sich mit der Tochter Lobischs zu verloben. Zwar kam die amouröse Verbindung nicht zustande, aber

Esch-Hörle und Fenn machten sich zumindest Lobischs Vorbehalte gegen den Konsul zu eigen. Gemeinsam schmiedeten sie einen Plan, wie sie den 50-Jährigen loswerden konnten. Der Angriff erfolgte am 5. Februar 1926: Esch-Hörle und Fenn setzten ein Schreiben auf, mit dem sie bei ihren Landsleuten von Tür zu Tür zogen, um Unterschriften zu sammeln. In dem Schriftstück stand:

Die durch Unterschrift angeschlossenen, auf der Insel Mallorca ansässigen Reichsdeutschen erklären hiermit: Wir halten Herrn Kaufmann Alfred Müller als Konsul des Deutschen Reichs nach seinem Benehmen sowohl in persönlicher wie in sachlicher Hinsicht für unwürdig, und empfehlen ihm seinen baldigen Rücktritt.[42]

Bis zum Folgetag, dem 6. Februar, hatten 28 Deutsche den Antrag unterzeichnet. Das war durchaus eine beachtliche Zahl, wenngleich die Unterzeichner nicht die Mehrheit der deutschen Gemeinschaft auf Mallorca stellten.

Konkrete Anschuldigungen enthielt das Papier nicht, doch der Zeitpunkt der Aktion war mit Bedacht gewählt. Denn Konsul Müller war nach längerer Heimatreise wieder auf Mallorca eingetroffen und hatte die gesamte deutsche Kolonie für Sonntagabend, 7. Februar, zum Tee eingeladen. Auch an Esch-Hörle und Fenn waren Einladungskarten verschickt worden. Die beiden Herren blieben der Veranstaltung jedoch fern.

Kleine Fußnote der Geschichte am Rande: Die Feier fiel mit einem Ereignis der spanischen Luftfahrtgeschichte zusammen. Dem Fliegerass Ramón Franco war es gelungen, mit drei Begleitern und dem Wasserflugzeug »Plus Ultra« erstmals den Südatlantik zu überqueren. (Charles Lindberghs transatlantischer Alleinflug fand erst im Jahr darauf statt.) Die Teegesellschaft im Konsulat würdigte die Pionierleistung Francos – (dessen Bruder Francisco zehn Jahre später den Bürgerkrieg auslösen würde) – mit einem Glückwunschtelegramm an die Mutter der beiden:

Wir zollen den heldenhaften spanischen Fliegern und dem ruhmreichen Kommandanten Franco Bewunderung. Und indem wir Ihnen, der ehrenwerten Mutter, unsere Ehrerbietung aussprechen, gratulieren wir Ihnen herzlich zu seiner Kühnheit und zu dem Erfolg. Im Namen aller deutschen Residenten auf Mallorca – der deutsche Konsul.[43]

Mochte Alfred Müller auf dem Fest noch so sehr die Rolle des tadellosen Gastgebers spielen, die Tragweite der unheilvollen Kampagne gegen seine Person dürfte ihn sehr beschäftigt haben. Der »preußische Staatsangehörige«, wie der Konsul sich selbst bezeichnete, beschloss, in die Offensive zu gehen. Und nach den Erfahrungen in der Lobisch-Affäre gab es für Müller nur einen Weg: Er musste seine Vorgesetzten von Anfang an einbinden. So schrieb er bereits am 9. Februar an das Generalkonsulat in Barcelona:

Da zwei hiesige Deutsche, hinter denen Dr. Lobisch steht, es darauf abgesehen haben, durch Verleumdungen und Intrigen mein Ansehen zu untergraben, bitte ich ergebenst, eine Unter-

suchung gegen mich einzuleiten und zu diesem Zweck durch einen Ihrer Herren die hiesigen Deutschen vernehmen zu lassen. Nachdem ich seit 17 Jahren stets in unparteiischer Weise für die deutschen Interessen gesorgt und während des Krieges selbst meine Gesundheit und einen Teil meines Vermögens geopfert habe, darf ich wohl mit Bestimmtheit erwarten, dass meinem Antrag möglichst umgehend stattgegeben wird, um Klarheit zu schaffen und die Ruhe wieder herzustellen.[44]

Die Behörde in Barcelona hatte den vorangegangenen Streitfall noch lebhaft in Erinnerung. Generalkonsul Ulrich von Hassell entschied rasch zu handeln. Er entsandte seinen Vize-Konsul von Lentz, damit dieser vor Ort die Angelegenheit klären möge. Unterdessen hatte in Palma Konsul Müller eine detaillierte Beschreibung über jene verfasst, die den Aufruf gegen ihn unterschrieben hatten. Über seinen ärgsten Widersacher notierte er:

Paul Esch-Hörle siedelte mit seiner Mutter im Jahre 1924 von Deutschland nach Soller über und ich bin ihm bei der Wohnungssuche behilflich gewesen. Er verkehrte bis vor kurzem mit mir. In Soller genießt er den Ruf eines wenig ernst zu nehmenden, hochmütigen und exaltierten Menschen, der wenig Sympathien hat; sein Umgang beschränkt sich auf den Barbier des Dorfes.[45]

Das Generalkonsulat wiederum schrieb die Beschwerdeführer an und forderte sie auf, die Verfehlungen des Konsuls zu benennen. Esch-Hörle kam diesem Begehr mit einem vierseitigen Schreiben nach und es ist beeindruckend zu lesen, wie dieser Mann es verstand, sich wortgewaltig zu geben und dennoch eine jede Konkretisierung schuldig zu bleiben. Esch betonte mehrfach, die auf Mallorca lebenden Deutschen lehnten den Konsul geschlossen ab. »Die Bewegung ist als eine einheitliche anzusehen.« Er schließe sich »dem Vorgehen der Kolonie an« und habe sich bereit erklärt, »die Eingabe mit als Träger des Wunschs auf Amtsniederlegung zu unterzeichnen.« Gleichwohl schimmern seine Motive durch, gegen Müller vorzugehen:

Was meine persönliche Stellungnahme zu der Angelegenheit angeht, so ging mein Bestreben seit meinem Eintreffen auf Mallorca dahin, einen inneren Zusammenhang innerhalb der wenigen Deutschen unter Führung der amtlichen Stelle zu erreichen, damit die Kolonie den vielen Passanten gegenüber, wie auch vorkommendenfalls bei offiziellen Gelegenheiten eine anständige Visitenkarte präsentiert. Eine Erreichung dieses Ziels vermittelst der amtlichen Stelle misslang vollständig, weil die Persönlichkeit hier nicht nur versagte, sondern direkt dem Vorhaben Widerstand entgegensetzte.[46]

Esch-Hörle machte sich demnach stark für eine Geschlossenheit seiner Landsleute, vermisste dabei jedoch eine identitätsstiftende Autorität. Und im Tonfall seines Schreibens schwingt die Überzeugung mit, dass er sich für einen besseren Repräsentanten des Deutschtums auf Mallorca hielt, als es der offizielle Amtsinhaber in seinen Augen je hätte sein können.

Unterdessen formierte Alfred Müller den Widerstand gegen seine Absetzung. Dabei galten alle Mittel als probat. Der Konsul regte bei seinen Vorgesetzten an, Material gegen seine Widersacher zusammenzutragen. Am 2. März schrieb er nach Barcelona:

Die deutsche Adresse des Herrn Paul Esch-Hoerle lautet: Duisburg, Musfelderstraße 102. Bei Militär soll er es bis zum Wachtmeister gebracht haben. Vielleicht wäre es zweckmäßig, über sein Vorleben in Deutschland durch die Polizei Ermittlungen anstellen zu lassen.[47]

Die Untersuchung, die das Generalkonsulat einleitete, nahm auch Alfred Müller nicht aus. Der Konsul musste zu einer Anzahl Punkten Stellung nehmen, um die Vorwürfe gegen seine Person zu entkräften. Offenbar fühlten sich einige deutsche Unternehmer von Müller benachteiligt, etwa wenn er auf Anfrage von dritter Seite Handelsfirmen oder Übernachtungsbetriebe auf Mallorca empfahl. Mit langen Auflistungen legte Konsul Müller dar, wie oft er auf Anfragen hin welche Unternehmen – Hotels, Pensionen oder Handelsläden – empfohlen hatte. Der Verdacht der Bevorzugung bestimmter Unternehmen schien sich nirgends zu erhärten.

Parallel dazu erwuchs dem Konsul im Streit mit seinen Kontrahenten Schützenhilfe durch andere Mallorca-Deutsche. Sie zeigten sich empört über das Vorgehen der Antragsteller und wandten sich ihrerseits an das Generalkonsulat, um indigniert über Esch-Hörle und Fenn zu berichten. Die Fürsprecher Müllers attestierten seinen Gegnern Neid, Gier und krankhaften Ehrgeiz und fürchteten um das Bild der Deutschen in der spanischen Gesellschaft. Die Beschwerdeführer wiederum sprachen den Anhängern des Konsuls jegliche Kritikfähigkeit ab. Sie seien als dessen Angestellte wirtschaftlich von ihm abhängig oder stünden Müller als Geschäftspartner zu nahe, um offen gegen ihn Position beziehen zu können.

Ob dies in vollem Umfang zutraf, ist fraglich. Im Übrigen ließen Paul Esch-Hörle und Waldemar Fenn ihrerseits die von ihnen abhängigen Mitarbeiter unterzeichnen. Konsul Müller jedenfalls hielt die gegen ihn aufmarschierte Phalanx für wenig kohärent:

Von den Unterzeichneten kenne ich 10 überhaupt nicht und andere habe ich seit 6 bis 12 Jahren nicht mehr gesehen. Als ständig ansässig können nur die wenigsten angesehen werden, da sich die Mehrzahl in abhängigen Stellungen befindet und die Insel ebenso gut heute wie morgen verlassen kann. 28 Deutsche, die zum Teil über ein Jahr hier weilen und nicht Passanten sind, haben die Eingabe nicht unterzeichnet.[48]

In das Hauen und Stechen, das unter den Mallorca-Deutschen ausgebrochen war, wurde auch der deutsche Pfarrer in Barcelona, Fritz Olbricht, zugleich Mallorcas evangelischer Oberhirte, eingeschaltet. Ihm gegenüber bezeichnete der in Palma-Son Armadans lebende Geheime Regierungsrat Richard Jacob die Eingabe der Beschwerdeführer als »Machwerk, das einem überkonsularischen Sowjet alle 'Ehre'« gemacht hätte. Waldemar Fenn habe ihn »zwei Stunden heimgesucht«, um Jacob für die Unterzeichnung zu gewinnen, ein Ansinnen, das Letzterer ablehnte, obgleich er sich die Ausführungen Fenns geduldig angehört hatte. Er persönlich habe trotz aller Versuche »nichts, aber gar nichts entdecken können, was C.M. dienstlich oder menschlich irgendwie belasten könnte.« Es handle sich bei der Intrige gegen Konsul Müller um den »elenden Klatsch unreifer, unerfahrener Menschen«, resümierte der Geheimrat. »Derartige Intrigen sind gerade bei uns Deutschen üblicher als anderswo, was tief blicken lässt.«

Brisanz hatte die Angelegenheit noch aus einem anderen Grund: Bereits Mitte Februar 1926 war das Generalkonsulat von der Botschaft in Madrid benachrichtigt worden, dass die Marineleitung der Reichsflotte im Frühsommer einen Besuch spanischer Häfen plante. Für Palma wurde die Ankunft der Linienschiffe »Schleswig-Holstein« und »Hannover« sowie des Kreuzers »Amazone« für Ende Mai angezeigt. In jenen Jahren der Zwischenkriegszeit waren die Besuche ausländischer Flottenverbände, weit mehr als heute, gesellschaftliche Anlässe von erstrangiger Bedeutung. Es handelte sich um Begegnungen von Macht- und Bildungseliten zu einer Zeit, in der ein direkter interkultureller Austausch noch selten sowie die heutige Mobilität und der globale Informationsfluss per Internet nahezu unvorstellbar waren.

Auf die deutschen Konsuln kam im Vorfeld der nicht gerade häufigen Flottenbesuche ein hoher Arbeitsaufwand zu: Sie hatten auf ihren Posten in den jeweiligen Hafenstädten und im Zusammenspiel mit den spanischen Behörden und Honoratioren für einen ebenso perfekten wie prestigeträchtigen Ablauf des Besuchsprogramms zu sorgen. Angesichts einer solchen Herausforderung konnte man sich in Palma nicht erlauben, einen durch mutmaßliche Beschuldigungen desavouierten Konsul zu präsentieren sowie das Erscheinungsbild einer heillos zerstrittenen deutschen Gemeinschaft zu bieten. Die Blamage in den Augen der spanischen Öffentlichkeit wäre eine vollständige gewesen.

Mit dem Auftrag, umgehend für klare Verhältnisse auf Mallorca zu sorgen, hielt sich Vizekonsul von Lentz Ende Februar eine Woche in Palma auf, wo er alle Beteiligten der Affäre, die Beschwerdeführer wie auch die Fürsprecher des Konsuls, anhörte und ihre Beweggründe hinterfragte. Selbst bei spanischen Geschäftsleuten zog er Erkundigungen ein. Es sind Schriftstücke erhalten geblieben, in denen Unternehmer in Barcelona dem Konsul ein untadeliges Gebaren als Geschäftsmann attestieren.

Anfang März kehrte Vizekonsul von Lentz zurück nach Barcelona. In seinem Gepäck hatte er Gesprächsprotokolle und Erklärungen von mehr als 20 Personen bei sich. Nun lag es an seinem Chef, die Dokumente zu sichten, zu bewerten und mit den eigenen Erkundigungen abzugleichen. Ungeachtet der Dringlichkeit, die der Klärung der Affäre wegen des anstehenden Flottenbesuchs beigemessen wurde, nahm sich der Generalkonsul Zeit für die Angelegenheit. Seinen offiziellen Abschlussbericht verfasste er erst sechs Wochen später am 20. April. Darin kam Ulrich von Hassell zu einem eindeutigen Schluss:

Als Ergebnis stelle ich fest, daß sich in keinem Falle ein dienstliches oder außerdienstliches Verhalten des Herrn Müller ergeben hat, welches zu ernsthafter Beanstandung Anlaß gäbe oder ihn gar unwürdig seines Amtes erscheinen ließe.[49]

In einem internen Schreiben an das Auswärtige Amt wird von Hassell noch deutlicher. Er stellte klar, was von den kleingeistigen Streitereien seiner Landsleute auf der Insel zu halten war:

Bereits seit einiger Zeit hatte ich bemerkt, dass Esch und Fenn den Konsul bekämpfen, ohne je stichhaltige Gründe angeben zu können. (...) Die Kundgebung des Herrn Fenn und Genossen wird nur verständlich, wenn man bedenkt, dass der Arzt Dr. Lobisch mit einer seit Jahren und noch jetzt betriebenen Hetze die Atmosphäre in einer Weise vergiftet hat, wie es unter normalen Umständen nicht vorkommt. Nach dieser Vorbereitung hatten Esch und Fenn leichtes Spiel, als sie unter Aufrührung eines unglaublichen Klatsches von Haus zu Haus zogen und unter der Behauptung Unterschriften sammelten, es gelte über den »Wahl«-Konsul abzustimmen, der nicht mehr das Vertrauen der Mehrheit besitze! Die Unterschriften eines großen Teils der Unterzeichner sind entsprechend zu bewerten. (...) Da abgesehen vom Fall Lobisch in Mallorca eine Unmenge alten Klatsches mit der Begründung aufgerührt war, es wäre nie ein Untersuchungsergebnis bekannt gegeben worden, habe ich diesmal allen Unterzeichnern einen Abdruck (...) zugesandt.[50]

Paul Esch-Hörle und Mitstreiter Waldemar Fenn waren mit ihrem Vorhaben, den Konsul zu schassen, gescheitert. Der Drang Esch-Hörles, die Deutschen auf Mallorca zu einer Gemeinschaft zusammenzuschweißen und hierbei eine herausragende Rolle zu spielen, erhielt durch das Untersuchungsergebnis des Generalkonsulats lediglich vorübergehend einen Dämpfer. Doch sein Ziel verlor der Mann nicht aus den Augen. Mit dem überraschenden Tod des Konsuls Müller fünf Jahre später während eines Genesungsurlaubs in der Schweiz sah Esch-Hörle seine Stunde gekommen. Wie eine Handvoll weiterer Deutscher und Spanier der Insel bewarb er sich um den vakant gewordenen Posten.

Beim Generalkonsulat konnte man sich jedoch ungeachtet diverser Personalwechsel noch gut an die zurückliegende Schlammschlacht gegen Alfred Müller erinnern. In einer Aufzeichnung des Vizekonsuls Deiters bezüglich der Bewerber heißt es über Paul Esch-Hörle:

E. ist ein wohlhabender Kaufmann, Besitzer einer Obst-Apfelsinen-Pflanzung. Er ist einer der wenigen selbständigen Reichsdeutschen auf Mallorca. Das Urteil über ihn ist geteilt: während einige anerkennend von ihm sprechen, bezeichnen andere ihn als »größenwahnsinnigen, haltlosen Phantasten«. E. war einer der Hauptfeinde des verstorbenen Konsuls Müller, über den er sich wiederholt beschwert hat. Das Generalkonsulat hat über E. (...) berichtet und ungünstig über ihn geurteilt.[51]

Bei einem derartigen Leumund verwundert es nicht, dass die Behörde sich für einen anderen Kandidaten, nämlich Hans Dede, entschied. Dies dürfte für Esch-Hörle zunächst eine Enttäuschung gewesen sein. Kurioserweise verhielt er sich jedoch, anders als bei Müller, gegenüber Dede obrigkeitshörig. Der neue Konsul und der Plantagenbesitzer verkehrten bald auch geschäftlich miteinander. Wie sich Esch-Hörles Neffe Erich Jahrzehnte später erinnern sollte, hatte sein Onkel dem Konsul bei Geschäften finanziell ausgeholfen. Tatsächlich blieben die beiden Männer daraufhin einander bis zum Tode Esch-Hörles freundschaftlich verbunden. Neffe Erich durfte bei Dede eine Lehre als Fremdsprachen-Korrespondent absolvieren.

Mehr noch: Im Schatten Dedes konnte Paul Esch-Hörle seinen Traum, deutscher Konsul auf Mallorca zu werden, sogar hin und wieder ausleben – wenn auch in reduzierter Form, als dessen Urlaubsvertreter. Hinzu kamen eine Nachlassregelung und einige Botengänge im Auftrage des Konsuls, wenn es sich um Angelegenheiten von deutschen Residenten im Sóllertal handelte. Im Februar 1936 beantragte Dede 14 Tage Urlaub, um nach Deutschland reisen zu können. »Als Vertreter während meiner Abwesenheit schlage ich Herrn Paul Esch-Hörle vor.« Weitere Vermerke dieser Art sind nicht aktenkundig. Da Dede jedoch aufgrund von Bürgerkrieg und Weltkrieg ohnehin kaum Gelegenheit für Reisen hatte, werden sich solche Ferienvakanzen auf wenige Gelegenheiten beschränkt haben.

Mehr Glück, als Konsul agieren zu können, war hingegen Eschs einstigem Mitstreiter Waldemar Fenn beschert. Nach dem Kampf gegen Alfred Müller siedelte er schon bald nach Menorca über, wo er 1928 den Auftrag vollendete, eine Büste zu Ehren des Admirals Miranda anzufertigen. Die tonnenschwere Skulptur steht noch heute in Mahón auf der balkonartigen Plaza Miranda mit Panoramablick über die gesamte Bucht. Hitler berief den Künstler 1941 zum deutschen Repräsentanten auf der östlichsten Mittelmeerinsel. Konsul Fenn residierte im Predio El

Waldemar Fenn mit der Skulptur des Admirals Miranda

Hotel Almirante, ehemals El Fonduco auf Menorca

Fonduco, dem ehemaligen Anwesen des britischen Admirals Collingwood, heute das gediegene Hotel Almirante, und hisste auf dem Dach des Herrenhauses die Hakenkreuzfahne. Im Januar 1945 verhalf er dort 23 internierten faschistischen Marinesoldaten zur Flucht, die es in den letzten Monaten des Weltkrieges zurück nach Italien an die Seite ihres Duce drängte. Fenn selbst erlebte das Kriegsende auf Menorca und starb dort verarmt im Jahre 1955.

Zurück zu Esch-Hörle: Auch wenn dieser es somit nicht zum »Führer und Sprecher der deutschen Kolonie auf Mallorca« brachte, so dürften die gelegentlichen Vertretungen für ihn eine besondere Genugtuung gewesen sein, seinen Ehrgeiz ein wenig ausleben zu können. Noch zweieinhalb Jahrzehnte später sollte der nunmehr 75-Jährige die kurzfristigen Stellvertreter-Funktionen in seiner Erinnerung regelrecht verklären. In einem Interview mit der Lokalzeitung von Sóller verstieg sich »Don Pablo« 1960 zu folgender Aussage:

Viele Jahre hindurch agierte ich als Vize-Konsul, als Mitarbeiter des Herrn Dede, in der Mission, die deutschen und spanischen Interessen harmonisch in Einklang zu bringen.[52]

Eine gering ausgeprägte Persönlichkeitsstruktur hat man Esch-Hörle sicherlich nie nachsagen können. Der Mann hatte insbesondere in den Jahren von Weimarer Republik und Drittem Reich bei Zeitgenossen stets Wert gelegt auf Eindruck und Gewichtigkeit im Auftreten. Selbst seine Unterschrift erinnert von ihrem impulsiven Schwung her an jene Schnörkel, mit denen einst Kaiser Wilhelm seine Depeschen zu unterzeichnen pflegte. Aber sich im Altersrückblick gegenüber einem Außenstehenden als langjährigen Vize-Konsul auszugeben – das war dann doch nicht nur allzu dick aufgetragen; es ist auch ein Beleg dafür, dass Esch-Hörle sich zeit seines Lebens von Nazi-Konsul Dede und jenem Regime, für das er stand, letzlich kaum distanziert hatte.

Juden-Boykott, Röhmputsch und Reichskristallnacht

Die Ereignisse in Deutschland aus Inselperspektive

Die Jahre der Hitler-Zeit, die Paul Esch-Hörle später in der Erinnerung zu seiner Amtszeit als »Vize-Konsul« umdeuten würde, waren geprägt von einem dramatischen politischen Wandel, der von den Zeitgenossen auf Mallorca höchst unterschiedlich wahrgenommen wurde. Auf der einen Seite sah sich eine wachsende Zahl Betroffener zunehmend der Verfolgung durch das Nazi-Regime ausgesetzt. Das waren die Opfer der neuen Zeit. Auf der anderen Seite traten die Anhänger des erwachten Deutschland mehr und mehr in den Vordergrund. Euphorisch verfolgten sie, wie Hitler in seinen ersten Amtsjahren von einem Erfolg zum nächsten eilte.

Dem »Führer« glückte es, nach den Jahren der Inflationskrise und der Rekordarbeitslosigkeit die Wirtschaft anzukurbeln und mit dem geradezu sprichwörtlich gewordenen Autobahnbau innerhalb kürzester Zeit die Vollbeschäftigung zu erzielen. Hitler vollbrachte scheinbar Wunder: Mit wachsender Begeisterung gewahrten viele Deutsche, wie es dem »Führer« gelang, nach und nach die »Schmach von Versailles«, die Fesseln des »Diktat-Friedens« aufzubrechen und abzustreifen. »Wir sind wieder wer«, war die allgemeine Gefühlslage vieler Deutscher im Reich wie im Ausland, auch auf Mallorca.

Hitler erschien einem Großteil seiner Landsleute wie ein »Erlöser«, der scheinbar gekommen war, um eine glorreiche Ära anbrechen zu lassen. Im Glanze der Triumphe ihres »Führers« sonnten sich auch seine Anhänger. Jedoch gab es Menschen, auf die zunehmend der Schatten des Gewaltherrschers fiel. Hitler und seine Getreuen hatten ihre judenfeindliche Einstellung zu keiner Zeit verleugnet. Sobald sie die Schalthebel der Macht im Griff hatten, begannen sie ihre Aktionen gegen Juden und Regimegegner. Die Repression wurde mit zunehmender Brutalität durchgesetzt.

Allerdings war zu Beginn der nationalsozialistischen Herrschaft die spätere Entwicklung zum Holocaust, wie er sich während des Zweiten Weltkriegs tatsächlich zutrug, allenfalls für die weitsichtigsten Visionäre zu erahnen gewesen. Gleich der mythischen Kassandra wurde diesen Mahnern von vielen Mitbürgern kein Glauben geschenkt. Zu unfassbar war die Vorstellung von Vorgängen, wie sie sich in Deutschlands Zukunft ereignen sollten. Und nach jeder neuen Diskriminierung, nach jeder Steigerung des

Verfolgungsdrucks nahmen sowohl die betroffenen Juden als auch ihre Nachbarn jeweils an, dass nun das höchste Ausmaß der Drangsalierung und des Terrors erreicht worden sei. Schlimmeres, so die Hoffnung, werde das Volk der Dichter und Denker, das Volk von Goethe und Schiller, schon nicht zulassen oder unternehmen.

Es ist interessant festzustellen, dass diese Sichtweise auch unter den Deutschen auf Mallorca vorherrschte. Zwar wurde die Insel nach 1933 zunehmend zum Fluchtpunkt jüdischer und politischer Exilanten. Nichtsdestotrotz fiel es vielen Zeitgenossen schwer, die Entwicklung im Reich tatsächlich als Bedrohung wahrzunehmen. Selbst jüdische Mitbürger waren vor dieser Fehleinschätzung nicht gefeit. Ein konkretes Beispiel ist in der Zeitung »Die Insel« zu finden. Eine Woche nach dem aggressiven Boykott jüdischer Geschäfte in Deutschland – der weltweit für Aufsehen gesorgt hatte – veröffentlichte

Hitler und Röhm in Deutschland um 1931

das Blatt eine Mitteilung der deutschen Handelskammer für Spanien, die sich wiederum auf ein Telegramm der Deutsch-Israelitischen Gemeinde Hamburg berief. Deren Vorsitzender Alfred Levy kritisierte die Berichte der Auslandspresse als falsch. »Wir bitten uns zu unterstützen in unseren fortdauernden Bemühungen, der in allen menschlichen und wirtschaftlichen Beziehungen nur schädlichen unwahren Greuelpropaganda entgegenzutreten«, schrieb Levy an die Handelskammern.

Nicht nur in Hamburg sorgte man sich um die Handelsbeziehungen und befürchtete, die Berichte über die Ausschreitungen gegen jüdische Ladenbesitzer könnten im Ausland zu einem Boykott deutscher Waren führen. Selbst auf Mallorca wurden jüdische Stimmen laut, die die Vorkommnisse vom 1. April als Ausnahmeerscheinung abtaten. Am 8. April schrieb die »Insel«:

Ebenso bittet uns unser Abonnent Carl Nathan um die Veröffentlichung folgenden Telegramms, das er von seinem Vater aus Frankfurt-Höchst erhielt: »Verwahren uns gegen übertriebene im Ausland entstandene Gerüchte über Zustände in Deutschland. Uns und unseren Freunden geht es gut.«[53]

Kenntnis von den Vorkommnissen nahmen auch die britischen Medien auf Mallorca, an die sich der Vater von Carl Nathan ebenfalls gewandt hatte. Die »Palma Post« berichtete:

Herr Carl Nathan, der sich einige Monate auf der Insel aufhielt, um die Schuhindustrie Mallorcas zu studieren, reiste am Freitag Richtung Kontinent und England ab. Es war sein Vater, Herr Willi Nathan, der die Palma Post ersuchte, sein Statement zu veröffentlichen, dass die Berichte über anti-jüdische Greueltaten in Deutschland aufgebauscht worden seien. Herr Nathan Senior ist ein wohlhabender Schuhfabrikant aus Frankfurt am Main.[54]

Nicht alle sahen die Dinge so optimistisch wie die Familie Nathan. Albert Vigoleis Thelen erinnert sich in seinem Inselroman, wie er mit seiner Frau einen individuellen Wirtschaftsboykott gegen das Dritte Reich startete. Die Bestellung einer Schreibmaschine made in Germany wurde storniert, stattdessen schaffte sich das Paar eine amerikanische »Royal« an. Zur Begründung heißt es im Roman: »... jede Mark, die wir künftig abbezahlen, verwandelt sich in Nazigift, mit dem wir später selber angespritzt werden.«

Die englischsprachigen Medien auf Mallorca wie die »Palma Post« oder »Majorca Sun« nahmen regen Anteil an den Geschehnissen in Deutschland. Das zeigte sich exemplarisch in Zusammenhang mit dem sogenannten Röhmputsch vom Juni 1934, als Hitler sich nicht nur von unliebsamen SA-Getreuen blutig trennte, sondern auch eine Reihe missliebiger Politiker wie den ehemaligen Reichskanzler General Kurt von Schleicher oder die engsten Mitarbeiter seines Vize-Kanzlers Franz von Papen ermorden ließ. Bei dem vermeintlichen Staatsstreich, der angeblich gedroht hatte, fanden 200 Menschen den Tod. Sie wurden zumeist kaltblütig hingerichtet.

Vier Wochen später veröffentlichte die »Majorca Sun« einen Kommentar, der deutlich machte, wie gut zumindest die Briten über die Vorgänge in Deutschland im Bilde waren. Ein H. Dare schrieb, die Röhmrevolte sei lediglich inszeniert worden, um Hitler einen Vorwand zu liefern, sich seiner lästigen Widersacher in der SA sowie weiterer politischer Gegner zu entledigen.

Hitler war des politischen Programms seiner engen Freunde und Kumpane aus der SA überdrüssig geworden. Ein Programm, das aus wenig mehr bestand als dem Hetzen von Juden, dem Verfolgen der Kirchen (der katholischen wie der protestantischen), dem Foltern von Marxisten sowie darin, das Land in den Bankrott zu treiben.[55]

Dare holte in seinem Kommentar weit aus und beschrieb zunächst, wie es Hitler gelungen war, seine Machtposition unter Ausnutzung des Reichstagsbrands vom Februar 1933 zu zementieren. Habe damals im Westen zunächst der Irrglaube vorgeherrscht, die Nazis hätten durch ihr Vorgehen den Ausbruch einer kommunistischen Revolution verhindert, so würden, hoffte Dare, die tödlichen Schüsse beim Röhmputsch der Welt nun doch den wahren Charakter des Regimes vor Augen führen:

Es bleibt abzusehen ob die große Mehrheit des deutschen Volkes, dem die Tatsachen dieser Greuel nun bekannt werden, weiterhin am Altar dieses mörderischen Ungeheuers beten wird. Der Friede Europas und das Schicksal der westlichen Zivilisation hängen unzweifelhaft von dieser Antwort ab.[56]

Dares Weitsicht stieß selbst im britischen Lager nicht auf ungeteilte Zustimmung. Unter dem Titel »Eine Lady protestiert« veröffentlichte die »Majorca Sun« die Reaktion der Residentin Clare Wallis, die sich strikt gegen Dares Darstellung der Dinge verwahrte. Bezogen auf Hitler schrieb sie, man sollte »wenn schon kein sympathisches Interesse bekundend, so doch zumindest eine unvoreingenommene Haltung einnehmen, um die Motive und Anstrengungen eines großen und mutigen Mannes objektiv zu ergründen, ein großes Volk zu regieren und wieder aufzurichten.«

Die beiden Meinungsberichte geben einen Eindruck davon, wie unterschiedlich die Zeitgenossen damals die aktuellen Ereignisse bewerteten, und wie weit die Auffassungen über Hitler und den Nationalsozialismus auseinandergingen. Für Dare hatte der Artikel indes ein unangenehmes Nachspiel. Wie aus einer Meldung der »Majorca Sun« hervorgeht, wurde ein Captain Harold Dare – wenige Tage nach Erscheinen des oben zitierten Meinungsartikels von »H. Dare« – von einem Polizeibeamten in Zivil (mit einer Dienstmarke auf der Innenseite seines Mantels) in Palmas Stadtteil El Terreno festgenommen, mit einem Polizeifahrzeug zur Wache verfrachtet und ohne Angabe von Gründen eine Nacht lang dort inhaftiert.

Wider jedes Recht wurde Dare nicht gestattet, seine Frau oder den britischen Konsul auf Mallorca zu benachrichtigen. Erst am nächsten Tag wurde der Brite nach Einschaltung des Konsuls und gegen Zahlung einer Strafe auf freien Fuß gesetzt. Ihm war vorgeworfen worden, am Tage vor der Festnahme in einem Lokal betrunken gewesen zu sein und die Zeche geprellt zu haben, Anschuldigungen, die nicht nur von Dare, sondern auch von anderen Briten als nicht zutreffend zurückgewiesen wurden.

Der Verdacht liegt nahe, dass dem Briten Dare seitens der Nazis und ihrer Sympathisanten, salopp gesagt, ein Denkzettel verpasst werden sollte. Kritik und Verunglimpfung des »Führers« wurde von seinen Anhängern nicht geduldet und offenkundig sogar geahndet. Wie auch immer: Wenn Hitler und das Dritte Reich auf Mallorca bereits bei Briten wie Harold Dare und Clare Wallis zu konträren Bewertungen führten, dann ist davon auszugehen, dass die Reaktionen bei den deutschen Inselresidenten allein schon wegen der emotionalen Nähe zur »Heimat« ungleich intensiver ausgefallen sein dürften als bei den Engländern.

Wie die Deutschen auf den sogenannten Röhmputsch reagierten, darüber gibt Thelens Inselroman Auskunft, auch wenn der Text dazu erst später aus der Erinnerung heraus geschrieben wurde. Demnach zeigten sich die Anhänger des Nationalsozialismus durch die Ereignisse vom Juni 1934 durchaus verunsichert. Man wusste unversehens nicht mehr, woran man war, und was diese politischen Ereignisse möglicherweise noch für weitere Folgen nach sich ziehen würden.

Hitlergegner Thelen und seine Frau Beatrice arbeiteten in jenen Tagen des angeblichen Röhmputsches als touristische Fremdenführer, und zwar ausgerechnet für jene Landsleute, die als verdiente Gefolgsleute des Nazi-Regimes auf den »Kraft-durch-Freude«-Freizeitschiffen zu touristischen Kurzbesuchen in Palma eintrafen. Thelen vermerkt diesbezüglich in seinem Roman:

Aber ist der Konsul, sind die Herren der Arbeitsfront heute nicht noch freundlicher als sonst? Wir machten beide diese Feststellung und folgerten dasselbe daraus, was übrigens nicht schwer war. Man könne nicht wissen, wie sich das im Reich entwickeln werde mit dieser Röhmrevolte. Jetzt wurden ja nicht nur Juden totgeschlagen: man hatte endlich damit angefangen, sich gegenseitig den Garaus zu machen. Und was, wenn sich die Bande selber liquidierte, bis auf den letzten Mann, der sich ihr Führer schimpfen ließ? Auch der hohe Beauftragte der Partei, ein Lehrer mit Doktortitel aus dem Westfälischen, schwerer Mann mit Blutorden und auch sonst wenig ansprechend, tat so, als hätte er Beatrice niemals mit Juda verrecke angepöbelt.[57]

Doch die Verunsicherung der deutschen Landsleute hielt nicht lange an. Mit der Niederschlagung der »Röhmrevolte« waren die braunen Machtverhältnisse im Reich rasch geklärt. Hitler hatte seine Position weiter gefestigt.

Herausragende Ereignisse in Deutschland fanden in jenen Jahren ihren Niederschlag ebenfalls in den spanischsprachigen Medien auf Mallorca. Zeitungen wie »Ultima Hora« veröffentlichten häufig Depeschenmeldungen. Nach der Machtübernahme der Franquisten auf der Insel erfolgte die Berichterstattung in zensierter Form. National-Spanien lag mit dem Nazi-Regime politisch auf einer Linie und verbreitete von den Ereignissen im Reich stets die offizielle deutsche Regierungsversion. Unnötig daran zu erinnern, dass die inhaltlichen Vorgaben dazu direkt von Propagandaminister Joseph Goebbels und seinen Mitarbeitern stammten.

Belegen lässt sich das mit der Schilderung der Vorkommnisse im Zusammenhang mit der »Reichskristallnacht« 1938. Die Pogrome in den deutschen und österreichischen Städten am 9. November markierten den Übergang von der gesellschaftlichen Diskriminierung der deutschen Juden hin zu ihrer systematischen Verfolgung durch das Regime. Das November-Fanal war ein Vorgriff auf das, was von 1941 an folgen sollte: Die »Umsiedlung« der europäischen Juden im Machtbereich der Nationalsozialisten sowie ihre industriell organisierte Ermordung in den Todesfabriken in Osteuropa.

Am 10. November 1938, dem Folgetag der brennenden Synagogen, berichtete »Ultima Hora«: »Die Kundgebungen gegen die Juden, die bereits gestern Nacht begannen, haben einen sehr leidenschaftlichen Charakter angenommen.« In der Hauptstadt seien Schaufenster von Geschäften mit »hebräischen« Eigentümern zerschlagen worden. »In der Amsterdamer und Tauentziner Straße, die im Westen Berlins liegen, wurden alle jüdischen Geschäfte zerstört.«

Der Korrespondent berichtete auch, dass die große Synagoge in Berlin-Wilmersdorf, jüngst errichtet, in Brand gesteckt wurde. »Die Feuerwehr beschränkt sich darauf, das Übergreifen der Flammen auf die Nachbargebäude zu verhindern.« Die Löschmannschaften unternahmen also nichts, um die Vernichtung des jüdischen Gebetshauses zu verhindern.

Unter dem Druck der spanischen Pressezensur hielt sich »Ultima Hora« an die offizielle, von den Nazis diktierte Lesart: Das Pogrom wurde dargestellt als spontane Ausschreitungen der deutschen Bevölkerung. Die jüdischen Deutschen, die zum Zeitpunkt der Kristallnacht auf Mallorca lebten, blieben vom angeblichen »Volkszorn«, wie ihn ihre Religionsangehörigen im Dritten Reich erleiden mussten, verschont. Eines wird ihnen in jenen Tagen allerdings bewusst geworden sein: Sie befanden sich zwar fernab einer direkten Bedrohung durch die braunen Horden, aber dessen ungeachtet konnten sie sich weder sicher fühlen noch sorglos ihrem Alltag nachgehen. Denn der lange Arm der Nazis reichte über ihre Anhänger und Helfershelfer bis auf die Inseln. Die Repressalien, die die braunen Machthaber ausübten, setzten selbst die nach Mallorca emigrierten jüdischen Residenten zunehmend unter Druck.

Der Bürgerkrieg auf Mallorca

Von wegen »Insel der Stille«

Die Auswirkungen des Spanischen Bürgerkrieges sind in der Gesellschaft bis heute zu spüren. Die Auseinandersetzung um das »Gesetz der historischen Erinnerung« von 2007, das die Beseitigung triumphaler Kriegsdenkmäler, Reiterstatuen und Straßennamen von Franquisten zum Ziel hatte, ist ein Beleg aus jüngerer Zeit. Das gilt noch mehr für die Aktivitäten der Organisationen von Bürgerkriegsopfern, die nach verschollenen Angehörigen forschen, indem sie anonyme Massengräber dokumentieren, in denen die sterblichen Überreste der einst Hingerichteten vermutet werden. Kommt es zur Exhumierung, wie im November 2016 in Porreres im Inselinnern, versuchen Experten den Toten mittels Erbgut-Abgleich ihre Identität wiederzugeben.

Besetztes Telefonamt am Borne/Palma

Allein auf der Insel wurden nach einer Studie des Geschichtsvereins »Memòria de Mallorca« rund 2.200 Menschen in Straßengräben, an Friedhofsmauern oder bei der Hinrichtung von Kriegsgefangenen liquidiert. Es würde zu weit führen, hier die Geschichte des Spanischen Bürgerkriegs wiederzugeben. Die Publikationen über jene tragischen Jahre 1936 bis 1939 sind Legion. Gleichwohl ist es sinnvoll, für den deutschen Leser die wichtigsten Ereignisse des Bürgerkriegs auf Mallorca kurz zu skizzieren.

Der Militärputsch, den eine Gruppe spanischer Generäle verabredet hatte, um die republikanische Regierung beiseite zu fegen, vollzog sich ebenso auf dem Festland wie auf der Insel, wenn auch hier mit einer gewissen Verspätung. Hatte sich General Franco in Spanisch-Nordafrika am 17. Juli 1936 erhoben und folgten ihm seine Armeekollegen in den Metropolen des Landes am 18. Juli, so riss das Militär auf Mallorca die Gewalt erst am 19. Juli, einem Sonntag, an sich.

Aber anders als auf dem Festland, wo die Situation vorerst unüberschaubar blieb, waren die machtpolitischen Verhältnisse in Palma vom ersten Moment an geklärt: Die Insel fand sich unmittelbar im Lager der Aufständischen wieder. Die Offiziere und Soldaten übernahmen im Handstreich die staatlichen Institutionen. Der Amtssitz des Zivilgouverneurs Antonio Espina unweit der heutigen Bar Bosch in dem nicht mehr existenten Herrenhaus Can Brondo wurde ebenso besetzt wie das Rathaus, die Bahnhöfe, die Hafenbehörde, das Elektrizitätswerk, die Telefon- und Telegrafenämter und die Zeitungsredaktion von »Ultima Hora«.

Der Militärgouverneur der Balearen, Manuel Goded, hatte in aller Frühe einen Tagesbefehl ausgegeben, der die Balearen unter Kriegsrecht stellte und jeden Versuch von Widerstand mit dem Tode bedrohte. Goded, der noch am Vortag gegenüber Zivilgouverneur Espina seine Loyalität zur republikanischen Regierung bekundet und dabei schlicht gelogen hatte, flog nach der Machtübernahme in Palma per Wasserflugzeug nach Barcelona, um sich dort an die Spitze der Putschisten zu stellen. Doch dort war der Aufstand fehlgeschlagen. So wurde Goded nach seiner Ankunft in Katalonien verhaftet und wenige Tage später erschossen.

Mehr Glück war dem Zivilgouverneur Espina beschieden. Der Literat hatte sein Amt erst zehn Tage zuvor angetreten und war mit den Verhältnissen vor Ort nicht recht vertraut. Die Militärs ließen ihn festnehmen und in eine

Militärgouverneur der Balearen, Manuel Goded

An der Felsküste von Sa Coma 1936

Irrenanstalt sperren. Auf diese Weise überlebte er den Bürgerkrieg. Ihm blieb das Schicksal erspart, das andere Inselpolitiker erlitten. Wenn sie nicht in den ersten Kriegstagen den Tod fanden, wurden sie von Militärtribunalen in fingierten Verfahren »wegen Vorbereitung revolutionärer Aufstände« zum Tode verurteilt. Per Hinrichtung verloren ihr Leben die Bürgermeister von Palma, Manacor, Inca, Pollença, Porreres, Algaida, Montuïri, Costitx, Búger ...

Widerstand gegen den Militärputsch auf der Insel gab es am 19. Juli nur in wenigen Ortschaften. In Port de Pollença hielt eine Einheit von Wasserflugzeugen zur Republik. Als aufständisches Militär von Pollença aus gegen sie vorrückte, kam es zu einem Schusswechsel, bei dem drei Soldaten getötet wurden. Danach flüchteten die Seeflieger nach Barcelona.

In Sóller verweigerte sich eine Handvoll Landpolizisten dem Putsch. Auf dem Weg zur Telegrafenstation in La Muleta bei Port de Sóller wurde ein aufständischer Militär bei einem Schusswechsel getötet. An den Offizier erinnerte lange ein Steinkreuz, das 2015 beseitigt wurde. Die »Carabineros« von Sóller wurden bald darauf entwaffnet, inhaftiert und hingerichtet.

Verbarrikadierte Fenster und Sandsäcke vor dem Eingang: dieses Bild bot das Rathaus in Manacor, wo republikanische Stadträte und Polizeikräfte die staatliche Ordnung zu verteidigen gedachten. Tatsächlich hielten die Kräfte bis zum 21. Juli aus. Erst als

An der Felsküste von Sa Coma in heutiger Zeit

Militäreinheiten aus Palma mit Maschinengewehren Stellung bezogen, gaben die Verteidiger auf.

In Palma selbst kam es am 19. Juli unter den Aufständischen zu einer internen Konfusion, in deren Folge sich ein Schusswechsel vor dem Rathaus zutrug. Dabei wurden ein Falangist und ein Militär getötet. Eine Kugel durchschlug das Portal des Rathauses und hinterließ ein Einschussloch im Holz der Türe, das heute noch existiert.

Die Ereignisse machen deutlich: Die Erhebung war auf Mallorca für die Militärs keineswegs ein Spaziergang, auch wenn der Blutzoll zunächst relativ niedrig ausfiel. Die putschenden Offiziere standen zudem nicht alleine da: Sie konnten auf die Unterstützung der rechtsextremen Splitterpartei Falange Española sowie auf erzkonservativ-katholische Zirkel zählen. Die Vertreter des demokratischen Systems wurden überwacht und inhaftiert, so mancher Protagonist der politischen Linken zwecks Einschüchterung und Abschreckung Dritter erschossen. Das Militär hielt die Insel im eisernen Griff, es herrschte Zwangsruhe.

Doch kampflos wollten Madrid und die Spanische Republik Mallorca vorerst nicht aufgeben. Am 16. August 1936 landete ein republikanisches Expeditionsheer im Osten der Insel. Unter dem Kommando des Marinefliegers Kapitän Alberto Bayo gingen im Raum Porto Cristo und Sa Coma mehrere Tausend Milizionäre an Land, um die Insel zurückzuerobern. Damit wurde der Bürgerkrieg auch auf Mallorca zu einer militärischen Realität, mit Fronten, Gefechten, Bombardements, Verwundeten und Toten.

Aus den Dörfern der Küstenregion flüchtete die Zivilbevölkerung zu Fuß oder per Eselskarren ins Hinterland, während Militär- und Falangeeinheiten im Raum Manacor zusammengezogen wurden, um den Vormarsch des Expeditionsheeres aufzuhalten. Die Verteidiger verschanzten sich hinter Trockensteinmauern, Ställen, Oliven- und Mandelbäumen, Felsen, selbst in Höhlen unweit der Küste. Besonders umkämpft waren die Kuppen jener Hügelkette, die zwischen Manacor und dem Meer wie ein Riegel parallel zur Küste verläuft.

Kurzum: Die Eroberung Mallorcas schlug fehl. Zu langsam kam das Expeditionsheer voran. Zu kunterbunt waren die Invasionseinheiten Bayos, die zwar zum Teil aus regulären Truppen bestanden, zumeist aber Milizionäre von politischen Organisationen und Parteien wie Sozialisten, Anarchisten, Kommunisten, katalanische Separatisten und Trotzkisten umfassten.

Historiker schätzen die Gesamtzahl der Invasionstruppe auf 8.000 bis 12.000 Mann. Sie waren den militärischen Einheiten auf Mallorca anfangs dreifach überlegen, zumal die Aufständischen weder über See- noch Luftstreitkräfte verfügten. Bayos Verband besaß hingegen fünf Wasserflugzeuge sowie die artilleristische Feuerkraft seiner Kriegsschiffe.

Alberto Bayo während der Landung

Dennoch blieben die Vorstöße des Expeditionsheeres unweit der Küste stecken. Die Lage der Milizionäre verschlechterte sich darüber hinaus, als es den Aufständischen gelang, Hilfe in Italien zu erlangen. Mallorcas omnipotenter Bankier und Multimillionär Juan March Ordinas finanzierte den Kauf und die Entsendung dreier moderner Jagdflugzeuge, während der faschistische Diktator Mussolini den Einsatz italienischer Piloten gewährte.

Es handelte sich offiziell nicht um reguläre Truppen, sondern um sogenannte »Freiwillige«. Dadurch sollte das Eingreifen Italiens in den Spanischen Bürgerkrieg verschleiert werden, um Verwicklungen mit anderen europäischen Mächten wie Frankreich und England zu vermeiden. Angeführt wurden die Kämpfer von einem Vertrauensmann des »Duce«, einem ebenso skrupellosen wie geltungssüchtigen Agitator der faschistischen Schwarzhemden aus Bologna: Conde Rossi. Dieser Mann, ein Anwalt namens Arconovaldo Bonacorsi, der sich als »Graf« und »General« präsentierte und in Wirklichkeit keines von beidem war, erlangte aufgrund der entscheidenden strategischen Kampfkraft der italienischen Piloten rasch großen Einfluss auf das spanische Oberkommando auf Mallorca. Rossis Macht reichte so weit, dass er drei Tage nach seiner Ankunft die Absetzung des von ihm als unfähig empfundenen Befehlshabers der Militäroperationen im Inselosten, Oberst Emilio Ramos Unamuno, durchsetzen konnte. Der Faschistenführer wird zudem für eine Vielzahl von Hinrichtungen verantwortlich gemacht, die an Republikanern und Kriegsgefangenen kurzerhand vollstreckt wurden.

Von Palma aus beobachtete der deutsche Konsul das Agieren der Italiener. Am 1. September schilderte Hans Dede in einem vertraulichen Bericht an das Auswärtige Amt deren Ankunft auf Mallorca.

Am 27. v.M. traf hier ein kleiner italienischer Frachtdampfer (...) ein, der sogleich im Hafen am Kai festgemacht wurde und mit dem Löschen von Gütern begann. (...) Er soll hier Flugzeugteile, Fliegerabwehrmaterial, Bomben, Munition etc. gelöscht haben. Tatsache ist, dass nach Ankunft des Dampfers hier auf verschiedenen Stellen neue Fliegerabwehrkanonen aufgestellt wurden. Nachdem einige Tage vorher schon drei Wasserflugzeuge »Savoia-Marchetti S. 55«, ohne jegliche Nationalfarben, hier angekommen waren, stehen jetzt der hiesigen Militärgruppe auch Jagdflugzeuge zur Verfügung. Jedenfalls werden seit einigen Tagen die Operationen der Militärgruppe auf Mallorka von Fliegern unterstützt und scheinbar mit gutem Erfolg. Man hofft, durch Einsetzen der Flieger die Zufuhr von Menschen, Material und Lebensmitteln den bei Porto Cristo und Son Servera (Mallorka) eingedrungenen Marxisten abschneiden und so die Insel bald endgültig von den Eindringlingen befreien zu können. Die Kämpfe dauern noch an.[58]

Conde Rossi hoch zu Pferd

Die Kampfflugzeuge der Italiener tauchten erstmals am 28. August am mallorquinischen Himmel auf und setzen Bayos Wasserflugzeuge im Handumdrehen außer Gefecht. Seiner Lufthoheit beraubt, blieb dem Kommandanten nicht viel Spielraum. Ähnlich wurde die Situation von seinen Vorgesetzten eingeschätzt. Der spanische Marineminister Indalecio Prieto ordnete die Rückkehr des Expeditionsheeres an. Zum einen wollte man die Schiffe des Invasionskontingents nicht schutzlos den Angriffen aus der Luft aussetzen. Zum anderen wurden die kampffähigen Männer an gefährdeteren Frontabschnitten auf dem Festland benötigt.

Rossi besieht den Leichnam eines gefallenen Kämpfers in Porto Cristo

Entsprechend den Befehlen aus Madrid wurden die Inselstellungen in der Nacht vom 3. auf den 4. September geräumt. Die Absetzbewegung verkam zu einem chaotischen Rückzug. Ein reichhaltiges Arsenal an Waffen, Munition, Zubehör und sogar Lastwagen musste zurückgelassen werden. Die Abziehenden »vergaßen« auch unzählige Milizionäre in vorgeschobenen Positionen, die von dem Befehl zum Einschiffen nicht mehr erreicht worden waren. Das galt auch für fünf Rotkreuzschwestern, die in einem Feldlazarett beim Landgut Sa Torre Nova unweit von Son Carrió Verwundete pflegten.

Als die Sonne im Osten über dem Meer aufging, waren die Kriegsschiffe und Frachter Bayos hinterm Horizont verschwunden. Jene Kämpfer, die nicht mit an Bord genommen worden waren, sammelten sich beim aufgegebenen Feldquartier, dem Milchhof »La Fàbrica«, unweit des Strandes von Sa Coma, heute eine bei Touristen beliebte Urlauberhochburg.

Für die Verteidiger der Insel kam der Rückzug der Invasionstruppen mehr als überraschend. Am Morgen des 4. September stießen sie in aufgegebene und verlassene Stellungen vor. Nach und nach gelangten die Militäreinheiten bis an die Küste, wo sie auf die demoralisierten Versprengten trafen. Allein am Strand von Sa Coma sollen nach Recherchen von »Memòria de Mallorca« rund 420 aufgegriffene Milizionäre hingerichtet worden sein.

Der italienische Faschistenführer Rossi ließ sich unterdessen als Sieger feiern. Wie schon in den Tagen zuvor hielt er flammende Reden und verlangte die sofortige Exekution aller »comunisti«. In Porto Cristo filmte ein italienisches Kamerateam, wie der 38-Jährige und die Angehörigen seiner Kampfgruppe »Dragones de la Muerte« das verlassene und vom Krieg verwüstete Porto Cristo einnahmen. Die sogenannten »Todesdrachen« waren ein nach faschistischem Vorbild von Rossi organisierter Stoßtrupp von einigen 50 mallorquinischen und ausländischen Freiwilligen.

Wen die Soldaten nicht an Ort und Stelle erschossen, der wurde als Gefangener nach Manacor gebracht. Insbesondere die in Sa Coma aufgegriffenen Krankenschwestern hatten ein Martyrium zu erleiden. Sie wurden verhört und als Prostituierte verhöhnt. Mallorquinischen Historikern zufolge wurden die fünf Frauen dann am Sitz des Haupt-

Die fünf gefangenen Rotkreuzschwestern in Manacor

quartiers Sa Bassa in Manacor, heute ein Restaurant, nachts von Rossi und seinen Männern misshandelt, vergewaltigt, gefoltert. Am Morgen des 5. September mussten die Frauen auf der nach wie vor prächtigen Na Camel.la-Promenade in Manacor zu Fuß den Weg zum damaligen Friedhof antreten, wobei einige von ihnen sich kaum noch dahinschleppen konnten. Viele Menschen säumten die breite Straße, mitunter aus Schaulust, mehr aber noch aus Angst vor Repressalien. Gegen elf Uhr beendeten Salven das Leben der Krankenschwestern.

Während der Krieg im Inselosten tobte, sammelte der deutsche Konsul in Palma eifrig Informationen über den Verlauf und meldete sie in Berichten nach Deutschland. Bei Hans Dede lesen sich die Ereignisse so:

Seit dem 4. September des Jahres ist bekanntlich die Insel Mallorka von den roten Eindringlingen befreit. Es mögen an die 4000 Mann gelandet gewesen sein, von denen etwa 500 ihr Grab hier gefunden haben. Der Sieg über die Roten dürfte in erster Linie den italienischen Fliegern, die in der Uniform der Legion Mallorca kämpfen, sowie dem inzwischen hier sehr populär gewordenen italienischen »Grafen Rossi«, der General der italienischen Schwarzhemden sein soll und auf dem Lande die Roten angriff, zu verdanken sein. Dies wird auch amtlich ganz offen zugegeben. Graf Rossi reist auch heute noch durch die Insel, begleitet von dem Führer der Falange auf den Balearen, hält auf Italienisch Ansprachen an das Volk und nimmt Ehrungen entgegen. Beim letzten Stierkampf vor einigen Tagen, dem ich selbst beigewohnt habe, wurden als offizielle Hymnen die der Falange sowie »Giovinezza« gespielt. Die anwesenden italieni-

schen Flieger in der Legionsuniform wurden stürmisch gefeiert. Mit Vorliebe werden von Zivilisten und Miliz neben den spanischen Farben rotgold die italienischen Farben auf der Brust getragen.[59]

Der Tag wiederum, der zum letzten im Leben der fünf Krankenschwestern wurde, ist von Konsul Dede völlig anders wahrgenommen und bewertet worden. In seinem Bericht schreibt er dazu:

Seit dem 5. September ist vollkommene Ruhe hier; feindliche Flieger sind nicht mehr über Palma erschienen. Man ist bemüht, das Leben hier wieder zu normalisieren.[60]

Die Kämpfe im Inselosten hatten keine 20 Tage gedauert. Die militärischen Gefechte auf Mallorca stellten demnach im Vergleich zu den Schlachten auf dem Festland lediglich eine kurze Episode dar. Und dennoch war der Bürgerkrieg auf der Insel nicht weniger grausam, nicht weniger blutig als an den anderen Schauplätzen in Spanien.

Die Flucht der Insel-Deutschen

Wie Maria Esch Bürgerkrieg und Evakuierung erlebte

Es ist ein einzigartiges Zeitdokument, ein kleines Notizheft mit Souvenir-Einband aus Grenoble, kariertes Papier, Seite um Seite mit klarer Handschrift eng beschrieben. In ihrem Tagebuch schildert die Mallorca-Residentin Maria Esch, geboren 1858 in Duisburg, ihre Erlebnisse vom Ausbruch des Bürgerkrieges bis zu ihrer Flucht von der Insel an Bord eines deutschen Kriegsschiffes. Während ihr Sohn Paul Esch-Hörle sich damals mit anderen deutschen Inselresidenten auf einer Norwegenreise befand, hielt sie sich in der heimischen Finca Casa Tibur auf. Bei ihr war ihre Enkelin Sibille. Ihr Enkel Erich Esch arbeitete als Angestellter im Konsulat in Palma, besuchte aber Großmutter und Schwester an den Wochenenden. Unter Samstag, 18. Juli 1936, dem Tag des Militärputsches auf dem Festland, hielt Maria Esch fest:

Erich kommt, wie üblich zum weekend, bringt beunruhigende politische Nachrichten von der Peninsula, davon auch hier bereits gemunkelt.[61]

Den 19. Juli, der Tag des Militärputsches auf Mallorca, verlebte die Familie in Sóller, ruhig und unbehelligt von den Ereignissen in Palma, beim Konzertgenuss am Radio.

Sonntag bringt zu Anfang der diesjährigen Bayreuther Festwoche auf allen deutschen Sendern eine tadellos gut durchkommende Lohengrin Aufführung, der Sibille, Erich und ich auf seiner Loggia lauschen.

Erst am Montag, 20. Juli, werden für Maria Esch die verschobenen Realitäten auf Mallorca wahrnehmbar:

Die Unruhen nehmen zu. Es scheint sich um einen Militärputsch zu handeln. Das Radio bringt dauernd Nachrichten von der ganzen Halbinsel, die sich alle widersprechen, so daß es unmöglich, sich klares Bild zu verschaffen. Jedenfalls bleiben die Balearen nicht unbetroffen, sind in Kriegszustand erklärt. So fährt kein Dampfer und seit heute kommt keine Post mehr an, so daß wir vollständig von allen Verbindungen mit der Außenwelt abgeschnitten.

Maria Esch mit ihrer Tochter Frieda

Zwei Tage später ist zumindest der Postkartenverkehr mit Palma wieder möglich, auch wenn die Telefonverbindungen weiterhin unterbrochen sind. Maria Esch erfährt darüber hinaus, dass die Situation in Katalonien weitaus gravierender ist als auf Mallorca. Unter dem 22. Juli hält sie fest:

Immer deutlicher stellt sich heraus, daß »los isquierdos« und »los derechos« sich blutig bekämpfen. In Barcelona sollen alle Hospitäler voll sein und laut Radio bedrängt man die Einwohner, die toten Pferde, die die Luft verpesten, unter die Erde zu bringen. Palma und Sóller rechts regiert. Menorca mit Mahon links.

Bald sind die ersten Auswirkungen des Krieges auch in Sóller zu spüren. Unter dem 23. Juli trägt Maria Esch ein:

Lebensmittelknappheit macht sich bemerkbar. Mehl und Zucker rationiert. Anstelle von 3 Kilo angeforderten Zucker 1 Pfund erhalten.

Gleichzeitig machte sich die 78-Jährige den politischen Sprachgebrauch der rechten Putschisten zu eigen. In ihrem Tagebuch notierte sie »Aufständische«, wenn es um die links-republikanischen Machthaber in Madrid und Barcelona ging, sowie »Befreiungstruppen« (tropa de salvación), wenn vom Militär die Rede war. Maria Esch folgte damit gänzlich der konservativen Interpretation der Ereignisse in Spanien: Dieser Lesart zufolge hatte sich das Militär unter Führung patriotischer Offiziere erhoben, um einen unmittelbar bevorstehenden bolschewistischen Aufstand abzuwehren und Spanien auf diese Weise vor roter Revolution, Chaos und Terror zu bewahren.

Verfechter dieser Denkweise sahen sich unmittelbar nach dem Putsch bestätigt, als in Madrid und Barcelona tatsächlich revolutionäre Wirren mit all ihren dramatischen Erscheinungen ausbrachen. Zum Hintergrund: Um dem Aufstand der Generäle etwas entgegenzusetzen, hatte die republikanische Volksfront-Regierung insbesondere in den Industriezentren Madrid, Katalonien und den atlantischen Nordprovinzen Spaniens Waffen an die Bevölkerung ausgeben lassen.

Linksparteien, Gewerkschaften, anarchistische und separatistische Vereinigungen organisierten ihre Mitglieder zu paramilitärischen Verbänden und übernahmen in ihren Lokalbereichen faktisch die Macht. Auf Mallorca war eine solche Bürgerbewaffnung nicht erfolgt.

Insbesondere in Barcelona kam es zu Straßenkämpfen und anarchistischem Aufruhr samt Plünderungen, Kirchenbränden, Gewaltverbrechen und Enteignungen. Maria Esch, die wie ihr Sohn von konservativer, obrigkeitsorientierter Gesinnung war, verurteilte die revolutionären Ereignisse auf dem Festland. Ebenfalls unter dem 23. Juli hielt sie fest:

Man hofft, Madrid, wo die Aufständischen wie auch in Barna [Barcelona] noch herrschen, zu entsetzen. Die tropa de salvacion sei rings um die ausgehungerte und wasserlose Stadt unterwegs und man rechnet mit Samstag oder Sonntag.

Die Einnahme Madrids gelang den franquistischen Truppen jedoch erst drei Jahre später gegen Ende des Spanischen Bürgerkrieges. In Sóller regierte unterdessen Normalität im Kriegsalltag:

25. Juli: Erich kommt zum Wochenend. Ende der Versorgung mit Butter.

Einen Tag später, Sonntag, notierte Maria Esch ein einschneidendes Erlebnis, das zeigt, wie blank die Nerven bei den neuen Machthabern auf Mallorca lagen. Polizisten durchsuchen das Anwesen, um die Existenz von Feindsendern auszuschließen. Das ist zugleich ein Beleg dafür, dass neben der einheimischen Bevölkerung auch alle Ausländer überprüft wurden. Selbst langjährige Residenten wie die Eschs in Sóller, deren politische Nähe zum deutschen Konsulat kein Geheimnis gewesen sein dürfte, werden von einer Sicherheitsüberprüfung nicht ausgenommen. Der Eintrag vom 26. Juli lautet:

Während Sibille und Erich mit der 10-Uhr-Bahn an den Strand fahren, wurde ich vom Besuch einer unter Führung einer guardia civil stehenden Kommission unangenehm überrascht, die unseren Besitz nach verborgener Sendestation durchsuchen. Nach sehr gründlichem Verfahren in Tibur, wo sogar der Eisschrank untersucht wurde, gings nach »Can Dent« [das ist ein Zweithaus auf dem Grundstück]. Große Aufregung, da Erichs Zimmer verschlossen. Schlosser herbeigeholt, der mit Dietrich öffnete.

Im Jahre 2006 erinnerte sich Erich Esch als 90-Jähriger an den Vorfall. Wer damals ein Funkgerät besaß, stand in Verdacht, ein Spion zu sein. Das bedeutete Gefahr für Leib und Leben. »Sie müssen sich vorstellen, allein in Sóller hat mich die Guardia Civil besucht, als ich im zweiten Stock das Radio laufen hatte. Da kamen sie, um zu kontrollieren, dass es sich nicht womöglich um ein Funkgerät handelte. Der Besitz eines Funkgerätes war illegal.«

Der Bürgerkrieg brachte der Insel weitere »Besuche«: Vom Festland aus überflogen republikanische Flugzeuge Mallorca, die mal Flugblätter, mal Bomben abwarfen. Maria Esch notierte:

26. Juli: Flugzeug aus Richtung Barcelona kommend wirft Blätter hetzerischen Inhalts über Soller ab. Die streikende Linkspartei fordert 40 Stunden Arbeitswoche und 15 Prozent Lohnerhöhung.

27. Juli: Sibille fährt mit 9 Uhr Zug nach Palma, um Einkäufe (Butter) zu machen und um auf dem Konsulat Rücksprache zu nehmen [...]. Über der Stadt [gemeint ist Palma] fliegen jetzt täglich Flugzeuge, die Bomben abwerfen, bereits einige Tote zu beklagen.

Die »Rücksprache beim Konsulat« ist ein Hinweis darauf, dass innerhalb der deutschen Gemeinschaften in Spanien und seitens der Reichsregierung Überlegungen angestellt wurden, wie mit den eigenen Landsleuten zu verfahren sei. Je nach den örtlichen Begebenheiten war die Situation extrem angespannt. In Madrid etwa flüchteten Hunderte Deutsche auf das Gelände ihrer Botschaft, um sich vor den revolutionären Umtrieben in Sicherheit zu bringen.

Auch im anarchistischen Barcelona wurde die Situation der Reichsangehörigen als sehr bedrohlich gewertet. Die deutschen Behörden arbeiteten Pläne aus, um ihre Bürger per Eisenbahn oder Schiff aus Spanien herauszuschaffen. Auch andere europäische Regierungen waren in Sorge um ihre Staatsangehörigen und entsandten Kriegsschiffe.

Auf Mallorca erwies sich die Lage als längst nicht so außer Kontrolle wie auf dem Festland. Doch auch hier hatten die ausländischen Konsulate die Evakuierung vorzubereiten. Eindrücke davon fanden im Tagebuch von Maria Esch ihren Niederschlag. Unter dem 29. Juli schrieb sie:

Mit dem Abendzug kommt Erich überraschend, teilt mit, daß nicht nur mehrere englische Kriegsschiffe zum Schutze ihrer Landsleute eingetroffen, auch italienische, und die »Deutschland« vor San Sebastián und »Admiral Scheer« im Hafen von Barcelona liegen. Der Engländer »Repulse« [gemeint ist das Kriegsschiff der britischen Marine, das in Palma eingetroffen war] fährt morgen ab mit fast allen Engländern und auch einem erheblichen Teil der deutschen Kolonie, was der Konsul uns wissen lässt. Frau Stötzer benutzt auch die Gelegenheit abzureisen. Kruses, Rubinsteins etc. werden alle kostenlos herüber befördert. Von der deutschen Kolonie Barcelona 2,5 Tausend. Dortige deutsche Schule schon verwüstet. Herr Uebele ist hier in Costa d'Or [das ist ein Hotel in Port de Sóller], hat seine ganze Habe drüben [in Barcelona], ist sehr besorgt. Costa d'Or sei auch auf verborgene Sendestationen durchsucht worden.

In seinem Inselroman sollte Thelen später schreiben: »Alle Länder hatten ihre Konsulate mobilisiert. Die Fremden verließen in Scharen die Insel.« Doch nicht jedem stand der Sinn nach Flucht. Insbesondere Residenten mit Besitz auf Mallorca wollten ihre Anwesen nicht aufgeben. Zögerlich reagierte auch Maria Esch. Obgleich die Zahl ihrer deutschen Bekannten drastisch gesunken war, drängte es sie vorerst nicht zur Abreise. Unter dem 8. August schrieb sie:

Die Einsamkeit hier fast unerträglich. Ob wir auch noch flüchten müssen? Konsul rät allen Ausländern nach Möglichkeit dazu, ist ebenso wie Erich wenig befriedigt, wenn wir Bedenken haben, die casa mit allem leblosen und lebendigen Inventar im Stich zu lassen.

Zu der erwähnten Einsamkeit stellten sich finanzielle Probleme ein, Maria Esch litt unter Liquiditätsengpässen:

8. August: Bank macht Schwierigkeiten Schecks auszuzahlen. Am 28. Juli 500 Pesetas erhalten, ist vor 28. August nichts zu bekommen; dazu die laufenden Rechnungen? Die Bank rät kaltblütig Schulden zu machen.

Konsul Dede wollte so viele Deutsche wie möglich von der Insel fortschaffen. Von anderen Residenten ist überliefert, wie Hans Dede von Haus zu Haus zog, um die Deutschen zur Abreise zu drängen. Marianne Orsinger, die damals als Neunjährige in El Terreno lebte, erinnerte sich 2007: »Der Konsul kam ins Haus und sagte, Frauen und Kinder müssen die Insel verlassen. Mein Vater wollte nicht weg. Meine beiden ältesten Schwestern waren bis zum Schluss unschlüssig, doch dann beschlossen sie, beim Vater in Palma zu bleiben. Meine Mutter und wir jüngeren Kinder wurden mit dem Flüchtlingstransport, der zusammengestellt wurde, per Schiff weggebracht. Über Genua nach Deutschland.«

Wer sich weigerte, Mallorca zu verlassen, musste erklären, auf eigene Verantwortung zu bleiben, ohne konsularischen Schutz des Reiches. Auch Maria Esch und ihre Enkelin Sibille wurden aufgefordert, sich vor den unvorhersehbaren Risiken des Bürgerkrieges in Sicherheit bringen zu lassen.

Der Druck hatte unterdessen deutlich zugenommen. Denn am 8. August war das republikanische Expeditionsheer unter dem Befehlshaber Alberto Bayo auf Ibiza gelandet und hatte die Insel von den aufständischen Militärs zurückerobert. Auf Mallorca wurde nun ebenfalls mit einer baldigen Landung der Republikaner samt Gefechten gerechnet. Das Konsulat mahnte zur Eile. So kam der Tag der Ausreise für Maria Esch und Sibille rascher als erwartet:

Der Hafen in Palma, Postkarte, verschickt 1933

11. August: Abends 7 Uhr Telegramm erhalten von Consulado Alemán, daß letzte Möglichkeit vorhanden, mit deutschem Dampfer am morgigen Mittwoch Nachmittags die Insel zu verlassen. Und daß Konsulat weitere Verantwortung ablehnen muss für Sicherheit. Die Würfel sind gefallen. In Fieberhafter Aufregung wird bis in die Nacht hinein überlegt, gepackt etc.

12. August: Sibille an dem Morgen noch mal zu Casellas [offenbar spanische Bekannte oder Angestellte], zu weiteren Abschiedsbesuchen bleibt keine Zeit. Ob Bössers [eine in Sóller wohnende deutsche Familie] sich auch rüsten? Sibille und ich bei glühender Hitze, da keine Taxis fahren, um zwei Uhr zur Bahn, treffen im Terreno auf dem Konsulat Niemand, Erich bei Münchs [gemeint ist die deutsche Pension Münch unweit des Konsulats] und hören, daß Handelsmarinedampfer »Schleswig« (ab Bremen), begleitet vom Kreuzer »Leopard«, die Deutschen von Ibiza bereits an Bord hat und 50 Glieder unserer Kolonie mitnimmt. Der Dampfer ist von der Ufa gechartert und begiebt sich gegen 7 Uhr auf die Fahrt nach Neapel. Konsul und Erich sind noch Zeitlang mit den Fahrtleitern tätig. Wir werden vollständig kostenlos befördert bis nach dem gewünschten Ziel, wir Freiburg. Es scheint uns nicht ausgeschlossen, daß Erich uns noch folgen wird. Das Schiff wenig komfortabel; schlafen auf dem Fußboden. Erste Nacht mäßig. Wetter schön, wundervoller Sternenhimmel, etwas Seegang, aber schwer mit Kohlen für Griechenland geladen, fährt das Schiff ruhig. Zwei weitere Nächte im Bett des ersten Funkoffiziers verbracht, eng und heiß und nur durch Vorhang getrennt von der Funkerei. Da alle Liegestühle meist besetzt, liegen wir Tags viel auf Deck auf Wolldecke und lassen uns bräunen.

Maria Esch gelangte mit ihrer Enkelin am 16. August nach Neapel, wurde in einem komfortablen Hotel untergebracht und später per Bahn bis nach Freiburg befördert. Für die Seniorin war der Bürgerkrieg damit vorbei. Er blieb eine Episode in ihrem langen, von zahlreichen Reisen geprägten Leben. Bald schon kehrte die Frau zurück nach Mallorca, wo sie mit ihrem Sohn in Casa Tibur fortlebte, bis zu ihrem Tod im Jahre 1945. Ihr Grab befindet sich auf dem Friedhof von Sóller. Ihre Enkelin Sibille war zu diesem Zeitpunkt schon tot. Sie kam in München bei einem der ersten Bombenangriffe auf die Stadt ums Leben.

Kriegsberichterstatter wider Willen

Deutsche Augenzeugen der Kämpfe im Inselosten

Als das republikanischen Expeditionsheer unter seinem Kommandanten Alberto Bayo am 16. August im Osten Mallorcas an Land ging, waren bereits viele Deutsche von der Insel geflohen. Dennoch gab es Residenten, die nicht nur weiter auf dem Eiland ausharrten, sondern selbst zu Zeugen der Kämpfe wurden, die in den heißen Tagen des Sommers 1936 entbrannten. Manche dieser unfreiwilligen Kriegsberichterstatter hinterließen mitunter sogar literarische Zeugnisse.

So spielt der militärische Konflikt auf dem hügeligen Landstreifen zwischen Porto Cristo und Manacor eine zentrale Rolle im Roman »Torquemadas Schatten« von Karl Otten (1889-1963). Der Schriftsteller war einer jener deutschen Exilanten, die sich vor Ausbruch des Spanischen Bürgerkrieges in Cala Rajada niedergelassen hatten. Antifaschist Otten beschreibt in seinem Werk, das 1938 in den Niederlanden erschien, die weitreichenden Folgen für die Insel aus der Sicht einfacher Bauern, Handwerker und Arbeiter. Für die Dörfer Artà, Son Servera und Capdepera verwendete der Autor Phantasienamen. Mit einem fiktionalen Kunstgriff spannte Otten darüber hinaus einen Bogen von den mittelalterlichen Judenpogromen in Spanien zu der Verfolgung der Republikaner auf Mallorca. Der Historiker Josep Massot i Muntaner, der sich um die Erforschung der Bürgerkriegsgreuel auf Mallorca verdient gemacht hat, schreibt, Otten schildere die franquistische Repression in den Orten der Insel mit einem »absoluten Mangel an Wahrscheinlichkeit und mit einer offenkundigen Übertreibung«.

Es muss aber anerkannt werden, dass die beschriebene Landung des Expeditionsheeres den bekannten Tatsachen sicherlich sehr nahe kommt. Eindrucksvoll schildert Otten, wie mit dem Eintreffen der Kriegsflotte die bedrängten Anhänger der Republik neue Hoffnung schöpften, ihre Gegner hingegen in Panik verfielen:

Nur der Donner poltert weiter. Oder ist das keiner? Antonia erschrickt bei dem Gedanken, springt auf und öffnet die Fensterläden. »O Gott!« schreit sie auf: da liegen Schiffe, eins, zwei, drei, vier – sie sind gelandet! Die Katalanen greifen an! [...] Die Schiffe in der Bucht stoßen dicke, schwarze Rauchwolken aus und nähern sich langsam dem Lande. Das Angstgeschrei steigert sich, das Glöckchen im Kloster beginnt zu wimmern. In immer kürzeren Intervallen hämmern die Kanonen auf das schlafende Land. (...) Die Schlacht rollt in jähen Donnerschlägen quer über das ganze Land. Alles ringsum dröhnt und zittert. Die Faschisten lauschen mit angehaltenem Atem. Kein Zweifel, die Katalanen haben Fuß gefasst und nähern sich Iglesias [Phantasiename des Dorfes]. Jeder erwartet, daß innerhalb der nächsten Minuten Schüsse von den Dächern prasseln oder Granaten einschlagen. [...] »... Da! ... Da!« Er drückt Luis an sich, Tränen laufen über seine eingefallenen Wangen. Gilli starrt wortlos hinunter auf das Meer. Sieben graue, gewaltige Schiffe liegen zu ihren Füßen. Ununterbrochen laden sie Menschen aus, die über Strickleitern in die Boote klettern und an Land fahren, nach Porto Christo.[62]

Ein Deutscher, der von sich behauptet, das Expeditionsheer begleitet zu haben, ist Hugo Baruch (1907-1967), besser bekannt unter dem Künstlernamen Jack Bilbo. Der Sohn eines millionenschweren Berliner Unternehmers und einer Britin ist eine schillernde Persönlichkeit. Seinem 1965 erschienenen Buch »Rebell aus Leidenschaft« ist zu entnehmen, wie der Abenteurer bereits mit 14 als Schiffsjunge zur See fährt, in den USA vom Gangsterboss Al Capone als Leibwächter angeheuert wird, später vor den Nazis aus Deutschland flieht und sich im Sommer 1933 auf Mallorca niederlässt, wo er in Cala Rajada ein knappes Jahr ein Lokal namens »Wikiki-Bar« betreibt, bevor es ihn weiter nach Sitges bei Barcelona treibt. Über seine Teilnahme an der militärischen Expedition zur Befreiung Mallorcas von den Franquisten schrieb Hugo Baruch:

In der folgenden Zeit wurde ich als Sanitäter eingesetzt und mit einem Schiff nach Mallorca geschickt, das unsere Verwundeten herausholen sollte. Zweitausend schlecht bewaffnete Republikaner kämpften im Hafen von Porto Cristo gegen eine Übermacht von 35.000 Faschisten. Obwohl unser Schiff deutlich mit dem Roten Kreuz gekennzeichnet war, wurden wir von den deutschen und italienischen Flugzeugen angegriffen. Die Bomben verfehlten glücklicherweise ihr Ziel. Aber auf Mallorca war nichts mehr zu retten. Von den zweitausend Republikanern gelangten nur noch zweihundert lebend aufs Festland [...][63]

Wieviel von Baruchs Lebenserinnerungen auf Tatsachen beruhen und wieviel auf seiner Phantasie, ist schwer zu sagen. Es sind indes Zweifel angebracht, ob er tatsächlich als Sanitäter in Bayos Expeditionsheer tätig war. Denn zum einen entsprechen die Zahlen zu den angegebenen Kämpfern nicht einmal annähernd der Realität. Hinzu kommt, dass die republikanische Flottille vor Mallorca nicht von deutschen Flugzeugen angegriffen wurde. Zum anderen handelt der Autor – entgegen seiner sonst so ausschmückenden Erzählweise – die mallorquinischen Kriegserlebnisse in überraschend wenigen Zeilen ab. Das ist umso bemerkenswerter, alldieweil die Kämpfe nahezu vor den Toren von Cala Rajada stattfanden und Baruch die Gegend vertraut gewesen sein dürfte. Der »Sanitäter« Baruch scheint somit das Geschehen nur aus der Ferne verfolgt zu haben.

Möglicherweise haben einzelne Deutsche in der Expeditionsarmee von Alberto Bayo mitgekämpft. Sicher ist hingegen, dass an den Kampfhandlungen rund um Porto Cristo

Republikanische Milizen auf dem Vormarsch nach der Landung im Inselosten

auf der Gegenseite, also in den Reihen der rechtsgerichteten Inselverteidiger, zumindest ein Deutscher beteiligt war. Der Hinweis auf diesen Mann findet sich in den 1937 erschienen Memoiren von José Pérez Vengut. Der Autor war einer der Befehlshaber der berüchtigten »Legión de Mallorca«. Es handelte sich um einen Freiwilligenverband, der von dem Offizier der spanischen Fremdenlegion ins Leben gerufen worden war und rund 100 mallorquinische Freiwillige umfasste. Konkret erwähnt Pérez Vengut in seinen Erinnerungen einen deutschen Infanteristen namens »Linpemberg«, dessen Draufgängertum er ausdrücklich lobt. So habe der teutonische Kämpe an vorderster Front in Porto Cristo den »Marxisten« ebenso furchtlos wie vom Alkohol berauscht die Hymne der Legion entgegengeschmettert:

In einem dieser Lastwagen waren einige Feldwebel der Legion und ein deutscher Legionär der Einheit unterwegs. Sie sangen unter der Leitung des Kapellmeisters Feldwebel Duque [...]. Als sie, berauscht von den Gesängen sowie von der einen oder anderen Flasche, die sie gefunden hatten, in Gedanken an die nächste Begegnung losfuhren, ließ ein plötzlicher Halt des Lastwagens den Gesang abrupt abbrechen. Der Chorleiter wurde per Überschlag über den Motor hinweg geschleudert und fiel direkt vor die Räder. Ihm war nichts passiert. [...] Der deutsche Legionär setzte den Gesang fort [...] Diese Helden – der Feldwebel der Infanterie Duque, Maldonado und Linpemberg – sie lehrten den Marxisten die Hymne.[64]

Nun wird die Schreibweise deutscher Namen in spanischen Quellen oft recht willkürlich gehandhabt. Es ist daher anzunehmen, dass jener Legionär tatsächlich Ernst Lindenberg war. In den Unterlagen des Konsulats findet sich eine winzige Notiz zu dem Mann. Anders, als man vermuten könnte, handelte es sich keineswegs um einen Jungspund, der sich heißblütig in den Krieg warf, sondern um einen 45 Jahre alten Akademiker. Aufgrund einer Anfrage aus Sevilla berichtete der Konsul Dede 1937 über den Mann:

Der Reichsangehörige Ernst Lindenberg, von Beruf Ingenieur, geboren 12.9.1890 in Sdrusnow, befindet sich seit Oktober 1931 in Mallorka. Soweit hier bekannt, hatte er seinerzeit seine Ehefrau und seine 3 unmündigen Kinder in Deutschland verlassen. Wegen seiner Unterhaltsverpflichtungen war seinerzeit eine Zwangsvollstreckung erwogen worden, weil er sich nicht um seine Familie kümmerte. Man ging gegen ihn wegen geringer Aussicht auf Erfolg nicht vor. Lindenberg lebt in dem kleinen Dorf Portol auf Mallorka zusammen mit einem gewissen Fräulein von Pelser. Bei Ausbruch des Bürgerkrieges trat er in die Legion Mallorca ein. Er soll sich gut geführt haben. Nach Auflösung der Legion wollte er nach Andalusien gehen, um weiter für die Nationalisten zu kämpfen.[65]

Der weitere Werdegang des »Linpemberg« ist nicht bekannt. Welchen Eindruck aber die Kämpfe im Inselosten nach der Landung des Expeditionsheeres tatsächlich auf die Menschen gemacht haben, darüber gibt eine andere deutsche Quelle Auskunft: Die Schilderung stammt von dem Hotelier Gerhard Thümmler und erschien im Frühjahr 1937 im »Deutschen Evangelischen Kirchenblatt für Spanien und Portugal«. Danach geriet der Bericht in Vergessenheit. Thümmler, der aus dem sächsischen Plauen stammte, leitete in Cala Rajada das Hotel »Castellet«. Der Direktor und seine Ehefrau, Hildegard Thümmler, erlebten den Krieg aus nächster Nähe mit: Die Militärs hatten den stattlichen Übernachtungsbetrieb zu ihrem Hauptquartier im Nordosten erkoren.

Zumindest seinem Bericht nach gab es für Thümmler von der politischen Auffassung her keine Berührungsprobleme mit den Offizieren. »Arriba España!«, man vertrat dieselben Positionen. Thümmler lobte den aufständischen General Goded als »tapfer«, seine Gefolgsleute wurden als die »Nationalen« beschrieben, die heldenhaft kämpften. Das republikanische Invasionsheer bestand für den Hotelier aus »roten Eindringlingen«. Die »Bolschewisten« plünderten nach seinen Worten die Häuser in ihrem Machtbereich und zeigten ansonsten Feigheit vor dem Feind.

Karl Otten erwähnt in seinem Roman einen »deutschböhmischen« Direktor des Hotels »Miramar«. Der ehemalige Fremdenlegionär werde von den Einheimischen nur »Terzio« genannt. Nach der Landung des Expeditionsheeres verliere dieser nicht die Nerven. Im Roman heißt es:

Der Generalstab für Pueblo ist im Hotel Miramar untergebracht. Der einzige, der weiß, was er zu tun hat, ist Terzio. Er ist die Seele des Widerstandes, telephoniert, übermittelt Befehle, serviert Frühstück, verfolgt durch das Fernglas die Bewegungen des Feindes draußen in der Bucht.[66]

Es liegt die Vermutung nahe, dass Otten durchaus von Gerhard Thümmler zu der Romanfigur des »Terzio« inspiriert worden sein könnte.

Wie dem auch sei, Thümmlers eigene Schilderungen geben einen Eindruck von der Brutalität der Kriegshandlungen: Nicht einmal Kämpfer, die sich ergaben, blieben verschont. »Befehl vom Generalstab, keine Gefangenen zu machen, die Lumpen entwaffnen und sie in Gruppen von drei Mann erschießen«, notiert Thümmler. Dass der Krieg nicht einmal vor der zivilen Jugend Halt machte, sondern sie regelrecht militarisierte, belegt ein anderer Satz der Thümmler'schen Schilderung:

Einer von meinen Küchenjungen (15 Jahre alt!) dringt mit mehreren anderen in ein am Fuße des Berges stehendes Haus ein, in dem sich acht Rote mit einem Maschinengewehr eingenistet haben. Von diesen acht Roten hat keiner das Haus lebend verlassen! [67]

Ungeachtet seiner eindeutigen Parteinahme für die Militärs handelt es sich bei den Schilderungen Thümmlers um einen ganz seltenen schriftlichen Zeitzeugenbericht über die Gefechte auf Mallorca aus deutscher Feder. Thümmler war zum einen relativ nahe dran am Geschehen, zum anderen verfolgte er die Dinge als Ausländer und damit gewissermaßen als Außenseiter. Sein Bericht ist darum eine Besonderheit und wird aus diesem Grund hier in voller Länge wiedergegeben:

Die aktuelle Schilderung von den Ereignissen auf Mallorca finden wir in dem Bericht unseres Gemeindemitgliedes, Herrn Thümmler, Direktor des einzig schön gelegenen deutschen Hotels »Castellet« in Cala Ratjada, wohl dem schönsten Platz auf dem schönen Eiland Mallorca, ein Paradies für Menschen, die Ruhe und Erholung suchen. Herr Thümmler berichtet im folgenden von den schweren Kämpfen um die Befreiung der Insel von der roten Invasion, die er mit seiner tapferen Frau aus nächster Nähe – die roten Truppen landeten ganz dicht bei Cala Ratjada – miterlebte.

19. Juli 1936: Erklärung des Kriegszustandes in Palma durch den tapferen General Goded. Züge nach Palma verkehren nicht mehr.

Am 22. Juli neues Ayuntamiento in Capdepera. Carabineros unter dem Befehl der neuen Regierung mit drei oder vier Ausnahmen, die nach Palma gebracht werden. Zwischenfälle in Pollensa, die dort befindliche Flugstation hat sich auf die Seite der Roten geschlagen, die ersten Toten in Mallorca. Die roten Fliegeroffiziere flüchten in einem Motorboot nach Barcelona und lassen die Soldaten im Stich. Ein Carabinero-Capitan wird von seinen Leuten erschossen, die sich der Nationalen Bewegung nicht anschließen wollen. Dieselben roten Carabineros sprengen eine Brücke zwischen Pollensa und Alcudia. Sie werden bald überwältigt und nach Palma gebracht, angeblich am nächsten Tage erschossen.

24. Juli: Aus sämtlichen Radio-Apparaten werden Birnen entnommen, um den Empfang zu verhindern (in Palma kann aber jeder hören).

Am 23. Juli Beginn des Bombardements von Palma, das bis zum 20. August dauert. Insgesamt hat Palma 22 Bombenangriffe erlebt, die Zahl der Flieger schwankte zwischen einem und zehn.

Ab 10. August keinerlei Beleuchtung mehr in Cala Ratjada, die Elektrizitätszentrale stellt ihre Tätigkeit ein, ebenfalls der Leuchtturm. Die Flieger, die Palma bombardieren, kommen meistens aus Mahón und fliegen immer über Cala Ratjada, werfen aber keine Bomben ab, bis zum 12. August. Die Bomben fallen in die Felder.

Am 16. August, 5.20 Uhr morgens, wird das feindliche Geschwader im Anmarsch vor Cala Ratjada gesichtet. Die im Hotel untergebrachte Wache für das Telephon holt mich aus dem Bett zum Telephondienst. Es wird ernst. Befehl an die Milizen zum Munitionfassen in Capdepera. Wir haben nur 39 Gewehre, kein Maschinengewehr. Es sollen aber Soldaten aus Palma kommen. Die Roten landen in Porto Cristo. Die wenigen Falangistas und Guardia Civil gehen kämpfend zurück. Der Ort wird völlig geplündert. Aus den Orten der Umgebung treffen Milizen ein, das Militär aber erst am Nachmittag. Warum so spät, wird wohl nie geklärt werden. Inzwischen mussten die wenigen Milizen bis auf 7 Kilometer zurück. Am nächsten Tag wird Porto Cristo zurückerobert. Am selben Tag, nachmittags, Landung der Roten bei Punta Amer, ungehindert, da keinerlei Verteidigung vorhanden. Die wichtigen Positionen Puig de Sa Font und Son Corb vom Feind erobert. Son Servera droht Gefahr, völlig eingekreist zu werden, der Ort verteidigt sich. Barrikaden versperren sämtliche Straßen der Ortschaft.

Am 18. August wird eine Gruppe von 400 Roten, die in Marschordnung von Punta Amer nach Son Servera vorging, aufgehalten und im Nahkampf (Bajonettangriff) ans Meer zurückgejagt. In der Nacht vom 18. zum 19. August lebhafteste Artillerietätigkeit der vor Cala Ratjada liegenden Flotte.

19. August morgens: Telefonanruf: Nationale Flugzeuge werden erwartet, die und die Merkmale, kein Feuer geben. – Mallorca hatte bis dahin keinerlei Verteidigungsmöglichkeit gegen die Flieger, die Palma bombardierten und an der Front kräftig eingriffen, tief fliegen und unsere Soldaten mit Maschinengewehren beschießen. Um 8.25 Uhr erscheinen unsere Flieger aus Richtung Südwest und verschwinden über Cala Ratjada nach Pollensa. Bomben fallen. Um 10.40 Uhr Anruf von den Höhlen: Vier Kriegsschiffe mit zwei Barkassen im Schlepp voller Roter gehen nach Cañamel hinein. Befehl an die Falange von Capdepera und Cala Ratjada: Sofort auf Lastwagen nach Cañamel (vier Kilometer entfernt). Befehl vom Generalstab, keine Gefangenen zu machen, die Lumpen entwaffnen und sie in Gruppen von drei Mann erschießen. Um 11 Uhr Anruf von den Höhlen: Die Schiffe gehen zurück, Kurs Mahón, weitere acht Schiffe ebenfalls. Um 11.30 Uhr erscheinen unsere drei Flieger und greifen die Flotte an, die sich direkt vor Cala Ratjada befindet, auf dem Weg nach Osten. Die ersten riesigen Fontänen spritzen hoch, die Bomben fallen ins Wasser. Der Ozeandampfer »Marqués de Comillas«, der drei riesige rote Kreuze auf die Bordwand gemalt trägt, wird schwer angegriffen (das »Hospitalschiff« hatte Truppen an Bord). Er ist in der Klemme und wir sehen deutlich, wie er Zick-Zack-Kurs fährt, um den Bombenangriffen zu entkommen. Die ganze Flotte löst sich beim Erscheinen der Flieger auf und spritzt nach allen Richtungen in regelloser Flucht auseinander. Das Flak-Feuer der roten Kriegsschiffe, die wie die Jagdhunde zwischen den Transportern herumflitzen, ist wirkungslos. Um 1 Uhr ist kein feindliches Schiff mehr zu sehen, die roten Truppen an Land im Stich gelassen. Um 4 Uhr erscheinen wieder sechs Schiffe von hoher See her mit einem Schlepper, der die rote Fahne gehißt hat, gleichzeitig ein roter Flieger, der mehrmals in nur wenigen Meter Höhe über Cala Ratjada kreist, Brandbomben auf den Leuchtturm wirft, aber wirkungslos, und uns dann mit Maschinengewehrfeuer zudeckt. Ich war gerade zur Beobachtung auf dem Turm. Da kann man nichts anderes machen, als den Kopf hinter eine der Zinnen verstecken!

Unser Hotel ist seit dem 14. August eine Art Hauptquartier, der Kommandant mit seinen Leuten hat sich eingerichtet. Es heißt jetzt: »Fliegerbeobachtungsposten Nr. 6«. Das Telephon, das nur vom Militär benutzt werden darf, rasselt den ganzen Tag. Auf der Terrasse stehen Milizen und suchen mit Feldstechern den Horizont ab und beobachten die Bewegungen der feindlichen Flotte. In allen Ecken stehen Gewehre herum, auf meinem Schreibtisch Haufen von Munition, Pistolen. Die Möbel aus dem Salon sind ausgeräumt, dort und ums Telephon herum stehen Feldstühle; die Freiwache schläft drin und im Kohlenkeller warten Stühle und Feldbetten auf ihre Benutzung im Falle von Bombenangriffen.

Während des 23. August wieder starkes Artilleriefeuer, an das wir uns aber schon lange gewöhnt haben; besonders tätig ist die schwere Artillerie. Um 4 Uhr nachmittags Nachricht vom Leuchtturm, daß ein Schiff in die Cala Guya (der herrliche Badestrand von Cala Ratjada!) einfährt. Die Leute im Hotel stürzen sich auf ihre Gewehre und schießen in die Luft, um die anderen Milizen, die frei sind und sich irgendwo zu Hause aufhalten, zusammenzutrommeln.

Bombenschäden in Palma de Mallorca, Porta de Sant Antoni

Der erste Lastwagen geht an die Cala Guya ab, wir telephonieren nach Verstärkungen. Die Leute fliehen aus dem Ort, panikerfüllt und bepackt, nach Capdepera zu. Von der Guya Schüsse, vom Leuchtturm ebenso. Dann stellt es sich heraus, daß das angebliche »Schiff« ein aus Menorca geflohenes Fischerboot ist, das hier anlegen wollte!! Falscher Alarm! Durch die Schüsse verjagt, ist das Boot mit seinen Insassen wieder aufs Meer hinaus und verschwunden.

Der Ort San Miguel wird von den Roten erobert. Eisenbahnverbindung haben wir schon seit dem 17. August nicht mehr. Die Roten sind bis zur Eisenbahnlinie vorgedrungen. Lediglich die Landstraße nach Manacor ist noch frei.

Am 29. August bekommen wir endlich Jagdflieger. Drei Flugzeuge der Roten werden bei Punta Amer kampfunfähig gemacht, ein drittes [sic!] stürzt vor Cala Ratjada ins Meer. Der Rest der Flieger entkommt nach Mahón. Das ins Meer gestürzte Flugzeug wird vom »Mar Negro« an Bord genommen. Seit diesem Tag wird kein Flugzeug mehr gesichtet. Sie sind zu feige, und unsere Flieger beherrschen die Luft.

31. August, Befehl: Cala Ratjada, Capdepera und Artá zu räumen!! Der bisherige Befehlshaber der Nationalen wird abgesetzt. Den Befehl übernimmt ein Pionier-Oberst. Es wird ernst!

Am 2. September fahre ich an die Höhlen zum Berge Son Jordí. Die von den Roten abgeworfenen Brandbomben haben den herrlichen kilometerlangen Pinienwald in Holzkohle verwandelt. Ein nationaler Bomber wirft Bomben auf die Straße nach Son Servera, auf der wir rote Lastwagen sehen, dann wirft er Flugblätter ab. Aus unzähligen Maschinengewehren wird geschossen, das Feuer reißt nicht ab, ein Kanonenboot beschießt unseren Bomber mit Flak-Artillerie. Umgeben von den Wölkchen krepierender Schrapnells kreist er über dem Schlachtfeld und lädt ab.

Am 3. September morgens erscheint der rote Panzerkreuzer »Jaime I«. Böse Überraschung!! Er feuert mit seiner sämtlichen Artillerie in ganzen Breitseiten und mit seinem hinteren Turm; 30,5 Zentimeter! Das sind verfluchte Brocken! Aber er kam um zwei Stunden zu spät! Um 7.30 Uhr morgens hat die Falange von Capdepera und Soller den Berg Son Corp bei Son Servera gestürmt, eine wichtige Position! Einer von meinen Küchenjungen (15 Jahre alt!) dringt mit mehreren anderen in ein am Fuße des Berges stehendes Haus ein, in dem sich acht Rote mit einem Maschinengewehr eingenistet haben. Von diesen acht Roten hat keiner das Haus lebend verlassen! – In der Nacht hat die Legion (50 Mann) den äußerst schwierigen Berg Puig de Sa Font genommen, der von den Roten sehr stark befestigt war. In einer der kleinen Höhlen (im Kampfgebiet liegen die berühmten Tropfsteinhöhlen Mallorcas!) wird ein Falangista gefunden, der sich dort unbemerkt von den Roten genau 14 Tage versteckt hatte und keinerlei Nahrungsmittel hatte außer einer kleinen Quelle in der Höhle. Von Son Corp und Puig de Sa Font (Son Servera) aus beherrschen die Nationalen die gesamten feindlichen Stellungen, zusammen mit unseren Fliegern.

Am 4. September morgens beginnt die Flucht der Roten, nachdem sie die ganze Nacht hindurch eingebootet haben, und die von 5.30 bis 8.30 Uhr morgens von unserer Artillerie und von unseren Flugzeugen beschossen werden. Sämtliche Kriegsschiffe antworteten mit Artillerie und Flak.

Am 7. September fahre ich mit unserem Kommandanten nach Son Servera und Punta Amer. Son Servera hat tüchtig gelitten. Viele Häuser sind völlig zerstört, Granatsplitter aller Kaliber liegen herum. Alle Straßen sind durch Barrikaden gesperrt, über die wir klettern, über Trümmer und Steine; zerfetzte Leitungsdrähte hängen auf die Straßen. Viel Militär, Stahlhelme, aufgepflanzte Bajonette, Munitionswagen. Vom Gipfel des Puig de Sa Font, mit seinen Befestigungen und Laufgräben aus Felsbrocken, die durch abgeschlagene Sträucher und Bäume gegen Fliegersicht gedeckt sind, haben wir eine wundervolle Aussicht über das gesamte Schlachtfeld. An den Einschlägen im Fels sieht man die Wirkungen des wohlgezielten Feuers der mallorquinischen Artillerie. Im Auto durch die Postenketten hindurch nach Punta Amer. Die von Fliegerbomben beschädigte Straße ist ausgebessert, verlassene Munitionswagen, zerbrochene Räder. Soldaten treiben vom Feind zurückgelassene Mulas nach Son Servera. Wir passieren eine Stelle, wo die Roten ihre Toten verbrannten, es stinkt und Knochen liegen herum; die letzten Spuren und Reste der roten Eindringlinge! – Bei der Vaquera in Punta Amer (Fabrik für kondensierte Milch) ein Zeltlager. Alles vom Feind, eine transportable Sendestation, viele Autos, von den Roten mit Farbe beschmiert: U.G.T, U.H.B, A Zaragoza! (allerdings blieb das Auto in Mallorca!), Estat Catalá usw., Sowjetsterne. Wir gehen zum Strand, der voller Boote ist, halb versenkt, halb an Land. Zwei Autos liegen auf den Felsen, die Brandung schlägt über sie hinweg. Die Roten haben sie hinuntergestürzt. Zwei Flugboote liegen halb im Wasser. Von dem einen haben die Roten den Schwanz abgehackt. Eine kleine Sommervilla am Strand trägt in großen plumpen Buchstaben die Aufschrift: »Transportes Marítimos«, F.A.I. – C.N.T.. Eine gut gezielte Fliegerbombe schlug auf das Dach der Villa und zerstörte die im ersten Stock unterge-

Beschädigtes und zurückgelassenes Flugboot in Sa Coma

Franquistische Kämpfer posieren vor republikanischem Kriegsmaterial in Sa Coma

brachte Druckerei der Bolschewisten, wo die Frontzeitung »La Columna Balear. Diario de combate antifascista« gedruckt wurde. Im Erdgeschoss liegt Verbandzeug herum, Blutspritzer an den Wänden. Draußen ein unvorstellbarer Haufen von Unrat, leeren Munitionskisten, Decken, Kleidungsstücken. Damenwäsche (!), Handwerkszeug, Riemen und wieder Unrat ... Die Waffen, Munition, Panzerwagen, Kanonen, Lebensmittel sind von unseren Truppen bereits weggeschafft worden. Unter einem auf Pfählen aufgestellten Bambusrohrdach finden wir in großen Haufen alle möglichen Drucksachen, Formulare, die darauf schließen lassen, daß hier das Rekrutierungsbüro der antifaschistischen Milizen gearbeitet hat. Daneben steht wieder ein funkelnagelneues Auto. Es hat noch keine Zulassungsnummer, ist aber über und über mit kommunistischen Schlagwörtern in roter Farbe beschmiert. Zwischen den Felsen Boote, das Meer wirft sie gegen die Küste, bald werden sie zerstört und verschwunden sein. Eine große eiserne Barkasse zum Truppenlanden liegt da, zirka 35 Meter lang, halb unter Wasser, zwischen den Felsen und am Strand im Sand festgefahren ein großer Minenleger. Die ganze große Ebene, wie geschaffen zu einer Truppenlandung und gleich einem Truppenübungsplatz, bietet ein Bild des wüstesten Vandalismus. Es sind die Spuren derer, die »die mallorquinischen Brüder vom faschistischen Joch« befreien wollten und für die Kultur und die Zivilisation streiten!! Arriba España! [68]

Die Schilderungen von Thümmler unter dem 7. September sind äußerst detailliert und zutreffend. Vergleicht man sie mit dem Bildmaterial, das von dem einrückenden Militär nach dem Abzug der republikanischen Milizionäre angefertigt wurde, lassen sich viele der Beobachtungen des Augenzeugen durch Fotodokumente belegen. Mit einem Unterschied in der Interpretation des Gesehenen: Die Leichenberge, die Thümmler

Der Strand von Sa Coma in heutiger Zeit

nennt, wurden nicht von den »Roten« verbrannt, sondern von den Siegern. Jene Milizionäre, die es nicht mehr zurück auf die Schiffe geschafft hatten, wurden gefangengenommen und exekutiert. Allein am Strand von Sa Coma, wenige Schritte entfernt von dem geräumten Hauptquartier Alberto Bayos, einem ehemaligen Milchhof, wurden nach einer Studie des Geschichtsvereins »Memòria de Mallorca«, der die Tage des Bürgerkriegs aufarbeitet, rund 420 hingerichtete Milizionäre im Sand verscharrt. Dort sollen sich die Toten noch heute befinden.

Im Juli 2017 leitete die Balearen-Regierung erstmals Schritte ein, um nach der exakten Lage des Massengrabes forschen zu lassen.

Suizid statt Zwangsausweisung

Das Ende des deutsch-jüdischen Ehepaares Heinemann

»Wenn Sie mich sehen wollen, müssen Sie sich beeilen, ich bin schon 90«, hatte Lore Krüger am Telefon gesagt. Die Antifaschistin besuchte als Zeitzeugin Berliner Schulen, um jungen Generationen von ihren Erlebnissen als verfolgte Jüdin in den Jahren der Nazizeit zu berichten. In einem Zeitungsbericht wurde in einer winzigen Randnotiz erwähnt, dass Krügers Eltern sich 1940 auf Mallorca das Leben genommen hatten. Das war der Grund, die Zeitzeugin zu kontaktieren. Würde es möglich sein, von ihr Aufschluss über die Verfolgung deutscher Juden auf Mallorca zu erhalten?

Im Frühstadium der Recherchen zu diesem Buch hatten sich Hinweise auf ein deutsches Ehepaar – Zinner – ergeben, von dem es hieß, es habe in Palma Selbstmord begangen, um auf diese Weise der Zwangsausweisung an Hitler-Deutschland zu entgehen. Die Zinners waren die Inhaber der »Deutschen Dampfwäscherei 'Ideal'« in Palmas Fischerviertel Santa Catalina gewesen. Hochbetagte Rentner an ihrem Senioren-Stammtreff im Vereinscafé Montepío de Previsión del Arrabal de Santa Catalina, dort, wo sich heute das Restaurant Patrón Lunares befindet, erzählten, man habe seinerzeit das Ehepaar tot aufgefunden. Es hatte in seiner Verzweiflung den Gashahn aufgedreht. Doch an Namen oder Details konnte sich niemand erinnern.

Zeitzeugin Lore Krüger

In einem Telefonat mit Lore Krüger stellte sich heraus, dass ihre Eltern nicht jene Zinners waren, die sie übrigens selbst noch in Palma kennengelernt hatte. Nach ihren Worten war jener Familie rechtzeitig die Ausreise nach Australien geglückt. Somit handelte es sich bei dem tot aufgefundenen Ehepaar nicht um die Eheleute Zinner, sondern vielmehr um Lore Krügers Eltern. Sie hatten im Sommer 1940 den Freitod gewählt, um sich nicht jenem braunen Terror zu beugen, dem sie sich bereits 1933 durch Emigration entzogen hatten.

Ein erstes Treffen mit Lore Krüger kam im September 2004 in Berlin zustande. Auf der obersten Treppenstufe zur ihrer Dachgeschosswohnung in der Karl-Marx-Allee 70i begrüßte die zierliche, weißhaarige Frau ihren Besucher mit fester Stimme und einem ebenso festen Händedruck. Dann führte die alleinstehende Rentnerin sicheren Schrittes in ein mit Büchern, Fotografien und Grünpflanzen vollgestopftes Wohnzimmer und offerierte eine heiße Tasse Tee.

Lore Krüger war ungeachtet ihres hohen Alters eine Frau von wachem, messerscharfem Verstand. Sprachliche Schwammigkeiten ließ die Übersetzerin von mehr als 30 Büchern nicht durchgehen. Beispielsweise stellte sie, als ihre Worte aufnotiert wurden, korrigierend fest: »Ich sagte britisches 'Kriegsschiff', nicht 'Kreuzer'. Ob es ein 'Kreuzer' war, kann ich nicht sagen. Vielleicht aber war es einer.«

Das britische Kriegsschiff hatte in ihrem Leben eine wichtige Rolle gespielt. Auf jenem Militärfahrzeug verließ Lore Krüger – damals hieß sie mit Mädchennamen Lore Heinemann – im September 1936 Mallorca. Der Spanische Bürgerkrieg war zwei Monate zuvor ausgebrochen. Das Kriegsschiff, beladen mit unzähligen Flüchtlingen, nahm

Ernst und Irene Heinemann in Palma, El Terreno

Kurs auf Marseille. Die deutsche Jüdin Lore, damals 22 Jahre alt, und ihre eineinhalb Jahre jüngere Schwester Gisela besaßen jeweils ein Visum für Frankreich. Die Schiffspassage wurde so für beide zu einer Fahrt in ein (vorerst noch) sicheres Land.

Die Eltern der beiden Schwestern blieben indes auf Mallorca zurück. Warum reisten sie nicht mit aus? Weil sie kein Visum hatten, sagte Lore Krüger und fasste die damaligen Zeiten in einem einzigen Satz zusammen: »Von einem Stück Papier hing das Leben ab.«

Ihre Eltern, Ernst und Irene Heinemann, waren bereits im August 1933 von Magdeburg nach Mallorca ausgewandert. Das deutsche Ehepaar jüdischen Glaubens, wenn auch nicht praktizierend, hatte in der Heimat keine Zukunft mehr für sich gesehen. Hitler war ein halbes Jahr zuvor an die Macht gelangt, am 1. April hatten die Nazis zum Boykott der jüdischen Geschäfte aufgerufen, am 10. Mai wurden die Bücher jüdischer wie politisch missliebiger Dichter und Schriftsteller öffentlich verbrannt. In diesem feindlichen Klima wollte die Familie nicht bleiben und sah sich nach einem Ausweg um.

Ernst Heinemann, geboren 1878 in Bielefeld und studierter Diplom-Ingenieur, hatte seinen Arbeitsplatz beim Heizungsbauer American Radiator Corporation in Magdeburg während der Weltwirtschaftskrise zu Beginn der 1930er Jahre verloren. Der ehemalige Arbeitgeber zahlte dem 55-Jährigen jedoch die Rente eines einfachen amerikanischen Arbeiters. Mit diesem Einkommen konnten sich die Heinemanns auf Mallorca gut über Wasser halten.

Warum zog das Ehepaar auf die Insel? »Mallorca war schön, Mallorca war billig, und es war weit weg von Deutschland«, sagte Lore Krüger. Neben der geografischen Distanz zu den Nazis hatte ein weiterer Grund ihre Eltern in der Wahl der neuen Heimat bestärkt: Spanien war seit 1931 eine Republik und eines der wenigen Länder, für die es leicht war, Einreisevisa und Aufenthaltsgenehmigungen zu erhalten. Und wie in heutiger Zeit wurden bereits damals die klimatischen und landschaftlichen Reize Mallorcas gerühmt. Die »Insel der Ruhe« erlebte ihre erste touristische Boomphase.

Tochter Lore hatte unter dem Eindruck der Ernennung Hitlers zum Reichskanzler Deutschland bereits im April 1933 verlassen, nachdem sie zuvor wegen ihrer jüdischen Herkunft ihre Ausbildungsstelle als Lehrling in einer Bank verloren hatte. Die damals 19-Jährige trat in England eine Stelle als Hausangestellte an, obgleich sie kaum Englisch sprach und auch nicht kochen konnte.

Ein Jahr später folgte Lore Krüger ihren Eltern nach Mallorca und erlernte nach Englisch in kürzester Zeit auch Spanisch. Noch 1934 absolvierte sie eine Ausbildung zur Fotografin in Barcelona. 1935 verließ Krüger Spanien in Richtung Paris, wo sie Schülerin der Porträtfotografin Florence Henri wurde, die ihrerseits am Bauhaus in Dessau studiert hatte.

Neben der Fotografenausbildung studierte Krüger, die sich rasch Französisch angeeignet hatte, an der im Exil errichteten »Freien Deutschen Hochschule« Dialektische Geschichte und Philosophie, sowie an der Sorbonne die Geschichte der Französischen Revolution. Schritt für Schritt formte sich die junge Frau zur Antifaschistin. Schwester Gisela lernte unterdessen in Paris Schneiderin.

In den Sommerferien 1936 besuchten die Töchter ihre Eltern auf Mallorca. Lore plante zunächst ein paar Tage auf der Insel auszuspannen, danach wollte sie als Fotografin die Gegen-Olympiade in Barcelona dokumentieren. Antifaschisten hatten dort aus Protest gegen den Austragungsort der Olympischen Spiele im braunen Berlin eine sogenannte »Arbeiter-Olympiade« in Spanien auf die Beine gestellt.

Doch der kurze Ferienaufenthalt bei den Eltern auf Mallorca wurde vom Ausbruch des Spanischen Bürgerkrieges überschattet. Lore und Gisela trafen am 17. Juli mit dem Schiff in Palma ein. Es war derselbe Tag, an dem sich General Franco auf den Kanarischen Inseln und in Spanisch-Marokko gegen die Volksfront-Regierung in Madrid erhob.

Gebannt verfolgte die Familie die Nachrichten am Radiogerät und die Zeitungsjungen der »Ultima Hora« riefen ständig die neuesten Schlagzeilen aus. Mallorcas Militärkommandant General Goded beteiligte sich am Putsch. Sein Agieren bewirkte, dass die Insel sich über Nacht im Lager der Aufständischen um Franco wiederfand. In Madrid behielt dagegen die Regierung die Oberhand, in Barcelona brachen Kämpfe aus, landesweit war die Situation unübersichtlich. Die Heinemanns beschlossen, in das bereits angemietete Ferienhäuschen nach Peguera zu ziehen, bis sich die Lage beruhigte.

Peguera war in jenen Tagen gleichsam ein Paradies. Krügers Schilderungen zufolge war der Strand noch vollständig von geschlossenen Kiefernwäldern umgeben, in denen sich hier und da eine schlichte Behausung für Sommergäste verlor.

Von dem Aufstand bekam Lore Krüger nach eigenen Worten zunächst kaum etwas mit. Unterdessen wurde der Widerstand, den regierungstreue Polizisten und Beamte in einigen Orten der Insel leisteten, kurzerhand niedergeschlagen. Zahlreiche Linkspolitiker, Gewerkschafter und Republikaner landeten im Gefängnis. »Man hörte ja nur die Leute, die für Franco waren. Die anderen wagten nicht, sich zu äußern. Lediglich hinter vorgehaltener Hand wurde gemunkelt, dass eine Reihe von Leuten erschossen worden war«, erinnerte sich Lore Krüger 2004. Palma, wohin die Familie Heinemann nach ein paar Tagen zurückkehrte, wurde zum Angriffsziel der republikanischen Luftwaffe. »Sie bombardierten, aber nicht viel und nicht oft.«

Dann kam es zur Landung des republikanischen Expeditionsheeres in Sa Coma und Porto Cristo. Es folgten 20 Tage Gefechte im Inselosten, bis das Expeditionsheer in der Nacht zum 4. September wieder fluchtartig die Insel verließ.

Wie es der Zufall wollte, wurde Lore Krüger just in dieser Situation zu einer singulären Fotoreporterin, die unmittelbar nach dem Abzug der Truppen Aufnahmen in Porto Cristo machen konnte. Ein Bekannter der spanischen Freunde ihrer Eltern, ein Militär im Offiziersrang, ermöglichte der jungen Frau, jenen Ort aufzusuchen. »Es war eine schreckliche, tote Stadt«, schilderte Krüger knapp 60 Jahre später ihre Eindrücke von damals, »kein Mensch in den Häusern, es fing an zu regnen, in den Straßen lagen noch Tote herum.«

Die Fotografin sah in Porto Cristo zum ersten Mal in ihren Leben Leichen – und lichtete sie ab. Die Gefallenen waren mit Benzin überschüttet und verbrannt worden. Ein Bild prägte sich tief in die Erinnerung der Frau ein: »Es war ein junger Mann, das Gesicht skelettiert, einzig die Füße waren nicht verbrannt. Sie steckten noch in den Halbschuhen, die Socken waren, wie es damals bei den jungen Leuten Mode war, bis zu den Knöcheln heruntergerollt.«

Krüger, die dank ihres Visums Mallorca noch im September in Richtung Marseille verlassen konnte, bot ihre Aufnahmen französischen Nachrichtenagenturen an. Die Fotos wurden verbreitet, doch sie wurden offenbar nur in rechtsgerichteten Zeitungen veröffentlicht – gemeinsam mit verunglimpfenden Bildunterzeilen mit dem Tenor: So ergeht es den roten Schurken in Spanien.

Krügers Negative und Abzüge aus jener Zeit sind verschollen. Dass ihre Schilderung von Porto Cristo indes stimmig ist, belegen Zeugnisse von Zeitzeugen, die den Ort ebenfalls kurz nach dem Abflauen der Kämpfe zu Gesicht bekamen. Aufnahmen, wie sie von einem anderen Fotografen angefertigt wurden, zeigen Motive, die mit den Beschreibungen Krügers deckungsgleich sind. Das gilt insbesondere für ein Foto, das die verbrannte Leiche eines jungen Mannes mit unversengten Füßen zeigt.

Die Eltern Heinemann führten unterdessen, während sie ihre Töchter Lore und Gisela in Frankreich in Sicherheit wussten, ihr Rentner-Dasein auf Mallorca fort. Das Paar hatte von den neuen spanischen Machthabern nichts zu befürchten und lebte zurückgezogen im Privaten.

Doch mit der politischen Entwicklung in Deutschland verdüsterte sich der Lebensabend des jüdischen Ehepaares zusehends. Wenn die Ausweisdokumente abzulaufen drohten, blieb nur der Weg auf das deutsche Konsulat. 1938 wurde dem Paar sehr wahrscheinlich das rote »J« in den Pass gestempelt, auch wenn es dafür keinen Beleg gibt. Was sich jedoch sehr wohl belegen lässt, ist, dass im damaligen Passregister des Konsulats keineswegs darauf verzichtet wurde, für Irene und Ernst Heinemann nachträglich die diffamatorischen Zusatznamen »Sara« und »Israel« einzufügen.

Verbranntes Skelett eines gefallenen Republikaners bei Porto Cristo

Der Konsulatsmitarbeiter Erich Esch erinnerte sich, dass Konsul Dede nach dem Tod des Paares dessen Nachlass zu regeln hatte. Details und Hintergründe zur Familie Heinemann waren Esch jedoch nicht im Gedächtnis haften geblieben. Die Eheleute müssen der damaligen deutschen Kolonie aber durchaus ein Begriff gewesen sein. Ein Beleg dafür ist, dass das Paar in den bereits zitierten »Beobachtungen eines Neutralen« erwähnt wird. Der anonyme Informant vermerkte 1939 über »Herr und Frau Heinemann«:

Deutsche Juden, haben zwei Töchter in Paris. Diese Töchter kamen während des spanischen Bürgerkrieges merkwürdigerweise nach Mallorca, wo es ihnen durch spanische Beziehungen gelang, Aufnahmen (Fotografien) der damaligen Invasionsfront zu machen. Nach einigen Monaten reisten diese Damen wieder nach Paris, wo sie das Bildmaterial an französische Zeitungen verkauften. Es folgte ein nochmaliges Erscheinen dieser beiden Damen auf Mallorca und eine darauffolgende nochmalige Abreise. (wieder nach Frankreich)[69]

Das Schreiben des Denunzianten macht deutlich, dass das Ehepaar unter Beobachtung stand. Wohl auch aus diesem Grund suchten die Heinemanns in jener Zeit nach Wegen, ein Visum für ein sicheres Drittland wie die USA zu erhalten. Dort hätte das Ehepaar auch auf die Hilfe entfernter Verwandter zählen können. So stellten die Eltern mitsamt den Töchtern Anträge für die Einreise, auch wenn die Wartefrist damals Jahre umfasste.

Obgleich die Heinemanns mit ihren Töchtern in den Sommermonaten 1938 auf Mallorca noch einmal zusammenkommen konnten, sah sich das Ehepaar in seiner schwärzesten Stunde sowohl von Lore und Gisela als auch von der übrigen Welt abgeschnitten. Es war der 22. Juli 1940. Die Wehrmacht hatte damals Polen, Dänemark, Norwegen, Holland, Belgien und Luxemburg besetzt. Exakt vier Wochen zuvor hatte selbst Frankreich vor den deutschen Invasionstruppen kapituliert. Hitler befand sich auf dem Höhepunkt seiner Macht, sein Rückhalt in der deutschen Bevölkerung war groß wie nie zuvor.

Parallel zu den Siegen in den sogenannten Blitzkriegen wurde die Verfolgung der Juden in Europa verschärft. Es galt, mittelfristig alle erreichbaren Juden im deutschen Macht- und Einflussbereich zu erfassen – mit den später weithin bekannten Folgen. Auch Ernst und Irene Heinemann bekamen im abgelegenen Palma diesen Druck immer stärker zu spüren. Im Juni 1940 traf ein Brief der spanischen Sicherheitsbehörde ein, in dem das Ehepaar aufgefordert wurde, die Insel innerhalb von zehn Tagen zu verlassen. Sollten die beiden Deutschen dieser Aufforderung nicht nachkommen, drohe ihnen die Abschiebung in ihr Herkunftsland.

Es handelt sich um ein Schreiben des Kommissariats für Ermittlung und Überwachung in Palma, das, so ist dem vergilbten Dokument zu entnehmen, auf Anweisung einer »übergeordneten Stelle« hin tätig wurde. Steckten hinter der beabsichtigten Ausweisung deutsche Triebkräfte, die die spanischen Behörden entsprechend einzubinden wussten? Der ehemalige Konsulatsangestellte Erich Esch zumindest hielt ein Agieren des Konsulats hinter den Kulissen für ausgeschlossen.

Woher also kam der Impuls? Der spanische Forscher Jacobo Israel Garzón deckte 2010 auf, wie die spanischen Polizeibehörden von Mai 1941 an Listen mit den Namen und Adressen von rund 6.000 jüdischen Ausländern und Spaniern zusammenstellten. Der Anstoß zu diesem »jüdischem Archiv« kam möglicherweise direkt vom SS-Reichsführer und Chef der deutschen Polizei, Heinrich Himmler, der zuvor Spanien besucht hatte. Himmler soll sich dabei bestens mit seinem Gegenpart, dem Chef der spanischen Geheimpolizei (und späterem Botschafter in Deutschland), José Finat, verstanden haben. Allerdings: Als sich im Oktober 1940 die Zusammenarbeit Himmler-Finat anbahnte, war das Ehepaar Heinemann bereits ein Vierteljahr tot. Die Verfolgung jüdischer Deutscher in Spanien muss demnach schon vor der Himmler-Visite ihren Anfang genommen haben.

Irene und Ernst Heinemann dürften – konfrontiert mit dem Behördenschrieb und der drohenden Ausweisung – geahnt haben, dass sie so gut wie keine Aussicht hatten, ein Visum für ein sicheres Drittland zu erhalten. Es ist bekannt, dass das Paar das britische Konsulat in Palma aufsuchte, um geeignete Ausreisepapiere zu erhalten. Ohne Erfolg. Vergeblich waren in jener Zeit zwei Foto-Aufnahmen entstanden, die als Passbilder hätten dienen sollen. In den Gesichtszügen ist den beiden Senioren die Anspannung deutlich anzusehen.

Die gelernte Kindergärtnerin Irene Heinemann war neben all der psychischen Belastung obendrein herzkrank. Hinzu kam die Sorge um die Töchter. Die Eltern waren im Bilde, dass Lore und Gisela vor dem Einmarsch der Deutschen in Frankreich am 10. Mai 1940 von den Pariser Behörden, wie andere deutschen Residenten auch, pauschal zu »feindlichen Ausländern« erklärt und im Lager Gurs bei Toulouse interniert worden waren. Aufgrund der Kriegslage in Frankreich war für die Töchter mit dem Schlimmsten zu rechnen.

Ohne einen Ausweg in Sicht und unmittelbar von der Deportation nach Nazi-Deutschland bedroht, entschieden Ernst und Irene Heinemann, ihrem Leben ein Ende zu setzen. In der Mietwohnung in El Terreno, Calle Bonanova 82, wurde am 21. Juli 1940 ein Abschiedsbrief zu Papier gebracht, in dem die Eltern ihrer Verzweiflung Ausdruck gaben, ihren Töchtern nicht mehr beistehen zu können. »Seid tapfer, wenn diese Zeilen Euch erreichen«, schrieb Irene Heinemann.

Der Brief ist ein bewegendes Dokument darüber, wie verzweifelt und überlegt zugleich die Eltern sich in jener hoffnungslosen Situation von ihren Kindern verabschiedeten. Auszüge dieses sehr persönlichen Schreibens machte freundlicherweise der Heinemann-Enkel Ernst-Peter Krüger zugänglich. Demnach schrieb Irene Heinemann:

Meine heißgeliebten Kinder. Wenn Ihr diese Zeilen erhaltet, sind wir nicht mehr unter den Lebenden. Was wir hier durchmachten, das was uns morgen bevorstehen wird, ist zu viel für mein krankes Herz und unsren geliebten Vati alleine lassen, das geht auch nicht. So nehmen wir Abschied von Euch für immer. Ihr wart unser ganzes Glück, unser Stolz und unsere Freude. Ich bitte und flehe Euch an, seid tapfer, wenn diese Zeilen Euch erreichen, Ihr seid jung, das Leben kann Euch noch Glück bringen nach dieser schweren Zeit. Wills Gott bekommt Ihr mal Lebensgefährten, die Euch so glücklich machen, wie ich es an der Seite Eures Vaters war. (...) Lebt wohl für immer. Möge Euch das Schicksal bewahren. Ich küsse Euch zum letzten Mal, Eure Mutti.[70]

Auf einem zweiten Blatt Papier richtete Ernst Heinemann das Wort an seine Mädchen. Im Bemühen, ihnen seine Beweggründe nahezubringen, schrieb er:

Meine lieben Kinder! Es ist schwer, solch einen Brief zu schreiben, wie wir es nun tun, wir können aber so nicht weiter leben und wollen es auch nicht. Das Leben hat für uns kein Interesse mehr und nur Ihr seid das einzige Band, das uns damit noch verbunden hat. Wir müssen Euch den Trennungsschmerz von uns antun, bevor unsere Zeit gekommen ist. Gönnt uns die Ruhe und tröstet Euch damit, dass es uns wohler ist als vorher. Unsere spanischen Freunde, allesamt, haben versucht uns zu helfen und mir wirkliche Freundschaft entgegengebracht, alles umsonst. Wir wollen nicht einer herzlosen Polizei in die Hände fallen, sei sie spanisch oder deutsch, und ich kann nicht mit ansehen, wie Mutti in ihrem kranken Zustand zu Tode gequält wird.

Vergesst Mercedes nicht, dass sie uns jahrelang so treu und ergeben zur Seite stand. Wir hinterlassen ihr einen Teil unseres Hausstandes und etwas Geld. Lasst sie nicht in Not geraten.

Nun lebt wohl für immer, ich wünsche Euch das Beste für Euren Lebensweg und versucht so schnell als möglich Europa zu verlassen. In Liebe Euer Vater Heinemann.[71]

Das Ehepaar hatte umsichtig alles vorbereitet, um möglichst ohne Aufsehen und Umstände für Dritte aus dem Leben zu scheiden. Ernst und Irene Heinemann, 61 und 51 Jahre alt, schluckten in der Nacht zum 22. Juli jeweils eine Überdosis Schlaftabletten. Dann wurde es still in dem kleinen Haus in El Terreno.

Wie erfuhr Lore Krüger vom Tod der Eltern? Die 26-jährige Fotografin war in der Zwischenzeit mit ihrer Schwester aus dem Internierungslager Gurs geflohen und hatte sich mit ihrem späteren Mann, dem deutschen Interbrigadisten und Gewerkschafter Ernst Krüger, bei ehemaligen Spanien-Kämpfern in der Pyrenäenregion versteckt. Schreiben von den Eltern hatten die Töchter bis dahin postlagernd in Toulouse erhalten. Dann traf ein Brief der Haushälterin Mercedes ein. Lore Krüger erinnert sich: »In ihren katholisch-verschlüsselten Worten teilte uns Mercedes mit: Eure Eltern sind nun im Himmel.«

So ganz wusste die Tochter die Worte nicht zu deuten, hoffte auf eine Klärung, auf ein Missverständnis, einen Irrtum. Einige Zeit später folgte jedoch auf dem Postweg der Abschiedsbrief der Eltern samt einer offiziellen Benachrichtigung durch das deutsche Konsulat. Da es sich bei der Empfängerin um eine Jüdin handelte, konnte oder wollte Konsul Dede nicht auf den obligatorischen Namenszusatz verzichten: Der Brief, in dem der Tod der Eltern amtlich mitgeteilt wurde, ging an Lore »Sara« Heinemann.

Der weitere Werdegang der Tochter wäre ein eigenes Kapitel wert. Nur soviel: Lore Krüger gelang mit Hilfe von ehemaligen Interbrigadisten die Flucht von Frankreich in Richtung Mexiko. In der Karibik wurde das Schiff beschlagnahmt und in die USA umgeleitet. Dort verbrachte Lore, die zwischenzeitlich Heinz Krüger geheiratet hatte, die Jahre bis zum Kriegsende. Anschließend zog das Paar samt der Tochter Susan zurück nach Ost-Berlin, wo die Eheleute beim Aufbau eines sozialistischen Deutschland tatkräftig mitwirken wollten.

Zwischenzeitlich hatte Lore Krüger über spanische Bekannte erfahren, dass ihre Eltern auf dem Friedhof von Palma zur letzten Ruhe gebettet worden waren. Einmal am Grab der Eltern stehen, um sich dort von ihnen verabschieden zu können. Dieser Wunsch wurde zu einer persönlichen Sehnsucht, die Lore Krüger nahezu ihr gesamtes Leben mit sich tragen sollte. Doch solange der »Generalísimo« an der Macht war, weigerte sich die passionierte Antifaschistin, den Fuß auf spanischen Boden zu setzen. Erst nach dem Tode Francos im Jahre 1975 reiste die DDR-Bürgerin Krüger unverzüglich nach Palma und erkundigte sich nach dem Grab ihrer Eltern. Man teilte ihr mit, dass es längst nicht mehr existierte und an der Stelle mittlerweile ein Brite beerdigt sei. Krüger kehrte unverrichteter Dinge nach Berlin zurück. Das Grab ihrer Eltern blieb für die Tochter in den Jahren der Vergangenheit verschollen.

Doch die damalige Information des Friedhofsamtes erwies sich im Rahmen der Recherchen zu diesem Buch als falsch. Zur Überraschung aller Beteiligten stellte sich Ende 2004 heraus, dass das Grab samt seinem Gedenkstein nach wie vor an seiner Originalstelle zu finden ist. Wenige Monate nach der Wiederentdeckung reiste Lore Krüger im Alter von 91 Jahren – und 65 Jahre nach dem Freitod ihrer Eltern – noch einmal dorthin, wo man Ernst und Irene Heinemann in den Selbstmord getrieben hatte. Tief in sich gekehrt stand die zierliche Frau an einem grauen Aprilmorgen lange schweigend vor dem Grab, dann streckte sie die Hand aus und berührte den verwitterten Gedenkstein ...

Begleitet wurde Krüger von ihren beiden Kindern und einer Urenkelin. Die Familie brachte Flusskiesel mit, um sie gemäß der jüdischen Tradition auf den Grabstein zu legen. Die Grablage ist seit dem Tode von Lore Krüger, sie starb 2009 im Alter von 94 Jahren, im Besitz ihrer Erben und soll auch in Zukunft erhalten bleiben. Es ist, wenn man so will, ein zwar inoffizielles, aber gleichsam einzigartiges Mahnmahl, das von der Verfolgung deutscher Juden auf Mallorca zeitlos Zeugnis ablegt.

Francos Gefangene, Hitlers Opfer

Weitere deutsche Schicksale auf Mallorca

Auf Mallorca waren die wenigsten Deutschen vor den Nazis und ihren Helfershelfern sicher. Wer dem Regime nicht genehm war, bekam dessen Macht beziehungsweise die subtile Wirksamkeit seines Einflusses zu spüren. Die Repression zeigte sich in vielerlei Weise. Wer nicht wie die Heinemanns in den Selbstmord getrieben wurde, fand sich wie der Pazifist Heinz Kraschutzki willkürlich in Gefangenschaft wieder oder wurde wie die Familie Sy ohne ihre Kinder von der Insel verwiesen.

Wer Jude oder politisch exponiert war, entging allenfalls durch Flucht dem Zugriff der Nazi-Organe. Doch nicht jeder suchte sein Heil im Exil. Es gab Deutsche, die für sich keinen anderen Ausweg sahen, als auf das Beste zu hoffen und von Mallorca aus in die Heimat zurückzukehren, wo sich ihr Leben allerdings in einen Alptraum verwandelte. So erging es der jungen »Bob«, einem hübschen Mädchen, das auf Mallorca einen mediterranen Sommer des Friedens und des ersten Verliebtseins erleben durfte, bevor sich sein Lebensweg verdüsterte.

Heinz Kraschutzki war neben dem Ehepaar Heinemann das wohl herausragendste deutsche Opfer der Franco-Diktatur auf Mallorca. Der international renommierte Pazifist wurde von den spanischen Militärbehörden nahezu ein Jahrzehnt inhaftiert. Das ließ ihn zu einem ausländischen Augenzeugen des Alltags in den Gefängnissen des Franco-Regimes werden. Kraschutzki erlebte die brutale Behandlung, das Dahinvegetieren und Sterben der Mitgefangenen in den verschiedenen Haftanstalten auf der Insel wie auf dem Festland.

Wer war der Mann? Kraschutzki entstammte einer konservativ-preußischen Familie, sein Vater war Militärarzt. Geboren 1891 in Danzig, trat Kraschutzki 1910 als Seekadett in Kaiser Wilhelms II. »Lieblingsspielzeug«, die Marine, ein und stieg dort rasch auf. Während des Ersten Weltkriegs brachte er es bis zum Kapitänleutnant und kommandierte in der Nordsee ein Minenboot. Doch unter dem Eindruck des Krieges kamen Kraschutzki mehr und mehr Zweifel an seinem Berufsstand. Das Ansehen des Kapitäns war bei seinen Untergebenen indes so groß, dass sie ihn zum Delegierten für den Arbeiter- und Soldatenrat wählten, der in den revolutionären Herbsttagen 1918 in Bremerhaven die Macht übernommen hatte.

Kraschutzki vollzog nach der Niederlage eine für seine Militärzunft geradezu unglaubliche Kehrtwende und wandelte sich vom Offizier der kaiserlichen Marine zu einem der namhaftesten Kriegsgegner der Weimarer Republik. Als Redakteur der pazifistischen Zeitschrift »Das andere Deutschland« prangerte Kraschutzki die geheime Aufrüstung der Reichswehr an und wurde zuletzt 1932 von der Reichsregierung des Hochverrats bezichtigt.

Kraschutzki verließ daraufhin Deutschland und zog nach Mallorca, wo sich seine Frau und die vier Kinder aus ursprünglich gesundheitlichen Gründen, da Kraschutzkis Sohn Jürgen häufig krank war und die Ärzte zu einem längeren Klimawechsel geraten hatten, bereits ein Jahr zuvor niedergelassen hatten. Ohne ein geregeltes Einkommen musste sich Kraschutzki auf Mallorca nach neuen Verdienstquellen umsehen. Findig, wie er und besonders seine Frau waren, eröffneten sie in Cala Rajada ein Geschäft, in dem sie zunächst geflochtene Sandalen aus gefärbtem Bast verkauften. Das Sortiment umfasste neben den Schuhen bald auch Riemen, Handtaschen und Strohhüte. Die Waren fanden reißenden Absatz, Souvenirgeschäfte in Palma orderten reichlich Nachschub.

Heinz Kraschutzki

Schon bald stellte das Paar die ersten Aushilfskräfte in Cala Rajada an. Wie Kraschutzki in seinen Memoiren festhielt, arbeiteten zuletzt 40 Dorffrauen in dem Unternehmen. Die Waren im Zeichen der vier Sterne, die für die Kinder des Ehepaares standen, wurden auf dem Höhepunkt der Geschäftstätigkeit selbst an so entfernte Ziele wie Australien und Hawaii exportiert. Die Arbeitsbedingungen müssen ungeahnt fortschrittlich gewirkt haben: Zum einen bezahlte Kraschutzki höhere Löhne als üblich, zum anderen sorgte er für eine familiäre Atmosphäre. Der Firmengründer erinnerte sich in seinen Memoiren:

Als wir bereits sieben Frauen beschäftigten, machten wir einen gemeinsamen Wochenendausflug. Für einige von ihnen war dies das größte Ereignis ihres Lebens, da die Mehrheit von ihnen noch nie zuvor in der Stadt Palma gewesen war, und einige von ihnen noch nicht einmal in Manacor, dem Zentrum unseres Bezirks und nur 28 Kilometer entfernt. Einige Wochen lang war beraten worden, was wir machen wollten. Eine unabdingbare Bedingung war, einmal ins Kino zu gehen und eine Nacht in einem Hotel zu verbringen, Dinge, die die Frauen noch nie zuvor getan hatten. Jede Arbeiterin konnte sich ein paar Sandalen anfertigen, für ihren Eigengebrauch, weil wir die Schuhe auf dieser Art herumzeigen wollten, als Werbung. Luise und Oma begleiteten uns, und die Freude unserer Frauen machte sie gleichermaßen glücklich. Nur Catalina wähnte sich, als wir in Palma ankamen, so weit entfernt von Cala Ratjada, dass sie einen Anfall von Sehnsucht erlitt.[72]

Kraschutzki hat die Zeit vor Ausbruch des Bürgerkrieges auf Mallorca als die glücklichste seines Lebens bezeichnet. Weitab von Deutschland hatte er die Ernennung Hitlers zum Reichskanzler nur aus der Ferne verfolgt. Kaum waren die Nazis im Amt, wurde das »Andere Deutschland« verboten, viele ehemalige Zeitungskollegen kamen in Haft oder mussten untertauchen. Die neuen Machthaber hatten auch Kraschutzki nicht vergessen. Da sie seiner nicht habhaft werden konnten, entzogen sie ihm 1934 die Staatsangehörigkeit. Der Pazifist befand sich damit in prominenter Gesellschaft: Damalige Zeitungsberichte listeten neben seinem 36 Namen auf, unter ihnen den Physik-Nobelpreisträger Albert Einstein, den Schriftsteller Oskar Maria Graf und den Pazifisten Otto Friedländer. Auch dem Konsulat in Palma lag ein solcher Zeitungsbericht vor. Darin waren die Namen »Heinz Kraschutzki« und »Frank Arnau« mit Blaustift unterstrichen. Plausibler Grund: Die Genannten befanden sich auf Mallorca. Der Ausschnitt belegt: Die beiden Männer standen unter Beobachtung.

Heinz Kraschutzki auf Mallorca

Kraschutzki nahm den Verlust der Staatsangehörigkeit offenbar gelassen hin. Er besorgte sich über seine Kontakte einen sogenannten »Nansen-Pass« für staatenlos gewordene Flüchtlinge. Gleichwohl erkundigte sich Kraschutzki in einem Brief an Dede, ob der Verlust der Staatsangehörigkeit auch seine Frau und Kinder betreffe. Tatsächlich wurden diese von den Behörden weiterhin als Deutsche angesehen.

Ungeachtet der politischen Ärgernisse lebte die Familie harmonisch und gut integriert in Cala Ratjada. Hans-Adolf, der älteste Sohn, begann im Dorf eine Lehre beim örtlichen Schreiner und verständigte sich bald fließend auf Mallorquinisch. Der eigene Betrieb, die »Vier Sterne«, lief immer besser. So konnte die Familie es sich leisten, ein deutsches Ehepaar, Bernd und

Lene von Geldern, als Privatlehrer anzustellen. Aus dieser Keimzelle entwickelte sich bald ein Schulunterricht in Cala Rajada, den auch andere Kinder von emigrierten Deutschen und Ausländern besuchten.

In diese Idylle brach wie eine Katastrophe der Spanische Bürgerkrieg herein. Kraschutzki beschreibt in seinen Memoiren, wie sein Freund, der ebenfalls in Cala Rajada lebende deutsche Schriftsteller Karl Otten, noch im Juli 1936 zu einem Polizeihauptmann nach Artà beordert worden war. Dieser eröffnete ihm, die Behörde sei vom deutschen Konsulat verständigt worden, dass »zwei sehr gefährliche Deutsche« – Kraschutzki und Otten – in Cala Rajada ansässig seien. Die unmissverständliche Warnung lautete nach Kraschutzkis Erinnerung: »Wir sollten vorsichtig sein. Wenn das Geringste vorkäme, würden wir festgenommen und mit dem nächsten Schiff nach Deutschland gebracht werden.«

Auch wenn Kraschutzki an Flucht und Untertauchen in Pollença dachte, bis sich die Lage in ein paar Tagen beruhigen würde, es kam nicht dazu. Keine zwei Stunden später wurde Kraschutzki von Zivilgardisten verhaftet und nach Palma geschafft. Es sollte das letzte Mal für knapp zehn Jahre sein, dass er mit seiner Familie zusammenkommen würde. Seinen Sohn Peter sah er nie wieder. Dieser fiel später als Wehrmachtssoldat, während der Vater von einem spanischen Gefängnis ins andere verlegt wurde.

Korbwarenflechterinnen, die für Heinz Kraschutzki arbeiteten

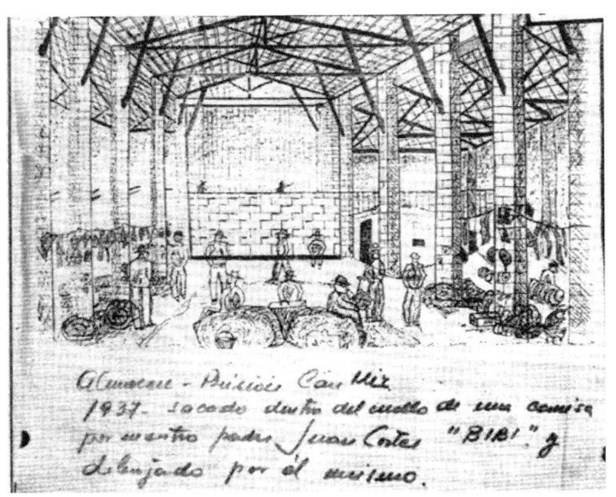

Gefangenenzeichnung: Häftlinge in Can Mir

Konsul Dede verwand sich nicht für den Staatenlosen, sah sich aber in der Pflicht, für die »deutsche« Frau Luise Kraschutzki und ihre Kinder alles Weitere zu veranlassen. Die Angehörigen wurden mit den übrigen Spanien-Flüchtlingen nach Deutschland geschafft, wo die Ehefrau einige Monate später genötigt wurde, sich von ihrem Ehemann scheiden zu lassen. Andernfalls hätte sie die Vormundschaft über ihre Kinder verloren.

Kraschutzki erlebte die Willkür des franquistischen Machtapparates: Er wurde nach Palma geschafft, in das ehemalige Gewerkschaftshaus, das von der Falange besetzt worden war. Mit vier weiteren Häftlingen verbrachte er dort die erste Nacht in einem fensterlosen Raum. Als die Mitgefangenen von ihren Verhören dorthin zurückgebracht wurden, wiesen sie an Kopf und Oberkörper blutige Stellen auf. Sie waren mit Schlägen misshandelt worden. Kraschutzki selbst blieb körperlich unbehelligt. Gegen ihn liege nichts vor, teilte ihm der Falangist mit. Er müsse jedoch noch von der Regierung vernommen werden. Ein Goethe-Buch, das Kraschutzki bei sich trug, wurde konfisziert. »Marxistische« Literatur sei nicht zulässig, beschied man ihm kurzerhand.

Per Lastwagen wurde Kraschutzki ins Schloss von Bellver gebracht, das von den Machthabern als provisorisches Gefängnis benutzt wurde. Dort war Kraschutzki der einzige ausländische Gefangene. Sechs Monate später wurde der 45-Jährige in das provisorische Gefängnis von Can Mir verlegt. Dieses hatte zuvor als Lagerhalle für Baumaterialien gedient und lag direkt neben dem Bahnhof der Sóller-Bahn in Palma. Heute befindet sich dort das Kino Sala Augusta. Die Lagerhalle war so dämmrig, dass dort selbst tagsüber Fledermäuse umherflogen. Das hatte den einzigen Vorteil, so Kraschutzki, dass lästige Fliegen nicht überhand nehmen konnten.

Ansonsten waren die Verhältnisse katastrophal. Der Forscher Manuel Suárez hat 2011 ein Buch über das Gefängnis veröffentlicht. Im Schnitt wurden auf engstem Raum, zirka 1.000 Quadratmeter, an die 900 Menschen regelrecht zusammengepfercht. In den ersten drei Monaten mussten sie auf der Erde schlafen. Später durften Verwandte sie mit Decken versorgen. Die Männer litten unter Hunger, Durst, Hitze, Kälte, staubiger Luft in der Lagerhalle, Atemwegs- und Durchfallerkrankungen, Flöhen, Läusen, Ratten. Hinzu kamen verdeckte Hinrichtungen: So wurden abends die Namen von einigen Häftlingen aufgerufen, die angeblich freigelassen werden sollten. Doch bald schon stellte sich heraus, dass die Männer nie zu Hause eingetroffen waren. Die angebliche »Freilassung« war nur ein Vorwand gewesen, um sie nächtens zu erschießen. »Jeden zweiten Tag wurden bis zu zehn Häftlinge hingerichtet«, so Kraschutzki.

Gefangenenzeichnung: Häftlinge in Can Mir

In dieser Hölle von Can Mir musste Kraschutzki 19 Monate ausharren. Es folgten dann Stationen auf dem spanischen Festland. Versuche seiner Freunde in britischen Pazifismus-Organisationen, seine Freilassung zu erwirken, schlugen fehl. Kraschutzki blieb ein Gefangener des Franco-Regimes, bis Nazi-Deutschland 1945 von der Landkarte verschwand. Danach dauerte es noch einmal einige Monate, bis Spanien den Mann nach England abschob.

Gerüchte, Kraschutzki sei bei Ausbruch des Bürgerkrieges von den Franquisten erschossen worden, hielten sich noch Jahre. Selbst Thelen publizierte 1953, Kraschutzki habe in Spanien den Tod gefunden. Tatsächlich wurde der Romanautor später von dem Ex-Häftling eines Besseren belehrt. 1957 kehrte Kraschutzki als Wintertourist erstmals wieder nach Cala Rajada zurück. All die Jahre der Gefangenschaft hatten ihm seine Verbundenheit mit der Insel nicht nehmen können. Seine Memoiren schrieb er 1972 nieder, sie wurden kurioserweise bislang nur auf Katalanisch veröffentlicht. Kraschutzki starb 1982 in Füssen.

Keinerlei publizierte Memoiren hinterlassen hat hingegen Oscar Sy. Der Hamburger Kaufmann, Jahrgang 1889, hugenottischer Abstammung, war einer jener deutschen Residenten, die ihre Abneigung gegen Nationalsozialisten offen zeigten. Das hatte Konsequenzen. Wie im Falle Kraschutzki wurde die Familie gewaltsam auseinandergerissen.

»Frau Sy ist die einzige, vor der ich den Hut ziehe«, sagte der Zeitzeuge Erich Esch 2006. Nach seinen Worten waren die Sy-Eltern Sozialdemokraten oder standen der SPD zumindest nahe. Die Familie habe sich ostentativ vom Nationalsozialismus distanziert und sei nicht dem allgemeinen Konformismus verfallen. Auch der propagandistischen Reichstagswahl im März 1936 an Bord des Dampfers »Tanganyika« vor Mallorcas Küste hatten sich die Sys verweigert.

Frau Sy war die einzige, die ihre Kinder nicht auf die deutsche Schule schickte. Sie ging auch nicht zur Wahl. [...] Das waren die Einzigen, die gesagt haben, wir wollen keine deutsche Schule. Sie wollten ihr Kind nicht auf die deutsche Schule geben, weil dort der Nazismus gepredigt

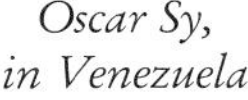

Oscar Sy,
in Venezuela

Emmy Sy,
die zweite Ehefrau von Oscar Sy

wurde. Sy sagte immer, nein, da machen wir nicht mit. Das war unheimlich, für die damalige Zeit ...[73]

Der Gegendruck blieb nicht aus, die örtlichen Nazis hatten die Familie im Visier. »Sie wurde vom Ortsgruppenleiter getriezt«, sagte Esch, ohne Details nennen zu können.

Tatsächlich hatte die Familie nicht nur ein, sondern vier Kinder. Von seiner ersten Frau waren dem Kaufmann Myrrah (Jahrgang 1922), Judith (1926) und Harro (1929) geboren worden. Mit seiner zweiten Frau Emmy, geborene Haas, hatte Oscar Sy den kleinen Roland (1932). Der Zeitzeuge Bernat Torrandell hatte noch vor Augen, wie Oscar Sy, ein hochgewachsener, hagerer Mann Mitte 40, auf dem Fahrrad in Palma unterwegs war.

Der Kaufmann besaß eine Firma, war Mitglied der Deutsch-Spanischen Handelskammer und verdiente sein Geld als Vertreter für deutsche Industrieware. Hierbei kam es 1937 offenkundig zu Reibungen mit dem Konsul, der selbst kaufmännisch aktiv war. Sy wandte sich daraufhin an die Deutsche Botschaft, was Dede vermutlich als Beschwerde aufgefasst haben dürfte. Bei einem Zusammentreffen in der Öffentlichkeit beschimpfte der Konsul in Gegenwart mehrerer Anwesenden Sy als »dummen Kerl« und stieß Drohungen gegen ihn aus. Daraufhin schrieb Sy einige Tage später an Dede und forderte eine Entschuldigung. Handschriftlich vermerkte Dede in einer Randbemerkung auf dem Brief, Sy sei »zu blöde!«. Der nähere Sachverhalt ist unklar.

Der Werdegang der Familie Sy auf Mallorca lässt sich nur rudimentär nachvollziehen. Das jüngste Kind, Roland, erblickte in Barcelona das Licht der Welt. Auf Mallorca war die Familie zumindest seit März 1933 ansässig. Sie lebte in Palmas Arbeiterviertel Son Espanyolet, Carrer Joan Crespí 115.

Bei Ausbruch des Spanischen Bürgerkrieges verließen zumindest die Kinder die Insel. Offenbar kehrten die Jungen bald wieder zu ihren Eltern auf die Insel zurück. Oscar und Emmy Sy blieben auf Mallorca, bis sie in den ersten Jahren des Zweiten Weltkrieges die Insel verlassen mussten. In den Unterlagen des Konsulats ist ein winziger handgeschriebener Hinweis zu finden: »Eltern Sy August 1942 ausgewiesen.« Die letzte Anschrift der Familie hatte bis zu jenem Zeitpunkt Carretera de Sóller, Kilometer 3, gelautet.

Wie sich der jüngste Sohn Roland Sy 2012 als 80-Jähriger erinnerte, wurden seine Eltern nach Deutschland gebracht. Es muss ein schwerer Abschied gewesen sein, denn Oscar und Emmy Sy konnten oder wollten ihre Kinder nicht mitnehmen. Vermutlich weigerten sich die Eltern vehement, den Nachwuchs in ein Land zu schaffen, das damals mit nahezu der gesamten Welt in Krieg stand. Judith, damals 15, Harro (13) und Roland (10) blieben auf Mallorca zurück. Die älteste Tochter Myrrah lebte damals bereits in Deutschland.

Es war vor allem die Schwester Judith, die sich um ihre jüngeren Brüder kümmerte und ihnen sagte, was zu tun und zu lassen war. »Sie übte die Leitung aus«, schilderte Roland Sy die damalige Situation. Nach dem Fortgang der Eltern lebten die drei Minderjährigen weiterhin in der Villa am Stadtrand von Palma. »Wir mussten uns daran gewöhnen«, erinnerte sich Sy an die Zeit ohne Eltern. Allerdings hatten diese für »Tutoren« gesorgt. Der Nachwuchs ging weiter zum Unterricht. Die renommierte Schule Montesión würdigte in ihrem Jahrbuch 1943 den 14-jährigen Harro wegen guter Leistungen.

Die Eltern kamen zunächst offenbar nach Frankfurt. Oscar Sy floh dann angeblich von Deutschland nach Frankreich, wurde dort festgenommen und über das Kriegsende hinaus inhaftiert. Mutter Emmy arbeitete unterdessen in Fabriken in einer Region, die später von den Russen besetzt wurde. Das sind alles mündliche Überlieferungen aus dem Familienkreis. Der Durchschlag eines Briefes vom September 1945 gibt darüber hinaus Aufschluss, wie ein Bekannter auf Mallorca bei den britischen und französischen Konsuln intervenierte, um die Freilassung von Oskar Sy aus einem Gefangenenlager bei Paris zu erreichen. Darin heißt es, der Familienvater sei von den deutschen Nazi-Behörden und der Gestapo »grausam« verfolgt worden. Der Schreiber gab seiner Hoffnung Ausdruck, dass auch eine Lösung für die »beklemmende Situation der Sy-Kinder« herbeigeführt werden könne. Kurioserweise ist das Haus in Palma, in dem die Geschwister in jenen Jahren auf sich alleine gestellt waren, heute ein städtischer Kindergarten.

Es dauerte sechs Jahre, bis die Familie wieder vereint war. Oskar und Emmy Sy gelangten 1948 zurück nach Mallorca. Allerdings war die Tochter Judith da bereits nicht mehr anzutreffen. Sie war zwei Jahre zuvor, mit 20, an einer Krankheit gestorben. Oskar und Emmy Sy gelang es irgendwie, alle über Wasser zu halten. Auch die »Tutoren« bekamen für die jahrelange Betreuung der Minderjährigen den ihnen zustehenden Lohn. »Vater musste später die Schulden bezahlen«, erläuterte Roland Sy. Oskar Sy sah jedoch letztlich keine Zukunft für die Seinen auf Mallorca. 1951 wanderte die Familie deshalb nach Venezuela aus. Nach den Worten seines Enkels Helmut Sy Corvo begann der damals 62-Jährige dort als Handelsvertreter für industrielle Betriebe zu arbeiten. Oskar Sy starb 1958 in Alter von 69 Jahren in Venezuela.

Ein hohes Alter zu erreichen, das war der jungen Bob nicht beschieden gewesen. Die deutsche Jüdin war knapp 19 Jahre alt, als sie ihren letzten Urlaubssommer in Port de Pollença verbrachte. Außer einigen Fotos ist nichts von dem lebensfrohen Teenager geblieben. »Bob« – der genaue Name der jungen Frau ist nicht gesichert, vagen Erinnerungen zufolge hieß sie möglicherweise Roberta Warburg, vielleicht wurde sie aber auch nur wegen ihrer Bob-Frisur so gerufen – urlaubte mit ihren Eltern nicht das erste Mal im Norden der Insel. Die Familie aus Deutschland hatte bereits wiederholt die Sommer in dem idyllischen Badeort verbracht. So war Bob auch dem gleichaltrigen Mallorquiner Andres Jaume begegnet, der die Ferien stets im Strandhaus seines Onkels verbrachte.

Es muss stets ein fröhlicher Trubel geherrscht haben, denn es gab neben Andres die Brüder, Cousins und Freunde, eine Clique Jungs, die gleich Satelliten das blonde Mädchen mit den blauen Augen umkreisten. Die Aufnahmen zeigen, wie die jungen Leute in ihren einteiligen Badeanzügen übermütig am Strand herumalbern und das Mädchen in die Höhe halten. Bob war bei allen beliebt und ging in dem fremden Familienanwesen ein und aus wie eine weitere Angehörige.

Eines Tages, Anfang August bei einem Ausflug nach Cap Formentor, öffnete sich Bob gegenüber Andres und seinem Cousin, sprach von ihren Ängsten, die sie im Alltag in Deutschland verspürte, aufgrund der Tatsache, dass sie Jüdin sei. Anders als ihre Eltern, die den Fanatismus der Nazi-Regierung lediglich für ein vorübergehendes Phänomen, für einen »Schnupfen« hielten, befürchtete das Mädchen eine Abwärtsspirale, die sein bisheriges Leben immer stärker bedrohen würde. Mit Tränen in den Augen berichtete Bob ihren beiden Kameraden, wie sie sich sorgte, ihre Ausbildung in Berlin nicht fortsetzen zu können.

Für Andres Jaume war es ein prägendes Initiationserlebnis, erinnert sich Jahrzehnte später sein Sohn. Dem damals Heranwachsenden wurde schlagartig die Vergänglichkeit des Lebens bewusst, »dass nichts mehr so sein wird, wie es einmal war«.

Übermut und Lebensfreude: Die junge Bob und ihre mallorquinischen Freunde, 1935

Doch für Bob ist es nur ein kurzer Moment der Verunsicherung. Die Freude an den verbliebenen drei Wochen Sommer, Sonne und Strand wollte sie sich von dem Alpdruck in Deutschland nicht nehmen lassen. Dann kam der Abreisetag. Mit der Fähre und der Bahn ging es für die Familie zurück nach Deutschland. Wenig später verkündeten die Nazis auf ihrem Reichsparteitag im September 1935 die berüchtigten Nürnberger Rassegesetze. Bob wird ihre Befürchtungen durch die neue Entwicklung bestätigt gesehen haben.

Im Jahr darauf wartet Andres Jaume vergeblich auf das Eintreffen der deutschen Familie. Der Sommer war bereits heiß und drückend, ohne dass Bob wie sonst dabei war. Dann brach der Bürgerkrieg aus, das Strandhaus wurde von den neuen Machthabern beschlagnahmt, der Onkel, ein bekannter sozialistischer Politiker inhaftiert und später hingerichtet. 1939 endet der Bürgerkrieg, begann der Zweite Weltkrieg. ... Hin und wieder denkt Andres Jaume an die junge Bob zurück, fragt sich, wie es ihr ergangen ist. Nachrichten von ihr hat er seit ihrer Abreise nie mehr erhalten.

In Europa geht der Krieg zu Ende und allmählich werden die Verbrechen der Deutschen an den Juden bekannt. Andres Jaume lässt zweimal Suchanfragen an das Rote Kreuz richten, erkundigt sich nach Bob. Die Bescheide, die er bekommt, sind vage. Man weiß nichts über Bob, teilt ihm aber mit, dass sich die Spur der Familie in Auschwitz verliert.

Die Seeflieger der Legion Condor

Pollença und die Waffenhilfe der »germanischen Brüder«

Die Legion Condor, Hitlers berühmt-berüchtigte Waffenhilfe an General Franco, war entscheidend für dessen Sieg im Spanischen Bürgerkrieg. Die hochgeheime, verdeckt operierende Einheit der Wehrmacht mit der Kennnummer »88« kam mit ihren Fluggeschwadern an allen bedeutenden Fronten und Schlachten in Spanien zum Einsatz. Unvergessen ist die Zerstörung der baskischen Stadt Guernica im April 1937 durch das erste Flächenbombardement der Geschichte.

Die Wasserflugzeugbasis von Port de Pollença wurde bis 1939 auch von der Legion Condor genutzt

Unter dem Eindruck der Zerstörung des Ortes schuf Pablo Picasso sein gleichnamiges Monumentalgemälde. »Guernica« avancierte zu einem der berühmtesten Bilder der Menschheit. Es ist zugleich eine expressive Momentaufnahme der zerstörerischen Wirkung, wie sie die Legion Condor in Spanien hervorbrachte.

Nur wenig geläufig ist heute, dass der deutsche Kampfverband mit seinen Einheiten auch auf Mallorca stationiert gewesen war. In der heutigen Tourismus-Hochburg Port de Pollença im Norden der Insel hatte einst die »Aufklärungsstaffel See 88« (AS/88) ihre Basis. Die Wasserflugzeuge vom Typ Heinkel 59 und 60 starteten von dort aus zu ihren Feindflügen und bombardierten die spanische Ostküste sowie die republikanisch verbliebene Schwesterinsel Menorca.

Nahezu unbekannt ist darüber hinaus, dass die Angehörigen der Legion Condor, die aufgrund ihres Geheimauftrags weder deutsche Uniformen noch Hoheitszeichen trugen, außer in Pollença auch in Palma und Sóller verdeckte Dienststellen unterhielten. Offiziere und technische Spezialisten der Wehrmacht befanden sich hier im Einsatz, um

Die Luftwaffenbasis für Wasserflugzeuge in heutiger Zeit

spanische Einheiten im Umgang mit Minen, Torpedos, Funk- und Horchanlagen zu unterweisen.

Spuren der Legion Condor sind auf Mallorca nicht leicht zu finden. Ein Gedicht und ein steinernes Denkmal sind weitgehend alles, was den einstigen Aufenthalt heute noch dokumentiert.

»Es fielen für die Freiheit Spaniens im Kampf gegen den Bolschewismus die Seeflieger ...« ist in Stein gemeißelt auf dem umstrittenen Denkmal zu lesen. Der Monolith erinnert an die Namen von 13 Kampffliegern der AS/88, die bei Kampfeinsätzen zu Tode kamen. Der Felsbrocken, aufgestellt im Jahre 1938, überdauerte Jahrzehnte in einem vergessenen Winkel am Rande des Militärgeländes der spanischen Luftwaffe in Port de Pollença, unzugänglich für die Öffentlichkeit und selbst von vielen Angehörigen der Basis kaum je wahrgenommen.

Erst als die mallorquinischen Heimatforscher Jaume March, Andreu Cerdà und Pere Salas in ihrem Buch »Pollença« das Denkmal publik machten, entbrannte 2010 eine politische Diskussion, wie das bis dahin unbeachtete Monument historisch aufzuarbeiten sei. Der Gemeinderat des Dorfes verabschiedete einen Beschluss gegen jenen »Stein des Anstoßes«. Das als kriegsverherrlichend empfundene Denkmal sei umgehend zu entfernen.

In der mallorquinischen Presse wurde die Überstellung des Monoliths ins Militärmuseum nach Palma vorgeschlagen. In der Redaktion des Mallorca Magazins meldete sich ein deutscher Anrufer, der den Stein kaufen wollte. Bald ebbte das mediale Interesse an dem Denkmal wieder ab. In den darauf folgenden Monaten nutzten die Militärbehörden die Ruhe und ließen den Felsbrocken 2011 mit einem Lastkran von seinem Standort entfernen. Dem Sprecher der Basis zufolge wurde der unliebsame Gedenkstein in ein Depot nach Palma verfrachtet. Dort harrt das Denkmal einer endgültigen Entscheidung – bis heute.

Somit ist die »Base de Hidros«, wie die Luftwaffenbasis für Wasserflugzeuge in Port de Pollença genannt wird, um ein schwergewichtiges Dokument ihrer bewegten Geschichte ärmer. Der Fliegerhorst für die »Hidroaviones«, oder kurz »Hidros«, war als winziger Standort im Jahre 1935 gegründet worden. An diesem Ort hatten die spanischen Seeflieger bei Ausbruch des Bürgerkrieges treu zur Republik gestanden und kurzfristig Widerstand gegen das anrückende Militär aus Palma geleistet, bevor sie sich nach Barcelona absetzten.

Monate später erschien Ramón Franco, der Bruder des aufständischen Generalísimo. Der berühmte Flugpionier war von seinem älteren Bruder zum Luftwaffenkommandanten für Mallorca ernannt worden. Ramón Franco erweiterte von Frühjahr 1937 an die Flugbasis, auf der schließlich neben spanischen Einheiten separat die Legion Condor untergebracht wurde.

Der Zeitzeuge Matías Barceló Frau

Der Zeitzeuge Matías Barceló Frau, der Ramón Franco bis zu dessen Tod im Oktober 1938 häufig als Aufklärungsfotograf an Bord der Maschinen begleitete, berichtete, dass die deutschen Soldaten auf dem Gelände abseits stationiert waren. Zwischen den deutschen und spanischen Mannschaften habe es im soldatischen Alltag auf der Basis so gut wie keine Kontakte gegeben. Offenbar wurde seitens der Vorgesetzten Wert auf Absonderung gelegt. Lediglich in einer Hafenbar seien Deutsche und Spanier eines Abends aufeinander getroffen. »Die Deutschen hatten viel getrunken. Wir gerieten in Streit und daraus entstand ein Handgemenge, ohne dass es jedoch zur äußersten Gewaltanwendung kam«, erinnerte sich der 96-jährige Veteran 2012.

Deutlich weniger Beachtung als der Gedenkstein der Legion Condor hat ein Gedicht gefunden, das auf einer privaten Seite im Internet zu finden ist. In dem kurzen Werk »Romance de los tres últimos hidros de Pollensa« (Romanze von den letzten drei Wasserflugzeugen in Pollença) heißt es unter anderem:

... und unsere Kameraden / die tapferen Germanen / kämpften an unserer Seite / mit uns vereint wie Brüder ...[74]

Die heute durchaus schwülstig anmutenden Zeilen stammen aus der Feder des Fliegergenerals Francisco Vives Camino und sind ein Beleg dafür, dass das heroische Pathos der Franco-Zeit um 1962, als das Gedicht entstand, noch lange nicht aus der Mode geraten war. Vives war von 1962 bis 1963 Chef der spanischen Luftwaffe auf dem Balearischen Archipel. Sein Epos besingt »die letzten drei Wasserflugzeuge«, die in der Militärbasis von Pollença im Einsatz waren. Es handelte sich um drei Maschinen vom Typ Dornier 24, die 1944 von Deutschland an Spanien überstellt worden waren. Mit Hilfe dieser Flugzeuge sollten im Zweiten Weltkrieg deutsche Kampfflieger aus dem Mittelmeer gerettet werden, wenn sie nach Beschuss oder wegen Motorschadens notwassern mussten.

Zwar waren die Dornier 24 demnach nicht im Dienst der Legion Condor zum Einsatz gekommen. Doch die dichterische Hommage des Generals Vives spannt mit flie-

Hauptmann Martin Harlinghausen

gerischer Leichtigkeit einen Bogen von den drei Maschinen und ihrer Basis Pollença zur Legion Condor. Deren Seeflieger der AS/88 waren von Juni 1937 an auf derselben Militärbasis stationiert. Der Standort im Inselnorden galt als ideal: Er lag strategisch günstig an der von Bergen windgeschützten Bucht und bot auf diese Weise gute Bedingungen für Starts und Landungen auf dem Wasser.

Die Legion Condor war bereits im Herbst 1936 unter strengster Geheimhaltung ins Leben gerufen worden. Ihre Angehörigen wurden teils getarnt als Touristen per »Kraft durch Freude«-Kreuzfahrtschiffe nach Cádiz gebracht. Historiker gehen davon aus, dass sich nie mehr als 10.000 deutsche Soldaten, zumeist Spezialisten der Luftwaffe, in Spanien aufhielten. Da die »Legionäre« kaum länger als neun Monate dienten, kamen bis zum Ende des Bürgerkrieges rund 25.000 Wehrmachtsangehörige in Spanien zum Einsatz.

Auch die AS/88 wurde ursprünglich Ende 1936 in Cádiz zusammengestellt. Die Einheiten, die mit wendigen Wasserflugzeugen ausgestattet waren, beteiligten sich an den Kämpfen um die belagerte Stadt Málaga, die im Februar 1937 von den Nationalisten eingenommen wurde. Bei dem anschließenden »Massaker von Málaga« wurden bis zu 10.000 Menschen getötet.

Neben den Kämpfen zu Lande versenkten die Flieger der AS/88 auch diverse Handelsschiffe im Mittelmeer. Von Juni an wurde die Staffel nach Mallorca verlegt. Die

Doppeldecker mit dem Erkennungszeichen Pik AS

Insel fungierte als gewaltiger Flugzeugträger vor der »roten« Ostküste Spaniens sowie westlich der »roten« Schwesterinsel Menorca.

Kommandeur der AS/88 war Hauptmann Martin Harlinghausen. Der Offizier stieg in Spanien und im Zweiten Weltkrieg zu einem hochdekorierten Flieger der Wehrmacht auf und wurde später für die neugegründete Bundesluftwaffe reaktiviert, wo er zuletzt als Generalleutnant zu Ehren kommen sollte.

In Pollença legte Harlinghausen im Alter von 35 Jahren den Grundstein zu seiner Karriere. Dem Lexikon der Wehrmacht zufolge war er der zweite von 27 deutschen Offizieren, die während des Bürgerkrieges für ihre militärischen Verdienste mit dem »Spanienkreuz mit Schwertern in Gold«, dem höchsten Verdienstorden für die Condor-Legionäre, ausgezeichnet wurden.

Die AS/88 war ein Verband, der aus vier Einheiten bestand. Das waren nach Angaben des mallorquinischen Forschers Jordi Vidal die Gruppe 71 mit jeweils sechs Heinkel He 59 Maschinen. (Die Maschinen wurden bei Verlust ersetzt, sodass insgesamt 17 Flugzeuge zum Einsatz kamen). Diese »Mehrzweck-Flugzeuge« dienten zum einen zur Aufklärung. Zum anderen wurden die zweimotorigen Doppeldecker mit den voluminösen Schwimmern (die ihnen auf Spanisch den Spitznamen »Zapatones«, Riesenschuhe, einbrachten) bevorzugt als Nachtbomber eingesetzt, um Hafenanlagen, Bahnhöfe und Verkehrswege zu zerstören.

Als Erkennungszeichen trugen die Flugapparate der Gruppe 71 am Rumpf ein Pik-Ass. Ein Spielzeughersteller vertreibt heute Modellflugzeuge dieses Typs just in der Bemalung mit der schwarzen Spielkarte. Die Flugzeuge waren bis zu 200 Stundenkilometer schnell und konnten ohne Auftanken bis zu 1750 Kilometer zurücklegen.

Neben der Gruppe 71 gab es die Gruppe 60. Sie war mit vier Heinkel He 59 Flugzeugen auf die Versenkung von Schiffen spezialisiert. Diese Doppeldecker erhielten als Erkennungszeichen das Symbol eines Fliegenden Fisches.

Hotel Illa d'Or in Port de Pollença

1938 kam als Weitere die Gruppe 64 mit sechs Flugzeugen von Typ Arado Ar 95 hinzu. Ihr bildhaftes Maskottchen war ein Geier mit Schuhen und Regenschirm. Diese Flieger widmeten sich vor allem dem Verminen von Häfen an der spanischen Ostküste. Die vierte Gruppe, 72, verfügte über eine dreimotorige Junkers 52 W, mit der hauptsächlich Personen- und Verwundetentransporte durchgeführt wurden.

Nach Angaben des mallorquinischen Historikers Josep Massot y Muntaner zählte die Einheit in Pollença 55 bis 70 Mann. Hinzu kamen 25 bis 30 Flugzeugmechaniker. Die deutschen Soldaten seien im Dorf sehr beliebt gewesen. (Diese Darstellung widerspricht zumindest den Schilderungen des Zeitzeugen Matías Barceló auf der Militärbasis.) Im Kontrast zu ihren zumeist teutonisch blonden Haaren wurden die Condor-Angehörigen mit der ironischen Kosebezeichnung »Negrillos« (Negerlein) belegt.

Für die Angehörigen der Legion Condor brach auf Mallorca eine nicht unangenehme Zeit an. Das spanische Militär hatte das in Basisnähe liegende Hotel Illa d'Or, das nach wie vor existiert, requiriert und die Deutschen dort untergebracht. Zwischen den Kampfeinsätzen vertrieben sich die Legionäre ihre Zeit mit Baden im Meer, Segeln und Wandern oder bei Ausflügen, Feiern und Übernachtungen, mitunter im Hotel Es Castellet des deutschen Direktors Gerhard Thümmler in Cala Rajada.

Fotos aus dem Privatarchiv der Pollencinerin Antonia Bosch Cerdà, die damals mit ihren Schwestern als Zimmermädchen im Hotel Illa d'Or arbeitete, zeigen die Legionäre unter anderem versammelt zum Gruppenfoto oder bei Leibesübungen im Freien. Ungeachtet der Annehmlichkeiten war der Aufenthalt der Legionäre in Pollença bluti-

Sporttreibende Legionäre in Pollença

ger Kriegseinsatz. Das bislang unveröffentlichte »Tagebuch der deutschen Marinemission in Spanien 1936-39« listet unmissverständlich auf, wie die AS/88 mit ihren Bomben nahezu jede Nacht Tod und Verderben über spanische Ortschaften brachte. Hier einige Beispiele aus verschiedenen Monaten:

24.8.37, Dienstag. AS/88 Angriff auf Rosas an katalanischer Küste.

4.9.37, Sonnabend. AS/88 Bombenangriff auf [die Erdölmonopolgesellschaft] Campsa Tarragona, 3 Tanks der Campsa in Brand geschossen. Großfeuer.

15.9.37, Mittwoch. AS/88 Tiefangriff auf Gasometer in Barcelona. Geringe Abwehr

Feststellung schwere Beschädigung durch gestrigen Angriff auf Culera-Brücke [an span.-franz. Grenze]. Verkehr unterbrochen. Ansammlung von Eisenbahnwagen und Lokomotiven auf beiden Seiten. Tiefangriff auf Lokomotive mit Kanone.

16.9.37, Donnerstag. AS/88 Angriff auf Valencia-Hafen mit 5 Maschinen, anschließend am italienischen Flugangriff [beteiligt]. Treffer auf Südmole und Hafenbahnhof. Starke Flakabwehr. Nach Agentenmeldung roter Zerstörer »Escaño« beschädigt, ...

8.3.38, Dienstag. AS/88 Nachtangriff auf Eisenbahn-Knotenpunkt südlich Vendrell und auf Bahnhofs- und Fabrik-Anlagen bei Barcelona. Starke Abwehr. Bomben in Zielen.

10.3.38, Donnerstag. AS/88, Nacht vom 9. auf 10.3., Bomben-Angriff auf 3 Güterzüge in Torreblanca, 15 Treffer, starke Verheerungen; ferner auf Zug Bahnhof Oropesa, 3 Treffer.[75]

Die Kampfflugzeuge der Legion Condor trugen gemeinsam mit den italienischen und spanischen Fliegern maßgeblich zum Zusammenbruch der Verteidigung in der republikanischen Zone bei. Die Angriffe blieben nicht auf Bombardierungen beschränkt. Sie beinhalteten auch Sondereinsätze in Feindgebiet. Befehlshaber Harlinghausen beteiligte sich persönlich an den Aktionen. Gemeinsam mit Kapitänleutnant Strauch, der zeitweise der Dienststelle der Legion Condor in Palma vorstand, begab sich Harlinghausen im Sommer 1938 auf die Columbretes-Inseln, jenes felsige Eiland vor der Küste der ostspanischen Stadt Castellón. Ein Marine-Bericht vermerkte:

Die Unternehmung wurde von »Canarias« und »Cervera« [zwei spanische Kriegsschiffe] gemeinsam mit der A.S.88 durchgeführt. Da sich das Ausbooten der Kreuzer ziemlich lange hinzog, erreichten Harlinghausen und Strauch im Schlauchboot einer He.59 als erste die Insel und machten einen Gefangenen.[76]

Doch die Kampfeinsätze der AS/88-Flieger in Pollença waren für die Piloten und ihre Mannschaften nicht immer Spaziergänge. Der umstrittene Gedenkstein macht deutlich, dass 13 von ihnen ums Leben kamen. Eine sicherlich filmreife Szene spielte sich laut Tagebuch der Marinemission am 30. April 1938 ab:

AS/88 meldet Bomben-Angriff auf Vendrell, auf Bahnhof Oropesa und auf Bahnhof Benicasím. Bomben im Ziel. – Bei Vendrell durch vorzeitig explodierte eigene 250 kg Bombe 1 Flugzeug stark beschädigt, jedoch keine Verluste.[77]

Nicht so glimpflich liefen andere Einsätze ab, wie etwa jener vom 21. März 1938: Die Explosion eines Lastwagens, der Munition geladen hatte, erfasste auch die Heinkel 59, die just zuvor das Fahrzeug aus der Luft beschossen hatte. Das Flugzeug geriet in Brand und stürzte unmittelbar darauf in Cambrils bei Tarragona ab. Dabei starben, wie auf dem Gedenkstein in Pollença vermerkt, die vier Flieger Hayo Jürgens, Karl Zunker, Kurt Keitzel und Kurt Werner.

Die Landemanöver mit den Wasserflugzeugen hatten ebenfalls ihre Tücken. In der Winternacht des 13. Januar 1938 ertrank der Unteroffizier Harald Kahl in der Bucht von Pollença.

Die Legion Condor auf Mallorca war weitaus aktiver, als dies in der balearischen Historiographie bekannt und im allgemeinen Geschichtsbewusstsein verankert ist. Die Tätigkeit der deutschen Einheiten beschränkte sich nicht allein auf die Luftwaffenbasis der AS/88 in Pollença, sondern war an weiteren Militärstandorten der Insel anzutreffen. Wie vergilbten Condor-Dokumenten zu entnehmen ist, leistete etwa der Maat Ruppel 14 Monate Dienst in Port de Sóller. Die Aufgabe des Torpedo-Spezialisten bestand darin, den Einsatz der Waffen zu gewährleisten und die spanischen Kameraden an ihnen zu schulen. Im September 1938 schrieb Ruppel in seinem Abschlussbericht:

Als ich im Juli des vergangenen Jahres die Stellung als Torpedomechniker der Schnellboote übernommen habe, war kein Torpedo gefechtsbereit. Die Torpedos auf den Booten waren meistens ohne oder mit geringer Kesselfüllung. Teilweise stellte ich an den Torpedos Schwergängigkeiten der Maschine und Tiefensteuerung fest. Der Schaden konnte behoben werden. [...] Von den 20 nach Spanien gelieferten Torpedos sind noch 14 vorhanden. Zwei Torpedos verschoss ein Schnellboot voriges Jahr bei Malaga, zwei Torpedos verschoss Schnellboot »Badajoz« im vergangenen Monat, zwei Torpedos wurden unbrauchbar durch den Brand des Schnellbootes »Falange«. Von den noch vorhandenen 14 Torpedos sind zur Zeit vier Stück an Bord der Boote und zehn in der Base Soller. [...] Das Personal der Base Soller ist jetzt in der Lage mit dem Torpedo G7v allein zu arbeiten, zumal die Bedienungsvorschriften für den Torpedo in spanisch übersetzt sind und ich habe einen Mann praktisch ausgebildet.[78]

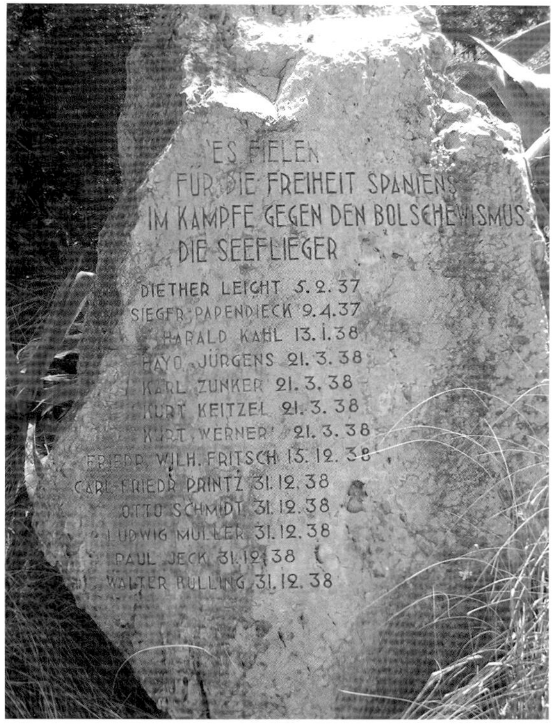

Gedenkstein in Pollença mit den Namen der 13 gefallenen AS/88-Flieger

Neben Sóller waren auch in Palma Angehörige der Legion Condor mit Aufgaben betraut. Die Marinedienststelle der Legion, die von Kapitänleutnant Strauch, später von Oberstleutnant Karl Knappe geleitet wurde, zählte im Frühjahr 1939 sechs Mitarbeiter, die offenbar im nachrichtendienstlichen Bereich tätig waren. Hinzu kam ein Dolmetscher namens Friedrich Faber. Die Aufgabe dieser Dienststelle bestand zum einen darin, die Kommunikation mit den übrigen Dienststellen der Legion Condor zu gewährleisten, zum anderen fungierte sie als Kontakt zum spanischen Marinekommando sowie zu den italienischen Verbänden. Sehr wahrscheinlich gehörte insgeheim auch Spionage zu den Aufgaben der Abteilung. So zeigten sich die deutschen Stellen bestens informiert über die Tätigkeiten des spanischen Militärs. Marine-Attaché Meyer-Döhner meldete seinen Vorgesetzten technische Details, wie sie in der Regel streng vertraulich waren:

In Palma sind unter dem Berg, auf dem das Castillo steht, zwei große Tunnelanlagen zur Aufnahme von Munition und Torpedos fertiggestellt. Das im gleichen Berg befindliche unterirdische Öldepot mit Anschlussleitung zum Hafen ist noch nicht vollendet. Für die Aufbewahrung von Minen ist ein Depot etwa zehn Kilometer landeinwärts gebaut worden.[79]

Der Burgberg, auf den sich der Militärattaché bezieht, ist Palmas Wahrzeichen samt dem Kastell Bellver. Im Innern des Sandsteinfelsens befindet sich ein Labyrinth an Gängen und Kammern von beachtlichen Ausmaßen. Eine einst natürliche Höhle wurde bereits im Mittelalter von maurischen Sklaven erweitert, um mit den ausgebeuteten Steinquadern auf dem Gipfel die Burg zu errichten. Neben den Höhlen diente auch das Bellver-Schloss im Bürgerkrieg als Lager und zwar sowohl für politische Gefangene – Palmas letzter republikanischer Bürgermeister Emili Darder war dort bis zu seiner Hinrichtung inhaftiert – als auch für Minen, wie sie dort mit Hilfe der Legion Condor aufbewahrt wurden.

Die »germanischen Brüder«, zu denen die Angehörigen der Legion Condor in dem eingangs erwähnten Gedicht verklärt werden sollten, waren nicht nur aktiv in die Kämpfe eingebunden, vielmehr agierten sie auch als Militärberater und Ausbilder. Der mallorquinische Zeitzeuge Matías Barceló etwa wurde als Aufklärungsfotograf zu einem mehrwöchigen Kurs in die »Bildschule« der Legion Condor auf das Festland abkommandiert, wo er das Kartographieren seiner Luftaufnahmen erlernte.

Die Legion Condor wird in der kollektiven Erinnerung üblicherweise als fliegender Kampfverband wahrgenommen. Dass diese Einheit darüber hinaus am Seekrieg beteiligt war, ist weitgehend unbekannt. Doch auch in diesem Bereich war die Legion Condor auf Mallorca aktiv. Konkret: An Bord der »Baleares« befand sich zumindest ein deutscher Ingenieur, als das bedeutendste Schlachtschiff Franco-Spaniens im März 1938 in Palma zu seiner letzten Fahrt in See stach.

Mit an Bord der »Baleares«

Jürgen Jensen auf tödlicher Gefechtsstation

Nahezu jeder Palma-Besucher kennt die Säule im Stadtpark von Sa Feixina, unweit des Es-Baluard Museums. Das steinerne Monument, eines der letzten Überbleibsel aus der Franco-Zeit, wurde nach langem Politstreit im Jahre 2010 von der sozialistischen Rathausmehrheit zu einem Denkmal für die Opfer von Krieg, Terror und Diktatur umgestaltet. Bis dahin hatte das Sandstein-Bauwerk, das einem modernistischen Leuchtturm nachempfunden war, an den Untergang des Kriegsschiffes »Baleares« erinnert.

790 Seeleute fanden im März 1938 in dem Seegefecht von Cabo Palos, auf halbem Weg zwischen Ibiza und der Küste bei Murcia, den Tod. Es handelte sich um die schwerste Seeschlacht während des Spanischen Bürgerkrieges, mit einem hohen Verlust an Menschenleben. Die »Baleares« war von Palma aus gemeinsam mit den Schlachtschiffen

Die »Baleares«

»Almirante Cervera« und »Canarias« in See gestochen, um zwei Frachtern Geleitschutz zu bieten. Die »Umbe Mendi« und die »Aizkobi Mendi« sollten Kriegsmaterial aus Italien nach Cádiz schaffen, dem Basishafen National-Spaniens, als Waffenhilfe für Franco.

Es ist die Nacht vom 5. auf den 6. März 1938: Um 2.20 Uhr schlagen zwei Torpedos in den Schiffsrumpf der »Baleares« ein und reißen tiefe Breschen in die stählerne Konstruktion. Ein Geschoss zerfetzt den Maschinenraum, das zweite trifft auf das Munitionsdepot und löst eine gewaltige Explosion aus, die buchstäblich die Kommandobrücke vom Schiffskörper losreißt und fortschleudert. Auf einen Schlag sind nahezu alle Führungsoffiziere tot. An Bord des 194 Meter langen Schlachtschiffes bricht das Chaos aus. Der als unsinkbar geltende Stahlkoloss brennt auf dem Meer lichterloh und wird durch immer neue Explosionen erschüttert, während in den Rumpf unaufhaltsam Wasser einbricht.

An Bord des tödlich getroffenen Schiffes spielen sich dramatische Szenen ab. Nadal Antelmo Morey aus Palma hat sie den Medien immer wieder geschildert. Der einstige Seekadett, der als 14-jähriger »Flecha« (Marine-Pfeil) den Untergang miterlebt hatte, war im Jahre 2008 der letzte Zeitzeuge, der von dem Flammeninferno der »Baleares« auf dem nächtlichen Meer noch Auskunft geben konnte.

Mallorquinische Matrosen und Seekadetten der »Baleares«

Ich befand mich in den Mannschaftsräumen im Bug, als mich eine gewaltige Explosion aus dem Schlaf riss. Ich rannte an Deck und sah überall Feuer. Das elektrische Licht war ausgefallen, aber im Schein der Flammen konnte ich die zerstörten Aufbauten erkennen. Überall lagen Tote und Verwundete herum. Andere versuchten, die Rettungsboote zu Wasser zu lassen, indem sie die Spill durchtrennten. Doch die Boote zerbrachen beim Aufschlag ins Wasser.[80]

Der junge Seekadett war einer von 435 Männern, die den Untergang überlebten. An Bord hatten sich rund 1.200 Matrosen und Marineinfanteristen befunden, unter ihnen elf junge »Flechas« aus Mallorca. Neun von ihnen starben in der Unglücksnacht. Wie sie waren viele der Seeleute auf der Balearen-Insel zum Kriegsdienst einberufen worden, erinnerte sich Nadal Antelmo 70 Jahre nach dem Untergang der »Baleares«. Nach seinen Worten gab es an Bord keine Schwimmwesten für die Besatzung. »Es war offenbar nicht vorstellbar gewesen, dass das Schiff untergehen könnte.«

Wie man heute weiß, traf der Verband aus Mallorca in jener Märznacht auf die republikanische Flotte, die aus dem ostspanischen Stützpunkt Cartagena ausgelaufen war. Ihr Ziel war es gewesen, einen Überraschungsangriff auf die drei Kreuzer der Franquisten in ihrer Basis in Palma auszuführen. Man wollte den Flottenstützpunkt der Nationalspanier im Mittelmeer auf einen Schlag ausschalten. Dass die zu attackierenden Schiffe

Die Aufnahme zeigt den Untergang der »Baleares«

zu einer Konvoifahrt aufgebrochen waren, war den republikanischen Streitkräften nicht bekannt gewesen. Keiner der Kommandierenden hatte damit gerechnet, vor Ibiza auf den jeweils gegnerischen Verband zu treffen.

Ungeachtet des militärischen Erfolges, die »Baleares« versenkt zu haben, weicht der republikanische Verband weiteren Gefechten aus. Die Flotille zieht sich im Schutze der Dunkelheit nach Cartagena zurück. »Canarias« und »Cervera« kreuzen bei Tagesanbruch die Gewässer des Seegefechts, um im Meer treibende Besatzungsmitglieder zu bergen. Ihnen kommen zwei britische Kriegsschiffe, die Zerstörer »Kempenfelt« und »Boreas«, zu Hilfe. Die Gefahr ist nicht vorüber: Im Morgengrauen tauchen am Himmel republikanische Flugzeuge auf, die während der laufenden Rettungsaktion einige Bomben abwerfen, sodass es zu weiteren Opfern kommt.

»Canarias« und »Cervera« kehren mit den Verwundeten zurück nach Palma. Die Frachter, denen sie Geleitschutz hatten geben sollen, setzen ihre Fahrt alleine fort und treffen zwei Tage später in Cádiz ein. In Palma wird die Bevölkerung aufgerufen, Verbandsmaterial zu spenden. Viele der Geretteten haben schwere Hautverbrennungen erlitten. Franco will den Untergang des Kriegsschiffes in der von ihm kontrollierten Zone in Spanien zunächst geheim halten. Der militärische Erfolg des Gegners würde sich negativ auf die Moral der nationalspanischen Truppen auswirken. Erst mit der aussichtsreich angelaufenen Offensive an der Aragón-Front am 10. März räumt der Generalísimo offiziell den Verlust der »Baleares« ein.

Details zu dem Gefecht sowie zur Geheimhaltungspolitik Francos sind dem bereits erwähnten »Tagebuch der Deutschen Marinemission in Spanien« zu entnehmen. Neben diversen Angaben zum Ablauf der Torpedo-Attacke und deren Auswirkungen vermerkt das Tagebuch eine weitere, aufschlussreiche Information. Demnach hat sich auch ein Deutscher an Bord des Kriegsschiffes befunden, der dort einen Geheimauftrag auszuführen hatte:

An Bord »Baleares« befindlicher deutscher Zivil-Ingenieur Jensen, der die von ihm eingebaute Horch-Anlage zu übergeben hatte, wurde gleichfalls ein Opfer der Katastrophe.[81]

Jürgen Jensen war, wie jeder Angehörige der Legion Condor auch, von Hitler nach Spanien entsandt worden, um das aufständische Militär unter General Franco mit Kampfkraft oder zumindest mit technischen Fachkenntnissen zu unterstützen. Das deutsche Marinepersonal, das sich in Spanien als Teil der Legion Condor im Einsatz befand, war in der »Gruppe Nordsee« zusammengefasst. Zu dieser Gruppe gehörte auch der 31-jährige Jürgen Jensen, ungeachtet seines Status als »Zivil-Ingenieur«. Sein Auftrag bestand darin, ein deutsches High-Tech-Gerät in den Kreuzer »Baleares« einzubauen sowie die spanischen Offiziere einzuweisen und zu schulen. Bei dem Horchgerät handelte es sich um ein elektronisches Ortungsgerät zum Aufspüren gegnerischer U-Boote und Schiffe. Das Dritte Reich besaß vor und während des Zweiten Weltkrieges bekanntlich einen deutlichen Technologie-Vorsprung auf taktischem Gebiet. Die Intervention in Spanien war für Hitlers Militärstrategen eine willkommene Gelegenheit, die entwickelte Spitzentechnik unter realen Kriegsbedingungen zu erproben.

Der Zivil-Ingenieur Jensen fungierte an Bord der »Baleares« nicht lediglich als einfacher Monteur, der eine industrielle Anlage am Zielort installierte. Er befand sich zum Zeitpunkt des Untergangs auf Gefechtsstation und war somit in die militärische Anwendung des Gerätes auf dem Schiff involviert. Der Leiter der Marinedienstelle in Palma, Kapitänleutnant Strauch, hielt am Abend nach dem Untergang der »Baleares« fest:

Ein Offizier der »Canarias«, der das Rettungswerk geleitet hatte, gab uns als erster die sichere Nachricht, dass Jensen tot sei, da er sich auf Gefechtsstation mit den anderen Horchern befand. Von diesen ist kein einziger herausgekommen.[82]

Aus dem Bericht Strauchs geht auch hervor, wie intensiv die deutsche Marinedienststelle Palma in den Strang der Ereignisse eingebunden war und wie die Legion Condor auf Mallorca ihrerseits auf das Geschehen auf hoher See reagierte. Das Dokument erlaubt ferner Einblicke in die Arbeitsweise der spanischen Marinestellen sowie ihrer deutschen und italienischen Verbündeten auf der Insel. Strauch hielt noch am Unglückstag fest:

Gegen 5 Uhr rief mich der Admiral [gemeint ist Admiral Moreno, Konteradmiral und Chef der franquistischen Flotte im Mittelmeer] an und bat mich, sofort zu ihm zu kommen. Er las mir ein Telegramm vor, das etwa folgenden Inhalt hatte: »0330 h 'Baleares' in Flammen eingehüllt, innere Explosionen, halte für verloren, überraschender Angriff 1 Kreuzer, 4 Zerstörer, Konvoy [sic!] läuft nach Süden weiter, bleibe Nähe 'Baleares', neuer Angriff möglich, erbitte Flugschutz.«

Ich setzte mich sofort mit der AS 88 in Verbindung, die ihre einzige klare Maschine um 0710 h starten ließ. Gleichzeitig mit mir war der italienische General bei dem Admiral, der zusagte, seine Bomber sobald wie möglich starten zu lassen und zwar dergestalt, dass er ständig eine Kette zur Aufklärung losschicken und die übrigen zu einem Bombeneinsatz auf eventuelle rote Streitkräfte bereithalten wolle. Gegen 0730 startete die erste Kette. Ebenfalls wurden vier spanische Flugzeuge eingesetzt. Ich bin die ganze Zeit bei dem Admiral gewesen zwecks besserer Verbindung mit der AS 88.[83]

Der Leiter der deutschen Marinedienststelle in Palma beließ es nicht bei einer schlichten Zusammenfassung der Ereignisse. Die Wehrmacht war daran interessiert, die in Spanien gesammelten Erfahrungen auszuwerten. Zwei Tage später reichte Strauch je eine technische und strategische Analyse nach, um auf die Schwächen des spanischen

Waffenkameraden hinzuweisen. Die Marinedienststelle agierte demnach als Gutachter und Lehrmeister zugleich. Strauch schrieb:

Die Torpedos trafen »Baleares« etwa in Höhe der Brücke, beziehungsweise zwischen den vorderen Türmen und dem Schornstein und zwar sehr tief unter den Wülsten. Das Heizöl befand sich nur in dem unteren Doppelboden, nicht in den Wülsten oder in Seitenbunkern. Der sofort entstandene Ölbrand hat höchstwahrscheinlich Explosionen der Munitionskammer des zweiten Turmes von Vorn hervorgerufen. Auch traf etwa zu gleicher Zeit eine Artillerie-Salve die Brücke. Das Schiff brach durch, Schornstein und Groß-Mast fielen um. Das Oberdeck knickte derart ein, dass es mittschiffs auf dem zunächst darunter liegenden Deck auflag.

Die Konstruktion der 10.000 ts Kreuzer wird in Bezug auf Sink-Sicherheit für mangelhaft gehalten, die Munitionskammern hätten so gut wie keinen Schutz.

Von der Besatzung ist sofort alles ausgefallen, was sich im mittleren und vorderen Teil des Schiffes einschließlich Brücke befand. Der Rest der Besatzung, einige jüngere Offiziere und Seeleute, zusammen etwa 370 auf dem Achterschiff, versuchten das Schiff noch zu retten, beziehungsweise das Feuer zu löschen. Erst als das Achterschiff sich senkrecht aufzurichten begann, wurde von einem Offizier noch im letzten Moment der Befehl zum Verlassen gegeben. Von den im Wasser Schwimmenden sind ebenfalls noch viele ertrunken. Die Übrigen wurden von englischen Zerstörern aufgenommen. Das Öl im Wasser brannte nicht, und es besteht die Ansicht, dass es die Körper der Geretteten vor Wasser und Kälte geschützt habe.[84]

Als die geretteten Seeleute der »Baleares« am 6. März 1938 in Palma an Land gebracht wurden, befand sich die ganze Stadt auf den Beinen. Die Überlebenden wurden von einer riesigen Menschenmenge empfangen, ganze Familien wollten wissen, ob ihre Angehörigen noch am Leben waren. Ambulanzen standen bereit, um die Verwundeten in die Krankenhäuser zu bringen. Unter den Spaniern warteten auch Angehörige der Legion Condor, um sich nach dem Verbleib von Jürgen Jensen zu erkundigen.

Der Ingenieur befand sich jedoch nicht unter den Überlebenden. Als über Jensens Tod keinerlei Zweifel mehr bestand, wurde ihm bald darauf, ähnlich wie den gefallenen Fliegern der AS/88, ein Gedenkstein errichtet. Dieser befand sich nach Angaben des Deutschen Volksbundes Kriegsgräberfürsorge am Standort des südspanischen Marine- und Werftstützpunktes Arsenal de la Carraca in San Fernando bei Cádiz. Mehr noch: Nach Jürgen Jensen wurde in San Fernando zusätzlich ein Platz benannt. Notabene: So viel Ehre für einen Legion-Condor-Angehörigen wurde den gefallenen deutschen Fliegern in Pollença nicht zuteil.

Nicht zu vergessen das Monument in Palma, das 1948 in Erinnerung an die Toten der »Baleares« zum zehnten Jahrestag errichtet wurde. Die Verwaltung ließ dazu die brachliegende Fläche zwischen der Stadtmauer und dem ehemaligen Fischerviertel Santa Catalina als Park anlegen. Zur Einweihung der Gedenksäule im Sa-Feixina-Park war der Generalísimo Franco höchstpersönlich nach Palma gekommen.

»Mallorca a los Heroes del Crucero Baleares. Gloria a la Marina Nacional. Viva España« war bis zum Jahre 2010 auf dem Denkmal zu lesen gewesen. Ein Monument, das, wenn man so will, auch dem Deutschen Jürgen Jensen gewidmet war.

2010 wurden die herausstehenden Sandstein-Buchstaben der Gedenksäule auf Geheiß der Stadt von Handwerkern mit Schleifmaschinen bis zur Unkenntlichkeit abrasiert. Anschließend brachte das Rathaus rund um das Wasserbecken des Mahnmals eine neue Erläuterung in vier Sprachen an. Die deutsche Version lautet seitdem:

Dieses Monument wurde im Juni 1948 errichtet, zum Gedenken an die Opfer des Untergangs des Kreuzers Baleares während des Spanischen Bürgerkrieges (1936-1939). Heute zeugt es von dem demokratischen Willen des [sic!] Stadt, die Schrecken der Kriege und Diktaturen niemals in Vergessenheit geraten zu lassen. Palma 2010[85]

Jürgen Jensen und die spanischen Matrosen hatten da ihr Seemannsgrab bereits 72 Jahre zuvor an Bord der »Baleares« gefunden. Der Kreuzer ruht in rund 2000 Meter Tiefe auf dem Meeresgrund.

Das Kriegsdenkmal der »Baleares« vor seiner Umgestaltung im Jahre 2010

Im Juli 2017 beschloss der Stadtrat von Palma, das nach wie vor umstrittene Denkmal bis zum Jahresende abreißen zu lassen.

Die größte Deutschland-Kundgebung aller Zeiten

Reaktionen auf den Angriff vor Ibiza

Der Angriff auf die »Baleares« war nicht das einzige tödliche Seegefecht, dessen Zeugen die Balearen während der Jahre des Bürgerkrieges wurden. Auf Ibiza hatte sich mit der Fliegerattacke auf das Panzerschiff »Deutschland« im Frühjahr 1937 bereits ein Vorkommnis zugetragen, das die Beteiligung des Dritten Reiches im Bürgerkrieg auf den Inseln offenbarte. Der Vorfall führte zur größten pro-deutschen Massenkundgebung, die jemals in Palma stattfand. Tausende von Mallorquinern zogen damals durch die Straßen und taten lautstark ihre Sympathien für das Nazi-Reich kund.

Aber der Reihe nach: Bei Ausbruch des Bürgerkrieges wurde die »Deutschland« mit ihren rund 1.000 Mann Besatzung ins Mittelmeer entsandt, um den Schutz deutscher Staatsbürger in Spanien zu garantieren. Doch auch nachdem Tausende deutscher »Spanien-Flüchtlinge« aus Barcelona Richtung Heimat ausgeschifft worden waren, blieb das Panzerschiff vorerst weiter in spanischen Gewässern.

Der Hintergrund: Die Westmächte England und Frankreich, die Achsenmächte Italien und Deutschland sowie einer Reihe weiterer Staaten hatten sich im September 1936 auf die Bildung eines Nichtinterventionskomitees geeinigt. Mit ihren jeweiligen Kriegsschiffen kontrollierten die vier Mächte formell die spanische Küste. Allerdings war die vereinbarte Nichteinmischung das Papier nicht wert, auf dem sie festgehalten worden war, da Italien und Deutschland, aber auch die Sowjetunion, insgeheim Waffen und Kämpfer nach Spanien lieferten. Die daraufhin im Komitee formell monierten Vertragsverletzungen blieben in ihrer Konsequenz wirkungslos.

Inmitten dieser unübersichtlichen Kriegslage attackierten zwei russische Kampfpiloten mit Katiuska-Maschinen im Einsatz für die Luftwaffe der Spanischen Republik am 24. Mai 1937 im Hafen von Palma den italienischen Frachter »Barletta«. Dabei starben sechs Matrosen. Zwei Tage später beschossen die Flieger auch das vor Palma ankernde deutsche Torpedoboot »Albatros«, verfehlten es jedoch. Wiederum drei Tage später, am 29. Mai, nahmen die Piloten die vor Ibiza liegende »Deutschland« unter Feuer. Die republikanische Luftwaffe sah sich zu diesem Angriff durchaus berechtigt, hatten sich die Blockademächte doch zusätzlich darauf geeinigt, ihre Flotten vor Spaniens Küsten lediglich außerhalb der Zehn-Meilen-Zone patrouillieren zu lassen. So betrachtet, lag das Schlachtschiff widerrechtlich vor der Altstadt von Ibiza auf Reede.

Bei dem Angriff auf die »Deutschland« wurden 31 Besatzungsmitglieder getötet, weitere 74 erlitten Verletzungen. Hitler soll unmittelbar nach seiner Unterrichtung über die Bombardierung der »Deutschland« in einem Wutanfall beabsichtigt haben, der Spanischen Republik sofort den Krieg zu erklären. Nur mit Mühe habe Außenminister Neurath ihn davon abbringen können. Doch auch ohne Kriegserklärung ließ die Rache des Nazi-Diktators für den Angriff auf das Schlachtschiff nicht lange auf sich warten. Als Vergeltungsmaßnahme ordnete Hitler die Bombardierung von Almería an, eine selbst bei Spanien-Freunden kaum bekannte Küstenstadt im äußersten Südosten der Iberischen Halbinsel, gelegen auf halbem Wege zwischen Murcia und Málaga. Die Stadt war zwar befestigt, im Hafen befanden sich jedoch keinerlei Kriegsschiffe der Spanischen Republik.

Die »Deutschland«

Das Unheil näherte sich Almería am frühen Morgen des 31. Mai 1937, zwei Tage nach dem Angriff auf die »Deutschland«. Das Schwesterschiff des getroffenen Panzerschiffes, die »Admiral Scheer«, schob sich begleitet von den Zerstörern »Albatros«, »Leopard«, »Seeadler« und »Luchs« unbemerkt an die Küste heran und begann um exakt 7.29 Uhr die Küstenbatterien, Hafenanlagen und Gebäude der ersten Meereslinie zu beschießen. Dass zu jenem Zeitpunkt dichter Nebel herrschte, war für Kapitän Otto Ciliax und seine rund 1.000 Mann Besatzung kein Hindernis, aus den sechs Kanonen der schweren Gefechtstürme Salven an 28-Zentimeter-Granaten auf die noch schlaftrunkene Stadt zu feuern. Die Zerstörungskraft der deutschen Präzisionswaffen war beachtlich: In wenigen Augenblicken wurden, so bilanziert es heute das Bürgerkriegsmuseum in Almería, 40 Menschen getötet, 150 verletzt, 200 Gebäude beschädigt. Offiziell hatte die »Admiral Scheer« Einheiten der republikanischen Flotte beschießen sollen. Doch deren Flaggschiff, die »Jaime I«, war bereits am Vortag ausgelaufen.

Die Attacke auf die »Deutschland« ist eine bekannte historische Tatsache. Weniger geläufig ist, wie Mallorca von den Ereignissen auf der kleinen Schwesterinsel erfuhr und darauf reagierte. Auskunft darüber gibt ein Bericht, den Konsul Dede aufgrund der Dringlichkeit der Ereignisse direkt nach Berlin meldete:

Der gemeine Überfall der roten Flieger auf das Panzerschiff »Deutschland« vor Ibiza hat hier unter der Bevölkerung eine große Entrüstung hervorgerufen. Der Militärgouverneur der Balearen, General Trinidad Benjumeda del Rey, hat mir persönlich im Konsulat sein Beileid ausgedrückt. Ferner wurden mir von fast sämtlichen hiesigen Autoritäten Beileidsbesuche abgestattet. Gestern Abend fand eine Massenkundgebung statt, worüber im anliegenden Zeitungsausschnitt näher berichtet wird.[86]

Die Massenkundgebung, auf die sich Dede bezieht, muss für die Innenstadt von Palma ein außergewöhnliches Ereignis gewesen sein. Die mallorquinische Tageszeitung »El Día« berichtete am 2. Juni ausführlich über die Demonstration und sprach von mehreren Tausend Teilnehmern. Der Artikel belegt eindrucksvoll, wie die franquistischen Machthaber theatralische Elemente zu nutzen wussten, um ihre Verbundenheit mit Deutschland und Italien in Szene zu setzen.

So nahm die Kundgebung ihren Anfang um 19 Uhr vor dem Rathaus von Palma an der Plaça Cort. Dorthin hatten sich die Honoratioren der mallorquinischen Gesellschaft begeben, unter ihnen der Generalsekretär der Falange Graf Torresaura, der Oberst der Artillerie Martínez, der Direktor der Banco de España Roca, der Direktor der Straßenbahngesellschaft José Tous Ferrer sowie ein knappes Dutzend Stadt- und Provinzialräte.

Zehn Minuten später erschien Bürgermeister Mateo Zaforteza auf dem Balkon des Rathauses. Seine Worte an die Menge:

Die Geier der Volksfront haben Schrapnells geworfen und Opfer verursacht auf den Schiffen unserer Brudernationen, die im Kontrolldienst unterwegs waren, etwas, das sie selbst [die Volksfront-Regierung] eingefordert hatte. Wir brauchen diesen Kontrolldienst nicht. Darum ist es notwendig, dass wir die Konsuln von Deutschland und Italien aufsuchen gehen, um ihnen unseren energischen Protest zu bezeugen.[87]

Daraufhin setzt sich der Demonstrationszug in Bewegung, der Korrespondent schildert die Bewegung durch die Straßen hinab zum Borne über die Calle Conquistador und von dort zum damaligen Sitz des Zivilgouverneurs. Dort ist bereits Konsul Dede eingetroffen und mit ihm die Spitzen der Balearen-Gesellschaft: Zivilgouverneur José Quint Zaforteza, Falangeführer Alfonso Marqués de Zayas, der Vizepräsident der Provinzialkammer Moragues.

Wie Donnergrollen brandet der Beifall der Kundgebungsteilnehmer durch die Straßen, als der Zivilgouverneur und der Bürgermeister mit Dede auf den Balkon des Amtsgebäudes treten. Das auch Can Brondo genannte Anwesen existiert heute nicht mehr. Es lag nur ein, zwei Schritte entfernt von der heutigen Bar Bosch, dem stark frequentierten Treffpunkt deutscher Urlauber und Residenten beim beliebten Schildkrötenbrunnen. Doch zurück zu 1937: Auf dem Balkon reckt sich der franquistische Zivilgouverneur José Quint Zaforteza in Positur. Der erzkatholische Politiker ist häufig mit der roten Baskenmütze der traditionalistischen Karlisten zu sehen. Kaum zu glauben, dass dieser Adelige der Gründungspräsident des seit 1924 bestehenden Mallorca Lawn Tennis Clubs ist. Es sei unabdingbar, heizt Quint Zaforteza den Massen ein, »unseren Protest« kundzutun gegen dieses »barbarische Attentat«, das vor wenigen Tagen auf die »Deutschland« verübt wurde. Dann ergreift der deutsche Konsul das Wort:

Spanische Freunde! Ich danke Euch von ganzem Herzen für diese Sympathiebekundung mit Deutschland nach diesem feigen Attentat durch die rote Barbarei, deren Ziel die »Deutschland« wurde. Ich werde Euer Empfinden an meine Regierung herantragen. Rufen wir alle gemeinsam »Viva España!«[88]

Die Prozedur wiederholt sich noch einmal vor dem italienischen Konsulat an der heutigen Plaza de la Constitución, damals seit einem Jahr benannt nach dem Gründer der Falange, José Antonio Primo de Rivera. Wieder werden Balkonreden gehalten. Falangeführer Zayas beschwört die Einheit der drei rechtsextremen Regime. Mit dem Blut, das Spanien, Deutschland und Italien vergossen hätten, würden die drei Nationen sich miteinander identifizieren und einen grandiosen Sieg davontragen. Dann folgt das faschistische Gedenkritual für die Gefallenen. »Seeleute der Deutschland!« ruft Bürgermeister Mateo Zaforteza. »¡Presente!« (»Anwesend«), antwortet ihm die Masse. Der Stoß aus Tausenden von Kehlen dürfte weithin zu vernehmen gewesen sein.

Der Kontrast in den Straßen des Zentrums lässt sich lebhaft vorstellen: Wo heute täglich tausende deutsche und andere Urlauber in sommerlicher Garnitur über den Borne flanieren und im Schatten der Platanenallee mit dem Handy Fotos schießen, Speiseeis genießen, die Terrassen-Cafés bevölkern und die Schönheit der Altstadt bestaunen, zogen 1937 die Teilnehmer der Kundgebung zumeist uniformiert und dichtgedrängt die damalige »Avenida del Generalísimo« auf und ab, vermutlich Fahnen mitführend in den Farben Franco-Spaniens und Italiens sowie im leuchtenden Rot der Hakenkreuzbanner.

Ob man will oder nicht: Die inszenierte Kundgebung dürfte die größte Pro-Deutschland-Demonstration gewesen sein, die jemals auf Mallorca stattfand. Und sie war nicht nur auf Palma beschränkt. Der Gemeinderat des Dorfes Santa Maria etwa verabschiedete eine offizielle Erklärung, in der »die Aggression auf das Kriegsschiff 'Deutschland' durch Flugzeuge im Dienste der roten Barbarei« auf das Schärfste verurteilt wurde. Die Gesellschaft der Sóller-Bahn wiederum schrieb an das Konsulat, »alle Welt wird das Attentat [auf die 'Deutschland'] verurteilen, aber mehr noch als jeder andere tun das die National-Spanier, die wir für Deutschland jene Sympathie empfinden, die es verdient für seine edle Gesinnung sowie für seinen aufrechten und fortschrittlichen Geist.«

Das Gedenken an die Toten der »Deutschland« war in den Jahren des Nazi-Regimes ein wichtiges Datum und ein Bezugspunkt zwischen Ibiza und dem Dritten Reich. Die Gefallenen des Schlachtschiffes wurden auf dem Ehrenfriedhof des Marinestützpunkts in Wilhelmshaven bestattet. Der Gedenkstein von damals – »Den Toten des Panzerschiffes 'Deutschland', gefallen am 29. Mai 1937 vor Ibiza« – legt heute noch Zeugnis ab von dem Ereignis, das so gar nicht zum flirrenden Image der heutigen Party- und Jetset-Insel passt.

Die Kommandanten der »Deutschland« pflegten noch lange Korrespondenz mit den Balearen: Konsul Dede erhielt als Sendung »20 Mützenbänder und Karten des Panzerschiffes 'Deutschland' mit der Bitte, sie nach eigenem Gutdünken an die beteiligten Helfer und Helferinnen bei der Pflege und Fürsorge unserer Verwundeten zu verteilen und ihnen noch einmal den Dank des Kommandos auszusprechen«. Post erhielt auch die Stadtverwaltung von Ibiza. Zum Jahreswechsel 1938/39 etwa schrieb der damalige Kapitän aus Wilhelmshaven an den Bürgermeister von Ibiza-Stadt einen Dankesbrief für den Kranz, der von der Balearen-Insel zugegangen war. Der Kranz sei am 21. Dezember an dem Ehrenmal aufgestellt worden. Man erlaube sich, dem Herrn Alkalden ein paar Fotos davon mitzusenden.

Es war nicht der erste Brief, den der Bürgermeister aus Deutschland erhielt. Bereits im Sommer 1938 hatte Hitler höchstpersönlich auf vornehmem Büttenprägeblatt an den Rathauschef Antonio Torres schreiben lassen:

Sehr geehrter Herr Alcalde!
Für die Ehrungen, die von der Stadt Ibiza am Jahrestag des verbrecherischen Anschlags auf das Panzerschiff »Deutschland« den am 29. Mai 1937 gefallenen deutschen Seeleuten durch eine Kranzspende und die Herausgabe einer Gedächtnismarke erwiesen worden sind, spreche ich Ihnen und den Einwohnern von Ibiza zugleich im Namen der Hinterbliebenen jener tapferen Männer und ihrer Kameraden meinen tiefempfundenen Dank aus. Adolf Hitler.[89]

Vermutlich schlummert das Schriftstück vom »Führer und Reichskanzler« noch immer irgendwo tief im Archiv des Rathauses. Es dürfte wahrlich nicht viele Orte in Spanien geben, die ein direktes Anschreiben im Namen Hitlers erhalten haben. Dazu zählen insbesondere weder die baskische Kleinstadt Guernica, die im April 1937 von der Legion Condor zu Schutt und Asche zerbombt wurde, noch das andalusische Almería. Dort war der Beschuss durch die »Admiral Scheer« lange Zeit ein Tabu. Erst im Jahre 2006 eröffnete die Stadt ein Bürgerkriegsmuseum, das auch an den Beschuss durch die deutsche Flotte erinnert. Auf der Internetpräsenz heißt es:

Almería wurde zu einem wahren Guernica. Allerdings ohne jede spätere historische oder politische Wiedergutmachung.[90]

Architektur der Gegensätze

Rolf Sklarek und Heinz Möritz bauen auf Mallorca

Es ist nicht belegt, dass die beiden Männer miteinander Umgang pflegten oder gar befreundet waren. Sehr wohl aber dürften sie sich gekannt haben. Denn in dem kleinen Kosmos, den Palma in den 1930er Jahren darstellte, waren die Männer Kollegen, die in dem US-Amerikaner Arthur Edward Middlehurst denselben Arbeitgeber gefunden hatten. Die Rede ist von Heinz Möritz und Rolf Sklarek, zwei deutschen Architekten, die vor dem Spanischen Bürgerkrieg auf Mallorca aktiv waren. Die Gemeinsamkeiten ihrer Laufbahn sind ebenso verblüffend wie die Lebenswege, die von den Männern schließlich eingeschlagen wurden.

Architekten gestalten Häuser, Städte, Lebensräume. Planen sie mit derselben Rationalität auch ihr berufliches Fortkommen? Wie reagieren sie auf Unvorhergesehenes? Auf Krisen, die zur Neuausrichtung der Lebensziele nötigen? Der Ausbruch des Bürgerkrieges 1936 war eine solche Krise. Sie zerstörte schlagartig die Lebensgrundlage der Architekten und zwang sie die Insel zu verlassen. Dem einen, Heinz Möritz, stand damals die Welt offen. Verheiratet mit einer US-Amerikanerin, hätte er mit Leichtigkeit ein gänzlich neues Leben in den Vereinigten Staaten beginnen können, fern von Hitler und dessen Diktatur. Doch dessen ungeachtet entschied sich Möritz für eine Rückkehr nach Nazi-Deutschland. Der Mann wollte nicht von Frau und Schwiegereltern abhängig sein.

Rolf Sklarek

Ganz anders dagegen Rolf Sklarek. Der Architekt hatte Deutschland einzig wegen Hitler verlassen. Bedroht von der antijüdischen Politik des braunen Machthabers, kam für ihn eine Rückkehr in die Heimat nicht in Frage. Nach dem Verlust des Exils auf Mallorca blieb für Sklarek kein anderer Ausweg als jener, neue Stationen von Flucht und Emigration durchzustehen: Ein Irrlauf quer durch Europa, der ihn am Ende ausgerechnet in den USA Fuß fassen ließ.

Gemeinsam ist beiden Architekten, dass sie nach der Zeit auf Mallorca jeweils Karriere machten und bleibende Werke schufen. Möritz wirkte nach dem Zweiten Weltkrieg maßgeblich am Wiederaufbau der Schwarzwald-Metropole Freudenstadt mit. Sklarek entwarf Bungalows in Kalifornien sowie später die Botschaft der USA in Japan. Das Frühwerk der beiden Architekten ist auf Mallorca bis auf wenige Ausnahmen nicht mehr existent. Es musste in den Jahren des touristischen Wirtschaftswunders gesichtslosen Neubauten weichen.

Heinz Möritz, geboren 1904 in Leipzig, ist 1929 Mitarbeiter in einem Architektenbüro in Düsseldorf, ein Jahr später arbeitet er bei Professor William Dunkel an der Technischen Hochschule Zürich. Über den Schweizer Partner lernt Möritz den spanischen Architekten Luis Sert kennen und geht um 1932 nach Barcelona. Doch in der katalonischen Hauptstadt ergeben sich keine Aufträge. So beschließt Möritz, sein Glück auf Mallorca zu versuchen.

Die Informationen über jene Zeit stammen aus den Schilderungen von Brigitte Möritz. Wie die vierte Ehefrau und Witwe des Architekten aus der Erinnerung heraus die Worte ihres Mannes wiedergibt, hatten sich infolge des New Yorker Börsenkrachs, jenes berüchtigten »Schwarzen Freitags« vom 25. Oktober 1929, viele Ausländer auf Mallorca niedergelassen, allen voran US-Amerikaner und Briten. Der Grund: »Mallorca war noch sehr billig und klimatisch warm.«

Heinz Möritz mit Dolores Hoyle

Der große Literat der Insel, Llorenç Villalonga, schrieb in seinem 1931 erschienen Skandalstück »La Muerte de una Dama« über den Zustrom der Ausländer: »Die US-Amerikaner, die über irgendein Einkommen verfügen, kommen nach Europa, um Gin zu trinken und Shimmies zu tanzen.« Anfang 1931 waren im Rathaus Pollença 310 Ausländer gemeldet, davon 123 Briten und 67 US-Amerikaner. Die nächstgrößeren Gruppen wurden von den Deutschen (37) und Franzosen (35) gestellt. Die britische Schriftstellerin Agatha Christie beschrieb das Treiben der Ausländer in dem Ort so: »Man konnte am Meer entlang bis zum nächsten Fischerdorf gehen, wo man sich in einer Cocktailbar traf und wo es ein paar Läden gab. Es war alles ganz friedlich und angenehm. Die Mädchen gingen in Hosen und hatten sich leuchtend-bunte Tücher um den Oberkörper geschlungen. Junge Männer mit Baskenmützen auf ziemlich langem Haar diskutierten in Mac's Bar über Wert und Unwert abstrakter Kunst.«

Nach Brigitte Möritz' Worten lebte von 1932 an auch Heinz Möritz in Pollença. »Mein Mann saß dort in einer Bar, als er zufällig von einem Deutschen angesprochen wurde. Dieser suchte jemanden, der ihm bei der Planung zu einem Schwimmbecken helfen könnte.« Für den Architekten Möritz war dies ein Leichtes. »Das war dann sein erster Auftrag auf Mallorca.«

Heinz Möritz wurde bald zu einem Mitarbeiter des US-Architekten Middlehurst. Der Kreative aus Indiana, Jahrgang 1895, lebte von 1930 bis zu seinem Tode 1954 in Palma. Zu seinen Werken zählen moderne Einfamilien- und Sommerhäuser, die Inneneinrichtung von Restaurants und Bars sowie die Pläne für Wohnsiedlungen und den ersten Golfplatz der Insel, der 1934 in Alcúdia eröffnet wurde. Bei seinen Auftraggebern handelte es sich meist um ausländische Residenten oder Mallorquiner der Oberschicht.

Das Haus »Cas Cocó« bei Cala Fornells, südlich von Paguera in heutiger Zeit (im Südwesten der Insel)

Heinz Möritz wiederum errichtete nach Aussagen seiner Witwe fünf bis zehn Häuser auf Mallorca, allerdings mussten die Pläne aufgrund der Rechtslage von einem spanischen Kompagnon signiert sein. Die meisten Werke wurden später durch neue Gebäude ersetzt oder stark umgebaut. Es gibt jedoch zwei Ausnahmen: Bei Cala Fornells existiert nach wie vor das 1934 errichtete Strandhaus der US-Schauspielerin Natacha Rambova. Die skandalträchtige Femme Fatale der frühen Filmgeschichte war die Witwe des Hollywood-Stummfilm-Stars und Frauenschwarms Rudolph Valentino. Nach seinem Tod im Jahre 1926 war Rambova mit ihrer Mutter nach Mallorca gezogen und hatte schließlich Middlehurst beauftragt, ihr auf einer Halbinsel der Bucht eine Bleibe zu errichten. Nach Heinz Möritz' Schilderung war Natacha Rambova eine auffällige Erscheinung, vor allem, weil sie ihr Haupthaar expressiv in turbanartige Tücher zu binden pflegte. Das Cas Cocó genannte Haus, ein stattlicher Bau auf einem Felsen über dem Meer diente in den 1960er Jahren als Kulisse für spanische Fernsehfilme und kann heute als Ferienunterkunft gemietet werden.

Das Haus »Cas Cocó« in heutiger Zeit

Ein Bauwerk, das Heinz Möritz alleine zugeschrieben wird, ist das ehemalige Hotel Cuevas an der Badebucht von Canyamel im Nordosten Mallorcas. Heute ist in dem »Vintage 1934« genannten Gebäude der Beach-Club des Edel-Resorts Cap Vermell untergebracht. Seiner Frau Brigitte zeigte Heinz Möritz noch in den 1970er Jahren »sein« Hotel. 2013 hat allerdings ein wenig sensibler Umbau im Erdgeschoss dem Haus viel von dem früheren Charme genommen.

Anders als Heinz Möritz ist der deutsche Architekt Rolf Sklarek nicht freiwillig nach Mallorca ausgewandert. Geboren 1906 in Berlin, entstammt er einer jüdischen, wenn auch nicht praktizierenden Familie. Nach Angaben seiner Tochter Susan hatte Sklarek am renommierten Bauhaus in Dessau sein Diplom als Architekt bereits abgelegt, als die Nationalsozialisten an die Macht gelangten und die ihnen verhasste Bildungseinrichtung schlossen. Sklarek wird wegen des Vorwurfs der »undeutschen Architektur« für mehrere Tage in Haft genommen. Als die Wachen den Namen eines Gefangenen ausrufen, rührt sich zunächst niemand. Sklarek, der glaubt, als Jude nichts mehr zu verlieren zu haben, meldet sich unter dem falschen Namen. Ihm wird daraufhin ein Bündel mit Dokumenten eines anderen Gefangenen ausgehändigt und er kommt frei. Mit dieser Finte gelingt ihm die Flucht ins Ausland. Er entkommt nach Barcelona und mit seiner letzten Münze bezahlt er die Passage nach Mallorca.

Susan Sklarek hat die Erzählungen über die dramatischen Erlebnisse ihres Vaters als Kind immer wieder vernommen. Konkrete Details oder Namen sind ihr jedoch nicht im Gedächtnis haften geblieben. Fest steht, dass ihr Vater, damals ein junger Mann von 27 Jahren, im Sommer 1933 in Palma eintrifft. Durch einen glücklichen Umstand macht er die Bekanntschaft von Middlehurst, der ihn bald darauf einstellt. Beim deutschen Konsulat, wo Sklarek sich melden musste, gibt er als Anschrift die Adresse seines Arbeitgebers an.

1933 erscheint in der deutschsprachigen Inselzeitung »Der Herold« ein Bericht über Viktor's Bar, dem einige Anmerkungen über das Wirken Sklareks zu entnehmen sind. Das neue Lokal in Palma war von dem deutschen Gastronom Bobby Schüler eröffnet worden. Die Bar befand sich damals in der Avenida Antonio Maura, 38, unterhalb des Paseo del Borne in Richtung Hafen, also in einer der gefragtesten Straßen, in der auch heute noch ein Lokal neben dem anderen seine Tische und Terrassenplätze für die nach Palma strömenden Touristen bereithält. Der »Herold« schrieb damals:

Gibt es eigentlich einen ausgesprochenen Barstil? Ja – seit der junge talentvolle Raumkünstler Rolf Sklarek ihn schuf. Eine Symphonie in Schwarz-Rot verwischt den Eindruck der Kühle, den man beim Betreten der neuen, eleganten Bar – Bar im wahrsten Sinne des Wortes – hat. Erfrischend, und das ist doch eigentlich der Sinn einer solchen Gaststätte, wirken die champagnerfarbenen Wände zu den schlanken Barmöbeln. Entzückend sind die ebenfalls von dem jun-

Das ehemalige »Hotel Cuevas« von 1934 in heutiger Zeit

gen Dessauer Bauhausmitglied und jetzigem Mitarbeiter des bekannten amerikanischen Architekten Middlehurst entworfenen Aschenschalen aus Nickel auf den roten Tischplatten.

Ein Wandstück, das nichts füllt als ein Zweig mallorkinischer Blüten mit einem Stück ägyptischer Seide unterlegt, zeugt (im Original steht fälschlicherweise »zeigt«) von kultiviertestem Geschmack.

Völlig verschieden wirkend von der eigentlichen Bar, sind die anschließenden Räume, die man am Orchester vorbei betritt. Die Nische in Blau könnte man sich genauso gut in der Wohnung einer Dame aus dem Berliner Westen vorstellen. Dieser Raum atmet Persönlichkeit und ist geschaffen, fast ausschließlich zur Stunde des Tees.

Über dunkle Steine tanzen schlanke Frauen und Männer aller Nationen, beherrscht werden diese drei Räume aber von der Heiterkeit, die von dem Raum in Jadegrün ausgeht.

Ungemein geschmackvoll stehen Vasen mit Blütenzweigen von der schönen Insel verteilt, die Beleuchtungskörper, sogenannte Deckenstrahler, vervollkommnen den eleganten Gesamteindruck. (...)[91]

Nach Susan Sklareks Worten lebte ihr Vater gerne in Spanien, bis er sich vom Ausbruch des Bürgerkrieges zur Ausreise gezwungen sah. »Er sprach sehr gerührt von jenen

Jahren auf Mallorca.« Der Vater schwärmte seiner Tochter vor, wie er sich auf der Insel für wenig Geld ein vollmundiges Abendessen zu beschaffen pflegte. Er besorgte sich bei Fischern Langusten, die ihnen als Beifang ins Netz gegangen und damals bei der Kundschaft als Arme-Leute-Essen nicht sehr gefragt waren. Gleichzeitig kaufte er sich Maiskolben, die gemeinhin als Futtermittel für Rinder galten. Beides brachte er zu einem Lokal, das ihm Mais und Meeresfrüchte zubereitete. »So hatte er ein delikates Mahl, und dies für so gut wie gratis.«

Sowohl Sklarek als auch Möritz waren auf Mallorca nicht lange allein. Sie fanden jeweils eine Partnerin, mit der sie sich die sonnigen Tage auf der Insel teilten. Im Falle von Rolf Sklarek handelte es sich um die deutsche Schauspielerin und jüdische Mallorca-Auswanderin Christl Ehlers, die seinerzeit von nicht wenigen Männern umworben wurde. Die junge Frau war damals verlobt mit einem anderen deutschen Inselresidenten. Die Männer kannten sich und waren offenbar befreundet. Sklarek gelang es, dem Anderen die Geliebte auszuspannen und sie schließlich selbst zu heiraten. Später emigrierte er mit der Frau und ihrem kleinen Sohn aus einer früheren Verbindung in die USA.

Doch das Ehe- und Familienglück in Los Angeles war nur von kurzer Dauer. Offenbar trennt sich Ehlers bald von Sklarek. Später werden weder er noch sie diese Ehe gegenüber Dritten erwähnen. Nicht einmal die eigenen Nachkommen wussten davon. Erst Jahrzehnte nach Skalreks Tod finden sich in seinem Nachlass zahlreiche Briefe, Fotos und Filmaufnahmen aus der gemeinsamen Zeit mit Christel Ehlers.

Im Falle von Heinz Möritz sind die privaten Umstände längst nicht so von Geheimnissen umgeben. Der Mann hatte in Port de Pollença eine junge US-Amerikanerin kennengelernt. Miss Dolores Joy Hoyle hatte in Paris Architektur studiert und war im April 1933 an Bord ihrer Segelyacht »Santiago« in Port de Pollença eingetroffen. Die 19-Jährige war eine Frau, die rasch Eingang in die Gesellschaftsspalten der englischsprachigen Inselpresse fand. Jung und sportlich, wie sie war, pflegte sie sowohl im Tennis- als auch im Segelclub von Port de Pollença Turniere und Regatten zu gewinnen. Auf Cocktail-Partys war sie ebenfalls ein gern gesehener Gast. Mit ihrer angelsächsischen Unkompliziertheit in den Umgangsformen sowie ihrer emanzipierten Selbständigkeit entsprach sie keineswegs dem traditionellen Rollenbild. Literat Villalonga hatte bereits 1931 über die Wirkung der Ausländerinnen ihrer Art festgehalten: »Die jungen nordamerikanischen Frauen bemerken nicht einmal den skandalösen Eindruck, den sie mitunter hervorrufen.«

Ihre Einführung in die Gemeinschaft der Inselresidenten kam für Dolores Hoyle einem Heimspiel gleich. Ihr Vater, der Arzt Peter Hoyle, hatte sich mit Dolores' Stiefmutter bereits 1932 oder früher auf Mallorca niedergelassen. Als Mediziner und Homöopath war er eine gesellschaftliche Größe. Es liegt auf der Hand, dass seinem weitläufigen Bekanntenkreis daran gelegen war, die Arzttochter, noch dazu im heiratsfähigen Alter, kennenzulernen.

Am Ende aber ist es ein Deutscher, der das Herz von Dolores Hoyle erobert. Der zehn Jahre ältere Heinz Möritz findet über seinen Arbeitgeber Middlehurst leichten Zugang zu den angelsächsischen Kreisen. Der Architekt mit dem jugendlichen Charme fühlt sich in der Welt der britischen und amerikanischen Residenten offensichtlich wohl. Dort begegnet Möritz der flotten Amerikanerin im Mai 1933. Zufall oder nicht, das Ereignis ihres Zusammentreffens ist belegt in der englischsprachigen Inselzeitung »The Daily Palma Post«. Ein Gesellschaftsreporter zählt die illustre Gästeschar einer Cocktail-Party im Hause der Lincolns zu Ehren des Ehepaares Gavitt auf: Erwähnt wird vorneweg Miss Dolores Hoyle und gegen Ende der Auflistung: »Mr. Heinz Moeritz«.

Dolores Hoyle, die zunächst nur den Sommer auf Mallorca verbringen will, bleibt. Sie widmet sich ihren Sportarten, den Sommerfesten und ihrer Bekanntschaft mit Heinz Möritz, von Architektin zu Architekt und umgekehrt. Die Liaison ist auf Liebe gebaut. Die Beziehung zwischen der Amerikanerin und dem Deutschen wird von der englischsprachigen »Majorca Sun« begleitet. Im Februar 1934 verkünden die Gesellschaftsseiten des Blattes die nahende Hochzeit:

Eine ausgesprochene Insel-Romanze erreicht ihren Höhepunkt, wenn an diesem 24. des Monats Miss Dolores Hoyle Herrn Heinz Möritz, den jungen deutschen Architekten, in der Kathedrale von Palma heiraten wird. Miss Hoyle lebt seit einigen Monaten auf Mallorca und traf Herrn Möritz vergangenen Sommer in Puerto Pollensa. Das junge Paar ist eifrig dabei, eine neue Wohnung in der Armadans-Straße in Son Alegre einzurichten.[92]

Nicht nur privat, auch beruflich läuft es für Heinz Möritz von 1934 an gut auf Mallorca. Spanisch hat er passabel gelernt, bei seinem Privatlehrer, einem Pfarrer in der Cala Sant Viçens. Der Architekt bleibt Middlehurst verbunden, macht sich aber selbständig und kooperiert mit spanischen Geschäftspartnern wie Alfredo Parrot und Joan Tomás Costa von der Spanish Trading Company. »Das war die Baugesellschaft, für die hat mein Mann auch gebaut«, gibt Brigitte Möritz Jahrzehnte später Auskunft. Nach kleineren Aufträgen, die mit der Zeit zunehmen, ist Möritz' Mitarbeit gefragt bei Projekten für Villensiedlungen. Doch 1936 bricht der Bürgerkrieg aus und vereitelt all diese Vorhaben.

Möritz muss Spanien verlassen und beschließt, mit seiner Frau die Heimreise nach Deutschland anzutreten. Allerdings führt der Umzug zu Spannungen. »Hier bleibe ich nicht«, soll Dolores angesichts des Alltags im Nazi-Reich gesagt haben. In einem Brief an Konsul Dede schildert Möritz Ende 1937 die Privatsituation:

Da meine Frau nicht in Deutschland leben möchte, und ich nicht in Amerika, gab es keinen anderen Weg als den der Scheidung. Der Entschluss ist mir sehr schwer gefallen, aber es musste leider sein. Meine Frau hat eine Stellung als Landschaftsarchitekt in New York angenommen. Ich möchte noch erwähnen, dass wir unsere Ehe im besten Einvernehmen gelöst haben.[93]

Dem Konsul wünscht Möritz friedliche Zeiten. »Wir alle hoffen, dass der furchtbare Krieg bald mit einem endgültigen Sieg für die Sache Francos entschieden wird und dass wieder Ruhe und Ordnung in ganz Spanien herrschen möge«, schreibt der Architekt Anfang 1938. Er selbst hat zu dem Zeitpunkt bereits ein erstes Haus in Garmisch vollendet und weitere Aufträge in Vorbereitung.

Möritz baut ganz auf eine Zukunft im neuen Deutschland. Und es wird trotz des Weltkriegs, der 1939 ausbricht, eine durchaus erfolgreiche Karriere: Nach Angaben des Südwestdeutschen Archivs für Architektur und Ingenieurbau wirkt Möritz nach der Errichtung einzelner Häuser in Oberbayern an Bauwerken für die braunen Machthaber in Tirol mit: Es sind dies unter anderem das Heim der Hitlerjugend in Landeck (1941) sowie die Siedlungen Schwaz (1940) und Seefeld/Ehrwald (1942), sogenannte »Südtiroler-Siedlungen« für jene Bewohner, die dafür optiert hatten, aus Italien ins Nazi-Reich umgesiedelt zu werden. Die Projekte werden vom NS-Gauheimstättenwerk der Deutschen Arbeitsfront verwirklicht. Die Bauabteilung der DAF untersteht wiederum Hitlers »Hofarchitekten« Albert Speer.

Die Angaben machen deutlich: Heinz Möritz stellte seine beruflichen Fähigkeiten in den Dienst des braunen Regimes. Ob er diesbezüglich Bedenken hatte, ist nicht überliefert. »Er war ganz losgelöst vom Politischen«, sagt Brigitte Möritz. Ihrem Mann, den sie 1942 in Tirol kennenlernte, sei es darum gegangen, als Architekt wirken zu können. Er habe sich dem Aufbau widmen und Neues schaffen wollen.

Das mag einerseits durchaus so gewesen sein. Andererseits ist nicht von der Hand zu weisen, dass insbesondere Männer seiner Zunft – die letztendlich allesamt als ideelle »Berufskollegen« von Speer und dem verhinderten »Architekten« Hitler galten – von der Nazi-Elite regelrecht hofiert wurden, wenn sie sich als willfährige Handlanger des Regimes erwiesen.

Das dürfte bei Möritz nicht anders gewesen sein. Es sei jedoch angemerkt, dass er – wie Brigitte Möritz versichert – der NSDAP nicht beitrat. Es fällt nicht leicht, dies zu glauben, aber offenbar war dem Tiroler Gauleiter Franz Hofer – einem ausgemachten NS-Hardliner und Verfechter der »Alpenfestung« als »letzter Verteidigungsbastion des Reichs« – die Arbeit des Architekten wichtiger als dessen Parteizugehörigkeit. »Wir waren die bunten Hunde. Wir waren das einzige Büro in dem ganzen Haus – die einzigen, die keine Parteiabzeichen hatten«, erinnerte sich Brigitte Möritz an ihre damalige Tätigkeit als Bauzeichnerin im Gauheimstättenwerk.

In jenen Kriegsjahren, als es für Heinz Möritz erst um den Aufbau von Siedlungen ging und schließlich um das Überstehen der sich abzeichnenden Kriegsniederlage, war Dolores Hoyle für den Architekten längst Vergangenheit. Er sah die geschiedene Ex-Frau nie wieder und hatte auch sonst keinerlei Kontakt zu ihr in die USA. Ironischerweise verlor Möritz auch seine zweite Gattin an die USA: Die Frau verließ ihn nach Kriegsende für einen GI und wanderte mit dem neuen Liebhaber in die USA aus. Eine dritte Ehefrau starb bereits nach kurzer Zeit an Krebs. Danach heiratete Heinz Möritz 1952 die frühere Mitarbeiterin aus Tiroler Tagen, Brigitte.

Möritz hatte die Gelegenheit zum Leben in den USA, die ihm das Schicksal in den Weg gelegt hatte, bewusst ausgeschlagen. Nicht so sein ehemaliger Middlehurst-Kollege Rolf Sklarek. Dieser hatte sich nach Ausbruch des Bürgerkrieges unter abenteuerlichen Umständen dem Zugriff der Nazis entziehen können: Als Deutscher hatte er auf Mallorca lediglich ein Ausreisevisum nach Deutschland erhalten. Er verließ die Insel (wie der Nazi Kurt von Behr) an Bord des deutschen Torpedobootes »Kondor« und befand sich bald darauf im Reisezug für die Spanien-Flüchtlinge, die über Italien und Österreich heim ins Reich befördert werden sollten.

Wie seine Tochter berichtet, setzte Sklarek in seiner Not eine honorige deutsche Dame aus Mallorca, die sich ebenfalls in dem Waggon befand, unter Druck, indem er ihr insgeheim drohte, ihre außerehelichen Affären publik zu machen, wenn sie ihm ihre Hilfe verweigerte. Er flunkerte glaubhaft, genügend Beweise für ihre Seitensprünge zu besitzen. Der Trick zog. Die Gattin eines angesehenen Mallorca-Deutschen beschaffte Sklarek durch ihre Intervention den ihm bereits abgenommenen Reisepass wieder samt weiteren Papieren, damit dieser bereits in Österreich dem Zug entsteigen konnte. Mit dieser List konnte sich Sklarek vorerst in Österreich in Sicherheit bringen und dort im weiteren Verlauf auch wieder mit Frau und Adoptivsohn zusammenkommen. Die Kleinfamilie gelangte schließlich über Wien und London in die USA, wo Sklarek im Laufe der Jahre zu einem renommierten Architekten aufstieg.

Anders als Möritz, der von 1970 an bis kurz vor seinem Tode im Jahre 1993 Mallorca regelmäßig besuchen sollte und hier sogar eine Ferienwohnung erwarb, setzte Rolf Sklarek, gestorben 1985, keinen Fuß mehr auf die Insel. Auch seine alte Heimat in Deutschland hat er nie wieder besucht.

»Tiefland« beginnt bei Son Torrella

Leni Riefenstahl und weitere Regisseure auf Mallorca

Son Torrella braucht keinen Lichtdom aus Flakscheinwerfern, wie er bei den inszenierten Reichsparteitagen der NSDAP in Nürnberg an den Himmel geworfen wurde. Die historische Finca auf Mallorca steht am Tag sonnenüberflutet im gewellten Vorland des Tramuntana-Gebirges und abends prangen die Sterne über dem herrschaftlichen Turm des Anwesens: Kein Wunder, dass dieser Ort auch Leni Riefenstahl gefangen nahm. Hier sah sie die ideale Kulisse für eines ihrer Filmprojekte, das dann unter ganz anderen Umständen realisiert wurde ...

Die »Reichsfilmregisseurin« des Führers ist als künstlerische Exponentin des Nazi-Regimes bis an ihr spätes Lebensende mit 101 Jahren eine höchst umstrittene Persönlichkeit gewesen. Filmschaffende und Cineasten bewundern durchaus Riefenstahls innovative Techniken, mit denen sie die Olympischen Spiele in Berlin 1936, aber auch die Reichsparteitage der NSDAP zum Wohlgefallen der braunen Machthaber auf Zelluloid bannte. Kritiker beanstanden hingegen, die Tänzerin, Schauspielerin, Filmproduzentin und Fotografin (1902-2003) habe nach dem Zweiten Weltkrieg eine Auseinandersetzung mit der eigenen Vergangenheit im Dritten Reich stets vermissen lassen. Vielmehr erklärte Riefenstahl gebetsmühlenartig, sie sei politisch vollkommen desinteressiert gewesen und habe mit ihrer Schaffenskraft einzig der Ästhetik huldigen wollen.

Der konkrete Vorwurf, Riefenstahl habe Verfolgte des Nationalsozialismus skrupellos für ihr Werk missbraucht, fokussiert sich auf den Spielfilm »Tiefland«. In diesem melodramatischen Oeuvre, das mit diversen Unterbrechungen 1940 bis 1944 in den Alpen entstand und seine Premiere erst zehn Jahre später in Stuttgart erlebte, tauchen als Statisten eine Reihe von südeuropäisch aussehenden Darstellern auf. Tatsächlich kamen bei den Dreharbeiten Dutzende Angehörige der Minderheit der Sinti und Roma aus zwei Konzentrationslagern bei Salzburg und Berlin zum Einsatz. Diese Komparsen waren das folkloristische Beiwerk des Kinofilms, dessen Handlung in den Pyrenäen des 19. Jahrhunderts angesiedelt war. Die meisten Darsteller, insbesondere jene aus Berlin, wurden nach Abschluss der Dreharbeiten deportiert und ermordet.

Finca »Son Torrella« bei Santa Maria in heutiger Zeit

»Tiefland« ist somit eines der fragwürdigsten Werke der Filmgeschichte. So viel ist weitgehend bekannt. Was jedoch nahezu unbekannt sein dürfte, ist, dass der Film seine ersten Dreharbeiten bereits auf Mallorca erlebte, und zwar im Sommer 1934 auf der Finca Son Torrella bei Santa Maria. Das Landgut mit seinem heute geschützten Innenhof, der noch auf die gotische Epoche der Insel zurückgeht, hatte erst kurz zuvor, 1932, den Besitzer gewechselt: Neuer Eigentümer war der britische Vize-Konsul auf Mallorca, Allan Hillgarth. Er öffnete damals Riefenstahls Filmteam die Tore zu seinem Anwesen. Die Kameraleute befanden sich mitsamt der Regisseurin auf der Insel, um nach geeigneten Motiven für die Außenaufnahmen zu »Tiefland« zu suchen.

Dass Hillgarth sein Landgut für das Filmprojekt zu Verfügung stellte, ist nachvollziehbar: Riefenstahl war zu jenem Zeitpunkt mit ihrem Film »Das blaue Licht« der internationale Durchbruch gelungen. So ist es bezeichnenderweise die englischsprachige Inselzeitung »The Majorca Sun«, die im Juni 1934 berichtet:

Mit Unterkunft in der Pension Hiller verbrachte Leni Riefenstahl, der berühmte Filmstar, der sich in Ski-Filmen einen Namen gemacht hat, hier das Pfingstwochenende. Diverse Szenen in Miss Riefenstahls neuem Film Tiefland werden in Kürze auf Mallorca gedreht, manche von ihnen auf »Son Torella«, dem herrlichen Anwesen des britischen Vize-Konsuls und seiner Frau Mrs. Hillgarth.[94]

Zwei Wochen später meldet dasselbe Blatt, dass das Filmteam von Riefenstahl weitere Schauplätze auf den Insel besucht hatte, unter anderem die Bergtäler Torrent de Pareis und Gorg Blau, letzteres damals eine wildromantische Schlucht, die allerdings 1971 mit dem Bau des gleichnamigen Stausees an der Landstraße Sóller-Escorca unpassierbar wurde.

Szene aus dem Film »Tiefland« mit Leni Riefenstahl

Bei eingehender Betrachtung von »Tiefland« ist auffällig, wie sehr in einigen Szenen der Innenhof des Herrenhauses im Film dem offenen Patio von Son Torrella gleicht. Man betrachte den Brunnen, das Muster des Kopfsteinpflasters, die Säulenbögen im Hintergrund. Es lässt sich nicht von der Hand weisen, dass die Bauten in »Tiefland«, so wie sie für das Filmset erstellt wurden, in hohem Maße von den eigens auf Mallorca entstandenen Außenaufnahmen inspiriert zu sein scheinen.

Riefenstahl hatte den Auftrag zum Drehen von der Berliner Terra Film erhalten, seinerzeit eine der größten deutschen Filmproduktionsgesellschaften. Die Regisseurin beschrieb das Vorhaben so:

Die Oper »Tiefland« von Eugen d'Albert geht auf ein altes spanisches Volksstück von Angel Guimera zurück. Der Inhalt ist einfach. Die Handlung spielt in Spanien, in der Zeit Goyas. Die Bergwelt mit dem Hirten Pedro verkörpert das Gute, das Tiefland mit Don Sebastian das Böse. Zwischen diesen Männern geht der Kampf um Martha.[95] Die Besetzung für den Kinofilm war prominent geplant: Für die Rolle des Don Sebastian wurde Heinrich George, für den Hirten Pedro Sepp Rist verpflichtet. Die Rolle der feurigen Betteltänzerin Martha hatte Riefenstahl für sich selbst reserviert. Alle Außenaufnahmen sollten in Spanien gedreht werden. Doch das Unternehmen stand unter keinem guten Stern, die Terra Film steckte in Geldnöten. So waren Riefenstahl und ihr Team zur Vorbereitung der Dreharbeiten bereits in Spanien aktiv, ohne dass von den Auftraggebern die versprochenen Mittel in Barcelona eintrafen. Das Filmteam trat mit eigenem Geld in Vorleistung. Riefenstahl schrieb später in ihrer Biographie:

Um keine Zeit zu verlieren, wollten wir trotz unserer prekären Lage sofort nach Mallorca, um dort die Windmühlenmotive zu fotografieren. Um das Fahrgeld für die Überfahrt zu sparen, versteckten wir uns auf dem Dampfer und liefen glücklicherweise unentdeckt als blinde Passagiere in Mallorca ein. Wir fanden unsere Windmühlen, was wir aber nach unserer Rückkehr in Barcelona nicht fanden, war weder eine Nachricht noch eine Überweisung.[96]

Die chaotische Finanzlage und Verzögerungen bei der Entsendung von Zubehör bescherten der nervlich überreizten Regisseurin einen Kreislaufkollaps, der sie im Deutschen Krankenhaus in Madrid wochenlang ans Bett fesselte. Dieser Vorfall brachte das endgültige Aus für das Projekt. Terra Film blies das Vorhaben ab und übergab die Angelegenheit an die Ausfallversicherung, die alle Kosten übernehmen musste. Riefenstahl hingegen beschloss, erneut Mallorca aufzusuchen:

Nach vier Wochen wurde ich aus dem Krankenhaus entlassen. Der Arzt riet mir, nicht vor einem Monat die Rückreise anzutreten. Im Norden Mallorcas fand ich in dem neu eröffneten »Hotel Formentor«, das nur wenige Gäste beherbergte, die notwendige Entspannung.[97]

Offensichtlich gut erholt traf Riefenstahl Mitte August 1934 wieder in Berlin ein, wo weitaus »bedeutendere« Aufgaben auf die 32-Jährige warteten. Hitler wollte den anstehenden Reichsparteitag ausschließlich von seiner Lieblingsregisseurin verewigt wissen. Unter ihren Händen wurde »Triumph des Willens« mit seinen Aufmärschen, Führerreden und Militärkolonnen zum monumentalen Propagandafilm. Das Projekt »Tiefland« selbst griff Riefenstahl erst wieder 1940 auf – unter den oben beschriebenen Umständen.

Dass bei den Dreharbeiten zu »Tiefland« Deutsche – und seien es entrechtete Sinti und Roma gewesen – Spanier mimten, war für die Filmbranche kein Novum mehr. Auch das Konzept, die Außenaufnahmen für den Film auf Mallorca zu erstellen, war alles andere als Neuland für die Filmschaffenden. Denn bereits 1929 und 1933 waren im Auftrag der Universum Film AG (Ufa) zwei Spielfilme auf der Insel gedreht worden, in denen deutsche Schauspieler spanische Charaktere darstellten. Sie agierten vor der Kamera als mallorquinische Fischer, Schmuggler, Matrosen, Polizisten, Zollbeamte und Kaufleute. Und so, wie die damals knapp 40-jährige Riefenstahl es sich nicht nehmen ließ, in »Tiefland« eine spanische Betteltänzerin zu spielen, wurden auch in den anderen Kinostreifen rassige Inselschönheiten von deutschen Schauspielerinnen dargestellt.

Die Rede ist insbesondere von der Ufa-Produktion »Die Schmugglerbraut von Mallorca« mit Jenny Jugo als »Rosita«, gedreht 1929 unter der Regie von Hans Behrendt, als Stummfilm von 108 Minuten Länge. Vier Jahre später entstand »Der Stern von Valencia«, ein Tonfilm von 90 Minuten, gedreht von Regisseur Alfred Zeisler. Die Insel bot den Kreativen der Filmindustrie viele Vorteile: Mallorca wartete im Freien mit besten Licht- und Wetterverhältnissen auf, war für Filmteams von den Lebenskosten her vergleichsweise günstig und bot imposante Naturkulissen, wie sie dem Publikum nördlich der Alpen damals noch geradezu exotisch erschienen.

Die Produktion des »Stern von Valencia« wurde von der Wochenzeitung »Die Insel« ausgiebig begleitet. Gefilmt wurde an Originalschauplätzen, in den Straßen von Palma, im Hafen, an Bord des Fährschiffes »Jaime I«. Über den Auftakt der Dreharbeiten im Januar 1933 berichtete das Blatt:

Seit einer Woche ist Herr Zeisler von der UFA mit seinen Mitarbeitern hier, um die Vorbereitungen für seinen neuen Film »Der Stern von Valencia« zu treffen. Das Schiff »Bellver« wurde gemietet, und nachdem es ein bißchen zurechtgemacht ist, wird es stolz »Stern von Valencia« heißen. (...) Ebenfalls eine Hafenpolizeibarkasse steht zur Verfügung, um auf hoher See mit dem »Stern von Valencia« einen Kampf auszufechten.

Der Kameramann Werner Brandes, mitschuldig an vielen ausgezeichneten Tonfilmen, prüfte seit Tagen Lichtmöglichkeiten, suchte Motive und machte Probeaufnahmen, nun ist es soweit, dass heute Sonnabend die Aufnahmen beginnen können. Die weibliche Hauptrolle in diesem Film spielt Liane Haid, die aber leider gar nicht zu den Außenaufnahmen kommen wird. Sonst wirken Paul Westermeier, Peter Erkelenz, Oscar Sima, Fritz Odemar, Willi Schur und noch viele andere mit, die wir schon lange und gut von der Leinwand her kennen.[98]

Und von wegen Wettersicherheit: Die Dreharbeiten mussten bald wieder unterbrochen werden, da es in jenem Jahr deutlich stärker regnete als anzunehmen war. Die »Insel« berichtete:

Lustig war es dann im Café Born, wo Zeisler und Lien Deyers mit ihrem Stab von Mitarbeitern um drei zusammengerückte Tische saßen und café con leche tranken, etwas schwierig ging nur die Bezahlung vonstatten – denn der Kellner sprach doch französisch! – Draußen regnete es mal wieder.[99]

Interessanter noch als die vielen Details – wie oft etwa die Filmaufnahmen an Bord des Polizeibootes wiederholt werden mussten, oder die Tatsache, dass Regisseur Zeisler angesichts der unerwarteten Kälte auf der Sonneninsel schwer erkrankte und wieder genas – sind Berichte, wie das Filmteam von der einheimischen Bevölkerung aufgenommen wurde. In einem Interview mit der Illustrierten »Filmwoche« schildert Darsteller Paul Westermeier, der den mallorquinischen Polizeibeamten »Sargeant Savedra« spielte, die Zusammenarbeit folgendermaßen:

Liane Haid in »Der Stern von Valencia«

Unser Film zeigt den bis ins Letzte organisierten Kampf der spanischen Polizei gegen den internationalen Mädchenhandel. Gerade das Herausheben dieses Moments war der Anlass, dass uns von seiten des spanischen Marine-Ministeriums jede Hilfe zuteil wurde. Wir konnten über die Schiffe der Küstenpolizei von Mallorca, soweit es der Polizeidienst zuließ, verfügen. Ich muss gestehen, meine Kollegen von der Küstenwache, mit denen wir dienstlich und auch öfter außerdienstlich zusammen waren, sind großartige Burschen. Erkelenz, Wesener und ich, wir hatten nun einmal ihre Uniform an. Und so nahmen sie uns auf, als ob jeder von uns seit Jahren zu ihnen gehörte. Nur die Verständigung war nicht immer einfach, da fast alle nur spanisch sprachen. Wir verstanden aber nur einige wenige Worte. Doch dieses Unterhaltungshindernis wurde bald behoben. Zuerst durch freundliche und verständnisinnige Geste, und dann kam ein herrliches Kauderwelsch zustande. Schon in der dritten Woche hatte sich aus Deutsch und Spanisch eine neue Sprache herausgebildet, die wohl sehr komisch anzuhören war, uns allen aber eine einwandfreie Verständigung ermöglichte.[100]

Der »Stern von Valencia« zählt zu den bekannteren Werken des Regisseurs Alfred Zeisler (1892-1985). Ungeachtet seiner jüdischen Herkunft konnte der Ufa-Produzent bis 1935 in Berlin leben. Dann kehrt Zeisler, der in Chicago geboren worden war, in die USA zurück. Mallorca war für Zeisler und seine Frau, die niederländische Schauspielerin

»Schmugglerbraut« Jenny Jugo mit Enrico Benfer (l.) und Clifford McLaglen

Lien Deyers, bereits 1929 zu einem Begriff geworden, als dort der von ihm produzierte Film »Die Schmugglerbraut von Mallorca« gedreht wurde. Regie führte Hans Behrendt, wie Zeisler ein Ufa-Talent von jüdischer Herkunft. Die Illustrierte »Film-Kurier« würdigte Behrendt 1929 als »Meister des Details«.

In der cineastischen Literatur heißt der Stummfilm auch »Das Mädchen von Valencia«. Das »Mädchen« ist die 25 Jahre alte Schauspielerin Jenny Jugo (»Rosita«). Ihr und ihren Filmkollegen Friedrich »Enrico« Benfer (»Fischer Pedro«) und Clifford McLaglen (»Fischer Andrea«) ist anzumerken, wie sie in jener Dreiecksgeschichte mit Spaß bei der Sache sind. Die aus Österreich stammende Jugo und der italienische Schauspieler Benfer waren auch im wirklichen Leben ein (Ehe-)Paar, zweimal miteinander verheiratet, zweimal voneinander geschieden.

Die Uraufführung des Stummfilms fand am 31. Juli 1929 im Ufa-Palast am Zoo in Berlin statt. Die »Schmugglerbraut von Mallorca« kam beim Publikum gut an, der Film wurde noch Monate später in den Kinosälen gezeigt. Eine Zuschauerin ist am 19. Oktober in Bonn Mallorca-Residentin Maria Esch. Sie hält den Kinobesuch in ihrem Tagebuch fest, geht aber nicht näher auf den Film ein.

Die Ernennung Hitlers zum Reichskanzler bringt für die Filmbranche in Deutschland drastische Veränderungen mit sich. Für Jugo, einen erklärten Liebling Hitlers, geht die Karriere weiter steil aufwärts. Privat ist sie von 1934 an mit Joseph Goebbels und dessen Frau Magda befreundet. Es gibt Tagebuchaufzeichnungen des Propagandaminis-

Jenny Jugo (M.) mit Familie Goebbels und Hitler auf dem Obersalzberg

ters wie »Nachm. Kaffee Garten. Jugo und Magda« vom 31. August 1935 oder »Kaffeegespräche mit Jenny Jugo. Über Film, wie immer. Sie versteht was davon«, vom 19. Januar 1936. Und es gibt Fotos: Jenny Jugo im Kreise von Hitler, Goebbels, Magda und deren Kindern im Sommer 1937 auf dem Obersalzberg bei Berchtesgaden.

Anders als für Riefenstahl oder Jugo brachte die Machtübernahme durch die Nationalsozialisten für den Regisseur der »Schmugglerbraut« keinerlei Vorteile – im Gegenteil. Hans Behrendt, der mit Jenny Jugo allein 1929 drei Filme drehte und der erste wichtige Regisseur ihrer Karriere war, suchte sein Heil in der Emigration. Im Mai 1940 wird Hans Behrendt in Belgien verhaftet und in Vichy-Frankreich in wechselnden Lagern interniert. In Hollywood bemühen sich Filmschaffende wie Marlene Dietrich um ein Einreisevisum für ihn. Doch als es eintrifft, befindet sich Hans Behrendt im Sommer 1942 bereits auf dem Transport nach Auschwitz, wo der 52-Jährige ums Leben kommt. Während der Zug mit dem Regisseur in Richtung Vernichtungslager rollt, widmet sich Riefenstahl erneut ihrem Filmprojekt »Tiefland«. Nach Abschluss der Dreharbeiten wird Auschwitz zur letzten Station auch für jene Statisten, die in dem Machwerk für »spanisches Flair« zu sorgen hatten.

Spanisches Flair: Ein Vierteljahrhundert nach den Erstaufnahmen zu »Tiefland« hält sich Riefenstahl erneut auf Mallorca auf. 1958 besucht sie in Palmas beliebter Altstadtgasse Apuntadores das Lokal des deutschen Gastronomen Rudi Hennig. Riefenstahls Eintrag ins Goldene Buch des Restaurants »Tirol« lautet:

Lieber Señor Rudi, es ist hier so gemütlich, und mit so prima Küche, daß man hierbleiben möchte und bestimmt immer wieder kommt – alles Gute wünscht Leni Riefenstahl.[101]

Ein Mozarteum auf Mallorca

Die Saga der deutsch-jüdischen Familie Ehlers

Hinter der letzten Erhebung nimmt die Ebene im Norden von Mallorca mitsamt den fruchtbaren Böden, auf denen die Landwirte von Sa Pobla Kartoffeln ziehen und ihre Kollegen aus Muro im Trockenanbau Reis pflanzen, ihren Anfang. Dahinter beginnt das Feuchtgebiet der S'Albufera, wo Schilf und Röhricht sich im Wind wiegen, und dahinter schließen sich die Kiefernwälder an, die jene urtümlichen Sanddünen beschatten, bevor diese wiederum sanft in den Strand von Muro übergehen, der sich seinerseits zur Bucht von Alcúdia öffnet. Auf dieser letzten Anhöhe also, bevor die Insel gleich einem Landschaftsteppich in den Horizont ausgerollt wird, thront das Dorf Búger.

Der Mühlenhügel Es Pujol bei Búger in heutiger Zeit

Alfred Ehlers

Ein privilegierter Aussichtspunkt, und dennoch nahezu verborgen: Búger ist den meisten Touristen und sogar vielen Insulanern weitgehend unbekannt. Ein Ort wie ein Rückzugsgebiet in stille Selbstvergessenheit. Was um alles in der Welt soll dieses entrückte Dorf mit Bach und Beethoven, Adolf Hitler und Albert Schweitzer, Judentum und Naziterror, Babelsberg und Hollywood, Billy Wilder und John Wayne zu schaffen haben? Eigentlich nichts. Und dann doch wieder sehr viel. Denn die kleine Gemeinde wurde in den 1930er Jahren zum mallorquinischen Kristallisationspunkt einer deutsch-jüdischen Familiensaga, die mehrere Generationen umfasst, auf zwei Kontinenten spielt und bis heute so manch ungelöstes Rätsel hinterlassen hat. Mehr noch: Der Hügel Es Pujol, der sich mit seinen beiden altertümlichen Windmühlen direkt neben dem Dorf erhebt, ist in seiner Erscheinung geprägt vom Wirken des deutschen Bildhauers Alfred Ehlers. Die gepflasterten Wege, Wasserspeicher, Schattenplätze und Aussichtsterrassen, die der Zuwanderer dort anlegen ließ, zeugen in der heutigen Villensiedlung noch immer vom feinfühligen Naturell des Künstlers.

Es ist im Frühjahr oder Sommer 1933, als sich Alfred Ehlers auf Mallorca niederlässt. Und es ist zu vermuten, dass der 48-Jährige die Insel intensiv bereist und die Gegebenheiten genau mustert, bis sein Blick auf Búger fällt. Denn der Bildhauer hat ein Ziel: Er will für sich und seine jüdischen Angehörigen eine neue, eine sichere Bleibe schaffen. Dem ehemaligen Lehrer der Berliner Kunstakademie ist nicht entgangen, wie der Judenhass seit der Ernennung Hitlers zum Reichskanzler immer unverhohlener zur offiziellen Regierungspolitik wird. Ehlers selbst ist gar nicht jüdisch, doch seine Ex-Frau und die gemeinsamen Töchter gelten in den Augen der Nazis als Juden.

Der Bildhauer hat Geld dabei, nicht nur eigene Ersparnisse, sondern offenbar auch finanzielle Zusagen von jüdischen Bekannten, die vermutlich wie Ehlers und seine Frau in den musischen Künstlerkreisen Berlins verkehrten. Der Zuwanderer trägt sich mit der Idee, auf Mallorca ein Kulturzentrum aufzubauen, das Musik und Kunst verbindet: Eine künstlerische Kolonie unter mediterraner Sonne und in der demokratischen Freiheit der spanischen Republik. Angeblich plante Ehlers in Búger eine Art »Mozarteum«

auf Mallorca, eine akademische Musikschule, wie sie in Salzburg seit 1841 existiert und auch heute als Hochschule für Musik Weltruhm genießt.

Zeichnung von Alfred Ehlers

Wer war dieser Mann, der tatkräftig Hand anlegte, um seine Utopie zu verwirklichen? Geboren 1885 im sächsischen Wechselburg, zieht Alfred Ehlers als junger Mann nach Berlin. Während des Ersten Weltkrieges dient der begnadete Zeichner in der kartographischen Abteilung des Generalstabes. Nach der Niederlage bannen Ehlers' Berliner Ansichten und Aktzeichnungen in Bleistift, Tinte oder Kohle eine finstere, trostlose Reichshauptstadt samt ihren Bewohnern in expressionistischer Verzerrung aufs Papier. Die Werke tauchen, fast ein Jahrhundert später, immer wieder einmal bei Antiquariatsmessen auf.

In Búger quartiert sich Ehlers bei der Familie Bennàssar ein. Sie betreibt eine Bar, in der für gewöhnlich Republikaner verkehren. Der Zugereiste ist seit Menschengedenken der erste Deutsche, der sich in dem Dorf niederlässt, und somit ein Kuriosum. Ein Ausländer, der unter die Einheimischen geht, ihre Sprache erlernen will, Land erwerben möchte. Tatsächlich kauft Ehlers dem Eigentümer Joan Capó den Hügel Es Pujol samt den beiden verfallenen Windmühlen ab.

Capós Neffe, Joan Bennàssar, hat als 15-Jähriger Ehlers persönlich kennengelernt und ihn als freundlichen Menschen in Erinnerung behalten. Der Deutsche, der von allen »Alfredo« genannt wurde, habe sich rasch den Sitten und Gebräuchen angepasst. »Als er kam, rasierte er sich täglich. Dann allmählich nur noch jeden zweiten Tag. Und schließlich bloß noch einmal die Woche: Samstags beim Barbier im Dorf, so wie es auch die Handwerker taten, die für ihn arbeiteten.«

Gleichwohl dürften die Einwohner über Ehlers den Kopf geschüttelt haben. Was will der Deutsche mit der alten Mühle, einen guten Fußmarsch vom Dorf entfernt? Doch die Investition des »alemán« bringt Geld und Beschäftigung in die Gemeinde. Denn Ehlers lässt die verfallene Windmühle Can Palerm zu seinem Wohnhaus umbauen. Bis zu elf arbeitslose Männer aus Búger finden zeitweilig ein Auskommen. Ein Wasserspeicher zum Auffangen der Niederschläge, den Ehlers anlegen lässt – zehn Meter lang, fünf

Meter breit, vier Meter tief – diente den späteren Besitzern des Hauses lange Zeit als Schwimmbecken. Neben dem Mühlturm entsteht ein Haus im Rohbau, und im Schatten eines Johannisbrotbaums lässt Ehlers einen steinernen Tisch errichten. Das ist der »Tisch des Architekten«, wie die späteren Bewohner von Es Pujol das wetterbeständige Möbel aus einem gemauerten Sockel und dicken Steinplatten nennen werden.

Doch die politischen Umwälzungen in Deutschland, das Verbot der Devisen-Ausfuhr insbesondere für Juden, und Probleme bei der Beschaffung der zugesagten Mittel durch die Geldgeber bringen Ehlers bald in finanzielle Nöte. Zwar kann er die bereits erstellten Gewerke bezahlen, doch dann müssen die Bauarbeiten eingestellt werden. Im Juli 1935 bleibt dem Bildhauer kein anderer Ausweg, als das Grundstück wieder an den Vorbesitzer abzutreten.

Dennoch lebt Ehlers mit seiner deutschen Partnerin Lilly und deren kleiner Tochter Marion weiter im Dorf bei der mallorquinischen Familie. Das Paar vertreibt sich die Zeit beim Spielen von Schach und Dame. Ehlers habe viel geschrieben und gelesen, auch viel geraucht, erinnert sich Joan Bennàssar, 85, im Jahre 2002. »Er schien immer auf etwas zu warten.« Was wird das gewesen sein? Briefe, Nachrichten und Geld, das nicht eintrifft.

1935 wird das Warten indes unterbrochen. Ehlers erhält Besuch von seiner getrennt lebenden Ehefrau. Alice Ehlers, geborene Pulay, ist zu jenem Zeitpunkt längst eine gefeierte Musikerin. Nicht nur wegen ihrer Bach-Interpretationen gilt die jüdische Cembalistin als Koryphäe. 1927 wird sie eigens ausgewählt, um anlässlich des 100. Todesjahres Ludwig van Beethovens bei der offiziellen Gedenkfeier in Wien zu musizieren. Bis 1933 unterrichtet die Barock-Expertin an der Berliner Musikhochschule. Im selben Jahr erscheint ihr Buch über die Kulturgeschichte des Cembalo.

Alfred und Alice Ehlers hatten 1907 geheiratet, als die Wienerin, Jahrgang 1887, in Berlin studierte. Im Rückblick auf ihr Leben wird Alice Ehlers später einmal sagen: »Ich musste Klavierstunden geben und ausgiebig Sänger begleiten, um Geld zu verdienen, denn mein Ehemann war Bildhauer, und Sie wissen ja, was das heißt ... Aber wir waren glücklich, und da macht das einem nichts aus.« Dem Ehepaar werden 1908 und 1911 die Töchter Maria und Christina geboren. Alice Ehlers ist als Musikerin gefragt. Konzertreisen erschließen ihr Kontakte in alle Welt, während Alfred zu Hause bleibt und sich um die Mädchen kümmert. Doch die vielen Reisen lassen das Paar mit den Jahren sich entfremden. Die Eheleute trennen sich schließlich, bleiben aber freundschaftlich verbunden.

Nach der Machtübernahme der Nationalsozialisten kann Alice Ehlers in Deutschland nicht mehr engagiert werden. Dafür gastiert sie noch intensiver im Ausland und erholt sich zwischen den Konzerten bei Bekannten. Einer ihrer Unterstützer ist Albert Schweitzer. Der berühmte Missionsarzt und Theologe stellt Alice Ehlers sein Haus im elsässischen Günsbach wiederholt zu Verfügung. Die führende Cembalovirtuosin Mitteleuropas übt dort für die Konzerte anlässlich des 150. Geburtstags von Bach und Händel, die dann über den Sender der BBC ausgestrahlt werden. Die Freundschaft zwischen der Profimusikerin und dem passionierten Klavierspieler Schweitzer hält bis zu dessen Tod 1965. Im Jahre 1997 wird der knapp vier Jahrzehnte währende Briefwechsel zwischen den beiden Geistesgrößen als Buch herausgegeben.

Bei ihrem Aufenthalt 1935 auf Mallorca gibt Alice Ehlers auch im Almudaina-Palast ein gut besuchtes Konzert. Zeitzeuge Joan Bennàssar darf Alfred Ehlers begleiten und lauscht im Palast den ungewohnten Klängen. Für den Heranwachsenden, der bislang kaum das dörfliche Búger verlassen hat, ist das Konzert ein unvergessliches Ereignis.

Das Konzert und der Ex-Mann sind indes nicht der Hauptgrund, der die Musikerin nach Palma führt. Zwar geht es wieder um Alfred Ehlers' Idee von einem Mozarteum auf der Inselscholle, ein Vorhaben, das der Bildhauer insbesondere mit der Bekanntheit und den Kontakten von Alice Ehlers verwirklichen möchte. Doch die welt- und lebenserfahrene Musikerin kann sich mit dem Projekt keineswegs anfreunden. Enkelin Francisca Wentworth weiß über ihre Großeltern zu berichten: »Nach den Worten meiner Großmutter war es seine Idee nach Mallorca zu gehen und – mit ihrer Hilfe – ein Musikzentrum wie in Salzburg zu etablieren. Sie war jedoch in diesem Punkte keinesfalls mit ihm einverstanden, als sie ihn auf der Insel besuchte.« Die Cembalistin sieht auf Mallorca keine tragfähige Grundlage, ein solches Vorhaben zu verwirklichen, nicht in Palma, und erst recht nicht im dörflichen Búger.

Aber der wichtigste Anlass für Alice Ehlers, nach Mallorca zu kommen, ist ihr neugeborener Enkel. Tochter Christina Ehlers lebt seit Anfang 1934 in Palma, wo sie am Majorca Junior Club, einer von der US-Amerikanerin Dina Moore Bowden gegründeten Schule, als Sprachlehrerin tätig ist. Dort arbeitet auch Christinas Lebensgefährte Richard Fester, der dort Latein und Werken unterrichtet. Das Paar wohnt gemeinsam im Stadtteil Gènova, Großmutter Alice kommt dort während ihres Mallorca-Besuches ebenfalls unter. Fester, Schwiegersohn ohne Trauschein, muss ein Klavier auftreiben, in die Wohnung schaffen und stimmen lassen. Es glückt, aber die hohe Luftfeuchtigkeit auf der Insel lässt das Instrument bald wieder verstimmen.

Tochter Christina Ehlers hat zu jenem Zeitpunkt bereits einen Namen in der Berliner Filmszene. Die junge Frau ist eine der beiden Hauptdarstellerinnen, die in Billy Wilders »Menschen am Sonntag« zu sehen sind. Der Stummfilm-Klassiker von 1930 ist das meisterhafte Frühwerk, mit dem er erfolgreich den Sprung zum Ufa-Regieseur schafft. Nach seiner Emigration wird Wilder später auch in Hollywood zur Berühmtheit werden. In »Menschen am Sonntag« folgt die Kamera vier jungen Berlinern, die sich für einen

Christina Ehlers in »Menschen am Sonntag«

arbeitsfreien Sommertag am Nikolai-See verabreden. Sie baden, flirten, trennen sich wieder. Der wie eine Reportage konzipierte Film ist eine Parabel auf das moderne Leben in der Großstadt. Die 18-jährige Christina »Christl« Ehlers steht wie ihre Kollegen das erste Mal vor der Kamera. Das Werk ist ein einzigartiges Zeitgeist-Dokument aus dem Berlin der späten Weimarer Republik.

Die Kanzlerschaft Hitlers bedeutet jedoch das Aus der jungen Filmkarriere. Christina Ehlers verlässt Anfang 1934 Deutschland in Richtung Mallorca, wo ihr Vater bereits lebt. Auf die junge Frau aus der Filmmetropole Berlin dürfte das winzige Búger möglicherweise deprimierend gewirkt haben. Anders als ihr Vater versucht sie, in der vergleichsweise größeren Balearen-Hauptstadt Palma ein Auskommen zu finden. In jener Zeit lernt die 23-Jährige den knapp ein Jahr älteren Richard Fester kennen. Der Berliner ist 1933 ein weiterer jener Deutschen, die der Enge der erbraunten Heimat entfliehen. Der sozialdemokratisch eingestellte Mann lebt zunächst in Barcelona, wo er aus Olivenholz Teller und Schüsseln drechselt. Dann zieht es ihn Anfang 1934 weiter nach Mallorca, wo er versucht, als Gärtner eine Anstellung zu finden.

Fester und Christina Ehlers finden Gefallen aneinander. Prompt ist die junge Frau schwanger, wenn auch nicht unbedingt von Richard. Womöglich empfing sie das Kind noch kurz bevor sie Deutschland für immer den Rücken kehrte. Gerüchten zufolge war sie just zu jenem Zeitpunkt von ihrem damaligen Verlobten verlassen worden. Ganz anders Richard Fester: Der Gärtner mit humanistischer Bildung und regem Interesse an Fremdsprachen ist offenbar begeistert von der brünetten Christina. Er ist bereit, sich der Schwangeren anzunehmen und schmiedet sogar Hochzeitspläne. Das Paar will sich noch kurz vor der Geburt des Kindes das Ja-Wort geben, muss dann aber wegen stürmischer See auf die notwendige Überfahrt nach Barcelona zum deutschen Generalkonsulat verzichten. Richard Fester akzeptiert offiziell die Vaterschaft und ist zugegen, als das Kind im November 1934 in Palma zur Welt kommt. Das Neugeborene erhält seinen Nachnamen und heißt der Geburtsurkunde zufolge Douglas Peter Fester.

Christina Ehlers mit dem kleinen Peter

Richard Fester, 1936

Die Nonnen, die bei der Niederkunft als Hebammen assistieren, räumen dem offenbar schwächlichen Kind eine derart geringe Lebenschance ein, dass sie es, kaum geboren, unverzüglich nach katholischem Ritus taufen. Der Säugling kommt indes durch und kann wenige Monate später von seiner jüdischen Großmutter Alice im Arm gehalten werden.

Der gebürtige »Mallorquiner« wird sich im Laufe seines Lebens immer wieder fragen, wer tatsächlich sein Erzeuger gewesen ist. Denn Christina Ehlers belässt den Sohn bis zu ihrem Unfalltod im Jahre 1960 in dem Glauben, sein Vater, »Ricardo« Fester, sei ein spanischer Kampfpilot gewesen, ein Mann des Volkes, der den Heldentod für sein Land starb, als er in den ersten Tagen des Bürgerkriegs abgeschossen wurde. Spätere Bemühungen des Sohnes, mehr über seine »spanischen« Wurzeln und Angehörigen zu erfahren, führen – zwangsläufig – ins Leere.

Der Bürgerkrieg ist der dramatische Einschnitt, der das idyllische Leben auf Mallorca schlagartig beendet. Richard Fester hält sich zu jenem Zeitpunkt schon gar nicht mehr auf der Insel auf. Der politische Idealist will auf Ibiza ein internationales Jugenddorf errichten, in dem Heranwachsende aus allen Teilen Europas sich begegnen sollen, um nationalistische Vorurteile zu überwinden. Zu diesem Zweck reist Fester nach Deutschland, Schweden und Norwegen, wo er das Holz für die Blockhütten seines Dorfprojekts erwerben will. Just zu diesem Zeitpunkt putscht in Spanien General Franco gegen die

Zentralregierung. Festers Traum einer Begegnungsstätte platzt wie eine Seifenblase. Er bleibt in Norwegen.

Der politischen Enttäuschung geht eine private voran: Richard Fester hat Mallorca gerade verlassen, da erhält er einen Brief von Christina, in dem sie ihm verkündet, sie wolle einen gemeinsamen Freund heiraten, der auch den ein Jahr alten Sohn adoptieren möchte. Hierfür benötigt sie die Zustimmung Festers. Dieser ist getroffen. »Kaum bin ich weg, nimmst Du Dir einen anderen Mann«, soll er gesagt haben, wie seine spätere Frau Vera zu berichten weiß. Die Verletzung ist so groß, dass Fester seine Zustimmung zur Adoption verweigert.

Christina und der »gemeinsame Freund«, der deutsche Architekt Rolf Sklarek, heiraten im Dezember 1935 in Palma und wohnen dann im El-Terreno-Viertel. Die junge Frau und Mutter hat sich damit innerhalb eines Jahres von einem Lebenspartner ab- und einem neuen zugewandt. Möglicherweise sieht Christina Ehlers an der Seite eines Architekten eine realistischere Zukunftschance für sich als an der Seite eines politischen Utopisten. Die Frage der Vormundschaft für den kleinen Peter Fester bleibt hingegen ungeklärt. Dann bricht der Krieg aus und wirbelt die Existenzen durcheinander. Richard und Christina sehen sich nie wieder.

Im Juli 1936, als das Militär putschte, hielten sich »Christina Sklarek Ehlers« und ihr knapp zweijähriger Sohn auf dem spanischen Festland auf. Was taten sie dort? Ging es um die Klärung des Sorgerechts, sodass Christina das deutsche Generalkonsulat in Barcelona aufsuchen musste? Oder war die polyglotte Sprachlehrerin engagiert worden, um in der katalonischen Metropole bei der geplanten Arbeiter-Olympiade als Übersetzerin auszuhelfen? Das sind Spekulationen. Aber sie können helfen, die Erlebnisse zu erklären, die Christina Ehlers später ihrem Sohn schildern würde, etwa, dass sie an den Kämpfen auf dem Festland teilgenommen hätte. Sind damit die blutigen Straßenkämpfe in Barcelona gemeint? Ferner, dass sie als Fahrerin Ambulanzen steuerte und dass sie schließlich mit ihrem Sohn und einem Kindermädchen die spanische Grenze, sprich die Pyrenäen, fluchtartig überquerte und hinter sich ließ.

Details der Flucht sowie der tatsächliche Wahrheitsgehalt der überlieferten Erzählungen bleiben verschwommen. Manches scheint ebenso ausgeschmückt worden zu sein wie die Mär vom spanischen Kampfflieger »Ricardo«. Erst mit den Dokumenten für die Einwanderung in die USA tauchen wieder verlässliche Daten auf, die Aufschluss geben über den weiteren Werdegang der Familie seit Ausbruch des Bürgerkrieges. Den Unterlagen zufolge kommen Christina und Rolf Sklarek samt Sohn demnach zunächst bei Angehörigen in Österreich unter.

Wien ist für die Familie nur eine Zwischenstation. Wie auch immer die bürokratischen und finanziellen Hürden genommen werden, das Trio ist bereits im Herbst 1936 in England zu finden, wo es am 14. November in Southampton an Bord des US-Schiffes »President Roosevelt« geht und damit am 24. November in New York eintrifft. Die Daten dieser Familienchronik sind den eigenen Nachkommen lange Zeit vollkommen unbekannt gewesen. Erst 20 Jahre nach dem Tod ihres Vaters macht sich Sklarek-Tochter Susan auf Spurensuche und ermittelt Informationen in den Dokumenten der US-Einwanderungsbehörde. Gegenüber Angehörigen hatten sowohl Christina Ehlers als auch Rolf Sklarek über die Hintergründe der gemeinsamen Flucht nach Amerika ihr Leben lang ein Geheimnis gemacht.

Unterdessen hat es nach Ausbruch des Spanischen Bürgerkrieges auch Alfred Ehlers nach England verschlagen. Der Bildhauer war in Búger vom Militärputsch überrascht worden. Wie sich Zeitzeuge Bennàssar erinnerte, konnte Alfred Ehlers mit Hilfe eines US-Konsuls Mallorca verlassen. Sollte diese Information korrekt sein, dann dürfte Ehlers auf diese Weise ein entsprechendes Ausreise-Visum in seinen Reisepass gestempelt bekommen haben. Solche Stempel waren notwendig, um die Insel auf einem der Flüchtlingsschiffe verlassen zu können.

Möglicherweise konnte Alice Ehlers über ihre Kontakte in Amerika ihrem Ex-Mann den Weg zur amerikanischen Auslandsvertretung ebnen. Die Musikerin ist Anfang 1936 auf Konzertreise in den USA. Dort gastiert sie in der renommierten Library of Congress in Washington sowie in der Townhall von New York. Vermutlich konnte sie in diesen Kreisen nützliche Beziehungen knüpfen. An Albert Schweitzer schreibt sie: »Mein Italienisches Konzert schlug richtig ein wie eine Bombe. Ungefähr 10-12 neue Engagements bekam ich darauf, für die nächste Saison.«

1937 zieht Ehlers ganz in die USA. 1939 erklingt ihr Klavierspiel im Hollywood-Opus »Wuthering Heights«. Die Kritiker küren das Werk zum besten Film des Jahres, es wird für den Oscar nominiert. Für Alice Ehlers geht der Erfolg weiter: 1940 wird die 53-Jährige als Professorin an die University of Southern California berufen, wo sie bis zu ihrer Emeritierung lehren und musizieren wird. Die Internetseite der Hochschule verzichtet später bei der Hommage an ihre herausragenden Lehrkörper nicht auf ein pikantes Detail zu Ehlers: Die Musikpädagogin soll im Studio ihre morgendlichen Partituren am Klavier bevorzugt im Negligée absolviert haben.

Mit dem gültigen Stempel des US-Bevollmächtigten gelangen Alfred Ehlers, Lebenspartnerin Lilly und Stieftochter Marion auf das Schiff, das sie nach Marseille bringt. Von Frankreich geht es weiter nach England. Der Weg in die Freiheit jenseits des Atlantik bleibt dem 51-Jährigen indes verwehrt. Der starke Raucher ist gesundheitlich angegriffen, dem Lungenkranken wird die Einwanderung in die USA verweigert.

Es ist anzunehmen, dass Ehlers in London noch einmal mit seiner Tochter Christina und seinem Enkel Peter zusammentraf. Danach hieß es Abschied nehmen. 1937 heiraten Alfred und Lilly in Hampstead. Bei Ausbruch des Weltkriegs wird Ehlers von den britischen Behörden als »Deutscher« eine Zeitlang interniert. Bis zu seinem Tod im Jahre 1956 bleibt der Bildhauer künstlerisch tätig. Insbesondere die Keramiken, die Ehlers mit seiner Frau in Devon fertigt, werden nach der Jahrtausendwende von dem britischen Designforscher Duane Kahlhamer als herausragendes Spätwerk wiederentdeckt.

Während Alfred Ehlers in England bleibt, gelangt seine Tochter Christina mit Mann und Kind nach Kalifornien, wo das Trio zumindest die ersten ein, zwei Jahre als Familie zusammenlebt. Dann kommt es zur Trennung von Rolf Sklarek. Christina versucht unterdessen, an ihre einstige Karriere beim Film anzuknüpfen. Sie erhält eine kleine Sprechrolle in »Escape«. Der 1940 gezeigte Kinofilm handelt von einem Mann, der in Hitlers Reich zurückkehrt, auf der Suche nach seiner deutschen Mutter, der in einem Konzentrationslager die Hinrichtung droht. Christina Ehlers spielt in dem Streifen eine Studentin. Wie ihre Tochter Francisca Jahrzehnte später vermutet, ist Ehlers' starker deutscher Akzent zwar für diesen Film bestens geeignet, aber offenkundig erweist sich das Englisch ihrer Mutter als Handicap, um als Schauspielerin in Hollywood reüssieren zu können. Gleichwohl ist Ehlers eng befreundet mit Marlene Dietrich. Eine Zeit lang wird Christina auch als Verlobte von John Wayne gehandelt. Der vier Jahre ältere Schauspieler macht Christinas Sohn Peter Geschenke, unter anderem den begehrten roten »Radio Flyer« Bollerwagen. Letzlich kommt es aber zu keiner Eheschließung.

Mitunter schmückt sich Christina Ehlers mit dem Künstlernamen Christina Montez. Ob ihr die Anlehnung an die berüchtigte Kurtisane Königs Ludwig I. geläufig war? Der bayerische Monarch löste von 1846 bis zu seiner Abdankung zwei Jahre später mit der vermeintlich spanischen Tänzerin Lola Montez einen ausgemachten Operetten-Skandal in seinem alpenländischen Reich aus. Es ist von daher durchaus denkbar, dass Christina Ehlers ihren Werdegang, insbesondere im vom Bürgerkrieg erschütterten Spanien gehörig ausschmückt und sich mit der Aura einer Abenteurerin umgibt. In dieses Bild passt auch die Schilderung, die sie ihrem Sohn von dessen Vater vermittelt: Mehr als 70 Jahre lebt Sohn Peter in dem Glauben, sein Vater sei der spanische Flieger »Ricardo Fester« gewesen, der bei einem Luftkampf tödlich verunglückte.

Am Ende ist es ein Flugzeugabsturz, der das Leben von Christina auslöscht. Sie hatte zwischenzeitlich beim Skifahren den amerikanischen Luftfahrt-Industriellen Chapman Wentworth kennengelernt und geheiratet, der auch ihren Sohn adoptiert, sodass aus

Peter Fester schließlich Peter Wentworth wird. Um 1950 lässt sich Christina von Chapman Wentworth scheiden und heiratet dessen jüngeren Bruder Hampden. Mit ihm befindet sich die 41-Jährige, wie die Zeitung »Los Angeles Times« im Nachruf schreibt, 1960 auf Reisen, als das Privatflugzeug in Neu-Mexiko kurz nach dem Start am Boden zerschellt. Das tragische Unglück macht neben dem mittlerweile erwachsenen Peter auch seine vier jüngeren Halbgeschwister zu Waisen.

Das Leben der Christina Ehlers, die zuletzt als Geschäftsfrau mit einer eigenen Produktionsfirma für Vitamine erfolgreich war, barg für ihre hinterbliebenen Kinder unzählige Mysterien. Die 1949 geborene Tochter Francisca erfährt erst als erwachsene Frau von der Filmrolle ihrer Mutter in »Menschen am Sonntag«. Während eines Aufenthalts in England besucht Francisca Wentworth zufällig eine Filmvorführung im dortigen Goethe-Institut und erblickt auf der Leinwand plötzlich die eigene Mutter als Teenager. Die Überraschung ist eine vollständige. »Und ich war das erste von uns Kindern, das von diesem Film Kenntnis erhielt.«

Peter Wentworth wiederum stößt im Nachlass seiner Mutter auf zwei Fotos, die einen Mann zeigen, der ihm von der Ähnlichkeit her wie aus dem Gesicht geschnitten scheint. Die eine Aufnahme zeigt den Mann, bekleidet mit Anzug und Krawatte im Stil der 1930er Jahre; auf einer zweiten Aufnahme ist der Mann mit nacktem Oberkörper zu sehen, stehend im Schilf. Peter Wentworth hielt diesen Mann stets für seinen leiblichen Vater: den Kampfpiloten Ricardo Fester.

Peter Wentworth (links) und zwei Fotos (rechts) die den möglichen Vater von Wentworth zeigen

Erst als es im Rahmen der Recherchen zu diesem Buch schließlich gelingt, einen direkten Bezug zwischen Peter Wentworth und dem authentischen Richard Fester herzustellen, zeigt sich rasch, dass die beiden Fotos in Wentworths Besitz auf gar keinen Fall seinen einstigen deutschen Namensgeber zeigen, sondern einen gänzlich unbekannten Mann. Aufgrund der großen Übereinstimmung im Aussehen dürfte es sich jedoch eindeutig um den Erzeuger von Peter Wentworth handeln. Doch wer ist der Mann auf den Fotos? Dieses Geheimnis hat Christina Ehlers mit ins Grab genommen.

Es gibt nur einen vagen Anhaltspunkt: Wie Richard Fester seiner späteren Frau Vera erzählte, war Christina Ehlers, als er sie kennenlernte, bereits schwanger gewesen. Ihr bisheriger Liebhaber hatte sich jedoch von ihr abgewandt und sie verlassen. Der Grund: Jener Abtrünnige hatte mit einem Mal sein Herz für den Nationalsozialismus entdeckt und strebte nun als SA-Angehöriger eine Karriere unter den neuen Machthabern an. Eine jüdische Freundin passte da schlecht ins Konzept des braunen »Bonzen«.

Hat der athletische Mann auf den Fotos bei der Trennung von der attraktiven Schauspielerin je erfahren, dass sie zu diesem Zeitpunkt sein Kind erwartete? Die geschasste Geliebte »undeutschen Blutes« bewahrte die beiden Schwarz-Weiß-Aufnahmen ihr Leben lang auf, dichtete ihnen aber die falsche Legende vom spanischen Kampfpiloten an.

»Macht nichts«, sagt Peter Wentworth, der 20 Jahre als Soldat in der US-Armee diente und 2014 seinen 80. Geburtstag im kalifornischen Roseville feierte. »Ich weiß zwar nicht, wer mein Vater war, aber ich weiß, ich wurde geliebt. Meine Mutter und meine Großmutter haben mir so viel Liebe und Zuneigung gegeben, dass es keine Leerstelle in meinem Leben gab.«

Auch seinem vorgeblichen Vater Richard Fester ist Peter Wentworth dankbar. »Ich habe ihn fast mein ganzes Leben für meinen Vater gehalten. Mehr noch, in allen Formularen, die ich ausfüllen musste, habe ich stets ihn als meinen Vater angegeben. Er und meine Mutter waren zusammen, als ich zur Welt kam. Er wollte ihr, einer Frau mit einem kleinen Kind, helfen. Also taten sie sich zusammen. Auch wenn die beiden nicht verheiratet waren – er trat als mein Vater auf und gab mir seinen Namen«, resümiert Peter Wentworth, um schmunzelnd anzufügen: »Damit haben meine Mutter und er die ganze Welt ausgetrickst.«

Bleibt nur noch die Frage: Was wurde aus Richard Fester? Kurioserweise hat der Fast-Schwiegersohn das verwaiste Werk seines Beinahe-Schwiegervaters Alfred Ehlers in Búger aufgegriffen und vollendet. 1935 hatte Fester nach der für ihn schmerzvollen Trennung von Christina Ehlers in Deutschland eine Schulfreundin geheiratet und war mit ihr nach Norwegen gezogen. Dort wurde das Paar 1940 von der Besetzung des Landes durch die Wehrmacht überrascht. Der junge Mann wird im Verlauf des Krieges zur Wehrmacht eingezogen. 1943 wird der 33-Jährige an der Ostfront schwer verletzt, verliert einen Arm. Nach dem Krieg schafft es Fester, als Dolmetscher für die US-Armee angenommen zu werden. Bei der Durchleuchtung seiner Vergangenheit stellen die amerikanischen Prüfer fest, dass Festers vermeintlicher Sohn Peter in Kalifornien gemeldet ist. Wie Vera Fester sagt, weiß ihr Mann daher um den Nachwuchs, dem er seinen Namen gegeben hatte, nimmt aber bis zu seinem Tod im Jahre 1982 keinerlei Kontakt zu ihm auf.

Die Erinnerung an Mallorca lässt indes Fester nicht los. »Ich kenne einen Ort auf der Insel, der wäre was als Alterssitz«, schwärmt er seiner Frau von dem Dorf Búger vor. 1957 machen sich die beiden auf den Weg und schlagen ihr Zelt auf dem Es-Pujol-Hügel auf. Auch Zeitzeuge Joan Bennàssar erkennt in dem ausländischen Besucher den ehemaligen Verlobten der Ehlers-Tochter Christina wieder. Er hat mittlerweile seinen Onkel beerbt und ist der Herr des Hügels.

Vera und Richard Fester lassen sich in Búger nieder und erwerben gemeinsam mit dem Kompagnon Erich Pleisser auf Es Pujol die Windmühlen samt 16.000 Quadratmeter Fläche. Sie parzellieren das Gelände und verkaufen die Grundstücke an Interessenten, die sich dort nach und nach Ferienhäuser errichten. Wie die Festers stammen die meisten von ihnen aus dem Gebiet zwischen Rhein und Odenwald. Auf Mallorca entsteht so über die Jahre eine gepflegte Gartensiedlung, in der sich einige deutschsprachigen Eigentümer den Traum vom Leben im Süden verwirklichen. Manche dieser Bewohner geben ihrem privilegierten Urlaubs- oder Alterssitz auf dem Hügel neben Búger offenbar auch einen deutschen Beinamen: »Bugenburg«.

Richard Fester lebt mit seiner Frau Vera und den beiden Kindern dort bis 1966. Dann ziehen die Festers wegen der Schulfrage zurück nach Deutschland. Die Familie hatte nach ihrer Ankunft in Es Pujol jenes Haus am Mühlturm vollenden lassen, dessen Bau Alfred Ehlers bereits Ende 1933 begonnen hatte. Auf diese Weise schließen sich zum Teil die Kreise, auch wenn das ursprüngliche Vorhaben – ein Mozarteum ins Leben zu rufen – sich nicht umsetzen ließ.

Doch selbst in diesem Fall scheint die Idee, wie sie Alfred Ehlers einst in sich trug, von unsichtbarer Hand in dem Ort ausgesät und aufgegangen zu sein: Im Jahre 1978 gründet ein mallorquinischer Komponist ausgerechnet in Búger eine Stiftung für klassische Musik. Die »Zone für akustische Kreativität« (ACA) widmet sich der Erforschung und Dokumentation von Kammermusik. In Son Bielí, einem Haus mit antikem Windmühlenturm, finden unter den Auspizien des balearischen Musikkonservatoriums regelmäßig Konzerte, Fachtagungen und internationale Begegnungen für Komponisten statt. So ist in Búger doch noch ein winziges »Mozarteum« entstanden.

Deutsche Hoteliers und Herbergsmütter

Die Ursprünge des »Hotel Paradies«

Dem deutschen Fernsehsender ZDF gelang im Jahre 1990 mit der 27-teiligen TV-Serie »Hotel Paradies« ein grandioser Erfolg. Die Programmmacher lockten die Zuschauer erst vor die Fernsehgeräte und viele dann auch nach Mallorca. Die Fernsehproduktion machte Lust auf die Sonneninsel, die herrlichen Landschaftsaufnahmen polierten das Image des Eilands auf, das zuletzt als Billigdestination und »Putzfraueninsel« gegolten hatte. Die Unterhaltungserie war ein Glücksfall für die Fremdenverkehrsindustrie: Sie erwies sich als eine der besten Werbemaßnahmen für die Ferienregion. Das Werk wäre von seiner Reichweite her unbezahlbar gewesen, wenn es von der offiziellen Tourismusbehörde der Balearen in Auftrag gegeben worden wäre.

Kurios ist, dass jenes für das Fernsehen erdachte »Hotel Paradies« auf real existierende Vorläufer zurückblicken konnte. Deutsche Hoteliers, die auf Mallorca Übernachtungsbetriebe ins Leben riefen und für ihre Unterkünfte eifrig die Werbetrommel rührten, lassen sich schon Jahrzehnte vorher finden. Im März 1931 veröffentlichte Ulrich Bönisch, Inhaber des Hotels Royal in Palma, eine Inselbeschreibung mit 27.000 Exemplaren. Bereits hier griff der Titel »Mallorka. Ein kurzgefasster Führer durch das Paradies des Mittelmeeres« das seitdem immer wieder gerne bemühte Bild des biblischen Gartens auf. Mehr noch: Ähnlich wie die Fernsehserie mit ihren gefilmten Panoramen wusste Bönisch die Insel sprachlich ins rechte Licht zu setzen:

Mallorka ist das Lieblingskind der Natur. [...] Wo noch finden wir diese bezaubernde Farbenpracht, diesen nie trübenden, blauen Himmel, diese ewig strahlende Sonne, diese würzige Seeluft und üppige Vegetation? [...] Reichen Ertrag und klingenden Verdienst gibt der fruchtbare Boden dem Landwirt. Man braucht nur einen Sonnabend-Markt in Palma erleben, um das zu erkennen. Gesunde, wohlgenährte, gutgekleidete Menschen mit lachenden, zufriedenen Gesichtern stehen da scheinbar zwecklos herum, sitzen vor den Cafés, versperren überall den Weg und man spürt geradezu ihren Genuss am Dasein und ihre Freude auf den kommenden Sonn- oder Festtag, der ja nie verregnet. Zwischen diesem Völkchen leben, das allein macht schon verbrauchte Nerven gesund.[102]

Wer war Ulrich Bönisch? Der Kaufmann aus Chemnitz, Jahrgang 1892, war bereits seit 1914 auf Mallorca gemeldet, wohin er als 21-Jähriger gelangt war. Später war

Hotel »Royal«

Bönisch verheiratet mit der sechs Jahre älteren Ella, geborene Schön, aus Charlottenburg. Der Unternehmer muss bis zu seinem Tod im Jahre 1939 der dienstälteste deutsche Hotelier der Insel gewesen sein. Sein kunstvoll gearbeiteter Grabstein befindet sich auf dem Friedhof von Palma.

Über Bönisch haben sich nur wenige Details finden lassen. Als Arbeitgeber hatte er den Koch und späteren Ortsgruppenführer Walter Rup 1932 »wegen Küchendiebstahl fristlos entlassen«. Dem Tagebuch der Maria Esch sind ebenfalls einige Hinweise zu entnehmen. So besichtigte die Frau im Oktober 1927 den Rohbau des Hotels. Unter dem 15. Januar 1928 hielt sie fest: »Einweihung von Bönischs neuem Hotel 'Royal'.« Der Ort muss Maria Esch so gut gefallen haben, dass sie dort im Sommer ihren 70. Geburtstag beging. Im November schrieb sie in ihr Tagebuch: »Bei blendendem Sonnenschein auf der Terrasse des Royal gefrühstückt und im Liegestuhl gelegen bis zum Mittagessen.«

Wo befand sich das Hotel Royal und was wurde aus dem Gebäude? Tatsächlich ist das Haus heute noch existent, wenn auch stark umgebaut zum Wohn- und Bürogebäude. Die »königliche« Unterkunft war an Palmas Steilküste oberhalb der Klippen errichtet worden und verfügte über einen eigenen Meerzugang. Heute ist die felsige Meeresfront hinter dem Paseo Marítimo und seiner Bebauung verschwunden. Das »Royal« befand sich in der Nachbarschaft von Jugendstilvillen. Von diesen hat nur die Villa Can Ponsa ihr Aussehen unverändert bewahrt. Das um 1920 entstandene Anwesen gibt mit seinem Garten, der einst unten am Meer endete, einen Eindruck davon, wie prachtvoll sich die Häuserzeile rund um das Hotel Royal präsentierte: als privilegierter Schauplatz über der Bucht von Palma.

Hotel Royal, direkt vom Meere aus gesehen.

Hotel »Royal«

Anhand von Ansichtskarten lässt sich nachvollziehen, welchen Wandel das Hotel Royal im Laufe der Jahrzehnte durchlief. Das Haus wurde immer wieder durch An- und Aufbauten verändert. Aufnahmen aus dem Jahr 1931 zeigen, wie das Anwesen an der Oberkante der Meeresklippe thronte. Unterhalb des Eingangsbereichs waren vier Stockwerke dicht am Felsen in die Tiefe gestaffelt, sodass die jeweiligen Zimmer samt den 16 Balkonen allesamt auf das Meer blickten.

Im untersten Bereich befand sich eine Plattform mit Grünzone. Von dort führten Stufen ins Meer, sodass das Ensemble eine private Badestelle bildete. Vier Monate nach Eröffnung des »Royal« schrieb ein Fritz Kreß per Hotelpostkarte an seinen Bruder in Limburg: »Habe heute noch um 6.00 abends direkt vor dem Hotel hier geschwommen.« Der Clou des Wasservergnügens ist 1931 auf einem anderen Foto zu sehen: Es zeigt einen Wasserskifahrer, der sich auf einem Brett von einem Motorboot ziehen lässt. »Wellenreiten vor dem Royal«, vermerkte dazu die Bönisch-Broschüre.

Wer durch die Eingangshalle mit der Hotelrezeption, der eleganten Bibliothek und dem Speisesaal schritt, fand sich auf der Sonnenterrasse wieder. Hier dürften der Kaffee und die Cocktails eingenommen worden sein. Sprich: Der Luxus und die Panoramaaussicht der Vier- und Fünf-Sterne-Hotels an Palmas Paseo Marítimo sind heute ein Standard, wie er bereits 1931 von dem deutschen Hotelier Ulrich Bönisch gesetzt worden war.

Links im Bild das Hotel Royal mit Namenszug »Royal« auf dem Dach

Auf dem Dach des Hotels wiederum waren riesige Buchstaben angebracht, die weithin sichtbar den Schriftzug »ROYAL« zeigten. Schon vor der Fertigstellung der Hafenpromenade im Jahre 1957, mit der die Badestelle des Hotels verschwand, war das Haus mehrfach vergrößert worden.

Dessen ungeachtet rentierte sich das Unternehmen »Royal« für den Kaufmann Bönisch nicht. Er trennte sich bereits 1934, sechs Jahre nach Eröffnung, von dem Betrieb. In einem vertraulichen Bericht schrieb Konsul Dede später über den Hotelier:

Man sagt, der sehr unternehmungslustige Herr Bönisch habe zu viel machen wollen, ihm seien die Sachen über den Kopf gewachsen. Er schiebt die Schuld auf einen Teil seiner Geldgeber, die nicht redliche Leute gewesen wären und ihn verderben wollten.[103]

Um 1935 wurde das Hotel von der mallorquinischen Familie Alcina gekauft, 1950 kam es an die spanische Unternehmensgruppe Rigel, sodass auf dem Hoteldach nun die Buchstaben »RIGEL« montiert wurden. Später wurde die Immobilie zum Apartmentwohnblock »Edificio Rigel« umgebaut.

Das Royal war nicht das einzige Hotel an der Wasserfront von Palma, das auf deutsche Initiative zurückzuführen ist. Wenige Schritte entfernt errichtete eine Investoren-

»Casa des Set Pisos« (Seeseite links und Nordseite rechts) in heutiger Zeit

gruppe 1932 das sogenannte Sieben-Stockwerke-Haus (»Casa des Set Pisos«). Das Kuriose in diesem Fall: Sie baute das Gebäude direkt ins Meer am Fuße der Steilklippe. Als Fundament wurden auf einem flachen Unterwasserfelsen ausgehärtete Zementsäcke deponiert. Der Zugang zu dem Anwesen erfolgte damals wie heute vom Höhenplateau aus, wo die Straße Marquès de la Sènia vorbeiführt. Allerdings ging den deutschen Investoren nach Fertigstellung des Rohbaus das Geld aus. Der mallorquinische Teilhaber beendete die Immobilie in Eigenregie und vermietete die Hotelzimmer als Wohnungen. Direkt daneben wurde später das Auditorium errichtet. Palmas »erstes Hochhaus« nimmt sich heute zwischen den Wohntürmen wie ein Zwerg aus.

Ein weiterer Deutscher, der sich bereits 1928 als Hotelier auf Mallorca niedergelassen hatte, war Willy Strohmeyer. Der Kaufmann aus Fredelsloh bei Göttingen, Jahrgang 1884, war der Direktor des Hotels Inglés in Palma, eröffnet 1925, das wiederum eng mit dem Hotel Londres verbunden war. Das waren zwei gefragte Übernachtungsbetriebe der Stadt. Das Londres wies einen kunstvoll gefertigten, gerundeten Glaserker auf, der heute noch gerne fotografiert wird. In dem Gebäude an der Plaza de la Constitución befindet sich gegenwärtig Mallorcas distinguierter Fremdenverkehrsverband Fomento del Turismo, gegründet 1905.

Zu Willy Strohmeyer ist belegt, dass der Hotelier um 1941 auf Mallorca als NS-Parteianwärter gelistet wurde. Ob die Aufnahme tatsächlich erfolgte, ist nicht bekannt. Ein weiterer deutscher Hoteldirektor war der aus Plauen stammende Gerhard Thümmler. Gemeinsam mit seiner Frau Hildegard leitete er das Hotel »Castellet« in Cala Rajada.

Willy Strohmeyer

Auf seinen dortigen Posten kam Thümmler, der seit 1930 auf der Insel lebte, durch Strohmeyer. Letzterer hatte das Mitte der 1920er Jahre errichtete Sommerhaus des katalanischen Unternehmers Francisco Castellet gepachtet und in ein Hotel umfunktioniert. Von daher stammt auch der Name des Übernachtungsbetriebes, ein schönes Wortspiel, da »Castellet« auf Katalanisch »Schlösschen« bedeutet. Allein für 1935 betrug die Jahrespacht 1.500 Pesetas. Strohmeyer kannte Thümmler bereits seit einiger Zeit und ernannte diesen im touristisch aufstrebenden Küstennort Cala Rajada zum Direktor seines dortigen Betriebes. So ist Thümmler den

Einwohnerdaten des Ortes zufolge dort erstmals 1932 gemeldet. Wie eng die beiden Strohmeyer-Hotels »Castellet« und »Inglés« vom Management geleitet wurden, ist auch an dem einheitlichen Logo der beiden Unterkünfte zu erkennen. Das Emblem des Hotels Royal scheint von demselben Grafiker gestaltet worden zu sein.

Wer hat da wen kopiert? Oder hatte sich Strohmeyer als Hotelbetreiber zeitweise auch am Bönisch-Hotel in Palma engagiert? Fakt ist, dass die deutschen Hotelkaufleute damals einen nicht unbedeutenden Beitrag zum Aufstieg Mallorcas als Tourismusdestination leisteten. Eine zeitgenössische Werbepostkarte, die von Mallorcas Fremdenverkehrsverband Fomento verteilt wurde, pries die Vorzüge des »Castellet« auf Englisch an: »Central Heating in every Room. Excellent Kitchen. Fine Sand Beach for Bathing«. In einem 2015 erschienen Buch über die Ausländerkolonie in Cala Rajada schreiben die Autoren Maria Massanet und Gori Rexach:

Das Hotel Castellet war ein Etablissement von hohem Niveau, in dem ein Ambiente des Luxus vorherrschte und die Aufenthalte Monate dauerten. Es war der Treffpunkt von wohlhabenden Familien und Geschäftsleuten.[104]

Hoteldirektor Thümmler legte selbst Hand an, um tatkräftig die Werbetrommel für seinen Übernachtungsbetrieb zu rühren. Kreativ mit den Mitteln der Zeit schoss der Hotelier eigenhändig Fotos und ließ diese in Form von Postkarten drucken. Die Schwarz-Weiß-Motive zeigen nicht nur das Hotel oder die Landschaft rund um Cala Rajada, sondern führen auf der Bildseite zusätzlich den in Rosa gedruckten Schriftzug »Castellet Hotel« sowie ein Logo, das aus den Initialen »GT«, für Gerhard Thümmler, stilisiert zu sein scheint.

Verschiedene Hotels, ein Werbezeichner

Der Hoteldirektor verstand sich auf modernes Marketing und setzte auf bis dahin ungewöhnliche Methoden, um sein Haus bekannt zu machen. So kam es, dass der gefragte Berchtesgadener Maler, Expressionist und »utopische Architekt« Hermann Finsterlin (1887-1973) beauftragt wurde, im Salon des Hotels ein Wandgemälde anzufertigen. Von dem Werk sind keine Fotografien bekannt, aber ein Bericht von Juni 1936 ist erhalten geblieben:

So begrüßen den Besucher der gepriesenen spanischen Insel Mallorca in derem jüngsten, aufblühendem Strandorte Cala Ratjada im Speisesaal des herrlich gelegenen Hotels Castellet zwei große Fresken des Berchtesgadener Malers Hermann Finsterlin. Märchenhaft, wie alle seine Gebilde; [...] erfreulich, daß auch in diesen Ländern ein Verständnis wach ist für die schöpferische Romantik und das handwerkliche Können eines deutschen Künstlers.[105]

Ungeachtet seines expressiven Kunstwerks stand das Hotel Castellet im Ruf, ein Hort deutscher Nazisympathisanten zu sein. Insbesondere die Flieger der Legion Con-

Hotel »Castellet«

dor in Pollença sollen sich in dem Übernachtungsbetrieb die eine oder andere Auszeit genommen haben. Doch die Gästezahlen waren zu niedrig, um den Betrieb fortzuführen. 1944 wurde das Haus von der franquistischen Einheitsgewerkschaft in ein Erholungsheim umgewandelt, 1961 erfolgte der Abriss. Wo einst das Hotel in der Castellet-Straße stand, befindet sich heute ein öffentlicher Platz mit bemerkenswert phantasieloser Architektur an seinen Seiten.

Werbeanzeige für das Hotel Hiller

Das Ehepaar Thümmler blieb dem Nordosten der Insel treu. Es erwarb eine bei Capdepera in luftiger Höhe gelegene Windmühle. Gerhard Thümmler widmete sich dem Handel mit Aprikosen und erlag später einem Krebsleiden.

Neben den professionellen Hotelfachkräften gab es in jenen Jahren auch eine Reihe Deutscher, die auf Mallorca Pensionen gründeten. Zeitgenössischen Anzeigen zufolge dürfte die Pension Hiller die bekannteste gewesen sein. Sie wurde ins Leben gerufen von dem ehemaligen Handelsschiffskapitän Hermann Hiller. Der 1880 im mittelfränkischen Weißenburg geborene Seemann ließ sich 1931 mit seiner Frau und den beiden Töchtern Roswitha und Gisela in Palmas Villenviertel El Terreno nieder. Die Pension befand sich in einem stattlichen Herrenhaus in der heutigen Avenida Joan Miró und umfasste 19 Zimmer. Die Familie Hiller erlebte in den folgenden Jahren in Palma unterschiedliche Schicksale. 1933 gewann die kleine Gisela den zweiten Preis in einem Aufsatzwettbewerb der Wochenzeitung »Herold«. Im Jahr darauf trennte sich Kathrin Hiller, geboren 1894 in Lehe im Emsland, von ihrem Mann. Bei Ausbruch des Bürgerkrieges verließen die Hillers Mallorca.

Eine verfallene Patriziervilla im neogotischen Stil, die ebenfalls im Terreno-Viertel steht, ist stummer Zeuge der Familie Münch, die auf Mallorca zwei Generationen lang eine Pension führte. Der Garten war zuletzt verwildert, das Haus unbewohnt und verriegelt. An der Stirnseite des Geländers der Dachterrasse sind noch immer die Initialen »CM« zu erkennen. Stehen sie für Charlotte Münch?

Die einstige Pension Münch im El-Terreno-Viertel in heutiger Zeit

In den oberen Etagen, die von dem Gartenzugang der Straße Dos de Mayo 5 erreichbar waren, betrieb Charlotte Münch sechs Fremdenzimmer, die meist an Stammgäste vergeben wurden. Insbesondere das Frühstück, das die Wirtin den Kunden bot, brachte dem Betrieb ein gutes Renommee ein. »Es gab immer frisches Brot, frische Milch«, erinnerte sich eine britische Nachbarin. Die Pension sei sehr sauber gewesen.

Die Anfänge der Pension Münch gehen zurück auf das Jahr 1920, als sich Maria Emma Münch auf der Insel niederließ. Die 53-Jährige kam offenbar als Witwe nach Mallorca, wurde aber begleitet von ihrer 1902 in Auerswalde bei Chemnitz geborenen Tochter Charlotte sowie einer weiteren Angehörigen, der 1898 geborenen Elfriede Münch. Handelte es sich um eine weitere Tochter? Wie auch immer; Elfriede Münch starb mit knapp 30 Jahren auf Mallorca. Darüber gibt ein Grabstein auf dem Friedhof von Palma Auskunft, der sowohl an Elfriede Münch (1898-1928) als auch an Maria Münch (1867-1952) erinnert.

Nach dem Tod der Mutter führte Charlotte Münch das Gästehaus alleine weiter. Die Pension existierte 67 Jahre und war damit ebenso langlebig wie die heutigen Hotelklassiker an der Playa de Palma. Während aber letztere erst in den 1950er Jahren gegründet wurden, war die Pension Münch schon Jahrzehnte zuvor in Betrieb gewesen. Gleichwohl ließen sich nur wenige Infos darüber finden. Zeitzeuge Erich Esch wusste über die Münch-Frauen zu sagen:

Das waren untadelige Leute, politisch nicht interessiert. Sie führten eine deutsche Pension. Wenn jemand ein Zimmer benötigte, wurde die Pension Münch empfohlen. (...) Auch wenn im Konsulat jemand unterzubringen war, haben wir ihn in der Pension Münch untergebracht.[106]

Über Charlotte Münch ist belegt, dass sie bis kurz vor ihrem Tode im Jahre 1987 in der gepachteten Villa aktiv war, auch wenn dort kaum noch jemand um Zimmer anfragte. Ihre britische Nachbarin schilderte sie als eine zierliche Frau mit blonden Haaren und blauen Augen. Christa Hillebrand, die Frau des 1972 nach Mallorca entsandten deutschen evangelischen Pfarrers, erinnerte sich, dass in der Pension Münch so mancher Gottesdienst und Weihnachtsfeiern zelebriert wurden. »Frau Münch war eine süße, goldige alte Dame.«

Die deutsche Künstlerin Nancy Grimm, die von 1956 an in der Nähe der Villa wohnte, beschrieb Münch als verlässliche Person: »Sie war sehr preußisch, hatte nie einen Freund. Darüber haben wir uns immer gewundert.« Der Hintergrund für dieses einsame Leben der Pensionsbetreiberin könnte folgender sein: Wie sich die britische Nachbarin erinnerte, hatte sich Charlotte Münch als junge Frau in einen Mallorquiner verliebt. Die resolute Mutter war jedoch gegen die Beziehung ihrer deutschen Tochter mit einem Ausländer. Die Verbindung kam demnach nie zustande, auch dann nicht, als Charlotte Münch längst aus dem Schatten ihrer Mutter herausgetreten war und die Pension alleine führte. Das Leben war weitergegangen, ohne für sie Mann und Kinder vorzusehen.

Und auch das Villenviertel hatte sich mit den Jahrzehnten bis zur Unkenntlichkeit gewandelt: Die neuen Hafenanlagen schnitten den ehemaligen Küstenstadtteil von der Bucht ab, der Fußmarsch hinab ans Wasser zum Baden hatte sich erübrigt. An Land nahm die ungezügelte Bebauung den altehrwürdigen Anwesen die Sicht auf das Meer und verunstaltete die bis dahin pittoresken Straßenzüge.

Es ist nicht bekannt, wie Charlotte Münch mit diesem Wandel umging. Die Frau dürfte Trost in ihrem evangelischen Glauben gesucht haben. Mit ihrem Tod am 27. Januar 1987 im Alter von fast 85 Jahren vermachte Charlotte Münch ihre Habe, darunter ein paar altertümliche Möbel, der deutschen evangelischen Kirchengemeinde Mallorcas. 1997 gründete das Diakonische Werk Rendsburg die Seniorenresidenz Es Castellot in Santa Ponça. Dort soll eine Anrichte aus dem Nachlass Münch noch lange Zeit in Verwendung gewesen sein – als dekoratives Element. Das massive Möbelstück aus dunklem Holz war der letzte Abglanz jenes »Paradieses«, das die deutsche Hotellerie einst ihren Gästen auf Mallorca hatte bereiten wollen.

Deutsche Beteiligung an Siedlungsprojekten

Heinrich Mendelssohn und der »Vorort der Welt«

Es ist eine schmale Broschüre von nur wenigen Seiten, doch sie wird in der Lluís-Alemany-Bibliothek in Palma zu Recht sorgfältig aufbewahrt. Der Grund: Das Papier ist der einzige Beleg für ein ehrgeiziges Siedlungsprojekt, das mit deutschem Fachwissen und womöglich sogar deutschem Kapital auf Mallorca realisiert werden sollte. Hätte das 1933 präsentierte Vorhaben verwirklicht werden können, dann würde der Küstenort Santa Ponça im Südwesten der Insel heute sicherlich ein viel geringeres Ausmaß an urbanem Wildwuchs aufweisen.

Der aragonesische König Jaume I. war im September 1229 in jener Bucht gelandet, um Mallorca von den Mauren zurückzuerobern. Für seine Flotte und das Heer war der natürliche Hafen eine günstige Basis, um den Angriff auf die damalige Inselhauptstadt Medina Mayurqa vorzubereiten. Nach der geglückten Invasion von damals herrschte rund um die Bucht gut 700 Jahre Ruhe. Einzig die Leibeigenen des herrschaftlichen Anwesens von Santa Ponça beackerten die Felder des Landgutes oder weideten dort die Schafe.

Dann, zu Beginn des 20. Jahrhunderts, wollte ein gänzlich anderes Projekt das unbesiedelte Tal samt den bewaldeten Höhen und Steilküsten als neuen Lebensraum erschließen. »Santa Ponsa, la nueva ciudad de Mallorca«, die neue Stadt der Insel, nannte sich das Vorhaben, das in spanisch-deutscher Kooperation eine Wohn- und Freizeit-Siedlung mit Platz für mindestens 15.000 Menschen verwirklichen wollte, samt Villen, Hotels, Kinos, Kasino, Yachthafen, Sportanlagen, Golfplatz, Prachtalleen und Flaniermeilen. Das waren für Mallorca neuartige Planungsdimensionen.

Als Urheber des angestrebten Werks am Santa-Ponça-Strand nennt die Broschüre deutsche und spanische Baufachleute. Der eigentliche Initiator des Vorhabens wird hingegen nur indirekt erwähnt. Es handelt sich um einen Erben des mallorquinischen Adeligen Fernando Truyols i Despuig, Graf de la Torre (1850-1923). Letzterer hatte zu Lebzeiten zu den großen Landbesitzern in Spanien gezählt. Jenem Aristokraten und Politiker gehörten allein auf der Insel neben dem Landgut Santa Ponca etwa der Herrensitz Son Vida – heute das Fünf-Sterne-Hotel Castillo de Son Vida – sowie der Altstadtpalast Cal Marquès de la Torre, in dem die balearische Architektenkammer residiert.

SANTA PONSA

LA NUEVA CIUDAD DE MALLORCA
THE NEW CITY OF MALLORCA

PLANEAMIENTO / PLAN
HEINRICH MENDELSSOHN
DR.-ING. MAX SÄUME
BERLIN-PALMA DE MALLORCA

AGRIMENSURA / SURVEY
ING. AGR. A. MESTRE ARTIGAS

TRABAJO COLECTIVO HISPANO-ALEMÁN
GERMAN-SPANISH MUTUAL WORK

MONUMENTOS | PUERTO DE YATES | CALA DE SANTA PONSA | PLAYA

Prospekt für das Siedlungsprojekt »SANTA PONSA« im Südwesten von Mallorca

Der Erbe des Marquis erhielt den Herrensitz Santa Ponça und wollte als alleiniger Besitzer das Wald- und Ackerland in eine moderne »Urbanisation« verwandeln. Das Projekt zielte, wie der Broschüre zu entnehmen ist, auf ein kaufkräftiges Publikum aus dem Ausland. Es sollte mit den bestehenden Dampferverbindungen von den europäischen und sogar nordamerikanischen Häfen aus in großer Zahl nach Santa Ponça gelangen und dort urlauben beziehungsweise Immobilienbesitz erwerben. Die angedachte Siedlung vor den Toren Palmas würde, so malten es sich die Planer aus, Mallorca zum »Vorort der Welt« machen. Die Broschüre verkündete wortreich die vielen Vorzüge der Bucht und zog als Fazit einen direkten Vergleich mit dem damaligen Hauptkonkurrenten der Insel in Sachen Tourismus:

Mit anderen Worten: Die Balearen, und vor allem die schöne Insel Mallorca, sind der Gegenpol zur französischen Riviera, das heißt: Sie sind – natürlicher, ruhiger und günstiger.[107]

Die Zahlen, die in dem Projektentwurf genannt wurden, müssen für die damalige Zeitgenossen geradezu gigantisch geklungen haben. 51 Prozent der insgesamt 1400 Hektar großen Latifundie sollten bebaut werden. Auf der sanft ansteigenden Talebene westlich des Sandstrandes war auf 270 Hektar eine »Gartenstadt« für 10.000 Einwohner vorgesehen. Die Parzellen wurden auf 1.000 bis 1.200 Quadratmeter eingeteilt und sollten innerhalb der Grünflächen einzig mit Villen bebaut werden. Die alte, an der heutigen Autobahnausfahrt thronende Santa-Ponça-Windmühle wiederum sollte die Flanke eines zentralen Marktplatzes überragen, der von Läden, Lokalen und Lichtspielhäusern gesäumt sein würde.

Damit nicht genug, wollten die Projektplaner rund um die Anhöhe Puig de Sa Vinya die Villensiedlung »Santa Ponça Mar« entstehen lassen. Sie sah Platz für weitere 5.000 Einwohner vor und verstand sich als Bindeglied zu den ebenfalls geplanten Sport- und Freizeiteinrichtungen. So waren in dem Umfeld ein Reitstall mit Freiland zum Ausreiten, ein Golfplatz, ein Yachthafen von 3,5 Hektar Fläche, ein Kasino mit eigener Schiffsanlegestelle sowie mehrere Hotels im Plan eingezeichnet.

Die erhalten gebliebenen Skizzen geben einen Eindruck davon, wie naturbelassen, gediegen und mondän zugleich die »Vorstadt der Welt« aussehen sollte. Die Planer legten Wert darauf, die Verkehrswege – anders als an der französischen Riviera – nicht direkt an der Küste verlaufen zu lassen, sodass die Einwohner nicht vom Meer abgeschnitten würden. Stattdessen sollten die Straßen abseits der Wohnviertel verlegt werden, um Ruhe und Erholung zu gewährleisten. Gleichzeitig wollten die Planer durchaus einen sieben Kilometer langen Verbindungsweg errichten, der die verschiedenen Siedlungszentren verbinden und atemberaubende Ausblicke auf das Meer bieten sollte.

Wer waren die Männer, die solch ein Projekt auf Mallorca verwirklichen wollten? Die Broschüre gibt dazu auf Spanisch folgende Auskunft:

Es war die Aufgabe der Urheber dieses Entwurfs, das Gelände der Finca von Santa Ponsa eingehend zu studieren [...]. Zur Bewältigung dieser Herausforderung hat der Eigentümer von Santa Ponça den bekannten Berliner Experten für Bauunternehmungen, Don Heinrich Mendelssohn, zum Mitwirken eingeladen. Mendelssohn erschien ihm prädestiniert wegen seiner in Berlin gesammelten Praxiserfahrung der vergangenen 30 Jahre. Als Stadtplaner wurde der Berliner Architekt und Ingenieur Don Max Säume, ein Autor diverser internationaler Entwürfe, hinzugezogen. Auf spanischer Seite wirkte der Agraringenieur Don Arnesto Mestre Artigas mit. Das Ergebnis der gemeinsamen Arbeit zeigt sich in den beigefügten Plänen zu Santa Ponsa, die auf den 20. September 1933 datiert sind.[108]

Heinrich Mendelssohn (1881-1959) war der namhaftere unter den deutschen Mitwirkenden. Der aus Posen stammende Kaufmann, Bauunternehmer und Immobilien-Entwickler galt im Berlin der Weimarer Republik als das, was man gemeinhin einen

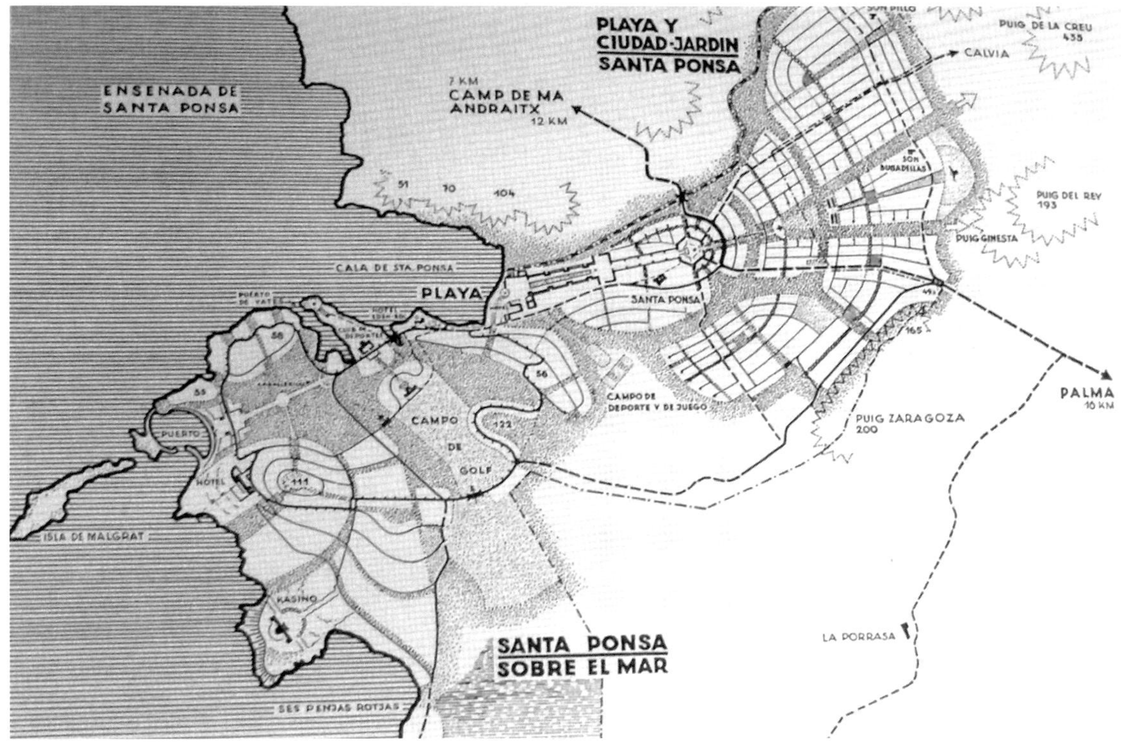

Kartenausschnitt des Projekts »SANTA PONSA«

Heinrich Mendelssohn 1948

Baulöwen nennt. 1953 beschrieb das Nachrichtenmagazin »Der Spiegel« Mendelssohn folgendermaßen:

Heinrich Mendelssohn, 72, ein Mann, der permanent eine rote Nelke im Knopfloch trägt und der aus dem ununterbrochenen Verzicht auf ein tägliches warmes Mittagessen eine Weltanschauung gemacht hat. Diese Eigenheiten gehen schon auf jene Zeit zurück, in der Heinrich Mendelssohn als tüchtiger junger Mann im Berlin der zwanziger Jahre Häuser gebaut hat. Obwohl er weder ausgebildeter Architekt noch gelernter Ingenieur ist, meißelte er damals durch seine kühnen Bauten entscheidend mit am Profil Berlins: Das »Deutschland-Haus«, das »Europa-Haus«, das »Amerika-Haus«, das »Haus am Tiergarten« und andere repräsentative Bauten stammen von ihm.[109]

Mendelssohn wurde in Medienberichten fälschlicherweise häufig als Architekt bezeichnet. Hinzu kamen Verwechslungen mit dem ebenfalls in Berlin aktiven Architekten Erich Mendelsohn (1887-1953), der 1922 mit seinem expressionistischen Einsteinturm in Potsdam internationale Beachtung fand. Wurden der Baulöwe und der Stararchitekt bereits von ihren Berliner Zeitgenossen durcheinander geworfen, so setzte diese Verwirrung sich später fort: Es gibt Publikationen auf Mallorca, in denen irrtümlich die Rede ist, Erich Mendelsohn sei der Urheber des Santa-Ponça-Projekts gewesen. Die Verwechslung wurde begünstigt durch den Gleichklang der Namen. Im Spanischen wird zudem sowohl für »Heinrich« als auch für »Erich« schlicht »Enrique« verwendet.

Hinzu kamen neben dem Berliner Wirkungsfeld die parallelen Lebensläufe der Akteure: Mendelssohn wie Mendelsohn verließen aufgrund ihrer jüdischen Abstammung 1933 Deutschland und emigrierten über Zwischenstationen nach Großbritannien. Allerdings: Während vom Architekten nicht bekannt ist, ob er jemals seinen Fuß auf Mallorca setzte, lassen sich im Falle des Immobilienmoguls zahlreiche Hinweise finden.

So schrieb die deutsche Wochenzeitung »Die Insel« am 1. Juli 1933 in ihrer Meldungskolumne »Wussten Sie schon?«, dass der »weltbekannte Architekt Heinrich Mendelssohn in Terreno weilt und große Projekte für Mallorca plant«. Auch die »Mallorca Sun« berichtete im Januar 1934 über den Bauunternehmer:

Nach mehreren Monaten Abwesenheit in London, Holland und Paris ist Herr Heinrich Mendelssohn, der Berliner Architekt, nach Palma zurückgekehrt. Er traf am Donnerstag ein und wird einmal mehr zu sehen sein, wie er den Borne entlang flaniert, mit seinem Schirm über den Arm gehakt, ganz wie der Herzog von Cambridge.[110]

Im deutschen Konsulat meldete Mendelssohn sich mit seiner Frau Hildegard im Juli 1933 als »Konsul« an. Tatsächlich war der Immobilien-Tycoon bereits in Berlin Konsul der Republik Bolivien gewesen.

Die Frage, die bleibt: Warum ließ sich der »Vorort der Welt« in Santa Ponça nicht verwirklichen? Scheiterte das Vorhaben an externen Hindernissen? Lag es daran, dass Hitler Reichskanzler geworden war und Heinrich Mendelssohn als prominenter Jude Nachstellungen durch das Nazi-Regime zu befürchten hatte? Der Gedanke liegt nahe, Mendelssohn könnte das Projekt von Santa Ponça in Angriff genommen haben, um sich ein neues Betätigungsfeld fernab von Hitlers Machtbereich zu erschließen. War das Wohnbauprojekt also aus politischer Not geboren, ähnlich wie das private »Mozarteum«, das Alfred Ehlers in Búger zu verwirklichen gedachte?

Es spricht Einiges gegen diese Annahme: Ein solcher Projektentwurf, wie er für Santa Ponça im September 1933 – acht Monate nach der Ernennung Hitlers – vorgestellt wurde, lässt sich vermutlich nicht in so kurzer Zeit auf die Beine stellen. Die Arbeiten zu diesem Vorhaben müssen deutlich früher angegangen worden sein. Hier kommt der zweite deutsche Beteiligte an dem Projekt, Max Säume, in Betracht. Der Architekt hatte seit 1924 für den Stadtplaner Hermann Jansen gearbeitet, der seinerseits seit 1929 in Madrid aktiv war. Auch Säume hielt sich 1932 zeitweise in Spanien auf. Es ist anzunehmen, dass er in jener Zeit mit den Vorarbeiten für das Santa-Ponça-Projekt betraut wurde.

So stammen neben den Plänen auch die Fotos für die Broschüre von Max Säume. Zusammen mit einem weiteren Deutschen, Günther Hafemann, zeichnete er für den Inhalt verantwortlich. Säume und sein Studienfreund Hafemann gründeten 1932 ein gemeinsames Büro, das in Bremen bis 1960 existierte. In den Jahren der NS-Zeit waren die beiden Architekten durchaus aktiv. Sie entwarfen 1934/35 einen Bebauungsplan für Neuruppin und fertigten 200 Einzelplanungen für kleine Städte und Gemeinden in der Mark Brandenburg an.

Im Klartext: Bei diesen beiden Urhebern des Santa-Ponça-Projekts dürften aus Nazi-Sicht keine »antijüdischen« Beweggründe vorgelegen haben, um das Vorhaben zu verhindern. Allerdings ist wahrscheinlich, dass die neuen Machthaber zumindest einen Investitionszufluss aus Deutschland in das Projekt unterbanden, falls ein solcher tatsächlich erforderlich gewesen wäre. Die Wirtschaftspolitik der Nationalsozialisten zielte bekanntlich darauf, den Abfluss von Devisen ins Ausland zu verhindern, um die Mittel in die eigenen Aufrüstungspläne zu stecken.

Da die Investitionen in das Santa-Ponça-Projekt im Grunde jedoch von den potenziellen Immobilienkäufern »aus aller Welt« kommen sollten, ist davon auszugehen, dass es letztlich die politisch unruhigen Jahre der Spanischen Republik sowie die unsichere wirtschaftliche Weltlage waren, die den angepeilten »Immobilien-Boom« auf Mallorca ausbremsten. Mit dem Ausbruch des Bürgerkrieges 1936 wurde dem Vorhaben dann eine jegliche Grundlage entzogen.

Kurioserweise bildete das Santa-Ponça-Projekt in jenen Jahren kein singuläres Vorhaben auf Mallorca. Es gab gleich mehrere »Urbanisations«-Projekte, die das Erstellen von Villensiedlungen samt ihrer touristischen Nutzung anstrebten. So wurde 1933 im Inselosten der Grundstein für die Wohn- und Feriensiedlung »Mare Nostrum« in Cala d'Or bei Santanyí gelegt. Initiator war der aus Ibiza stammende Galerist Josep Costa Ferrer. Er machte den auf seiner Heimatinsel vorherrschenden Baustil zur Auflage. Kunst- und Kulturschaffende aus Spanien, Belgien, Österreich und den USA errichteten sich weiße Häuser inmitten von Gärten. Zwölf dieser Gebäude wurden 2010 unter Denkmalschutz gestellt.

Zeitgleich zu »Mare Nostrum« wurde im Inselnorden der US-Architekt Arthur Middlehurst beauftragt, vor den Toren Alcúdias eine Villensiedlung samt Golfplatz, Hotels, Kasino und Flugplatz zu entwerfen. Tatsächlich wurden von dem »Urbanización Playa de Alcúdia« genannten Projekt drei Villen errichtet, von denen heute eine den »Supermarket Sigfrido« an der Hauptstraße Alcúdia-Artà beheimatet, sowie 1934 der erste Golfplatz der Insel verwirklicht.

Schon seit Januar 1932 war ein weiteres Projekt von geradezu überwältigendem Ausmaß bekannt: In einer so abgelegenen Gemeinde wie Santa Margalida im Inselnorden sollten 10.000 Häuser verwirklicht werden, um den erwarteten Zustrom an ausländischen Urlaubern aufzunehmen. Es handelte sich vermutlich um die Keimzelle des heutigen Küstenortes Can Picafort, den es damals so nicht gab. Die »Insel« berichtete im Juni 1933, »für 20.000 Pesetas hat man ein stattliches Haus mit Garten. Kleinere Häuser kosten 13.000 Pesetas mit Grundstück.«

Einen Monat später meldete die »Insel«, dass bereits 400 Grundstücke in der geplanten Siedlung einen Käufer gefunden hatten. Der Bau der Villen würde eifrig fortschreiten. Ferner war zu erfahren, dass ein deutsches Ehepaar »eine Kaffeebar einrichtet, mit Fellen, Waffen und einem niedlichen kleinen Äffchen«.

Die beschriebenen Bauprojekte machen deutlich, dass die Großgrundbesitzer auf Mallorca die Chance witterten, ihre angestammten Forst-, Jagd- und Agrargebiete lukrativ zu versilbern, insbesondere wenn die Ländereien in Küstennähe lagen. Sie setzten dabei vor allem auf das Know-how ausländischer Berater wie Mendelssohn, Middlehurst oder Möritz, denn diese wussten um die ästhetischen Vorlieben ihrer Landsleute. Der Ausbruch des Spanischen Bürgerkrieges warf indes die Pläne über den Haufen und erzwang eine Pause von 30 bis 40 Jahren für die Erschließung der Siedlungsgebiete. Unter dem Einfluss des Massentourismus, der Ende der 1960er Jahre einsetzte, wurde dann die Bebauung geradezu eruptiv nachgeholt. Heute ist Santa Ponça ein zum Teil gnadenlos verunstalteter Küstenort, der gleichwohl jede Saison Abertausende Besucher aus vieler Herren Länder anlockt. So ist in einem Punkte sehr wohl eingetreten, was Heinrich Mendelssohn und die Kooperationspartner von 1933 angepeilt hatten: Die stille, unbesiedelte Bucht von einst ist durchaus zu einem »Vorort der Welt« geworden.

Santa Ponça (heutige katalanische Schweibweise) im Zeitalter des Massentourismus, ursprünglich Santa Ponsa (spanische Schreibweise)

Triumph und Tod am höchsten Berg

Die Deutschen und der Puig Major

Es ist nicht bekannt, wer der erste Mensch war, der den Puig Major, Mallorcas höchsten Berg, je bestieg. Als vor etwa 6.000 Jahren die ersten Siedler über das Meer kommend das Eiland erreichten, da wird es nicht allzu lange gedauert haben, bis einer oder einige mutige Jäger und Sammler die Insel erkundeten und sich an das Wagnis machten, die höchste Erhebung des Tramuntana-Gebirges zu erklimmen.

Von der Inselebene aus ist bestens zu erkennen, wie der Gebirgszug einem Riegel gleich von Südwest nach Nordost verläuft und ein graugrünes Band in die Landschaft zeichnet. Grün aufgrund der dichten, auch im Winter belaubten Eichenwälder, die da-

Albert Hauf während seiner Ski-Expedition am Puig Major 1934

mals noch inselweit vorherrschten, und grau aufgrund der Felsen, die jenseits der Baumgrenze den Himmel stürmen.

Es ist ein wahrhaft grandioses Gebirge, das noch heute aufgrund seiner Naturschönheit jährlich Zehntausende von Wanderern anlockt. Im Jahre 2011 wurde die Tramuntana-Region wegen ihrer in Jahrhunderten von Menschenhand geschaffenen Kulturlandschaft – den Trockensteinmauern und terrassierten Agrarflächen, den gepflasterten Maultierpfaden, Brücken, Wassermühlen, Quelleinfassungen und Natursteinhäusern – zum Unesco-Welterbe erklärt. Das ist ein gerechtfertigtes Gütesiegel für den eindrucksvollen Bergrücken der Insel, der von der Meereshöhe bis zu seinen Gipfeln mindestens acht Tausender aufweist, die letztlich allesamt vom Puig Major, dem »Großen Gipfel«, überragt werden.

Jener Mensch also, der als erster die Spitze des Felsmassivs erklomm, vermutlich an einem Sommertag, frei von eisiger Kälte in der luftigen Höhe, und der den ersten Rundblick über das jungfräuliche Land in den Weiten des Meeres schweifen ließ – er muss sich wahrlich wie der König der Insel gefühlt haben.

Absprengung der Bergspitze des Puig Major

Heute ist der Zugang zum Gipfel gesperrt. Seit 1964 betreibt die spanische Luftwaffe dort eine Radarstation, die unter einer kugelförmigen Kuppel verborgen ist. Die Bergspitze, die sich wie der gesamte Berg bis dahin in Privatbesitz befand, wurde 1958 enteignet und von Spanien zunächst dem US-Militär übergegeben, das dort die Radarstation errichtete und auch die in Zickzack-Linie verlaufende Straße anlegte. Für den Bau der Radarstation war zusätzlich eine waagerechte Plattform notwendig. Um sie zu schaffen, wurde die Bergspitze weggesprengt. Dadurch verlor der Puig Major bis zu acht Meter, sodass die heute offizielle Höhenangabe auf 1445 Meter herabsank.

»Auf Mallorca kann man alles, außer Skifahren.« Die Verantwortlichen für die balearische Tourismus-Werbung preisen ihre Insel gerne damit an, dass hier jede Art von Freizeitsport betrieben werden könne – bis auf den schneebedingten Wintersport. Sie kennen damit letztlich ihre eigene Insel schlecht. Denn bereits im Jahre 1934 fand am Puig Major eine erste Ski-Expedition statt, die schon damals den Beweis erbrachte, dass es selbst im milden Klima der Mittelmeerinsel möglich ist, auf zwei Brettern verschneite Hänge hinabzurauschen.

Damals war in der mallorquinischen Illustrierten »Brisas« eine eindrucksvolle Fotoreportage erschienen. Die vergilbten Aufnahmen zeigen, wie junge Männer auf zwei Brettern auf Schnee, wie er nahezu jeden Winter auf dem Gipfel des Puig Major niedergeht und die Bergspitzen der Tramuntana tage- oder sogar wochenweise mit weißer Pracht überzieht, talwärts gleiten.

Die Reportage gab keinerlei Auskunft über jene Skiläufer, die in wallenden Tweedhosen und bei entblößter Brust Kälte, Wind und Eis trotzten und sich im Tiefschnee verlustierten. Erst durch einen Zufall gelang es im Jahre 2009, die Identität der Männer zu klären: Die Schneekönige vom Puig Major waren zwei junge deutsche Brüder, die damals in Sóller lebten.

Was hatte die beiden auf die Insel verschlagen? Noch dazu auf Skiern? »Die Männer auf dem Foto sind mein Vater und mein Onkel«, sagt Guillermo Hauf, pensionierter Malermeister in Sóller und Nachkomme einer jener frühen deutsch-mallorquinischen Ehen. Sein Vater Albert Hauf, Jahrgang 1910, hatte sich auf der Insel niedergelassen und 1936 die Mallorquinerin Josefina Valls geheiratet. Guillermo Hauf erblickte zwei Jahre später das Licht der Welt und verbrachte nahezu sein ganzes Leben in dem idyllischen Orangental.

Vater Albert Hauf und sein Bruder Richard stammten aus Leopoldshafen bei Karlsruhe. Die früh verwaisten Brüder arbeiteten als Maler und Lackierer in der französischen Hafenstadt Le Havre, wo sie mit den damals modernsten High-Tech-Farben die prunkartigen Salons der Transatlantik-Dampfer verzierten. Ihre Mahlzeiten pflegten die

Die »Schneekönige« vom Puig Mayor: Albert (l.) und Richard Hauf

Brüder in einem Lokal einzunehmen, das von Sóllerics, Auswanderern aus Sóller, betrieben wurde. So erfuhren sie erstmals von Mallorca und dem Dorf, sahen Postkarten und Fotos. Ende 1933 gab es für sie kein Halten mehr. Sie reisten nach Sóller, halb mit dem Ziel, urlaubsmäßig auszuspannen, halb mit der Idee, sich dort nach Arbeitsmöglichkeiten umzusehen.

Schnell wurden sie fündig. Denn Sóller war die Heimat fleißiger Geschäftsleute, die mit ihren Orangen und Zitronen traditionell nahezu den gesamten Früchtehandel in Frankreich und zum Teil sogar in Deutschland in der Hand hatten. Mit den Devisen, die sie im Ausland verdienten, ließen sie sich in Sóller gediegene Häuser errichten, am liebsten französisch inspiriert, die mit Jugendstil- und Art-déco-Elementen ausstaffiert wurden. Da die deutschen Brüder entsprechende Erfahrung aus Frankreich mitbrachten, waren ihnen die Aufträge sicher. Noch heute gibt es in Sóller Dorfhäuser, deren florale Ornamente und Stuckbordüren an den Decken und Wänden der Salons von der Familie Hauf koloriert worden sind.

Die Brüder schlossen rasch Freundschaft mit gleichaltrigen Sóllerics. Einer von ihnen war Miguel Colom Rullán, der Sohn des Inhabers der Schreinerei Cas Pallicer. Irgendwie kam den jungen Leuten damals der Einfall mit der Skiexpedition. »Es muss eine Schnapsidee gewesen sein«, vermutet Guillermo Hauf. Möglich, dass sie von den Brüdern ausging, die immerhin den winterlichen Schwarzwald gekannt haben dürften, möglich aber auch, dass Miguel Colom selbst in Frankreich in Kontakt mit dem damals jungen Wintersport gekommen war.

Fest steht, dass die Clique die Touren-Skier in der Schreinerei des Vaters anfertigte. Zum Einsatz kamen Eichenholz, Metallhalterungen und Lederriemen. Elegant wölbte sich die hölzerne Skispitze gen Himmel. Die Skistöcke selbst bestanden aus Bambusrohr, einer Metallspitze und einem ledergebundenen Ring.

Mit weiteren Freunden zog man schließlich zu Fuß in die Berge, eine Wanderung, die gut vier, fünf Stunden dauerte. Ein befreundeter Fotograf, Josef Külzer, war mit dabei, um die spannendsten Momente der Expedition zu dokumentieren. Der Deutsche hatte sich in jenen Jahren ebenfalls in Sóller niedergelassen.

Direkt unterhalb des Gipfels des Puig Major begann der Spaß. Den Skifahrern bot sich ein Panorama-Rundblick, der in der Ferne nur vom Meer begrenzt wurde. Selbst auf den alten Schwarz-Weiß-Aufnahmen ist zu erkennen, wie das Wasser glitzerte. Ungeachtet der Höhe schien die Sonne so warm, dass die Hauf-Brüder die Pullover auszogen und sich mit nackter Brust präsentierten. Bergkameraden sind stramme Burschen.

Ein Paar Ski, das damals zum Einsatz kam, existiert noch heute. Es befindet sich im Besitz von Margarita Colom, der Tochter Miguel Coloms. Jahrelang lagen die Bretter in einer Dachkammer in Sóller herum und waren ein Festmahl für Termiten. Dann erbarmte sich Margaritas Ehemann José Luis und polierte das Holz erneut auf Hochglanz. Heute werden die Bretter in Ehren gehalten. Es dürfte das einzige Paar Skier sein, das je auf Mallorca hergestellt wurde.

Die Teilnehmer der Ski-Expedition

Nicht nur die Hauf-Brüder erlagen dem Reiz des Puig Major. Das Tramuntana-Gebirge mit seinen alten Post- und Schmugglerpfaden ist für Wanderer stets eine Verlockung. Angesichts der Kompaktheit der Insel wird es zudem als leicht zu bewältigendes Tagesausflugsziel betrachtet. Das führte bereits in den 1930er Jahren dazu, die Gefahren der Bergwelt zu unterschätzen. Aktenkundig sind zwei Fälle, bei denen deutsche Ausflügler zu Tode kamen.

Das erste Unglück dieser Art ereignete sich am 26. September 1931. Es traf den 22-jährigen Richard Boschin aus Gleiwitz. Der Student, der die Insel als Tourist bereiste, hatte sich einem Bekannten gegenüber als Alpinist bezeichnet, bevor sie sich gemeinsam auf den Weg zum Puig Major machten. Beim Klettern über einen Felsen stürzte Boschin in die Tiefe. Der Tote wurde in Fornalutx beigesetzt. Die Familie in Schlesien besaß nicht das Geld für eine Überführung.

Keine drei Jahre nach Richard Boschin musste erneut ein Deutscher auf dem Friedhof beigesetzt werden. Es handelte sich um den auf Mallorca lebenden Bruno Butterweck (21) aus Bochum. Der Friseur war 1932 auf die Insel gezogen, wo er im Salon Norget an der Plaza Gomila in Palma eine Anstellung gefunden hatte. Hans und Elli Norget führten ihren Friseurladen in der Nachbarschaft eines deutschen Fotoladens und der Konditorei von Walter Rup. Das Geschäftsleben an jenem Platz im El-Terreno-Viertel befand sich damals in der Hand gut integrierter deutscher Unternehmer. Hans Norget pflegte seine Briefe an Konsul Dede mit »Juan« Norget zu unterzeichnen. Sein Angestellter Butterweck war wie der benachbarte Bäcker Rup ein frühes Mitglied der NSDAP, zugehörig zur Ortsgruppe Mallorca, aufgenommen in die Partei am 1. November 1932 und damit ungeachtet seiner Jugend ein »alter Kämpfer«. Privat nahm sich der Friseur eine Wohnung in der nächstgelegenen Bellver-Straße, 2, später teilte er sich eine Bleibe mit einem Freund in der Fonda Florit in Porto Pi.

Bruno Butterweck

Zur Bergtour, die für Butterweck die letzte seines Lebens werden sollte, brach der Friseur Mitte April 1934 auf, zusammen mit einem Freund, dem auf Mallorca im Fremdenheim von Son Matet arbeitenden Koch Friedrich Schulz aus Stettin. Unmittelbar nach dem Unglück verfasste Schulz einen Bericht. Die jungen Leute waren mit der Bahn nach Sóller

Bergschlucht Gorg Blau unweit des Puig Major, Postkarte (Bestard) 1930er Jahre

gefahren, hatten in der Fonda de Comercio übernachtet und waren am frühen Morgen nach Fornalutx aufgebrochen, wo sie um 7.30 Uhr frühstückten. Weiter ging es Richtung Gipfel, doch die Wanderer verfehlten den richtigen Aufstieg, landeten am Rande eines Schneefeldes und versuchten dann auf getrennten Wegen einen Steilhang zu überwinden. Schulz hielt fest:

Plötzlich hörte ich ein Krachen von fallenden Steinen, und mit ihnen sah ich Butterweck auf einen Felsen aufschlagend in die Tiefe stürzen. Kein Angstschrei tönte aus seinem Mund, sondern ich hörte nur einen dumpfen Fall in der Tiefe. Auf Rufe nach ihm bekam ich keine Antwort, und versuchte nun, so schnell wie möglich abzusteigen, um zu dem Verunglückten zu gelangen.[111]

Beim Abstieg glitt Schulz selbst aus, stürzte acht Meter tief und blieb in einem Baum hängen, was ihm das Leben rettete. Dort wurde der Mann eineinhalb Stunden später von zwei Mallorquinern entdeckt.

Einer der jungen Leute versuchte dann zu mir zu kommen und nach vielen Mühen brachte er mich auf sicheren Boden. Ich ging dann mit den zweien zu dem Toten, der furchtbar anzublicken an einem Grasbusch lag. So schnell es ging stiegen wir dann ins Tal um den Bürgermeister von Fornalutx zu benachrichtigen.[112]

Selbst in einen so abgelegen Bergdorf wie Fornalutx, das 1984 zum zweitschönsten in ganz Spanien gewählt werden sollte, wusste man zu Beginn der 1930er, wie ein Unglück professionell zu bewältigen war. Der Alkalde informierte das deutsche Konsulat sowie den Friedensrichter. Letzterer nahm die Personalien der Opfer, Zeugen und Helfer auf, hielt den Hergang der Ereignisse fest und ließ den Todesfall ins Sterberegister eintragen. Der Richter bestimmte zudem, den Leichnam auf dem Friedhof von Fornalutx beizusetzen. Konsul Dede erschien ebenfalls. Er telegraphierte dem Polizeipräsidium Bochum und bat, den Eltern »in geeigneter Weise« den Tod des Sohnes mitzuteilen. Vier Tage später schrieb Dede an Butterwecks Bruder:

Der Puig Major vom Cuber-Stausee aus gesehen in heutiger Zeit

Zunächst möchte ich Ihnen und Ihrer Familie mein tiefstes Beileid aussprechen zu dem großen Verlust, den Sie erlitten haben. Ihr Bruder Bruno war mir gut bekannt; ich kann daher Ihren Schmerz über den Verlust besonders ermessen. [...] In der Nacht von 16. auf den 17. April wurde die Leiche von Bewohnern des Dorfes Fornalutx unter Führung des Bürgermeisters und des Ortsrichters geborgen und nach Fornalutx geschafft, wo am Abend des 17. April die feierliche Beerdigung stattfand, zu der ein Geistlicher hinzugezogen worden war. 11 Mitglieder der deutschen Kolonie Palmas hatten sich nach Fornalutx begeben, um zusammen mit einem großen Teil der Dorfbevölkerung dem Dahingeschiedenen das letzte Geleit zu geben. Der Bürgermeister von Fornalutx nahm ebenfalls an der Beerdigung teil. Der Direktor der hiesigen Schule, Professor Mayer, sowie der Unterzeichnete, sprachen am Grabe die Abschiedsworte. Ihr Bruder gehörte dem hiesigen Stützpunkt der NSDAP an. Stützpunktleiter ist Pg. Paul Sienz, [...], welcher ebenfalls der Beerdigung beiwohnte.[113]

Die Familie erhielt die wenigen Habseligkeiten Butterwecks nach Deutschland gesandt und tröstete sich mit der Versicherung des Arbeitgebers, den ausstehenden Lohn für die Grabpflege zu verwenden. Darüber hinaus gab die Familie eine Todesanzeige in ihrer heimischen Lokalzeitung auf: »Ruhst Du auch in fremder Erde, die Heimat bleibt Dir ewig treu.«

Die sterblichen Überreste der beiden Bergtoten Boschin und Butterweck befinden sich nach Auskunft des Bürgermeisters von Fornalutx noch heute auf dem Dorffriedhof, wenn auch in anonymen Gräbern ohne Gedenkstein und Inschrift.

Der Bergtourismus zum Puig Major, der damals seinen Anfang genommen hatte, erlebte den Höhepunkt in den 1950er Jahren, als die Bergspitze noch nicht an das US-Militär abgetreten worden war. In Sóller und Fornalutx hatte man das Geschäft mit den Wanderfreunden und Gipfelstürmern rasch für sich entdeckt. Es entstand ein Dienstleistungsgewerbe, das heute in Vergessenheit geraten ist. Ein Reiseführer über Sóller von 1957 berichtet, wie der Puig Major alternativ mit Pferdestärken bezwungen werden konnte:

Für diesen Ausflug hat man schon seit vielen Jahren ruhige Reittiere in Sóller gemietet. Auskünfte über den Preis, wo man sie vermietet u.s.w. finden Sie in Ihrem Hotel oder in Fomento de Turismo auf der Plaza. Sowohl zu Fuß als auch zu Pferd muss man für diesen Ausflug mit Pausen von Sóller aus ungefähr sechs Stunden rechnen.[114]

Es ist ebenso müßig wie kurios, darüber nachzudenken, was passiert wäre, wenn die Bergspitze heute statt Sperrgebiet und Radarstation noch ihre natürliche Gestalt aufweisen würde. Wäre der Puig Major inzwischen von Besuchern überrannt worden? Mit Seilbahnstation, Höhenrestaurant, Luxushotel, Bergpanorama-Suite, Hubschrauberlandeplatz? Vermutlich hat das Militär zur Bewahrung der heilen Bergwelt mehr beigetragen, als man gemeinhin annimmt.

Deutsche Kirche und deutscher Friedhof

Die verschollenen Inseltage des Dietrich Bonhoeffer

Es ist eine kaum bekannte Tatsache, dass die deutsche evangelische Kirchengemeinde der Insel auf eine mehr als einhundertjährige Tradition zurückblicken kann. Sie ist somit die zweitälteste deutsche Institution auf Mallorca – nach dem Konsulat, dessen Fundamente noch vor 1868 in der Zeit des Königreichs Preußen gelegt wurden.

Kurioserweise war es auch ein deutscher Konsul, der die kirchliche Einrichtung ins Leben rief. Die Gründung der evangelischen Kirchengemeinde erfolgte im Jahre 1906 – genauer gesagt am ersten Sonntag nach Ostern, Quasimodogeniti, einem 22. April. Sie verfolgte den Zweck, für die ansässigen Deutschen protestantische Gottesdienste zu organisieren. Mit dem Etablieren einer solchen Vereinigung war es möglich, von der deutschen evangelischen Kirche in Barcelona als Tochtergemeinde anerkannt zu werden und mitunter den dortigen Pfarrer nach Palma zu bitten.

Als Urheber der ersten deutschsprachigen Kirchengemeinde auf Mallorca gilt demnach Konsul Karl Schrader. Der Kaufmann war im September 1905 von Kaiser Wilhelm II. in das Amt berufen worden. Mit Schrader, das ist die Besonderheit, wurde erstmals ein Deutscher für diesen Posten auserkoren. Bei seinen drei Vorgängern hatte es sich ausschließlich um Mallorquiner gehandelt.

Die Balearen waren für das Auswärtige Amt längst keine abseitigen Eilande mehr. So hatte Kaiser Wilhelm Menorca in den Jahren 1904 und 1905 besucht. Kurze Zeit danach wurde die deutsche Präsenz auf Mallorca aufgewertet. Schon im Vorfeld hatte sich das Generalkonsulat in Barcelona für einen »deutschen« Vertreter stark gemacht: »Da Palma nicht zu denjenigen Plätzen gehört, in welchen sich der Schutz der deutschen Interessen in der Hauptsache auf den Schiffsverkehr beschränkt, erscheint die Ernennung eines der deutschen Sprache mächtigen Reichsangehörigen dringend erwünscht.«

Über Konsul Karl Schrader ist allzu viel nicht bekannt. Fest steht, dass der neue Amtsinhaber von 1895 bis 1899 als Kaufmann im marokkanischen Saffi tätig gewesen war, bevor er sich auf Mallorca niederließ. Der Geschäftsmann war neben seiner Import-Export-Tätigkeit – er handelte mit Aprikosen – und seinen konsularischen Aufgaben besonders auf das spirituelle Wohl seiner Landsleute bedacht. So organisierte er

Gran Hotel in Palma in heutiger Zeit

private Gottesdienste in den Diensträumen des Konsulats. Zum einjährigen Bestehen der Kirchengemeinde im Jahre 1907 wurde indes der Jugendstil-Salon des edlen Gran Hotels in Palma gemietet, das vier Jahre zuvor den Betrieb aufgenommen hatte. Zu besonderen Anlässen war selbst der deutsche Pfarrer aus Barcelona, Fritz Olbricht, zugegen. Letzterer schrieb später in einer Denkschrift, Schrader habe »seine ganze Kraft zum Zusammenschluss seiner evangelischen Landsleute eingesetzt« und dadurch den Beginn einer deutschen Tochtergemeinde auf Mallorca erst ermöglicht.

Auf Konsul Schrader ging in Palma eine weitere Einrichtung zurück, die heute vergessen ist: Dem Reichsvertreter gelang es, ein Pantheon als eine deutsche Begräbnisstätte zu gründen. Dokumente des Rathauses belegen, wie das Gelände im Jahre 1906 auf dem Friedhof ausgewiesen und dem deutschen Konsulat übereignet wurde. Es handelte sich um die Grablage mit der Nummer 52 auf dem sogenannten »Zivilfriedhof«.

Zum Hintergrund: Auf spanischen Friedhöfen wurden traditionell lediglich katholische Gläubige zur letzten Ruhe gebettet. Andersgläubige durften nicht in »geweihter Erde« bestattet werden. Doch mit der wachsenden Zahl von Sterbefällen Andersgläubiger wie Protestanten oder Anglikanern ergab sich zunehmend ein Problem: Wohin mit den nicht-katholischen Toten?

Mit dem Angebot des Rathauses von Palma, dem Konsulat eine eigene Grabstätte anzubieten, hatte Schrader somit die Gelegenheit ergriffen, seinen Landsleuten eine ebenso pragmatische wie würdige Lösung für den Falle ihres Ablebens zu gewährleisten.

Bei den Planungen für das deutsche Pantheon legten die Initiatoren Wert auf eine ansprechende Außenwirkung der Begräbnisstätte. Als sichtbares Erkennungszeichen wurde ein steinernes Kreuz in Auftrag gegeben, von dem die Entwurfskizze erhalten geblieben ist. Zu lesen ist darauf die Inschrift »Deutsches Grabmal«. Der quittierte Rechnungsbeleg des Steinmetzbetriebes Guillermo Rosselló weist den damals stattlichen

Betrag von 180 Pesetas aus. Zum Vergleich: Friedhofssteuern und -gebühren betrugen damals zwei Pesetas pro Jahr.

Das monumentale Steinkreuz überragte eine mit Marmorplatten abgedeckte Krypta. Diese Art Friedhofsarchitektur war seinerzeit bei privilegierten Grablagen auf dem Gottesacker von Palma üblich. Die Krypta bot im Untergrund Platz für Beisetzungen. 1941 enthielt sie drei Särge: Die deutschen Männer im Alter von 49 bis 60 Jahren – Georg Bernstein, Wilhelm Dombrowski und Paul Hoehle – waren dort im Zeitraum von 1929 bis 1934 bestattet worden.

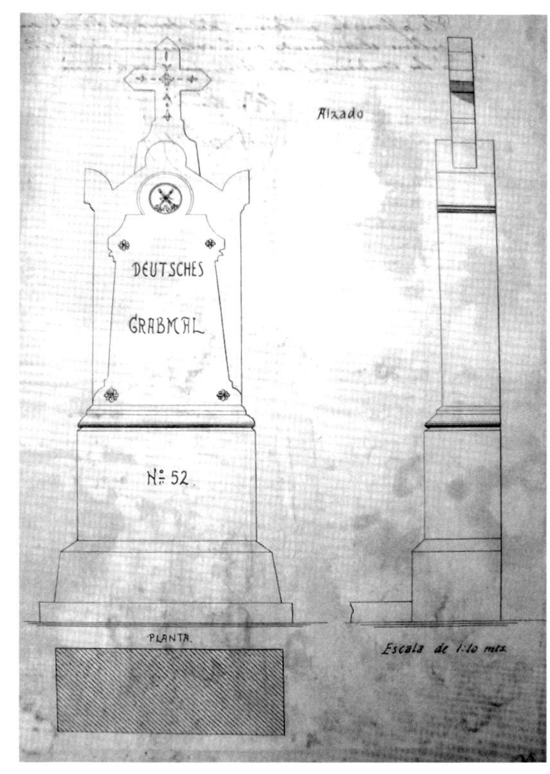

Planungsskizze für das »Deutsche Grabmal«

Die Baukosten für die Grabstätte waren seinerzeit durch Spenden der Gemeindemitglieder finanziert worden, um etwa »mittellosen Landsleuten oder Matrosen« eine würdige Beisetzung zu ermöglichen. Hatte Konsul Schrader das Pantheon schaffen wollen, weil er seinen eigenen Tod bereits vor Augen hatte? Der Reichsvertreter und Gemeindegründer erlag am 18. August 1907 im Alter von 38 Jahren einem Herzleiden und wurde auf dem Zivilfriedhof zur letzten Ruhe gebettet. Das »Deutsche Grabmal« war zu jenem Zeitpunkt noch nicht vollendet, sodass es schließlich Schraders designierter Nachfolger Konsul Müller war, der 1908 beim Rathaus offiziell die Genehmigung unter Einreichung der Planungsskizzen beantragte.

Doch auch ohne die fertiggestellte Krypta wurde für den toten Konsul ein Ehrenplatz ausgewählt, wie der langjährige Verwalter des Friedhofs, Eduardo Ortiz, nach eingehendem Studium alter Friedhofsbücher befand. Karl Schrader wurde in den »Grüften des Zivilfriedhofs Nummer 3 innerhalb des Gartens, gegenüber den Gräbern 23 und 24« bestattet. »Das heißt, er befand sich außerhalb der allgemeinen Nummerierung«, so Ortiz. »Das muss damals etwas Außergewöhnliches gewesen sein.«

Gerne würden Kirchenmitglieder auf Mallorca heute wissen, wo der Gründer ihrer Gemeinde zur letzten Ruhe gebettet wurde. Doch der genaue Standort des Grabes ist nicht gesichert, da jener Bereich des zivilen Friedhofs in der Vergangenheit zum Teil stark umgestaltet wurde. Denkbar ist jedoch auch, dass die sterblichen Überreste des Konsuls nach der Fertigstellung des deutschen Pantheons dorthin umgebettet wurden. Es ist zumindest belegt, dass die Glaubensbrüder zum zweiten Jahrestag der Gemeindegründung 1908 am Grab des Konsuls zusammenkamen.

Auch der Standort des deutschen Pantheons selbst ist dem einen oder anderen Umbau des einstigen Zivilfriedhofs zum Opfer gefallen. Ungeachtet der Umgestaltung des Geländes findet sich dort nach wie vor eine Anzahl Gräber von nicht-katholischen Deutschen, Briten und US-Amerikanern, insbesondere aus dem Zeitraum 1920 bis 1950. Hier ruhen das jüdische Ehepaar Ernst und Irene Heinemann, die Hoteliers Ulrich Bönisch und Maria Emma Münch, der Kaufmann August Strube, der bereits 1925 starb, der deutsche Maler und Schriftsteller Ludwig Baehr-Carnap, gestorben 1944. Bestattet sind dort auch Julia Pfefferkorn, seit 1945, und Cuno Schilling, der ein Jahr später starb. Ein Kind mit deutschem Namen, Hans Jochen Kriegel, ist dort 1931 im Alter von fünfeinhalb Jahren ebenfalls zur ewigen Ruhe gebettet worden.

Das Gelände des abseitigen Zivilfriedhofs war bis Ende der 1980er Jahre noch etwa doppelt so groß wie heute. Der Flächenverlust ist darauf zurückzuführen, dass in der Südhälfte ein ehemaliges Verwaltungsgebäude für die Gerichtsmedizin erweitert wurde. Dadurch mussten Gräber verlegt oder beseitigt werden. Deren Rechteinhaber erhielten zur Entschädigung Grabnischen im neuen Erweiterungsbereich des Friedhofs. Kurioserweise entpuppte sich als einer dieser Rechteinhaber das Konsulat der Bundesrepublik Deutschland, das von 1959 an wieder in Palma existierte. Es gelangte in den Besitz einer Grablage, die offenbar noch vom Vorgänger-Konsulat aus der Nazi-Zeit herrührte. 1986 verzichtete das Konsulat auf die vom Umbau bedrohte Alt-Grablage und erhielt dafür eine Grabnische auf dem Neufriedhof. Diese Nische mit der Nummer 40 im Abschnitt 9 wurde im Jahre 1998 von Konsul Michael Göllner der deutschsprachigen evangelischen Kirchengemeinde als Schenkung übereignet. Die Kirchengemeinde wiederum sieht sich in der Tradition jener Gemeinde, die 1906 von Konsul Schrader gegründet worden war. Damit schloss sich ein Kreis, dessen Ausgangspunkt einst von eben jenem Konsul gesetzt worden war: Der Gründer der damaligen Kirchengemeinde hatte letztlich bewirkt, dass seine Glaubensbrüder und ihre Nachkommen auch in heutiger Zeit über eine eigene Grablage auf dem Friedhof von Palma verfügen.

Neben diesem Anstoß hatte Konsul Schrader eine weitere Tradition begründet, die sich unter seinen Nachfolgern lange hielt: Es handelte sich um Gottesdienste, die in den Diensträumen des Konsulats, mitunter sogar im privaten Wohnzimmer des Konsuls abgehalten wurden, da der Gemeinde zu jener Zeit die katholischen Gotteshäuser auf

Mallorca nicht offenstanden. Der Nachfolger Schraders, Konsul Alfred Müller, hielt an der Tradition bis an sein Lebensende fest. Die Wochenzeitung »Insel« berichtete im Januar 1933 über einen dieser Privatgottesdienste:

Dankbar wird sich die Gemeinde der Evangelischen in Palma der ausgezeichneten Worte Pfarrer Olbrichts am vergangenen Sonntag erinnern. In der Wohnung des verstorbenen deutschen Konsuls hatten sich einige 40 Damen und Herren der deutschen Kolonie versammelt, um unter dem brennenden Christbaum noch einmal etwas Weihnachtsstimmung zu erleben. Pfarrer Olbricht sprach mit großem Verständnis und guter Einfühlung in die heutige Welt über Dinge, die jeden bewegen und manchmal verzagt machen.[115]

Fritz Olbricht war aufgrund seiner Dienstbesuche regelmäßig Gast auf der Insel. Ein Zeitgenosse beschrieb den deutschen Pfarrer aus Barcelona als einen großen, schwarzhaarigen und »unpastoral« wirkenden Mann, der sehr schnell und undeutlich sprach. Zeitzeuge Erich Esch sagte über den Geistlichen: »Das war der liebe Gott. Sie schickten ihn erst nach Palma, dann auch nach Ibiza.« Gleichwohl habe er, Esch, »keine besondere Erinnerung an ihn«.

Tatsächlich ist der Geistliche nur randständig in die Geschichte eingegangen. Regelrecht zu Weltruhm gelangen sollte hingegen ein anderer Kirchenmann, der seinerseits bei Olbricht angestellt war und dadurch ebenfalls auf Mallorca tätig wurde. Die Rede ist von Dietrich Bonhoeffer, der 1945 seinen Widerstand gegen Hitler und das NS-Regime mit dem Leben bezahlte.

Das Schicksal Bonhoeffers ist in evangelischen Kirchenkreisen wohlbekannt. Geläufig ist ferner, dass der Geistliche auf Mallorca weilte. Der Arztsohn, geboren 1906 in Breslau und aufgewachsen in Berlin, hatte nach dem Theologie-Studium früh promoviert. 1928 zieht Bonhoeffer für ein Jahr nach Barcelona, um sein Lehrvikariat bei der Auslandsgemeinde anzutreten. Zu seinen Aufgaben gehört neben dem Abhalten von Kindergottesdiensten und dem Erteilen von Religionsunterricht an der dortigen deutschen Schule auch die Vertretung seines Lehrherrn Olbricht in der Tochtergemeinde auf Mallorca.

Anfang 1929 kommt Bonhoeffer nach Palma und feiert mit den Mitgliedern der Gemeinde im Salon des Gran Hotels einen Gottesdienst. Einem Freund schreibt er über seine Eindrücke von der Insel: »Im Januar kann man hier ohne Mantel im Freien frühstücken! Auf den Bergen liegt noch Schnee, unten fängt es schon an zu blühen.«

Was Bonhoeffer während seines Aufenthalts auf der Insel sah, erlebte und unternahm – darüber hatten lange Zeit keinerlei Kenntnisse vorgelegen. Erst dank der Tagebuchaufzeichnungen der Maria Esch-Hoerle sind erstmals neue Details über den Inselaufenthalt Bonhoeffers aus dem Dunkel der Vergangenheit ans Licht zurückgelangt. Sie sind ein Beleg dafür, dass Bonhoeffer demnach nicht nur in Palma, sondern auch in

Bonhoeffer beim Skat mit einer Jugendgruppe in Barcelona

Sóller einen Gottesdienst in deutscher Sprache zelebrierte. Unter dem 13. Januar 1929 notierte die Seniorin:

Vikar Bonhöfer [sic!] im oberen Ferrocarril-Saal deutschen Gottesdienst abgehalten. Wir treffen ein, als die Predigt bereits vorbei ist, nehmen aber am gemeinschaftlichen Kaffee Teil mit circa 18 Personen unserer Kolonie. Vikar wohnt bei uns.[116]

Als Ort für den Gottesdienst in Sóller diente demnach der Speisesalon im Bahnhof. Das stattliche Herrenhaus von 1606, das 1912 zum Bahnbetrieb umgebaut worden war, beherbergte in jenen Jahren auch ein Hotel. Heutzutage passieren Hunderte von Touristen täglich den Bahnhof, wenn sie mit der altertümlichen Sóller-Bahn im Orangental eintreffen und von dort ihre Ausflüge fortsetzen. Gläubige Protestanten und Bonhoeffer-Verehrer würden gewiss einen Moment in dem Bahnhofsrestaurant innehalten und des lutherischen Theologen gedenken, wenn eine kleine Hinweistafel sie über sein Wirken an jenem Ort informieren würde.

Die Tagebuchnotizen belegen ferner, dass der begüterte Privatier Paul Esch-Hörle dem jungen Vikar in der »Casa Tibur« Unterkunft gewährte. Esch war wie beschrieben seinerzeit der Vorsitzende des evangelischen Kirchenvereins auf Mallorca. Er trat somit nicht nur als Gastgeber auf, sondern repräsentierte die Gemeinde gegenüber dem Entsandten aus Barcelona.

Als am 15. Januar der Abschied nahte, organisierte Esch-Hörle für Bonhoeffer auch die Abreise aus Sóller. Der 46-jährige Hausherr, der in jener Zeit einer der wenigen Autobesitzer auf der Insel war, fuhr seinen Gast auf der Küstenstraße über Deià bis nach Valldemossa, von wo aus der junge Vikar die restlichen 13 Kilometer nach Palma in einer Wanderung talwärts zu Fuß bewältigte. Im Gästebuch der Familie ist der handschriftliche Eintrag des Geistlichen erhalten geblieben. Bonhoeffer schrieb:

Für den so überaus freundlichen Empfang in Soller und insbesondere in der Casa Tibur und für zwei reizende Tage, die auch der unfreundlichste Himmel nicht trüben konnte, dankt herzlichst Ihr Dietrich Bonhoeffer, Vikar in Barcelona 13.-15. I. 29. [117]

Es war offenbar Paul Esch-Hörle selbst, der Jahrzehnte später zu dem Bonhoeffer-Beitrag im Gästebuch hinzufügte:

erschossen 9.4.1945 in Flossenbürg Obfranken im Kampf gegen Adolf Hitler.[118]

NS-Frauen auf den Balearen

Ein Platz an der Sonne samt Werkehrendienst

Der Nationalsozialismus auf Mallorca war keine reine Männersache. Es gab eine Anzahl Frauen, die leidenschaftlich für die Sache ihres »Führers« entbrannten. Das Verzeichnis der NS-Ortsgruppe Palma de Mallorca belegt, dass von den 55 Parteimitgliedern neun weiblich waren, knapp 20 Prozent. In vier Fällen handelte es sich um Ehepartner, die gemeinsam der Nazi-Partei beigetreten waren. Möglich, dass die eine oder andere Gattin ihrem Mann lediglich aus treuer Verbundenheit in die Ortsgruppe folgte, andere dürften aus Opportunismus, wiederum andere aus glühender Vaterlandsliebe den Versprechungen und propagandistischen Lockrufen der braunen Machthaber gefolgt sein.

Emblem des Hotel-Restaurants Aleman in Ibiza

Es sind Fälle bekannt, in denen so manche Frau sich scheinbar im vermeintlichen Glanz des Hakenkreuzes sonnte, auch wenn das Hoheitszeichen der Nazis ihr letztlich kein beständiges Glück bringen sollte. Anita Ellmaurer, geborene Schwarz, Jahrgang 1891, ist so ein Beispiel. Die Gastronomin betrieb auf Ibiza ein »Deutsches Café«, das Emblem ihres Lokals zeigte einen Kellner im Anzug, der mit Tabletts in den Händen den Gästen seine Aufwartung macht. »Hotel – Restaurant, Café y Bar Aleman« ist neben dem Logo zu lesen. Wie zur Krönung prangte über dem Motiv ein Hakenkreuz. Ellmaurer verwendete das Emblem ihrer Gaststätte in Briefen und es ist zu vermuten, dass die Abbildung auch auf dem Namensschild ihres Lokals, auf Speisekarten und Rechnungsbelegen zu finden war.

Die gebürtige Stuttgarterin hatte sich im Jahre 1935 in Ibiza niedergelassen und an der Hafenmole ihr »Deutsches Restaurant« betrieben. Einige Jahre beschäftigte sie zudem ihre Tochter Hilde als Aushilfe. Selbst im Jahre 1938, also mitten im Spanischen Bürgerkrieg, war Anita Ellmaurer auf Ibiza präsent. Das Geschäft brachte aber offensichtlich immer weniger ein, sodass sich die Frau in ihrer Existenz bedroht sah. Im April 1943, da hatte die 6. Armee der Wehrmacht bereits drei Monate zuvor im Kessel von Stalingrad kapituliert, stellte die Frau bei Konsul Dede in Palma einen »Rückwanderer-Antrag« nach Deutschland und schrieb ihm:

Sehr geehrter Herr Konsul, möchte bitte anfragen, wie ich nach Berlin komme, zu meiner Tochter, da mein Geschäft sehr schlecht geht und ich nicht in der Lage bin, dass [sic!] Geld aufzubringen um nach Berlin zu reisen, möchte eine Stellung annehmen in Berlin, würden Sie bitte Bescheid zukommen lassen, wohin ich mich wenden kann. Mit deutschem Gruß Heil Hitler.[119]

Anita Ellmaurer

Damit begann ein Prozedere, das freiwilligen Rückwanderern heim ins Reich die Rückreise finanzierte. Das Verfahren war im Falle der 51-Jährigen jedoch offenbar zeitaufwendig und zog sich über den gesamten Sommer hin. Im Herbst fehlte der Deutschen zur Abreise von Ibiza noch immer ein Stempel für die spanische Polizeibehörde, sodass Ellmaurer wiederholt an Dede nach Palma schrieb, ihn auf ihre prekäre Lage aufmerksam machte und das Dokument anforderte:

Sind Sie bitte so freundlich und senden mir es auf dem schnellsten Wege mit dem nächsten Schiff nach Ibiza, da die Zeit vergeht und mein Geld auch. War vorbereitet, auf Montag den 4. Oktober abzureisen, habe alles verkauft auf den Tag, sitze hier und habe nichts mehr.[120]

Wie verblendet oder verzweifelt muss Anita Ellmaurer gewesen sein, dass sie sich veranlasst sah, der Reichshauptstadt im späten Kriegsjahr 1943 den Vorrang vor dem friedlichen Ibiza zu geben? Das Konsulat hatte ihr eine Rückreise über Valencia und Barcelona organisiert. Vermutlich traf die Frau gegen Jahresende in Deutschland ein. Ihr weiterer Lebensweg ist ungeklärt.

Als Nationalsozialistin und sogar Spionin im Dienste der braunen Machthaber hat eine andere Frau medialen Niederschlag gefunden. Es handelt sich um die Friseurin Elli Norget. Ihr Name taucht in einem Bericht der »Pariser Tageszeitung« vom August 1936 auf. Unter dem Titel »Naziorganisation in Mallorka arbeitet für die Rebellen« heißt es unter anderem:

Seit einem Jahr hat der Baron Kurt von Behr, der vorher als Gestapo-Agent in London tätig war, von der Stadt Palma auf Mallorca aus die Verhandlungen mit den spanischen Faschisten eingeleitet und um sich einen Stab von Nazi-Agenten gesammelt, zu denen u.a. ein Dr. Adler (Leiter der deutschen Schule), Frau Norget, Inhaberin eines Friseurgeschäfts, der Kaufmann Tischner und die Leiterin der nationalsozialistischen Frauenschaft, Frau Luecken, gehören.[121]

Die Angaben im Falle der Friseurin scheinen in Punkten zuzutreffen. Zwar taucht die Frau nicht in den Unterlagen zur Ortsgruppe von Palma auf, allerdings ist im Melderegister des Konsulats anstelle der Nummer ihres Reisepasses folgender Hinweis vermerkt: »s. Auskunft NSDAP 8.2.35 unter Div.« Das spricht für eine direkte Verbindung der Frau zur Partei.

Über Elli Norget, geborene Brosch, Jahrgang 1904 aus Kamen, ist, davon abgesehen, nicht viel mehr bekannt. Sie betrieb mit ihrem Ehemann Hans Norget einen Damen- und Herrensalon an der Plaza Gomila. Dort war auch der junge Friseur Bruno Butterweck, seinerseits Mitglied der NS-Ortsgruppe Palma de Mallorca, bis zu seinem tödlichen Absturz am Puig Major beschäftigt gewesen. Dem Melderegister ist ferner zu entnehmen, dass das Ehepaar Norget die Insel nach mehrjährigem Aufenthalt bereits vier Monate vor Ausbruch des Spanischen Bürgerkrieges verlassen hatte. Die Angaben der Pariser Exilzeitung über eine wie auch immer geartete Agententätigkeit der Friseurin scheinen demnach auf keinen zeitnahen Hinweisen beruht zu haben.

Lassen sich im Falle Elli Norget kaum weitere Informationen finden, so sind zumindest einige Details über ihren Mann und den Salon dokumentiert, die indirekt erahnen lassen, was für eine Existenz sich das Paar samt dem in Palma geborenen Sohn aufgebaut hatte. Im Jahre 1932 berichtete die »Insel« über den Familienbetrieb:

Schon vor neun Jahren gründete Hans Norget in Palma das erste Damen-Frisiergeschäft. Unter seiner Schere fielen die ersten langen Haare. Dann wurde er Schiffsfriseur bei der Hamburg-Amerika-Linie und sah ein gutes Stück Welt. Seit eineinhalb Jahren hat Herr Norget wieder ein Geschäft auf Mallorca in Terreno. Doch schon jetzt erweist sich das Geschäft als zu klein, und ein neuer Salon, der den verwöhntesten Ansprüchen gerecht wird, soll nächste Woche eröffnet werden. Die neuen Salons sind modern ausgestattet und behaglich, man kann sogleich auch ein Bad nehmen.[122]

Der weitere Werdegang der Familie Norget ist annähernd bekannt. Nach Angaben eines Angehörigen wanderten die Norgets um 1951 nach Nordamerika aus, wo sie einen Betrieb gründeten und bis an ihr Lebensende in den 1980er Jahren lebten.

Über die ebenfalls in dem Artikel der »Pariser Zeitung« genannte »Leiterin der nationalsozialistischen Frauenschaft, Frau Luecken« ist fast nichts bekannt. Der Name ist vermutlich falsch wiedergegeben. Vielmehr dürfte es sich um Frau Luyken handeln, die als Lehrerin an der deutschen Schule tätig war und zum engen Freundeskreis des Privatiers Paul Esch-Hörle zählte. Bei Ausbruch des Bürgerkrieges befand sich Esch-Hörle mit Luyken und deren Töchtern auf Norwegen-Reise. Grete Luyken, geborene Roth, Jahr-

SALON NORGET
PELUQUERÍA PARA SEÑORAS Y CABALLEROS • PERFUMERÍA • BAÑOS
PALMA DE MALLORCA
TERRENO • PLAZA GOMILA • TELÉF. 2195

Palma de Mallorca 2 de Julio de 1934

Deutsches Konsulat

Recibida: 2 JUL. 1934

Palma de Mallorca

Briefkopf Friseurladen Norget, Plaza Gomila, Palma

gang 1882, stammte aus Adelebsen bei Göttingen und hatte zuvor lange in Argentinien gelebt, wo 1916 und 1919 auch Marie Luise und Ingeborg zur Welt kamen. Sollte es sich bei der Lehrerin tatsächlich um eine Hitler-Verehrerin gehandelt haben, dann dürfte die Frau eine tiefe Verbundenheit mit dem »Führer« empfunden haben, da beide am selben Tag im Jahr Geburtstag hatten.

Der gleichfalls in der »Pariser Tageszeitung« genannte Kaufmann Ehrenfried Tischner wird im Register der NS-Ortsgruppe Palma de Mallorca mit Beitrittsdatum Oktober 1934 aufgeführt; seine Frau Erna, die ihr Geld mit »neuzeitlicher Fußpflege« verdiente, folgte ihm erst 1939 in die Partei. Ihr Ehemann verkaufte, nebenbei erwähnt, Quellwasser aus Valldemossa, das er in dickbäuchigen Korbflaschen per Lastwagen nach Palma beförderte. Ehrenfried Tischner war auf Mallorca auch Gründer und Leiter der Deutschen Arbeitsfront (DAF), also der nationalsozialistischen Einheitsgewerkschaft. Auf dem Höhepunkt der Auseinandersetzung Dede-Rup im März 1938 machte sich der Konsul dafür stark, Tischner zum kommissarischen Vorsitzenden der NS-Ortsgruppe zu ernennen, ein Vorhaben, dass Rup zu verhindern wusste.

Die Tischners hatten dank der behördlichen Vermittlung des Konsuls 1935 in Spanien geheiratet und waren mit dem Ehepaar Dede befreundet. So sandten Erna und Ehrenfried Tischner, als sie während des Bürgerkrieges als Spanien-Flüchtlinge in Deutschland untergebracht waren, längere Briefe an Dede und seine Frau. In den Schreiben kamen insbesondere die Sehnsucht nach Mallorca sowie das stete Verfolgen der Kämpfe zum Ausdruck. Anfang November 1936 schrieb Erna Tischner an Dede: »Wir wollen von ganzem Herzen wünschen, dass die gerechte Sache in Spanien bald siegen möge, damit wir alle an unseren Arbeitsplatz zurückkehren können.« Fünf Wochen später berichtete Erna Tischner an Erna Dede von gemeinsamen Bekannten. Es handelte sich zumeist um Angehörige der deutschen Gemeinschaft aus Palma, die in Flüchtlingsunterkünften versorgt wurden. Erna Tischner hielt die Bekannten anscheinend für bestens betreut, was ihre positive Einstellung zu den staatlichen, sprich nationalsozialistischen Behörden verstärkte. Sie schrieb:

Gestern bekam ich auch von Frl. Wenzel einen Brief, die zusammen mit 75 Balearen-Flüchtingen in Bad Godesberg ihren Aufenthalt hat. Unter diesen Flüchtlingen befinden sich Danners, Daums, Münchs, Weyers, Ernst Kleinschmidt, Pütz, Frl. Sack, Erbach, Niklas. Alle scheinen sich dort sehr wohl zu fühlen. Frl. Wenzel schreibt mir, daß sie weitgehend die Frauenschaft übernommen hat. Es wird gesungen und gehandarbeitet. Einmal in der Woche unternimmt die Gruppe einen gemeinsamen Spaziergang. Auch im Basteln werden sie unterwiesen. Jedenfalls muss man sagen, daß im lieben Vaterlande für jeden Einzelnen rührend gesorgt wird.[123]

Die in dem Brief erwähnte neue Leiterin der NS-Frauenschaft war offenbar bereits auf Mallorca gut in die Parteiorganisation integriert gewesen. Mit Wehmut erinnerte sich jene Lotti Wenzel an die Veranstaltungen, die der Insel-Ableger der Arbeitsfront dort auf die Beine gestellt hatte. In einem Brief an Konsul Dede berichtete die junge Frau im Dezember 1937 zunächst von ihren Stationen als Spanien-Flüchtling in Deutschland. So hatte Wenzel in Bad Godesberg »sehr nette Wochen« verlebt, darauf folgte ein »Arbeitsdienst für die weibliche Jugend« im Westerwald, der ihr ebenfalls gefiel. Danach fand sich für sie eine Anstellung bei einer Firma in Esslingen als Fremdsprachenkorrespondentin. Abschließend kommentierte Lotti Wenzel:

Noch oft und gern denke ich an meine schöne Zeit in Palma de Mallorca und auch an die interessanten Ausflüge der DAF, sowie an die sonstigen schönen Veranstaltungen der deutschen Kolonie.[124]

Ein Foto aus dem Nachlass Dedes gibt einen Eindruck davon, was unter den »Veranstaltungen« zu verstehen ist: Zu sehen ist eine rastende Gruppe während eines Wander- und Jagdausflugs – zwei ältere Herren führen anscheinend zwei Jagdgewehre mit. Die Gruppe sitzt und steht pausierend beisammen, die Herren tragen zum Teil Anzüge mit

»Kraft durch Freude« (KdF) auf Mallorca

Westen samt adrett geknüpften Fliegen und Krawatten, was dem Beisammensein in freier Natur eine gewisse Festlichkeit gibt. Ein drapiertes Stoffbanner verkündet an einer landestypischen Trockensteinmauer das nationalsozialistische Freizeit- und Erholungsmotto »Kraft durch Freude« (KdF), wie es von der DAF reichsweit propagiert wurde, in diesem Fall sogar »auf Mallorca«, wie auf dem Banner eigens zu lesen ist. Die Kraft-durch-Freude-Aktionen wurden demnach nicht nur für KdF-Kreuzfahrtschiffe veranstaltet, die bis 1936 hin und wieder Palma anliefen. Vielmehr organisierte die hiesige Arbeitsfront derartige Ausflüge und Veranstaltungen auch für die eigenen, auf Mallorca lebenden DAF-Angehörigen.

Kein Zweifel: Lotti Wenzel war eine jener jungen Frauen, die sich mit den Dienst- und Freizeitangeboten von Parteiorganisationen wie der DAF voll und ganz identifizierten. Die Deutsche fühlte sich damit von dem neuen Regime durchaus angezogen. Das Besondere im Falle von »Frl. Wenzel« ist, dass sie diese Entwicklung nicht nur in Deutschland, sondern eben auch auf Mallorca durchlief.

In ihrem Brief an Dede erkundigte sich Wenzel darüber hinaus nach Paul Fichtner. Der Tischler aus dem schlesischen Mittelwalde, Jahrgang 1906, war auf Mallorca zeitweise Leiter der DAF und von daher der jungen Frau bekannt. Zeitzeuge Erich Esch sagte über den Handwerker: »Fichtner war inoffensiv, aber bekannt dafür, dass er Sieg Heil schrie.« Fichtner, seit 1932 oder früher auf der Insel, lebte kurioserweise nicht wie viele andere Deutsche im El-Terreno- sondern in einem einfachen Arbeiterviertel unweit des Pere-Garau-Platzes im Osten von Palma. Auch Thelen erwähnt den Arbeitsführer in seinem Roman, ohne Namen zu nennen. Fichtner habe Thelen im Auftrag des Konsuls aufgesucht, um ihn 1936 zur Teilnahme an der Reichstagswahl auf dem Frachtschiff »Tanganyika« zu bewegen. Thelen war Fichtner gegenüber ambivalent eingestellt. Zwar lehnte er dessen Hinwendung zum Nationalsozialismus ab, hielt aber große Stücke auf sein berufliches Können und hätte Fichtner gerne mit der Anfertigung eines Schreibtisches beauftragt. Der Autor verewigte Fichtner in seinem Roman: »Zu mir kam ein Schreiner von der Arbeitsfront, ein tüchtiger Handwerker, der seit Jahren auf der Insel lebte und es gar nicht nötig hatte, sich so in dem zu erniedrigen, was ihm Erhöhung schien.«

Tatsächlich war Paul Fichtner ungeachtet seiner DAF-Zugehörigkeit vorerst kein Parteimitglied gewesen. Den Antrag zur Aufnahme in die NSDAP stellte er erst später unter dem Eindruck des Bürgerkrieges. Anders als viele Deutsche war der Handwerker auf Mallorca geblieben, hielt aber Kontakt zu den nach Deutschland geflohenen Bekannten wie den erwähnten Tischners. Ehrenfried Tischner wiederum schrieb im Dezember 1936 an Dede und kommentierte über »den lieben Fichtner«:

Dass Freund Fichtner nun auch innerlich ganz zur Partei durchgestoßen ist, um sich auch äußerlich zu ihr bekennen zu können, das freut uns ganz besonders. Jetzt in der Notzeit, und da ausserdem die deutsche Kolonie so ausserordentlich zusammengeschrumpft ist, sollte man meinen, dass die Deutschen in Palma eine innerlich verschworene Gemeinschaft bilden und auf Gedeih und Verderb, auf Tod und Teufel zusammenstehen, ein Jeder für Alle und Alle für Jeden.[125]

Johanna Fliege

Dokumenten zufolge war Fichtner nach eineinhalb Jahren Anwartschaft im Februar 1938 in die Ortsgruppe aufgenommen worden. Er war dadurch nur wenige Monate früher Parteigenosse als eine weitere Mallorca-Deutsche: Johanna Fliege. Die junge Frau, geboren 1915 in Magdeburg, stieg zur Leiterin der NS-Frauenschaft Mallorca auf und arbeitete von 1939 an als Kindergärtnerin an der deutschen Schule in Palma. Ähnlich wie Lotti Wenzel durchlief auch Fliege ihren Wandel zur Nationalsozialistin zum Teil außerhalb der Heimat. In Paul Fichtner, dem neun Jahre älteren DAF-Funktionär, fand die junge Frau nicht nur einen politisch gleichgesinnten Kameraden, sondern auch den künftigen Ehemann. Das Paar heiratete im Sommer 1942.

Paul Fichtner hatte unterdessen mit wirtschaftlichen Schwierigkeiten zu kämpfen. Bereits im Juli 1941 – da war die Wehrmacht wenige Tage zuvor per Unternehmen Barbarossa in die Sowjetunion eingefallen – hatte er »Antrag auf Heimschaffung« gestellt, »da sein Verdienst als Tischler in Höhe von Pesetas 450 monatlich zur Bestreitung einer angemessenen Lebensunterhaltung nicht mehr ausreicht«, wie Konsul Dede in einer Bescheinigung festhielt.

Offenbar wurde dem Antrag nicht stattgegeben, denn die Fichtners blieben bis Mitte 1943 auf der Insel. Dann aber wurde eine Rückkehr nach Deutschland unumgänglich. Möglicherweise war Paul Fichtner zu jener Zeit, in der Goebbels längst »den totalen Krieg« ausgerufen hatte, zur Wehrmacht eingezogen worden. Ehefrau Fichtner begründete ihren Antrag auf Heimschaffung im Juni 1943 folgendermaßen:

Nach Beendigung der hiesigen Tätigkeit Rückkehr in die Heimat. Der hiesige Deutsche Kindergarten, den ich dreieinhalb Jahre leitete, wird vorläufig auf Dauer des Krieges geschlossen.[126]

Für die damals 27-Jährige, die zurück zu ihren Eltern nach Norddeutschland strebte, war es nicht die erste Heimreise. Johanna Fichtner hatte sich dort bereits im Sommer 1942 aufgehalten. Sie leistete dazu einen sogenannten »Werkehrendienst« ab. Dieser heute weitgehend unbekannte Begriff bezeichnete einen von den Nationalsozialisten geschaffenen sozialen Hilfsdienst, mit dem das Regime augenscheinlich das Solidaritäts- und Gemeinschaftsgefühl der Deutschen zu fördern vorgab, letztlich aber die Aufrüstung und Waffenproduktion intensivierte. Der von der NS-Frauenschaft im Sinne der Partei organisierte Werkehrendienst sah im damaligen Sprachjargon die »Ablösung von Arbeiterinnen an der Maschine durch Frauen und Mädel« vor. Sprich: Die Ehrenamtlichen sprangen in der Produktion ein, damit die weibliche Belegschaft ihrerseits ausspannen konnte. Auf diese Weise konnte die Produktion in einer Fabrik durch diese Ersatzkräfte am Laufen gehalten beziehungsweise vielleicht sogar erhöht werden.

Ulrich Werthwein, der während der Nazi-Zeit als Deutscher in Barcelona heranwuchs, erinnert sich, wie seine Mutter, eine überzeugte Nationalsozialistin, jeweils im Sommer, selbst in den ersten Kriegsjahren, einen Monat lang Werkehrendienst in Deutschland leistete. Ihre Begründung dem Sohn gegenüber war folgende: »So kann auch eine andere deutsche Mutter und Fabrikarbeiterin mit ihren Kindern einmal Urlaub haben.«

Frau Werthwein war ganz von dem Glauben erfüllt, mit ihrem unentgeltlichen Arbeitseinsatz ihrer patriotischen Pflicht als deutsche Frau nachzukommen. Der Werkehrendienst war für die Spanien-Deutschen aber auch eine Gelegenheit, auf Kosten der NS-Regierung eine An- und Rückreise nach Deutschland finanziert zu bekommen. Es gibt Fälle, die belegen, dass solche Arbeitsaufenthalte sich auch mit einem Besuch bei den Angehörigen in Deutschland verbinden ließen. Auf Mallorca lassen sich mehrere Frauen finden, die Werkehrendienste leisteten und im Konsulat die für die Reise und die Grenzkontrollen notwendigen Sichtvermerke beantragten.

Das waren neben Johanna Fichtner etwa Irene Esch-Beckerarth, die Mutter des Zeitzeugen Erich Esch. Die Witwe und Hausfrau aus Krefeld war 55 Jahr alt, als sie im Sommer 1942 die Formalitäten für den Werkehrendienst in Deutschland einleitete. Auch Erna Frey aus Palma, über die kaum ein Detail bekannt ist, beantragte im Februar 1943 die Aus- und Einreisepapiere, um Hilfsdienst und Besuch bei der Mutter in Pforzheim zu kombinieren. Die dortige DAF-Kreiswaltung hatte der 34-Jährigen eigens bescheinigt, dass sie in einer genannten Firma jederzeit »im Arbeitsplatzaustausch einen vierwöchentlichen Reichsehrendienst ableisten kann«.

Eine weitere Frau, die in Zusammenhang mit dem Nationalsozialismus auf Mallorca genannt werden muss, ist die Ehefrau des Konsuls, Erna Dede, geborene Lühr. Die Lübeckerin, Jahrgang 1894, war knapp sechs Jahre älter als ihr Gatte. In den zeitgenössischen Berichten und Dokumenten stand sie nicht im Vordergrund. Aber an der Seite ihres Mannes dürfte sie zumindest im informellen Bereich von unübersehbarer Bedeutung und Persönlichkeit gewesen sein. Dem »Herold« ist zu entnehmen, dass »Frau Konsul Dede« 1933 aktiv das Weihnachtsfest der Deutschen Schule samt Tombola organisierte. In vielen persönlichen Schreiben von Insel-Deutschen an das Konsulat zwecks Passverlängerung oder anderen Behördenangelegenheiten fehlten selten ausdrückliche Bezüge und Grüße an die »verehrte Frau Gemahlin« und »liebe Gattin«.

Der Zeitzeuge Erich Esch äußerte sich sieben Jahrzehnte später zurückhaltend bis abschätzig über Erna Dede. Sie sei eine wenig sympathische Persönlichkeit gewesen. Die Frau habe ihren Ehemann »getriezt«. Befragt nach ihrer politischen Einstellung nannte Esch die Konsulin sarkastisch das »BDM-Mädel«. Er ordnete demnach die Frau seines ehemaligen Arbeitgebers der Nazi-Jugendorganisation »Bund deutscher Mädel« zu. Frau Dede sei gerne zu Parteiveranstaltungen nach Deutschland gereist und habe euphorisch berichtet, wie Hitler ihr bei einer dieser Gelegenheiten einmal »tief in die Augen« gesehen habe. Wie sich Esch ferner erinnerte, brachte Erna Dede ihren Ehemann dazu, aufgrund ihres unerfüllten Kinderwunsches ein Kind zu adoptieren.

Die deutschen Frauen, die auf den Balearen lebten, waren von ihrem Empfinden her – sofern sie dem Nationalsozialismus nahestanden – nicht minder patriotisch eingestellt als ihre männlichen Zeitgenossen. Telegrafierte etwa ein Herr Koidl nach dem Anschluss Österreichs aus Andalusien an Hitler, »Die nationalsozialistischen Österreicher Sevillas gedenken in dieser langersehnten Stunde der Wiedergewinnung unserer Freiheit durch die Vereinigung unserer Bruderstaaten mit Stolz und tiefer Freude unserem Führer. Sieg Heil!«, dann las sich das bei der deutschen Seniorin Frieda Magnus, die bei ihrer Tochter und Enkelin auf Ibiza lebte, in einem Brief an Konsul Dede so: »Die großen Ereignisse in unserer Heimat lassen uns jede Postsendung mit Spannung begrüßen und jeder von uns Deutschen tauscht mit dem anderen Nachrichten aus. Selbst die Dorfeinwohner sagten meiner Tochter ihre Glückwünsche zur Vereinigung mit Österreich. (...) Heil Hitler!«

Die Identifikation der Deutschen im Ausland mit dem Nationalsozialismus und seinen Feindbildern setzte in so manchem Mallorca-Residenten denunziatorische Triebkräfte frei. Ein Beispiel dafür ist der erwähnte Ehrenfried Tischner. Schon in der »Pariser Tageszeitung« war er als »Nazi-Agent« aufgelistet worden, was jedoch offenbar übereilt war. Denn erst als Spanien-Flüchtling in Deutschland sollte Tischner in diese Aufgabe hineinwachsen. In seinem Brief an Dede berichtete er dem Konsul von seiner Verpflichtung:

Ich habe da auch noch eine Bitte: Wenn unter den Deutschsprechenden, die nach Deutschland zurückkehrten, sich Leute befinden, die sich des Deutschtums in irgend einer gröberen Weise als unwürdig erwiesen in Fällen, die dem Konsulat bekannt geworden sind, so muss ich Ihnen für Nennung dieser Fälle dankbar sein, da ich vom Hilfsausschuss [für die Spanien-Flüchtlinge] mit der Aufklärung beauftragt u. zu gewissenhafter Beurteilung verpflichtet worden bin; man kann diese Angelegenheit heute gar nicht wichtig genug nehmen! [127]

Frauen standen den Männer nicht nach, wenn es ums Denunzieren ging. Franziska Hübscher, eine alleinstehenden Münchnerin, Jahrgang 1897, die zumindest 1933 bis 1936 auf Mallorca lebte, lieferte Informationen über Dritte frei Haus. In einem Schreiben an Dede erinnerte sie den Konsul an folgenden Sachverhalt:

Als ich auf Mallorca wohnte, hatte ich einst mit einer deutschen Jüdin namens Lözius eine Kontroverse in Bezug auf den Nazionalsozialismus [sic]. Ich schrieb damals an Sie, Herr Konsul, indem ich Ihnen von dem verläumderischen [sic] Vorgehen der Lözius Mitteilung machte. Unter Anderem gipfelten die öffentlichen Hetzreden gegen das neue Deutschland darin, daß die Nazionalsozialisten den Juden Hakenkreuze in die Stirne brennen und sie zum Selbstmord zwingen. Die Lözius behauptete solche Dinge nicht nur mir gegenüber, sondern verbreitete sie in spanischen Kreisen. Ich setzte mich für unser neues Deutschland entschieden ein und erlitt dann Verläumdungen der Lözius, die sich auf diese Weise rächte an meiner nazionalsozialistischen Gesinnung. [128]

Doch was beabsichtigte Franziska Hübscher mit ihrem Brief? Sie wollte vom Konsul eine Art Empfehlungsschreiben erhalten, um sich damit als aufrechte Nationalsozialistin ausweisen zu können. Ihre weitere Zeilen lauteten:

Infolge der Tatsache, daß ich Spanienflüchtling bin, betrachten mich die italienischen Behörden mit einigem Mißtrauen, das durch das hiesige Generalkonsulat sofort zerstreut werden kann, wenn ich in der Lage bin, etwas über meine pol. Führung beibringen zu können. Deshalb bitte ich Sie, sehr geehrter Herr Konsul Dede, meine, im Falle Lözius offen bekundete nazionalsozialistische Gesinnung [sic] als Anlaß zu nehmen, direkt dem Deutschen Generalkonsulat in Genua [...] Mitteilung zu machen. [129]

Offenbar hatte Dede sich vorerst hinter administrativem Schweigen verschanzt. Doch die 39-Jährige scheint nicht lockergelassen zu haben. In den Unterlagen ist festgehalten, dass die Frau zumindest im Jahre 1940 ein Führungszeugnis durch das Konsulat ausgestellt erhielt. Was sie damit anrichtete, ist unbekannt.

Die hier aufgeführten Frauen hatten in jenen Jahren von Krieg und Terror zumindest zeitweise das Glück, auf Mallorca die mediterrane Leichtigkeit des Seins leben und erleben zu können. Doch selbst der erweiterte Horizont, der ihnen im Ausland beim sprichwörtlichen Blick über den Tellerrand vergönnt war, hat sie häufig nicht dazu verleiten können, ihre Verbundenheit zur Heimat zu relativieren. Fast scheint es, dass der

Aufenthalt in der Fremde die Wahrnehmung des eigenen Deutschtums erst recht verstärkte: Deutschland, Deutschland über alles.

Und dennoch dürften jene Frauen, sobald sie nach Rückwanderung und Heimschaffung wieder in Deutschland lebten, womöglich sogar in finsteren Luftschutzkellern und unter alliiertem Bombenhagel, die Erinnerung an die südliche Sonne wie eine tiefe Sehnsucht empfunden haben. Ungeachtet allen Deutschtums werden die meisten jener Frauen die Inselwelt der Balearen als einen privilegierten Lebensort wahrgenommen haben, so wie jene Frieda Magnus, als sie 1938 über ihren Aufenthalt bei Tochter und Enkelin auf Ibiza schwärmerisch an Konsul Dede schrieb:

Aber es ist landschaftlich so wunderschön hier und ich habe soviel Freude am Zusammensein mit meinen Kindern, dass mir das Vierteljahr wie im Traum vergangen ist. Der Garten fängt jetzt im sechsten Jahr nach seiner Anlage allmählig [sic] an die Mühe zu lohnen, die in ihn gesteckt ist und das ländliche Leben mit seiner Beschäftigung mit den Haustieren und dem Aufenthalt in der herrlichen Luft ist mir ein täglicher Genuss.[130]

Deutsche Fotografen auf Mallorca

Verzerrte Brennweiten in Schwarz-Weiß

Langjährige Inselkenner erinnern sich noch an das Fotogeschäft Hausmann, das bis 2006 schräg gegenüber der Hauptpost an der Plaza de la Constitución zu finden war. Dort konnte man in nur 45 Minuten Filme entwickeln lassen, neue Kartuschen kaufen oder Abzüge seltener Luftaufnahmen aus dem Palma der 1950er Jahre erwerben. Das Geschäft »Foto Balear«, das nach seiner Schließung in eine Modeboutique verwandelt wurde, war bis dahin mit das älteste Unternehmen gewesen, das Fotografen einst auf Mallorca gegründet hatten.

Die Fotografie erlebte im ersten Drittel des 20. Jahrhunderts als junges Medium eine ungeahnte Blütezeit, wie sie später mit dem Internet vergleichbar sein sollte. Die Technik ihrer »Hard- und Software« hatte sich damals so weit verbessert, dass sich für kreative und wagemutige Menschen ein neues Berufsfeld eröffnete, ähnlich wie heute für Webdesigner. Diesen Freiberuflern mit leichtem Gepäck stand die Welt offen. Auf der Suche nach Motiven und Auftraggebern für Porträts konnten sie sich mit ihren beweglichen Gerätschaften niederlassen, wo es ihnen gefiel. Mallorca erwies sich in jenen Jahren als ein gefragtes Ziel.

Fototasche von Enrique Hausmann

Unter den Fotografen der Insel befanden sich auffällig viele Deutsche. Die Zuwanderer boten ein breites Spektrum an künstlerischer, unternehmerischer und politischer Couleur. Auch die Gründung des Geschäfts »Foto Balear« ging auf einen Deutschen, Emil Orsinger, zurück. Der gebürtige Badener aus Eigeltingen bei Konstanz ließ sich – angelockt von der Schönheit der Insel – Ende 1932 auf Mallorca nieder und gründete an der Plaza Gomila einen Ladenbetrieb. Bald ließ der 44-Jährige auch seine Familie nachkommen. Das waren seine Frau Berta (36) sowie vier Töchter und ein Sohn.

Orsinger spezialisierte sich auf Landschaftsmotive, die er als Ansichtskarten abziehen ließ und an Touristen verkaufte. Privat entsprachen die Familienverhältnisse für die damalige Zeit kaum den gängigen Konventionen, was unter den deutschen Inselresidenten kein Geheimnis war. »Vater Orsinger hatte eine Ehe zu dritt: die Frau war Jüdin, die Kebsfrau Christin«, fasste Zeitzeuge Erich Esch die Konstellation in Worte. Die Nebenfrau des Fotografen war nach außen hin als Kindermädchen in dem Haushalt beschäftigt. Die Erzieherin Auguste Ottermann aus Hannover war damals 34 Jahre alt, zwei Jahre jünger als die Ehefrau Orsingers, und wurde von allen nur »Tia« gerufen, das spanische Wort für Tante. Diese Situation schien von allen Beteiligten nolens volens toleriert zu werden.

Doch ungeachtet des internen Zusammenhalts erging es der Familie wie vielen anderen auf der Insel: Erst hatte die Ernennung Hitlers die Zukunftsaussichten der Ehefrau Orsinger und ihrer Kinder eingetrübt, auch wenn die Mutter bei ihrer Heirat zum katholischen Glauben konvertiert war. Dann kam mit dem Ausbruch des Spanischen Bürger-

Orsinger-Foto: »Kind am Geflügelmarkt«

kriegs vollends das Unheil über die Auswanderergruppe. Wie sich die damals neunjährige Tochter Marianna Orsinger 2007 erinnerte, drängte Konsul Dede die Orsingers aufgrund der drohenden Kriegslage – »Frauen und Kinder müssen die Insel verlassen!« – zur Heimreise. Ungeachtet ihrer Einstufung in Juden und Halbjuden – aus NS-Sicht – würden die Angehörigen in Deutschland nichts zu befürchten haben, soll der Konsul beschwichtigt haben.

Zur Einordnung: Das Nazi-Regime hatte im September 1935 die Nürnberger Rassengesetze verkündet, doch im Sommer 1936, parallel zu den anstehenden Olympischen Spielen von Berlin, hatten die Machthaber ihre starre Linie auch mit Rücksicht auf die Besucher und Beobachter aus dem Ausland vorerst aufgeweicht. Die Diskriminierung der jüdischen Mitbürger pausierte – allerdings nur, um später umso strenger wieder aufgegriffen zu werden.

Unterdessen hatte Berta Orsinger im Sommer 1936 mit ihren jüngeren Kindern die Insel verlassen und war zu Angehörigen nach Karlsruhe gezogen. »Tia«, darauf hatten sich die Erwachsenen geeinigt, nahm ihrerseits das jüngste Orsinger-Kind, die fünfjährige Rosemarie, genannt Kleinchen, in ihrer Obhut mit nach Bad Godesberg, wo viele Spanienflüchtlinge aus Mallorca untergebracht waren.

Emil Orsinger weigerte sich indes, seine in Palma errichtete Existenz aufzugeben. Er hielt an seinem Ladengeschäft fest und betrieb es mit Hilfe seiner beiden ältesten Töchter weiter. Charlotte »Lilo« Orsinger, Jahrgang 1920, lernte bald darauf in Palma ihren späteren Verlobten, Georg Luban, kennen, der im Haus zur Untermiete wohnte. Die ältere Tochter Gertrude, Jahrgang 1916, verliebte sich ihrerseits in einen deutschen Matrosen. Als sie schwanger wurde, sah sie aus Scham und Angst vor dem gestrengen Vater keinen anderen Ausweg für sich, als alleine nach Berlin zu gehen.

Für die Ehefrau Orsinger begann in Deutschland ein steiniger Weg. Gerne wollte sie nach Ende des Spanischen Bürgerkrieges zurück nach Palma zu ihrem Mann, doch dazu kam es nicht. Umso bedrückter war sie, als sie per Zufall obendrein erfahren musste, dass die Erzieherin samt Kleinchen sich längst wieder nach Mallorca begeben hatte und dort gemeinsam mit Emil Orsinger lebte. Die rechtmäßige Gattin und zwei ihrer Kinder, Marianne und Werner, mussten hingegen die gesamte Nazi-Zeit in Deutschland verleben und die zunehmende Verfolgung der Juden am eigenen Leib verspüren. Die Schülerin Marianne wurde 1944 als Halbjüdin aus dem Internat ausgewiesen, ihr Bruder Werner wiederum war zur Wehrmacht eingezogen worden, wo er gegen Kriegsende desertierte. Die Familie entging der Deportation nach Auschwitz, wohin bereits andere Familienmitglieder gebracht worden waren, am Ende nur dadurch, dass katholische Angehörige sie in einem winzigen Donaudorf in Württemberg aufnahmen und versteckten. Erst 1949 konnte Berta Orsinger mit ihrer Tochter Marianne nach 13 Jahren Trennung zu ihrem Mann nach Palma zurückkehren.

Emil Orsinger

Die privaten Familienverhältnisse der Orsinger wichen, wie gesagt, von den damals gängigen Normen deutlich ab. Die delikate Konstellation wurde im Jahre 2015 publik gemacht, als eine Großnichte den katalanischen Comic-Band »Tante Wussi« veröffentlichte, der vor allem die schrecklichen Erlebnisse der Angehörigen in Nazi-Deutschland eindrucksvoll schildert.

Welches Bild der Fotograf Emil Orsinger von den damals zum Teil dramatischen Umbrüchen in seiner Familie hatte, darüber gibt ein Brief Auskunft, den er im Januar 1937 an Konsul Dede verfasst hatte. Darin bat er Dede, ihm zu helfen, in Berlin eine Rückreisegenehmigung für Tia und Kleinchen zu erlangen. Orsinger war den beiden bereits nach Genua entgegengereist und musste dort nun unverrichteter Dinge ausharren, weil für die Erzieherin und das jüngste Kind der Weg noch nicht freigemacht worden war. So schrieb er an Dede:

Stellen Sie sich meine Situation vor, ich komme hierher und glaube Tia und Kleinchen anzutreffen und kann nun unter Umständen wochenlang hier warten (...). Ich verliere mit dem Warten natürlich außer Zeit unnötig viel Geld.[131]

Was seine eigene Frau betraf, ließ Orsinger den Konsul folgendes wissen:

Um irgendwelchen Missverständnissen vorzubeugen möchte ich Ihnen bei dieser Gelegenheit mitteilen, dass sich meine Frau getrennt wegen ihrer Rückreise nach Berlin wendet. Ich möchte aus bestimmten, seinerzeit mit Ihnen besprochenen Gründen, mich nicht persönlich für sie verwenden. Der Junge soll zudem in Deutschland eine Lehrstelle annehmen. Ich habe mich in der Rassenfrage, auch schon mit Rücksicht auf die Kinder, entschieden und kann nur einen Weg gehen. Sie nochmals herzlich bittend, sich ein wenig für meine Sache einzusetzen, begrüße ich Sie nebst Ihrer geehrten Frau Gemahlin bestens Ihr E. Orsinger.[132]

Das bedeutet im Klartext: Der Fotograf setzte sich aktiv für die Rückkehr der Nebenfrau ein, wollte aber seine Gattin und die älteren Kinder lieber in Deutschland wissen. Gleichwohl kam für Orsinger eine Scheidung nicht in Frage. Er ging offenbar zu jenem Zeitpunkt davon aus, dass seine Frau durch die Ehe mit einem »Arier« samt dem Nachwuchs vor Diskriminierungen als Juden und »Mischlinge 1. Grades« hinlänglich geschützt sein würden.

Die fast 70-jährige Existenz des Ladens »Foto Balear« ist neben den Orsingers eng verknüpft mit Heinz Hausmann. Der gebürtige Braunschweiger, Jahrgang 1905, hatte sich, wie Marianne Orsinger schilderte, zunächst »als Straßenfotograf« auf den Kanaren betätigt, bevor er sich 1930 auf Mallorca niederließ. Hausmann arbeitete offenbar zunächst als Angestellter bei Orsinger. Später erfolgte der Umzug des Geschäfts von der Plaza Gomila ins Zentrum nach Palma, und irgendwann während des Krieges wurde Hausmann zum Eigentümer des Ladens. Der Zeitzeuge Bernat Torrandell erinnerte sich, dass Hausmann im Schaufenster des Ladens auf Landkarten den siegreichen Frontverlauf der Wehrmacht mit Fähnchen nachsteckte und Propagandafotos des NS-Regimes ausstellte.

Wohl aufgrund dieser Zurschaustellungen wurde Hausmann in der kollektiven Erinnerung als Angehöriger der NS-Ortsgruppe vermerkt, ein Detail, das jedoch nicht zutrifft. Offensichtlich wollte Hausmann in die Partei aufgenommen werden, doch Dokumente belegen, dass er seinerzeit abgewiesen wurde. Zur Begründung hieß es Ende März 1941:

Nach Mitteilung des Landesgruppenleiters der AO [Auslandsorganisation] der NSDAP in Spanien hat sich schon kurze Zeit, nachdem Vg. [Volksgenosse] Hausmann auf Grund seines gestellten Aufnahmeantrages zur Mitarbeit in die NSDAP herangezogen worden ist, herausge-

Inseltypische Postkartenmotive von Heinz Hausmann

stellt, dass von ihm nicht ein jederzeit tatkräftiger Einsatz für die Partei zu erwarten ist. Den ihm übertragenen Auftrag (Benachrichtigung von Volksgenossen zu Veranstaltungen) nahm er an, unterliess es jedoch, die Arbeit auszuführen. Die ihm später aufgegebene Arbeit, WHW-Geld [Winterhilfswerk] einzusammeln, unterliess er ebenfalls, und bei Zurredestellung antwortete er mit undisziplinierten Redensarten. Alle Ermahnungen hatten keinen Erfolg. Nachdem ihm die Parteianwärterkarte Ende Oktober vorigen Jahres ausgehändigt wurde und er zum Besuch der Parteiveranstaltungen verpflichtet war, kam er bereits zur ersten Versammlung in betrunkenem Zustand. Sämtliche Veranstaltungen besuchte er seit dieser Zeit mit regelmäßiger Verspätung bis zu 3/4 Stunden, wobei er zuvor in Cafés und anderen Lokalen seine Zeit verbringt. Schulungsabende und andere Veranstaltungen besucht er nicht, wenn er keine Fotos machen kann. Nach den gemachten Erfahrungen ist nicht damit zu rechnen, dass Vg. Hausmann einen Gewinn für die Partei darstellen wird. Der beabsichtigten Ablehnung der Aufnahme in die NSDAP ist daher zuzustimmen.[133]

Im August 1941 bestätigte die NSDAP in Berlin die definitive Ablehnung des Antrags. Somit war Hausmann offiziell kein Nazi gewesen. Was auch immer die Motive für sein Verhalten gewesen sein mögen: Ihm war es wichtiger Fotos zu schießen als den Parteivorträgen zu lauschen. Nach dem Weltkrieg machte der Fotograf Karriere in Spanien. Er stieg zum Repräsentanten der staatlichen Nachrichtenagentur auf, die ihre bekannten »Nodo«-Kinowochenschauen (»Noticiarios y Documentales«) von 1943 bis 1978 produzierte. Nach Hausmanns Tod führte ein Sohn das Ladengeschäft in Palma weiter, bis er das Rentenalter erreichte.

Deutsche Fotografen, die während der NS-Zeit freiberuflich auf Mallorca wirkten und ihre Aufnahmen in zeitgenössischen Zeitschriften wie »Brisas« veröffentlichten, gab es viele. Über die meisten von ihnen ist jedoch kaum etwas bekannt. Da ist etwa Josef Külzer, der in Sóller einen Fotoladen besaß und unter anderem die »Schneekönige« vom Puig Major ablichtete. In Cala Rajada hatte sich Konrad Liesegang niedergelassen, in Palma gab es das Fotoatelier »Charles«, das Karl Schwarz gehörte. Der Schlesier, Jahrgang 1899, lebte von 1931 bis 1941 auf Mallorca und war Mitglied der NS-Ortsgruppe. Frauen waren ebenfalls mit der Kamera aktiv. Hier ist vor allem Sibylle von Kaskel zu nennen. Letztere fertigte innovative Fotografien am Strand sowie von Schiffen und Buchten an.

Weitere Namen, die sich finden lassen, sind die emigrierten Fotografen Georg Reisner, geboren 1911 in Breslau, und Hans Namuth, Jahrgang 1915, aus Essen. Beide waren 1935 in Pollença ansässig, wo Reisner ein Fotostudio unterhielt und Touristenporträts anfertigte. Der junge Mann wurde vom Nazi-Spion Kurt von Behr observiert, der anfangs ebenfalls in Port de Pollença lebte. »s.[iehe] Bew.[ertung] v.[on] Behr z[u] Visum«, lautet ein handschriftlicher Hinweis im Konsulatsregister direkt neben den

Fotografie: Sibylle von Kaskel

Personalien Reisners. Der Fotograf kehrte im November mit seinem Freund nach Paris zurück. Reisner, der Namuth in die Fotografie eingeführt hatte, nahm sich 1940 in Südfrankreich das Leben. Auf der Flucht vor den Nazis entkam Namuth in die USA, wo er zu einem berühmten Fotografen aufstieg.

Auf Mallorca hielten sich neben den Fotoschaffenden auch deutsche Unternehmer auf, die wiederum mit dem Bereitstellen von technischen Fotomaterialien und Abzügen (»Klischees«) ihren Unterhalt verdienten. Hier sind der deutsch-jüdische Josef Julius Obermeyer zu erwähnen, von dem Konsul Dede offenbar die Räumlichkeiten für das Konsulat im El Terreno gemietet hatte, sowie Cuno Schilling, der Schwiegervater des deutschen Inselarztes Bernhard Krebs. Schilling war von 1936 an Inhaber der Klischee-anstalt »Fotograbados Mallorca«, mit der die meisten Zeitungen der Insel zusammen-arbeiteten.

Deutsche, die eigene Fotostudios auf Mallorca betrieben, waren selbst in so einem abgelegenen Bergdorf wie Esporles zu finden. Dort hatten sich der Fotograf Leo Frischer sowie das Ehepaar Hans und Lissy Mayer-Classen zusammengetan. Bei den Männern handelt es sich um jüdische Emigranten, die den NS-Zwangsnamen »Israel« in ihren Ausweispapieren führten. Das Trio eröffnete um 1939 im ehemaligen Café Ca Na Copes in der Calle San Pedro 11 ein Fotogeschäft und freundete sich mit den Nachbarn an, die die Metzgerei Ca Na Rossa betrieben. Gemeinsame Recherchen der dortigen Lokalforscher und des Mallorca Magazins ergaben, dass Hans Mayer-Classen, geboren 1893 in Frankfurt am Main, zuletzt wohnhaft in Aachen, ein promovierter Jurist gewesen war. Der 45-Jährige hatte vermutlich nach der Ernennung Hitlers zum Reichskanzler als Jude seine Arbeit verloren. Mayer-Classen wurde 1938 beim Pogrom der sogenannten Reichskristallnacht verhaftet und in das Konzentrationslager Buchenwald verschleppt. Von dort gelang ihm, wie auch immer, die Ausreise, er tauchte im folgenden Jahr mit seiner Frau, einer 1895 geborenen Hamburgerin, in Esporles auf. Leo Frischer, Jahrgang 1902, stammte wie Lissy ebenfalls aus Hamburg.

Fotografie: Sibylle von Kaskel

Was die drei nach Mallorca und speziell nach Esporles führte, ist unklar. Klar ist hingegen, dass sich das Dorf auf der gemeinsamen Flucht als unsichere Station erwies: Im Juni 1940 forderten die franquistischen Behörden über den Bürgermeister des Dorfes die drei Ausländer auf, Spanien zu verlassen. Die Behörde war jenes Kommissariat für Ermittlung und Überwachung (»Comisaría de Investigación y Vigilancia«), das im Juni 1940 auch dem deutsch-jüdischen Ehepaar Heinemann in Palma mit der Ausweisung gedroht hatte. Die zeitliche Übereinstimmung ist ein Beleg dafür, dass der Druck auf die jüdischen Deutschen auf Mallorca zentral gesteuert wurde.

Von einem Tag auf den anderen war das Fotogeschäft gegenüber der Metzgerei ausgeräumt und verwaist, erinnerte sich Francesca Torres, die Tochter des einstigen Schlachters, ohne dass jemand Genaueres wusste. Und nachzufragen traute sich in dem Dorf, das unter der franquistischen Repression schwer zu leiden hatte, ohnehin niemand.

Wie die Recherchen ergaben, landete Leo Frischer im Internierungslager Miranda de Ebro in Kastilien, wo er bis 1943 inhaftiert war. Danach kam er auf freien Fuß. Jüngst gelang es dem Lokalforscher Arnau Alemany das weitere Schicksal in Erfahrung zu bringen. So war der Fotograf über Madrid nach Wales gezogen, wo sich bereits seine

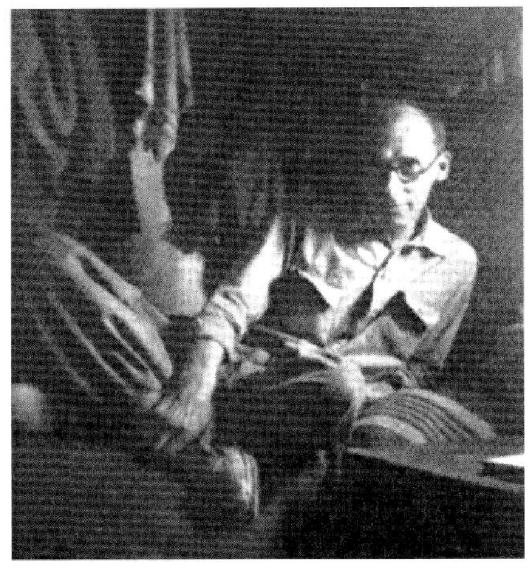

Leo Frischer

Lissy Mayer-Classen

Frau aufhielt, und hatte dort wieder ein Atelier eröffnet. Er starb 1972 in der neuen Heimat.

Mehr Glück ist 1940 Hans und Lissy Mayer-Classen beschieden. Dem Ehepaar gelingt die Ausreise über Portugal in die USA, wo es im Oktober in New York eintrifft. Später nimmt es die US-Staatsangehörigkeit an. Wie sehr die beiden Deutschen indes von Mallorca beeindruckt worden waren, lässt sich daran ermessen: Die Eheleute kehren in den 1950er Jahren auf die Insel zurück, wo sie sich am Ortsrand von Port d'Andratx ein Chalet errichten lassen. Hans Mayer-Classen stirbt 1959 und liegt auf dem Friedhof in Andratx begraben. Die verwitwete Lissy zieht später nach Südengland, wo sie 1970 stirbt.

Viel mehr ist über das Esporles-Trio nicht in Erfahrung zu bringen gewesen. Zur Überraschung aller Forscher tauchen jedoch am Ende ein, zwei Fotos auf, die Leo Frischer einst in Esporles geschossen hatte. So war der Fotograf engagiert worden, um Aufnahmen von einer Dorfhochzeit zu machen. Ein weiteres Foto zeigt Lissy Mayer-Classen in mallorquinischer Tracht. Die junge Frau verstand sich gut mit Francesca Torres und durfte zum Spaß einmal das traditionelle Kostüm der Nachbarin anlegen, während Leo Frischer den Moment festhielt. Das Foto war all die Jahre im Besitz der Metzgerfamilie verwahrt gewesen. Das winzige Dokument sagt – wie bei Fotos meist üblich – mehr als tausend Worte.

Zwei vergessene Literaten

Völkischer Inselroman und ein Gedicht der Emigration

Albert Vigoleis Thelen, Karl Otten, Franz Blei, Klaus Mann, Harry Graf Kessler, Herbert Schlüter, Martha Brill, Erich Arendt – die Reihe deutscher Schriftsteller, die in den Jahren des Nationalsozialismus mit Mallorca in Zusammenhang stehen, ist lang. Tatsächlich lebten einige von ihnen jahrelang auf der Insel (wie Thelen), andere verweilten nur wenige Tage (wie Mann). Die Literaten hinterließen nach ihrem jeweiligen Inselaufenthalt ganze Romane (wie Thelen und Otten) oder sie erwähnten Mallorca in wenigen dürren Zeilen. Ihr Werk ist erforscht von Germanisten wie Germà Garcia Boned, Reinhard Andress, Gabi Einsele. Während Boned sich auf Thelen konzentrierte, ging der US-Germanist Andress in seiner Pionierarbeit der Frage nach, ob Mallorca angesichts der aufgezählten Autoren als »deutsche Schriftstellerkolonie« zu bezeichnen sei. Die Antwort gab er in seinem 2001 publizierten Werk »Der Zaubergarten. Das Exil deutschsprachiger Schriftsteller auf Mallorca 1931-1936« selbst:

Das geht insofern zu weit, als es Kontakte voraussetzt, die [...] nur sehr vereinzelt vorhanden waren und zu keiner größeren Interessengemeinschaft [...] oder gar zu einer deutschen Schriftstellerkolonie auf Mallorca führten. Die Schriftstellerexilanten verstanden sich nicht als Einheit oder Gemeinschaft.[134]

Auch die Schweizerin Einsele bezeichnete die Anwesenheit von Blei, Otten und weiteren Literaten speziell in Cala Rajada explizit nicht als »Künstlerkolonie«. Vielmehr habe es sich »um eine Art Schicksalsgemeinschaft« gehandelt, die mit dem Ausbruch des Spanischen Bürgerkrieges ihr Ende fand.

Ungeachtet ihrer Akribie sind der Literaturforschung in Zusammenhang mit Mallorca zwei deutsche Schriftsteller vollkommen entgangen: Es handelt sich um zwei Autoren, wie sie gegensätzlicher nicht sein könnten. In ihrem politischen Antagonismus stehen sie für die Extreme des deutschsprachigen Literaturbetriebs, wie er infolge der Machtübernahme in Gefolgschaft und Gegnerschaft aufgespalten worden war. Die Rede ist von Hans Richter und Frank Arnau. Nazi-Autor Richter befand sich bereits lange vor Hitlers Kanzlerschaft ganz auf NS-Linie. Er veröffentlichte 1933 den vermutlich ersten Mallorca-Roman in deutscher Sprache. Der Antifaschist Frank Arnau wiederum zählte von 1933 an zu den von den Nazis meistgeschmähten Autoren, insbesondere aufgrund des Romans »Die braune Pest«. Arnau schrieb darüber hinaus das erste Exil-Gedicht über Mallorca, das auf der Insel veröffentlicht wurde.

Einen winzigen Hinweis auf den Richter-Roman vermeldete bereits die Wochenzeitung »Die Insel« im Juli 1933. Ein Kolumnist hielt über die Buchhandlung Ordinas in Palma fest: »Daselbst fiel mir auch eine Neuerscheinung 'Die Frau von Noch und Schon', ein Zeitroman, in die Finger, der größtenteils auf Mallorca spielt.« Tatsächlich heißt der Roman »Die Frau zwischen Noch und Schon«. Er ist einer von drei Romanen, den der Vielschreiber Johannes »Hans« Richter 1933 veröffentlichte. Allein zwischen 1923 und 1943 erschienen 59 Bücher des Schriftstellers, der 1889 als Sohn eines Versicherungsdirektors in Berlin geboren wurde und 1941 bei Lemberg starb.

Wer war Hans Richter? Nach Angaben des einstigen nationalsozialistischen »Führerlexikons« von 1934/35 war der Schriftsteller bereits seit 1929 Angehöriger des »NS Club von 1929«. Nach der Machtübernahme durch die Nationalsozialisten unterzeichnete er zusammen mit 87 weiteren Schriftstellern das sogenannte »Gelöbnis treuester Gefolgschaft für Adolf Hitler«. In der späteren DDR wurden seine Werke auf die Liste der auszusondernden Literatur gesetzt.

Und der Mallorca-Roman? Ein Werk mit seichter Handlung. Protagonistin ist eine Studentin der Agrarökonomie, die hin- und hergerissen ist zwischen Freiheitsdrang und Fernweh einerseits und Sehnsucht nach Verantwortung, Hingabe und Erfüllung andererseits. Die junge Frau, Renate Adriani, wird sich letztlich für die Zweisamkeit mit einem 20 Jahre älteren Mann, einem gelehrten Musikprofessor und Historiker entscheiden. Die Liebe obsiegt nach Irrungen und Wirrungen sowie einer dramatischen Rettungsaktion in der Wüste Marokkos. Am Ende landet die deutsche Frau, wie ihr aus Nazi-Sicht zusteht, im Hafen der Ehe mit Ziel Kindersegen.

Es ist nicht belegt, dass Hans Richter vor dem Schreiben seines 280-Seiten-Romans die Szenarien auf der Insel persönlich in Augenschein nahm. Umso mehr hatte sich der Autor bestens mit den Gegebenheiten vertraut gemacht. Die Beschreibungen der Örtlichkeiten, der historischen, gesellschaftlichen und sprachlichen Verhältnisse sind zutreffend. In dem Werk kommen die unverrückbaren Wahrzeichen Palmas ebenso zur Sprache wie ein Besuch in den Drachenhöhlen. Dort wird nicht nur ein Konzert veranstaltet, Richter lässt seine Protagonistin in dem unterirdischen Höhlensee an einem Wettschwimmen teilnehmen, wo die schlagkraftstarke Germanin im »Crawlen« eine ebenso fitte Britin letztlich besiegt.

Hans Richter gibt den »Frauenversteher«. Er kleidet die Triebkräfte der 21-Jährigen in einfühlsame Worte. Der Protagonistin gelingt dadurch auf teutonisch vorbildliche Weise, Freiheitsdrang und Pflichterfüllung selbstverwirklichend in Einklang zu bringen.

Das Mädchen geht »im Weibtum« auf, wie der Autor raunt, es durchlebt die »besinnliche [...] Zeit zwischen dem Noch und dem Schon«.

So kann eine jede Leserin eindrucksvoll nachempfinden, wie beglückend es – nach Richters Auffassung – sein muss, ganz in der Kameradschaft zum Manne aufzugehen. Verwunderlich ist indes, warum der Autor die Protagonistin letztlich nicht dem jungen aufstrebenden Arzt zur Frau gibt oder dem virilen Agraringenieur, sondern dem deutlich älteren »Bücherwurm«. Aber jener lebte im Roman zumindest auf Mallorca.

Roman von Hans Richter

Im Frauenbild, das Richters Roman vermittelt, schimmern die modernen und antimodernen Gesellschaftsströmungen der NS-Zeit durch: Die Anti-Moderne äußert sich in der negativen Darstellung der bei den Nazis verpönten Schminke und Kosmetik. Eine spanische Tänzerin beschreibt Richter so: »Die Augenbrauen waren zu einem schmalen Strich rasiert, der Mund unnatürlich rot, das Gesicht puppenhaft.« Die vermeintliche Moderne wiederum zeigt sich insbesondere im zeitgenössischen weiblichen Ideal, das mit der wilhelminischen Unbeweglichkeit bricht und die deutsche Frau gestählt von Leibesertüchtigung präsentiert:

Diese Renate Adriani hatte die ideale Sportlinie, lange Schenkel, schlanke Beine, Füße, die bei jedem Schritt in den Gelenken federten, knabenhafte, das Weibliche nur fein andeutende Konturen, darüber ein gutmodellierter Kopf, aus dem graublaue Augen energisch in die Welt schauten. Den Typ unterstrich noch die Haarpracht. Rena trug ihren blonden Schopf energisch zurückgekämmt, ohne jede Welle und Weichheit; die eine Strähne, die manchmal nicht parieren wollte, wurde mit einer eigenwilligen Kopfbewegung zurückgeschleudert, ein rhythmisches Streichen der langen dünnen Finger half hier und da nach. Überhaupt war alles, was sie tat, ausgeglichen und harmonisch, fließend in kraftvoller Bewegung. Ob sie nun draußen auf dem Rasenplatz den Speer schleuderte, ob sie mit Maske und Fechthandschuh die Florettklinge blitzen ließ, ob sie ihre Lehrbücher zusammenpackte oder häusliche Verrichtungen in der gemeinsamen Bude ausführte, immer sah man ihr gern zu, immer freute man sich an dem beherrschten, in jedem Muskelspiel einem einheitlichen Willen gehorchenden Körper.[135]

Da war es wieder, das Führerprinzip als Physis in Reinform. Hans Richters Roman ist kein Werk, das Mann beziehungsweise Frau gelesen haben muss; es sei denn, es handelt sich um eingefleischte Mallorca-, Zeit- und Literaturforscher.

Die schöne Rena dürfte, wäre sie real gewesen, auch Frank Arnau gefallen haben. Denn dieser Mann des Wortes und der Sprache hatte, wie man seiner Autobiographie entnehmen kann, durchaus einen Blick für weibliche Anmut. Seine eigene Ehefrau (die zweite von insgesamt dreien) brachte der antifaschistische Autor auf der Insel in Sicherheit, als Hitler an die Macht gelangte. Das Eiland findet in seinem Alterswerk von 1972, »Gelebt, geliebt, gehasst«, kaum eine Erwähnung, allerdings heißt es gleich in der Einführung:

Ich stand links, weit links, arbeitete, wo ich nur konnte, gegen alles, was nationalistisch und nationalsozialistisch war. Im Januar 1933 schickte ich meine Frau nach Mallorca, ich ahnte das Kommende.[136]

Der Schriftsteller verließ Deutschland am 1. April, ging bei Nacht und Nebel »über die grüne Grenze nach Holland« in die Emigration. Es folgten mehr als ein Dutzend Jahre Aufenthalte in Frankreich, Spanien, der Schweiz, England und Brasilien.

Wer war Frank Arnau? Der Schweizer Hotelierssohn erblickte 1894 als Heinrich Schmitt das Licht der Welt und begann mit 18 als Gerichts- und Polizeireporter in Wien zu arbeiten. Bis zu seinem Tod im Jahre 1976 veröffentlichte der Schriftsteller 89 Bücher, darunter Zeitromane, Krimis, Theaterstücke, Sachbücher sowie Tausende Reportagen und Berichte in namhaften deutschsprachigen Zeitungen. Nach 1933 wirkte Arnau an den Exilzeitungen »Pariser Tagblatt« und »Pariser Tageszeitung« mit, zeitweilig arbeitete der polyglotte Redakteur in Barcelona für die Zeitung »La Noche«. Nach

Frank Arnau mit Ehefrau Etta und Hund Pünktchen

seiner Rückkehr nach Deutschland war der Journalist bei der Münchner »Abendzeitung« und beim »Stern« aktiv.

Besondere Berühmtheit in der Zeit des Nationalsozialismus erlangte Frank Arnau für seinen Anti-Nazi-Roman »Die braune Pest«, den er 1933 in Paris verfasste und der 1934 unter anderem als Zeitungsroman in der Saarbrücker »Volksstimme« komplett abgedruckt wurde. Im selben Jahr wurde Arnau die deutsche Staatsbürgerschaft, die er 1919 zur schweizerischen erhalten hatte, aberkannt. In Palma hatte Konsul Dede den Zeitungsartikel »37 Verräter aus der deutschen Volksgemeinschaft ausgestoßen« aufbewahrt und den Namen »Heinrich Schmitt, genannt Frank Arnau« eigens markiert.

Tatsächlich hatte Arnau kurz nach seinem Eintreffen auf Mallorca die Öffentlichkeit gesucht und gefunden. Unter dem Titel »Eine Tasse Tee mit Frank Arnau« veröffentlichte die »Insel« im Juli 1933 ein für die damalige Zeit noch ungewöhnlich freizügiges Interview. Darin ironisierte der Schriftsteller, der Grund für seine Ausreise aus Deutschland sei, »sich zu erholen«.

Befragt, was er plane, nannte Arnau neben einem Zeitroman zwei Filmprojekte, die bald in Barcelona beginnen und für die er die Drehbücher schreiben sollte. Diese Vorhaben hingen indes »wesentlich auch von der Entwicklung in der Heimat ab«. Gerade für einen Schriftsteller wie ihn, der in der deutschen Sprache und von der deutschen Sprache lebe, sei es am allerwenigsten möglich, sich von dem »großen Wunder 'Heimat'« zu lösen. »Wir alle«, schließt das Interview mit den Worten Arnaus, »die wir den Geist der Humanität, des Friedens und der sozialen Demokratie bejahen – und in allen Werken stets bejaht haben, – können nur dem Warten uns hingeben. Tatenlos, allerdings, muss dieses Warten nicht sein ...«

Die Worte Arnaus lesen sich wie eine Prophezeiung für das, was sich für die deutsche Emigration anzubahnen begann: In einer fremden Umgebung, häufig ohne ausreichende Sprachkenntnisse und finanzielle Hilfen, den Kampf für und die Hoffnung auf eine bessere Zukunft in Deutschland nicht aufzugeben. Womöglich ahnte Arnau bereits auf Mallorca, dass er und seine Leidensgenossen erst am Anfang eines ebenso steinigen wie tragischen Weges standen, der für viele im Exil mit Entwurzelung, Terror und Tod enden würde.

Mehr noch als in dem Interview werden diese Ahnungen in einem Gedicht fassbar, das Frank Arnau bereits zwei Wochen zuvor, Mitte Juni 1933, in der »Insel« veröffentlichen konnte. Es handelt sich um eine eindrucksvolle Schöpfung aus dem Geist der Emigration heraus und ist zugleich ein Werk von einzigartigem mediterranem Lokalkolorit. Die »Inselgedanken« sind ein Stück deutsches Mallorca, wie sich kaum ein zweites Gedicht dieser Art finden lassen dürfte:

Inselgedanken

Du hast Deine Heimat weit in der Ferne gelassen,
und Berge und Täler, Flüsse, Straßen und die See
trennen Dich von einem geliebten Land –
aber es gibt kein Verwehren und kein Verlassen von dieser Idee
Heimat! – –
und Du fühlst die Fremde – die ungewohnte Erde
und empfindest sie mit bittrer Kraft –
ach! – unseres Lebens stärkste Kraft
sie fließt aus anderen Quellen!

Dann aber ahnst Du in jenem Stirb und Werde
den verborgenen Sinn für Deinen kleinen schmerzlichen Tag –
Und während die Träne des Gedenkens rinnt –
weißt Du daß nichts von Bestand ist bis zum Ende –
und in der Wende fühlst Du schon daß Neues beginnt!

Alles ist ewiger Wandel – und auf weiter Flur wie an engen Klippen
haben Deine Lippen schon so oft dieselben Worte getragen –
von Schmerz und Freude, von Liebe und Gram –
es galt das Neue wie das Alte sagen –
und Sonderbares fühlen in der Lust und in der Pein –
es sind die unfassbaren Rätsel unseres Lebens –
so schwankend stetig zwischen Sein und Schein! –
Doch allgemach hat sich Dein Auge eingewohnt.
Du siehst die Pracht der Landschaft –
siehst Leute, Häuser, Dinge mit verstehend gutem Sinn.
Und wirst von jedem Wunder neu belohnt.
Doch musst Du wohl auf das Erschließen warten –
doch schon im leichten Fließen Deiner Tage
öffnet sich Dir bereit dies Eiland –
Gottes Garten!

Du siehst das Meer und schaust der Berge Schweigen –
und es ergreift Dich gar so sehr die fremde Schönheit dieser Insel –
welch ferner Reigen naht –
Du blickst hinab von steilem Bergesgrat
auf vollbesonntes Land –

Und zwischen stachligem Gestrüpp und südlich-üppigen Bäumen
gewinnt Dein Träumen Frieden vor allem Harten –
Gottes Garten
gibt sich Dir in dieses Eilands Offenbaren –
sel´ge Balearen! –

Und von Deines Lebens hohen Zinnen
rinnen die Tage und Stunden
ins Meer –
Es geht Dir wie den Millionen vorher –
Es vernarben Freuden und Wunden
zu letzter verschwindender Spur
in diesem großen Segen der Natur –

(Und ob nicht die See die bittersalzen Wasser gesammelt
hat in aller Schmerzen Entlehnen
aus armer Menschen zahllosen Tränen –)
Doch Dein Geschick fließt seine eignen Bäche.

Du fühlst mit immer stärk'rer Macht daß Neues tagt
Sei unverzagt –!
Und lebe dieser Insel Wunderzeit –
denn kurz ist alle Ewigkeit
und schrecklich lang ist nur dies kurze Leben! [137]

Mallorca-Deutsche in Wehrmacht und Waffen-SS

Freiwillige und Zwangsrekrutierte der Sonneninsel

Der Zweite Weltkrieg, der am 1. September 1939 begann, tobte zwar nicht auf der »Insel der Stille". Doch an den deutschen Residenten, die während jener Jahre auf dem Eiland lebten, ging er nicht spurlos vorüber. Mindestens acht von ihnen wurden zum Kriegsdienst eingezogen. Manche meldeten sich gar freiwillig, andere sahen sich unter Todesdrohungen regelrecht erpresst, die Uniform der Wehrmacht anzuziehen.

Eine Schlagzeile in dürren Worten verkündete das sich anbahnende Drama: »An diesem Morgen haben die deutschen Truppen die polnische Grenze an vier Stellen überschritten«, titelte die spanische Tageszeitung »Ultima Hora« am 1. September jenes folgenschweren Tages in ihrer Abendausgabe. Der nächste Morgen brachte folgende Nachricht: »Die deutsche Offensive in Polen geht weiter.«

Spätestens da war auch auf Mallorca für jedermann zur Gewissheit geworden, dass in Europa Krieg herrschte. Gleichwohl konnten die verbliebenen Mallorca-Deutschen ihrem Tagesgeschäft unbehelligt nachgehen – vorerst. Erst als sich der Kriegsverlauf für die deutsche Seite mit den Jahren verschlechterte, begann die Wehrmachtsführung ihre Fühler nach neuen Kräften auszustrecken. Die dienstfähigen Auslandsdeutschen sollten die Reihen der Gefallenen auffüllen. Das Nazi-Regime schickte die frischen Reserven nach kurzer Ausbildung an die diversen Fronten.

Georg Luban ist einer jener Mallorca-Deutschen, die im Zweiten Weltkrieg fielen ohne die Insel jemals wiedergesehen zu haben. Der gelernte Buchdrucker aus Berlin-Johannistal, Jahrgang 1910, lebte nachweisbar seit 1935 in Palma und war mit der Familie des deutschen Fotografen Emil Orsinger befreundet.

Der Fall Georg Luban ist außergewöhnlich: Wie sich im Zuge der Recherchen zu diesem Buch herausstellte, muss der junge Deutsche sich dermaßen in seine spanische Umgebung integriert gefühlt haben, dass er nach Ausbruch des Bürgerkrieges als Ausländer der rechtsextremen Partei Falange Española (FE) beitrat. Auf Mallorca hatte die Falange sich aktiv dem Militärputsch angeschlossen. Unter ihrem Parteiführer Marqués de Zayas war sie mitverantwortlich für die Repression der Anhänger der Republik. Bislang war nur bekannt gewesen, dass der Sohn Yves des französischen Schriftstellers

Briefe und Fotomotive aus dem Zweiten Weltkrieg

Georges Bernanos (»Die großen Friedhöfe unter dem Mond«) der Falange angehört hatte. Mit Georg Luban ist somit erstmals auch ein deutscher Falangist auf Mallorca dokumentiert.

Luban nannte sich im Beisein seiner spanischen Kameraden »Jorge« und beteiligte sich von Juni 1937 bis Juli 1938, also 13 Monate, an den Kämpfen an der Front auf dem spanischen Festland. Dorthin war er mit Einheiten von der Insel entsandt worden. Luban zählte bei der »1. Centuria expedicionaria de Mallorca« zur »2. Bandera de Falange Española«. Ein Schreiben aus jener Zeit an das deutsche Konsulat beendete er mit »Arriba España« (Spanien lebe hoch), in seinem Tagebuch schilderte er seinen »Feldzug [...] gegen den Kommunißmus [sic]« und notierte, er hoffe »daß wir den Kampf gegen die roten Horden, (die) ihr wahres Gesicht hier in Spanien gezeigt haben, recht bald siegreich beendet und sie für immer unschädlich gemacht haben«.

Wie sich Familienangehörige vage erinnern, war dem Mann später eine auskömmliche Arbeitsstelle an der deutschen Botschaft in Madrid in Aussicht gestellt worden. Das bedeutet, dass die NS-Machthaber den kampferprobten Falangisten Georg Luban als einen bewährten und vertrauenswürdigen Mitarbeiter mit seinerzeit besten spanischen Referenzen in Betracht zogen. Doch diese Pläne zerschlugen sich. Der Grund: Luban hatte die zehn Jahre jüngere Orsinger-Tochter Elisabeth Charlotte geehelicht. Bei der jungen Frau handelte es sich in den Augen des NS-Regimes jedoch um eine Halbjüdin, einen sogenannten »Mischling 1. Grades«. Damit hatte sich Luban für das Anstellungsverhältnis bei der Botschaft disqualifiziert. Stattdessen wurde ihm gesagt, er solle zusehen, dass er seinen Wehrdienst in Deutschland leiste, weil man sich sonst »einmal um seine Frau kümmern könnte«, so die unverhohlene Drohung.

Georg Luban (vorne) mit Kameraden von der Falange Española

Der einstige Konsulatsmitarbeiter Erich Esch erinnerte sich an Georg Luban und seine Verlobte. »Sie wollten eine Ausnahmegenehmigung für die Heirat. Ich meine, sie haben es erreicht. Damals haben wir noch menschlich gehandelt. (...) Wir im Konsulat haben zweifelsohne versucht, den Weg freizumachen, damit sie heiraten können.«

Wie der Sohn Hans-Georg Luban, Jahrgang 1942, die tradierte Familienüberlieferung wiedergibt, gingen seine Eltern nach der Hochzeit, die um 1940 oder 1941 stattfand, nach Deutschland zurück. Der Vater wurde zur Wehrmacht eingezogen und kam 1943 bei der Offensive von Orel in Russland ums Leben. Mutter und Säugling wohnten in Berlin bei den Angehörigen seines Vaters, einer »soliden Proletarierfamilie«. Offenbar konnte die Mutter und baldige Kriegerwitwe, obgleich Halbjüdin, relativ unbehelligt in Berlin leben. Die junge Frau, die ihre Kindheit und Jugend im Fotogeschäft ihres Vaters auf Mallorca zugebracht hatte, arbeitete in einem Labor des Leibfotografen Hitlers, Heinrich Hoffmann. Dieser, vermutet Hans-Georg Luban, muss eine schützende Hand über seine Mutter gehalten haben. Für ihn ein grotesker Treppenwitz der Geschichte: Eine Halbjüdin, die die Privatfotos des »Führers« entwickelte.

Georg Luban war Falangist und stand auch dem Nationalsozialismus nahe (es gibt ein Porträtfoto, das ihn mit dem NS-Anstecker der Arbeitsfront am Revers zeigt). Er hätte in Spanien Karriere machen können. Doch letztlich war ihm seine Frau wichtiger als der soziale Aufstieg im NS-Apparat. Möglicherweise bewahrte er durch die Heirat seine Frau vor der Judenverfolgung, er selbst verlor das Leben – wie damals Abertausende andere – auf dem Schlachtfeld des Weltkriegs.

Georg Luban mit Frau und Kind in Deutschland

Jene Mallorca-Deutschen, die während des Krieges nicht von sich aus nach Deutschland zurückkehrten, erhielten ihren Einberufungsbefehl auf der Insel zugestellt. Die deutschen Behörden im In- und Ausland arbeiteten miteinander reibungslos über die Grenzen hinweg. Dabei musste die Militärverwaltung die Männer noch nicht einmal unbedingt anfordern. Vor allem junge Insel-Deutsche, die teils noch die Schulbank drückten, wollten freiwillig in den Krieg. Sie wurden auf dem Konsulat in Palma vorstellig. »'Vaterland, hier bin ich', verkündeten sie mit leuchtenden Augen«, schilderte Erich Esch die Kriegseuphorie der Jugendlichen. In der Regel wurden die Heranwachsenden jedoch in den ersten Jahren abgelehnt – (»Ab nach Hause mit euch!«) – weil sie erstens noch nicht gebraucht wurden und weil zweitens den Behörden Kosten angefallen wären für den Sold und die Unterstützungszahlungen an Angehörige, wenn diese (wie etwa die Mutter von Erich Esch) über kein eigenes Einkommen verfügten.

Für Karl »Carlos« Schilling, einen deutschen Schüler, der in Sóller aufwuchs, war es im November 1942 so weit. Der damals 17-Jährige durfte endlich Marinekadett werden. Erich Esch erinnerte sich, wie Schilling sich freiwillig zum Kriegsdienst meldete, die Formularien wurden über das Konsulat abgewickelt. »Er war zweifelsohne glühend«, so Esch. Der junge Mann kam im Januar 1944, noch keine 20 Jahre alt, in den Niederlanden ums Leben. Er starb durch einen Unfall beim Hantieren mit einem Sprengkörper, der dabei explodierte. Karl Schilling liegt auf einem deutschen Soldatenfriedhof in den Niederlanden zur letzten Ruhe gebettet. In den Dokumenten des Konsulats fand sich auch die ausgeschnittene Todesanzeige. Der Nichte von Karl Schilling ist folgende Schilderung zu verdanken:

Mein Onkel war ein junger abenteuerlustiger Mann, der gerne aus der Enge Mallorcas heraus wollte, vielleicht auch der gut gemeinten, aber überwältigenden Überliebe der Mutter entkommen wollte. Das sind aber meine Annahmen. Er trug seine Matrosenuniform mit Stolz, das kann man auf einem seiner bekanntesten Bilder sehen, ich denke er wollte auch gerne in den

Im Kampfe für ihr Vaterland fielen

am 10. Jan. 1944

Karl Eduard Schilling

Matrose und Marineingenieur-Anwärter, fast 20 Jahre alt, durch Unfall mit einem Sprengkörper; beerdigt am 14. Januar 1944 auf dem Friedhof Ijmuiden durch den evangelischen Marinepfarrer. Er war Konfirmand unserer Kirchengemeinde (Sóller, 23. Mai 1940).

„Der Herr ist mein Hirte“ (Psalm 23, 1).

(Eltern wohnhaft in Sóller de Mallorca).

Karl Eduard Schilling: Fotografie und Todesanzeige

Krieg, nicht so sehr aus Ideologie, denn aus der genannten Abenteuerlust. Ich denke aber auch, dass er sich keine Vorstellungen davon machte, was auf ihn zukommen könnte. Vielleicht hätte man ihn vor sich selbst schützen sollen, wer weiß das? Zum Glück hat er den Krieg in seiner nackten und grausamen Maschinerie nicht wirklich erleben müssen, vielleicht war das trotz der Tragik des zu frühen Todes sein gnädiges Schicksal.[138]

Mehr Glück als Karl Schilling hatte Ernst Seidemann aus Palma, Jahrgang 1923. Der Jugendliche, der es ebenfalls nicht erwarten konnte, Uniform zu tragen, wurde, wie Erich Esch sich erinnerte, um 1940 als Freiwilliger eingezogen. Später geriet Seidemann vermutlich in Nordafrika in alliierte Gefangenschaft und wurde in die USA geschafft. Dort überstand er unbeschadet den Krieg. Über Seidemann sagte Erich Esch:

Er war derjenige, der mir einflüsterte: »Geh nach Amiland und lass Dich internieren!« Er schrieb aus seiner Gefangenschaft Briefe an die Eltern auf Mallorca. Ich bekam in ihrem Haus einen Brief zu lesen. Da stand das mit der Internierung in den USA drin. Die Gefangenen bekamen an ihrem Geburtstag einen Kuchen ...[139]

Der Vater Ernst Seidemann aus Dallwitz bei Karlsbad, Jahrgang 1892, war Handelsvertreter und Inhaber des Bekleidungsgeschäfts »Maison Lina« für Damen- und Herrenmode in der Staße San Jaime 67. Der Name des Ladens geht zurück auf Frau Seidemann, die 1901 in Konstantinopel geborene Raquel Lina Calaora. Ernst Seidemann senior war zudem von 1933 bis 1936 Beisitzer und Rechnungsführer des deutschen Schulvereins und somit ein engagiertes Mitglied der deutschen Kolonie. Die Familie lebte in der »Villa Lina«, Carrer Jasmín, im Es Rafal, jenem Stadtteil im Osten von Palma, wo noch heute zwischen der verdichteten Wohnbebauung inmitten von Gärten einzelne Einfamilienhäuser zu finden sind. Hatte Esch dort den Brief des Sohnes gelesen? Das weitere Schicksal der Familie ist nicht bekannt.

Neben der Wehrmacht bezog auch die Waffen-SS Angehörige aus Mallorca. Belege dazu finden sich im Falle des Mathias Niessen, Jahrgang 1897, aus Manacor. Der Angestellte der dortigen Perlenfabrik lebte seit 1938 mit seiner spanischen Frau María del Carmen und den Kindern Helene (geboren 1923) und José (1931) auf Mallorca. Niessen wird offenbar 1941 eingezogen und kommt 1943 ums Leben. Ein Schriftwechsel zwischen dem Generalkonsulat Barcelona und dem Versorgungsamt der Waffen-SS »Ausland« in Prag offenbart 1944, dass Krieg und Bürokratie die finanzielle Unterstützung für die Witwe und ihre Kinder verzögert hatten.

Erich Esch selbst wurde 1942 in die Wehrmacht eingezogen. Der 26-Jährige, der erst lange als Lehrling und dann als Sekretär unter Dede im Konsulat gearbeitet hatte, sah diese Entwicklung auf sich zukommen. »Ich war fällig.« Kurz vor der Einberufung machte Esch einen Abstecher nach Sevilla. Er hatte sich dort ein Visum für Portugal besorgt und auch die spanische Südküste besucht. Dabei gelangte er in die Nähe der britischen Kolonie Gibraltar. »Ich sah die alliierten Schiffskonvois und wusste, das kann nicht gut gehen für Deutschland.«

Esch spielte mit dem Gedanken, sich nach Portugal abzusetzen, wagte aber letztlich nicht den Schritt in ein ungewisses Exil. Bei seiner Rückkehr im Hotel in Sevilla fand der junge Mann das Telegramm vor, sich zur Einberufung zu melden. Esch zog nicht frohen Herzens in den Weltkrieg, auch wenn Onkel Paul Esch-Hörle freudig tat. »Paul war selbst Soldat gewesen im Ersten Weltkrieg. Und er war stolz, als ich ihm mein Soldatenfoto in Uniform schickte.«

Esch absolvierte ohne Begeisterung die Grundausbildung in der Großdeutschland-Kaserne in Heidelberg zum Panzergrenadier – »Die Ausbildung war Mist. Wir waren ein verlorener Haufen« – und sah sich bereits auf dem Weg an die Ostfront. Doch dann wurden die Fahrzeuge von Feldgrau in Sandgelb umgespritzt. »Ich dachte mir daraufhin, aha, wir kommen nicht nach Russland.« Tatsächlich fanden sich Esch und seine Kameraden in Italien wieder, wo im Verlauf des Jahres 1943 der Vormarsch der Alliierten begonnen hatte und die US-Amerikaner im Januar 1944 an der Westküste südlich von Rom Brückenköpfe errichteten.

Im Jahre 2006 erinnerte sich der 90-Jährige in seiner ironisierenden Erzählweise an die Ereignisse von damals sowie an den Beginn seiner Gefangenschaft samt dem Versuch der Briten, ihn als Spion anzuwerben: »Wir sollten mit unseren herrlichen alten Bussen die Panzer nach der Landung bei Anzio stoppen. Ich geriet in Gefangenschaft in Italien, wurde nach England gebracht und dort verhört. Sie fragten mich, ob ich für sie in Spanien arbeiten wollte. Ich zog den glorreichen Frieden in den USA vor.«

Möglich, dass für diese Entscheidung jener Brief den Ausschlag gab, den Esch einst im Hause Seidemann gelesen hatte. Wie der Sohn des Ehepaares erlebte auch Esch das Ende des Dritten Reiches in Amerika. Der Kriegsgefangene wurde zwei Jahre später nach Deutschland entlassen und kehrte nach abenteuerlicher Fußwanderung durch Frankreich, wo er unter anderem die Rhone schwimmend durchquerte, 1948 per illegaler Einreise in Spanien nach Mallorca zurück.

Nicht jeder junge Deutsche, der für die Wehrmacht in Frage kam, wurde auch tatsächlich eingezogen. Der Grund: Ein deutscher Mediziner in Palma, der als Vertrauensarzt der Wehrmacht fungierte und die Musterung durchführte, fand den einen oder anderen Vorwand, um Jugendliche für untauglich zu erklären. Dieser Hinweis war zumindest von Peter Liesegang zu erfahren. Der Zeitzeuge lebte seit 1932 auf Mallorca und betrieb lange eine Tischlerei in Cala Rajada. Peter Liesegang, Jahrgang 1927, sowie seine beiden Brüder Klaus (1925) und Andreas (1929) wuchsen in dem Fischerdorf auf.

Die Eltern Konrad und Eva Liesegang zählten zu jenen Auswanderern, die Deutschland, noch bevor Hitler zum Reichskanzler ernannt wurde, den Rücken kehrten. Der frühere Redakteur eines Berliner Verlages litt an Asthma und versprach sich ein beschwerdefreies Leben unter südlicher Sonne, wo er sein Geld als Fotograf und Landwirt verdiente. Der Sohn beschrieb den Vater als Pazifisten, der sich in Spanien vollkommen unpolitisch gab. Anders als Kraschutzki konnte Konrad Liesegang dadurch selbst unter den Franquisten unbehelligt in Cala Rajada leben, wo noch heute seine Nachkommen ihr Zuhause haben.

Wie Peter Liesegang erzählte, wurden er und sein großer Bruder in Palma von jenem Arzt untersucht. »Der hieß Krebs und ist später auch an Krebs gestorben.« Der Mediziner habe verhindert, dass die Heranwachsenden im Verlauf des Krieges zum Waffendienst gerufen wurden. Ungeachtet dessen sollten noch wenige Wochen vor dem Untergang, als das Nazi-Regime die allerletzten Reserven mobilisierte, die beiden Söhne gleichwohl eingezogen werden. Dem habe sich Vater Liesegang vehement widersetzt und die Söhne aus dem entlegenen Cala Rajada nicht aufbrechen lassen. Auf diese Weise hatte die Familie keine Gefallenen zu beklagen.

Die Einstellung des Arztes, Bernhard Krebs (1901-1957) zeugt von einem gewissen Wandel. Denn der Mediziner aus Mörchingen in Lothringen hatte lange Zeit im Sinne der braunen Machthaber agiert. Wie von seiner Tochter Rosa Maria Krebs zu erfahren ist, diente der freiwillige Kriegsteilnehmer des Ersten Weltkriegs später als Arzt im Rang eines Oberstleutnants auf Seiten der Franquisten im Spanischen Bürgerkrieg. Krebs hatte zuletzt an der Universität Santiago de Compostela studiert und war als Mediziner in eine Einheit des aufständischen Militärs integriert worden. Das spätere Hochzeitsfoto zeigt Krebs mit spanischen Verdienstorden an der Brust. Der deutsche Mediziner stand demnach bei den spanischen Behörden in hohem Ansehen, sonst hätte er sich als ausländischer Arzt gar nicht mit Approbation in Palma niederlassen können. Krebs' Praxis befand sich von 1942 an im Edificio Avenida an der Plaza España.

Erich Esch war selbst einer jener künftigen Soldaten, die von Krebs »kv«, also kriegsverwendungsfähig, geschrieben wurden. Auch mit den deutschen Behörden wusste Krebs sich ins Benehmen zu setzen. Im Jahre 1942 trat er, relativ spät, in die NSDAP-Ortsgruppe Palma de Mallorca ein. Es ist unklar, ob dieser Schritt aus patriotischer Überzeugung oder aus opportunistischen Gründen erfolgte, etwa, um einer örtlichen Versetzung oder Einberufung nach Deutschland zu entgehen. Vielleicht war dieser Schritt aber auch notwendig, um Zweifel an Krebs pro-deutscher Einstellung zu zerstreuen. Wenn es stimmt, dass der Arzt zuletzt junge Menschenleben vor dem Sterben auf dem Schlachtfeld bewahrte, weil er womöglich insgeheim den Krieg als verloren

Ingeborg Krebs (geb. Schilling) und Bernhard Krebs

ansah, dann kann hierbei auch der »Gefallen für Deutschland«-Tod des jungen Marinekadetten Carlos Schilling eine gewisse Rolle gespielt haben.

Immerhin war Bernhard Krebs im Jahre 1943 durch die Hochzeit mit der Schwester Schillings zu dessen Schwager geworden. Ingeborg Schilling, die bis dato mit ihrer Familie in Sóller lebte, war zum Zeitpunkt der Eheschließung 20 und damit gut zwei Jahrzehnte jünger als der Mediziner. Der Tod ihres jungen Bruders im Januar 1944 war für die gesamte Familie ein schwerer Schlag gewesen. Es liegt im Bereich des Nachvollziehbaren, dass Bernhard Krebs, der nun selbst dabei war, eine Familie zu gründen – das erste seiner drei Kinder erblickte im Todesjahr Schillings das Licht der Welt – den Versuch unternahm, junge Deutsche auf Mallorca vor dem Krieg zu bewahren, wo immer es in seiner Macht lag. Seine Tochter schreibt über den Vater:

Was ich mit Sicherheit weiß, ist, dass mein Vater für das Leben war. Er hatte durch seine Lungenkrankheit selbst am Rande des Todes gestanden und hat diesen Zustand sein ganzes Leben gefürchtet. Leider wurde er viel zu früh erneut davon eingeholt. Aus diesem Grunde glaube ich schon, dass, wenn es ihm möglich war und derjenige, um den es ging, selbst auch nicht weg wollte, er alles, was ihm möglich war, versucht haben mag, diesen zu retten.[140]

Während Krebs sich auf dem Weg befand, Familienvater zu werden, befanden sich andere deutsche Familienväter aus Mallorca auf dem Weg an die Front oder waren dort schon längst eingetroffen. Die Männer waren allesamt mit Mallorquinerinnen verheiratet und gingen auf der Insel ihren Berufen nach, bis der Weltkrieg auch sie aus dem zivilen Leben riss. Einer von ihnen war Franz Raabe, Jahrgang 1901, aus Dresden. Der Handwerker hatte sich bereits in den 1920er Jahren in Palma niedergelassen und arbeitete in der Glasfabrik Can Llofriu, die unter anderem Flaschen und Flakons für Arzneien herstellte. Dabei lernte er Dolores Serra kennen. Das Paar heiratete und bekam drei Töchter: 1929 Emilia, 1931 Isabel, 1933 Dolores.

Die kommenden Jahre lebt die Familie ihren Alltag. Dann bricht der Spanische Bürgerkrieg aus und alles verdüstert sich. Joan Serra, der Bruder von Dolores Raabe, wird als Kommunist von den Franquisten verhaftet und erschossen. Der unpolitische Raabe und seine Familie bleiben indes von Nachstellung verschont. 1939, mittlerweile ist der Zweite Weltkrieg ausgebrochen, kommt der nächste Schlag. »Der deutsche Konsul suchte meinen Vater auf und zwang ihn regelrecht, nach Deutschland zurückzukehren. Er sagte, besser Sie gehen jetzt freiwillig, sonst haben Sie später das Nachsehen ...«, berichtete seine Tochter Isabel 2015.

Franz Raabe ist sich bewusst, dass im Nazi-Reich ein großer Mangel an Fachkräften herrscht. Er ist bereit, alleine zu gehen, doch seine spanische Frau besteht darauf, dass die Familie sich nicht auseinanderreißen lässt. »Wir gehen alle«, setzt sie durch. Es muss ein harter Schritt für sie gewesen sein. »Meine Mutter hatte eine unglaubliche Wut auf Hitler, den Verbündeten von Franco, dessen Anhänger wiederum ihren Bruder ermordet hatten. Das hatte auch sie zur Kommunistin werden lassen. Und als solche sollte sie nun in Nazi-Deutschland leben.« Die Familie verlässt Mallorca. Sie wird unterwegs ihrer Koffer bestohlen und gelangt Anfang 1940 nach Dresden, wo die Eltern von Franz Raabe leben.

Dort arbeitet der Familienvater vorerst in den dortigen Glaswerken, sein Nachwuchs tritt in die obligatorische Nazi-Organisation Bund Deutscher Mädel (BDM) ein. Die Mutter, die Deutschland verabscheut, verschließt sich aus Protest gegen Hitler der deutschen Sprache. Dennoch geht das Leben zunächst seinen Gang. Doch am Ende rückt der Krieg immer näher an Sachsen heran. Der Vater, der im Betrieb bei einem Arbeitsunfall einen Daumen verliert und gar nicht mehr wehrfähig ist, muss als letztes Aufgebot zum sogenannten Volkssturm. In den Straßengefechten erleidet er eine Kopfverletzung durch umherfliegende Granatsplitter. Letztlich ist es Glück im Unglück, der Verwundete kann gerettet werden. Wie durch ein Wunder überleben unterdessen auch die Ehefrau und die Töchter die Feuersbrunst von Dresden. Die Familie findet wieder zusammen, kann aber erst im Jahre 1949 nach Mallorca zurückkehren.

Wie stark der Druck der Behörden beziehungsweise des Nazi-Konsuls auf die Mallorca-Deutschen sein konnte, erlebte in Palma auch der Hotelier Walter Klein. Der 34-Jährige aus Dortmund soll 1943 einberufen werden, erhält aber noch einmal Aufschub, weil seine Frau hochschwanger ist und ihr zweites Kind erwartet. Nachdem es auf der Welt ist, drängt Konsul Dede zur Abreise. Klein sieht keinen Ausweg und packt seinen Handkoffer. Seine Frau lässt er zum Abschied wissen: »Wenn ich nicht hingehe, werde ich erschossen.«

Für jene Deutschen in Spanien, die nicht für ihr Vaterland kämpfen (und sterben) wollten, gab es durchaus unmenschliche Mittel, um sie gefügig zu machen: Wer sich nicht freiwillig oder unter behördlicher Anordnung zur Fahne bekannte, dem wurde unzweideutig gedroht, bei Nacht und Nebel abgeholt und gewaltsam nach Deutschland zur Wehrmacht geschafft zu werden. Verweigerer und »Drückeberger« liefen Gefahr, nach einer solchen Entführung in ein militärisches Strafbataillon gesteckt zu werden, falls sie nicht gleich an Ort und Stelle hingerichtet wurden.

Das bedeutet, dass den Deutschen auf Mallorca selbst die Aussicht auf Flucht kaum weiterhalf. Denn die deutschen Verwaltungs- und Militärorganisationen waren nach den gemeinsam durchlebten Kämpfen im Bürgerkrieg sowie dem Einsatz der Legion Condor eng mit den franquistischen Behörden und ihren Entscheidungsträgern verbunden. Die polizeiliche Zusammenarbeit und die ideologische Nähe der Machthaber ließen einzelnen Individuen kaum Spielraum, sich zu entziehen.

Einzig wer die richtigen Atteste oder beste Beziehungen zu den lokalen NS-Organisationen in Spanien besaß, konnte mit Glück für unabkömmlich erklärt werden und auf diese Weise dem Kriegsdienst entgehen. »Zusammen mit meinem Großvater waren sechs Männer einberufen worden. Aber am Ende mussten nur zwei von ihnen tatsächlich gehen«, weiß Kleins Enkel Toni Castelló zu berichten. Die Abreise hat sich tief in das Gedächtnis seiner Mutter, die damals sechs Jahre alt war, eingebrannt. Sie berichtete später über den Umbruch im Elternhaus:

Ich erinnere mich noch genau: Ich gab ihm morgens wie immer einen Kuss, bevor ich in die Schule ging. Da merkte ich schon an seinem Gesichtsausdruck, dass etwas nicht stimmte. Als ich wieder nach Hause kam, war er schon nicht mehr da. Und dann wurde jeden Abend gebetet für Papa, der im Krieg war.[141]

Walter Klein gelangte per Fähre auf das Festland, wenn auch getarnt als Spanier, unter dem falschen Namen »Juan Mas«. Denn britische Geheimagenten waren bestrebt, eine Verstärkung des Feindes zu verhindern. Sie trachteten danach, einberufene Rekruten – und sei es mit Gewalt – abzufangen. In Barcelona wird Klein in Begleitung von Konsulatsmitarbeitern bis zur französischen Grenze gebracht und dort von Angehörigen der Wehrmacht in Empfang genommen.

Der uniformierte Hotelier landet an der Westfront. Aufgrund seiner Sprachkenntnisse – Klein beherrscht Englisch und Französisch – kommt er als Dolmetscher zum Einsatz. Mit einem Trick verpasst er im Dezember 1944 den Auftakt der deutschen Offensive in den Ardennen, die nach Anfangserfolgen bald im Debakel endet: Klein, dem auch die Aufgabe zugefallen ist, Wein für die Kompanie aufzutreiben, verspätet sich bei der Besorgung, sodass seine Einheit schon wieder aufgebrochen ist, als er mit dem Vorrat von 300 Litern eintrifft.

Walter Klein

Zu direkten Kämpfen kommt es für ihn erst gegen Ende des Krieges. Was mit Deserteuren geschieht, das weiß Klein. Vor allem in der Schlussphase des Krieges sieht er häufig die Erhängten an den Bäumen und Laternen, mit dem angehefteten Pappschild »Feigheit vor dem Feind«. Dennoch ergibt sich Klein zehn Tage vor dem Fall Berlins den Amerikanern. »Er warf sein Gewehr weg und rannte«, weiß sein Enkel zu berichten. Auf abenteuerlichen Wegen gelangte Klein 1946 über Belgien und Nordspanien zurück nach Mallorca.

Noch viel länger auf seine Rückkehr musste Albert Hauf warten. Der deutsche Malermeister aus Sóller, der sich 1934 auf einem Foto als skifahrender Schneekönig am Puig Major verewigt hatte, war im November 1942 eingezogen worden, just in jenem Monat, in dem die 6. Armee in Stalingrad eingekesselt wurde. Hauf, damals 32 Jahre alt, hatte zuvor zweimal um Aufschub gebeten und diesen auch erhalten, um begonnene Aufträge zu vollenden. Sein dritter Antrag wurde jedoch abgelehnt. Hauf verließ seine schwangere Frau und ein Kleinkind. Er kam zur Ausbildung nach Trier, später als Artillerist an die Ostfront. »Es wird ihm sehr schwer gefallen sein, zu gehen. Aber es war ihm klar, was ihm drohte, wenn er sich geweigert hätte«, erinnerte sich Sohn Guillermo.

Als Albert Hauf in Russland eintrifft, befindet sich die Wehrmacht längst auf dem Rückzug. Die Kanonen werden von Pferdegespannen gezogen. Ein Pferd zählt mehr als vier Soldaten. Denn sollten die schweren Geschütze ohne das tierische Transportmittel unbrauchbar werden, droht den Artilleristen die Eingliederung in die Infanterie. Diesen Einheiten ist der Feind stets dichter auf den Fersen als den Geschützbatterien. »Darum wurden selbst im tiefsten Feindgebiet noch entlaufene Pferde gesucht und geborgen,«

Albert Hauf

Hauptsache, man wurde nicht einer auf verlorenem Posten kämpfenden Einheit zugewiesen.

An der sich im Chaos auflösenden Front in Rumänien gerät Albert Hauf im August 1944 in russische Kriegsgefangenschaft. Seine spanische Frau in Sóller versucht unterdessen mit Näharbeiten die Familie durchzubringen. Josefina Hauf hat eine Stinkwut auf den Nazi-Konsul Hans Dede. Der knausert offenbar mit dem Sold, der an die Angehörigen von Soldaten auszuzahlen ist. Und für den Familienzuwachs, das neugeborene Kind, will Dede der Familienüberlieferung zufolge gar nichts zahlen. Die resolute Josefina droht dem Reichsvertreter, den Säugling kurzerhand in dessen Büro zu lassen, sollte er nicht das ihr zustehende Geld beibringen. Es nützt alles nichts. Die Zuweisungen hören in den letzten Kriegsmonaten ohnehin ganz auf. Auch im Falle der Familie Klein bleibt der Konsul, wie die Angehörigen versichern, Beträge schuldig.

Josefina Hauf näht und näht, nimmt sogar Aufträge aus Barcelona an. Von ihrem Mann hat sie seit über einem Jahr nichts mehr vernommen. Dafür bestellt ein Nonnen-Orden in Sóller ihre Dienste. Die weiße Tracht der Schwestern weist einen roten Kragenbesatz auf. Da entsinnt sich Josefina der Hakenkreuzfahne, die ihr ein Deutscher, zur Hochzeit 1936 geschenkt hatte. Der Stoff ist gut und farbecht. Die Nonnen tragen somit fortan rote Streifen der Nazi-Fahne am Hals.

Albert Hauf fristet im russischen Kriegsgefangenenlager Saransk ein Leben als Heizer in einem Elektrokraftwerk. Über das Rote Kreuz kann er endlich seiner Frau ein Lebenszeichen zukommen lassen. Der Kriegsgefangene schreibt dazu unverfängliche Briefe an seinen Bruder in Süddeutschland, der sie wiederum nach Mallorca weiterleitet. Der Grund für den Umweg: Albert Hauf befürchtet Repressalien, sollten die Sowjets herausfinden, sein Lebensmittelpunkt befinde sich in Wahrheit in Spanien, wo der erklärte Feind der Kommunisten, General Franco, sich über das Ende des Weltkrieges hinaus weiter an der Macht hält.

1949 wird Hauf aus Russland nach Deutschland freigelassen. Dort bemüht sich der mittlerweile 39-Jährige unverzüglich um ein Ausreisevisum nach Mallorca. Doch das franquistische Spanien wird auch von den Westalliierten als ein politisch inakzeptabler Paria-Staat betrachtet. Die US-Behörden in Baden-Württemberg gewähren keine Reisedokumente. So will sich auch Hauf bereits ähnlich wie andere Insel-Heimkehrer illegal auf den Weg zu seiner Familie machen. Da schreibt Josefina just einen langen Brief an die Gattin des US-Präsidenten. Mit Erfolg: Bess Truman lässt sich von den Schilderungen einer einfachen mallorquinischen Näherin bewegen und veranlasst, die Papiere zu bewilligen.

Nach acht Jahren Abwesenheit trifft Albert Hauf 1950 mit der Fähre in Palma ein. An der Mole steht auch sein siebenjähriger Sohn Guillermo, der den Vater noch nie gesehen hat. Die mallorquinische Großfamilie feiert das Wiedersehen bei heißer Schokolade und Ensaimadas. Kaum ein anderer Tag hat sich im Gedächtnis von Albert Haufs Sohn so eingeprägt wie die Rückkehr des Vaters.

Auch für die Angehörigen von Walter Klein war dessen Ankunft in Palma ein denkwürdiger Tag in der Chronik der Familie. Seine kleine Tochter, die mittlerweile acht Jahre ist, fiel vor Aufregung gar in Ohnmacht.

Die Erlebnisse im Krieg ließen Klein zum Antimilitaristen werden. Später vertraute er sich vor allem seinem Enkel an. Obwohl Klein selbst unbeschadet durch den Krieg gekommen war, gab er Toni Castelló folgenden Rat: »Wenn Du in den Krieg geschickt werden solltest – lass Dich erschießen. Aber geh' nicht hin!«

Die Todesflüge deutscher Kampfbomber

»Ruhe sanft in Spaniens Erde«

Samstag, 1. April 1944. Etwa eine Stunde nach Mitternacht schreiten die vier Wehrmachtssoldaten über das Rollfeld ihres Einsatzflughafens Istres bei Marseille und nähern sich ihrem Kampfbomber. Der Einsatzbefehl lautet: Angriff auf einen alliierten Geleitzug bei Kap Ténès an der algerischen Nordküste. Ein gewaltiger Schiffskonvoi ist im westlichen Mittelmeer nach Osten unterwegs, um die britischen und amerikanischen Truppen zu verstärken, die in Italien südlich von Rom stehen.

Die vier Angehörigen der 6. Staffel des Kampfgeschwaders 100 klettern in ihr Kampfflugzeug vom Typ Dornier Do 217 E 5. Die Maschine, die wegen ihrer hängebauchartigen Vergrößerung im Soldatenjargon »die schwangere Wanze« genannt wird, kann bis zu 2,5 Tonnen Bomben aufnehmen. Mit dröhnenden Motoren hebt der Bomber in den nachtschwarzen Himmel ab.

Für das 1943 gebaute Kampfflugzeug mit der Werknummer 5403 wird es der letzte Kriegseinsatz sein: An Bord der »schwangeren Wanze« fliegt das Unheil mit. Zumindest drei der vier Besatzungsmitglieder werden in wenigen Stunden nicht mehr am Leben sein.

»Die schwangere Wanze« Kampfflugzeug vom Typ Dornier Do 217 E 5

Bereits im balearischen Luftraum, etwa auf halber Strecke der rund 800 Kilometer langen Flugroute zum Gegner, hat der Pilot Leutnant Hans Kieffer mit schweren technischen Mängeln zu kämpfen. Dann fällt einer der Motoren ganz aus. Das Flugzeug ist in der Luft nicht zu halten. Über dem Meer zwischen Mallorca und der kleinen Felseninsel Cabrera gibt Kieffer den Besatzungsmitgliedern den Befehl zum Ausstieg. Mit bereits angelegtem Fallschirm springen der Bordschütze Peter Brühl, der Bordfunker Johannes Böckler und der Bombenschütze Richard Weise ab.

Der Pilot Hans Kieffer geht in 1.000 Meter Höhe als letzter von Bord. In der finsteren Nacht sieht er einzig das Signal des Leuchtturms Punta Ensiola an der Südküste der Felseninsel Cabrera aufblitzen. Noch am Fallschirm hängend, verschießt er Leuchtmunition, um auf die Notlage aufmerksam zu machen. Währenddessen schlägt irgendwo im Dunkeln der Bomber im Wasser auf und versinkt in den Fluten.

Das Eiland Cabrera vor der Südküste Mallorcas ist von je her ein Mysterium gewesen. Die sogenannte »Ziegeninsel« wurde bereits von Phöniziern angefahren. Sie waren es auch, die dort die gehörnten Tiere aussetzten, um für nachfolgende Seeleute wildlebende Fleischvorräte anzulegen. Der Sage nach soll der punische Feldherr Hannibal auf Cabrera das Licht der Welt erblickt haben.

Wer von Mallorca aus per Schiff die Felseninsel aufsucht, der kehrt aus der modernen Gegenwart scheinbar zurück in das mediterrane Zeitalter eines Odysseus – so ursprünglich und spärlich bebaut präsentiert sich das Eiland. Zum Greifen nah scheint Cabrera vor Mallorcas Südküste auf dem blauen Samt des Meeres zu schweben. Im Jahre 2016 jährte sich zum 25. Mal, dass die Insel wegen ihrer einmaligen Schönheit und Biodiversität unter Naturschutz gestellt und zum mittlerweile größten spanischen Meeres-Nationalpark erklärt wurde.

Hans Kieffer

In den Sommermonaten dürfen nicht mehr als 200 Besucher pro Tag das Eiland betreten. Obgleich die Insel in Sichtweite liegt, dauert die Schiffspassage von Colònia de Sant Jordi aus immerhin 70 Minuten. Falls die Tagesausflügler nicht gleich in der kristallklaren Badebucht Abkühlung suchen, ersteigen sie das einsam gelegene Kastell aus dem 14. Jahrhundert, das in schwindelnder Höhe mit dem steinernen Abschluss des Gipfelkamms wie verwachsen ist.

Die Mitarbeiter der Naturpark-Verwaltung warten den Interessierten in dem alten Gemäuer mit schaurigen Anekdoten auf. In den vergangenen Jahrhunderten wurden die Wachmannschaften der Trutzburg wiederholt von maurischen Piraten niedergemetzelt. Vom 1809 bis 1814 fristeten 9000 französische Kriegsgefangene der geschlagenen Armee Napoleons ein beklagenswertes Dasein auf dem kargen Felsen. Das Trinkwasser reichte nicht aus, vor dem einzigen Brunnen in einer Berggrotte standen die Geschundenen Schlange, Tausende gingen an Krankheit, Durst und Hunger zugrunde und dienten noch im Tod manchem Kameraden als Nahrung. Nach Friedensschluss konnte Frankreich nur noch 3.000 Gefangene nach Hause holen.

Der magische Zauber der Naturschönheit der Insel und die grauenvolle Gewalt, die Menschen sich gegenseitig anzutun in der Lage sind – diese beiden Extreme sind auf dem Mikrokontinent gleichermaßen wahrnehmbar. Auch im 20. Jahrhundert, als Cabrera von einer Handvoll Familien bewohnt wurde, die dort Landwirtschaft betrieben, kam es zu Gewalttätigkeiten: Bei Ausbruch des Bürgerkriegs wurden einige der wenigen Bewohner des Eilandes – ein Vater und seine zwei Söhne – von einer U-Boot-Besatzung nach Menorca verschleppt und dort als Franquisten erschossen. Ein steinernes Kreuz auf dem Eiland erinnert an ihr Schicksal.

Ungeachtet all der unglückseligen Toten, die auf Cabrera zu beklagen waren, wird das Kastell, so munkeln die Naturparkwächter, von einem ganz eigenen Gespenst heimgesucht: Ein deutscher Jagdflieger aus dem Zweiten Weltkrieg, der im Meer vor der Insel bei einem Abschuss zu Tode kam, soll in stürmischen Nächten wehklagend durch die Katakomben der Burg wandeln und die Eisengitter der Türen zum Quietschen bringen. Reiseführer greifen die Legende gerne auf und schmücken sie mit Halbwahrheiten aus: So ist die Rede davon, dass der Flieger einst auf dem winzigen Friedhof am Fuße der Burg bestattet gewesen war. Außer ihm war auf jenem Gottesacker lediglich noch das Grab eines alten mallorquinischen Fischers zu finden. Als die Angehörigen des Fliegers später seine Gebeine nach Deutschland überführen ließen, seien fälschlicherweise anstelle des Gefallenen die Überreste des Fischers mitgenommen worden. Aus diesem Grunde spuke der Pilot – vergessen in fremder Erde – ruhelos durch das Gemäuer der Burg. So mancher der Naturparkwächter, robuste Mannsbilder allemal, versichert widerstrebend, nachts den Geist gesehen haben. »El lapa« nennen sie den scheinbar Untoten. Er habe sich gleich den kegelförmigen »Haftmuscheln«, die an den Felsen im Meer kleben, an der Insel »festgesetzt«.

Aufgrund von Recherchen für die deutschsprachige Wochenzeitung Mallorca Magazin konnte im Jahre 2001 das Schicksal des toten Wehrmachtssoldaten und der historische Sachverhalt ermittelt und veröffentlich werden. Bei dem Toten handelte es sich

Die Hafenbucht von Cabrera in heutiger Zeit

um den oben genannten Bordfunker Johannes Böckler. Der 20-Jährige war dadurch einer von gut zwei Dutzend deutscher Soldaten, die während des Zweiten Weltkriegs auf den Balearen ums Leben kamen und deren Leichname auf balearischen Friedhöfen zur letzten Ruhe gebettet wurden.

Bei dem eingangs beschriebenen Flugzeugabsturz von 1944 überlebte einzig der Pilot Hans Kieffer, damals mit 20 Jahren so alt wie sein Bordfunker Böckler. Kieffer wurde danach von den spanischen Behörden an seine in Frankreich stehende Einheit überstellt. Er überlebte einen weiteren Absturz, geriet in Kriegsgefangenschaft, wurde in die USA gebracht, musste dort in einem Betrieb Tomaten zu Ketchup verarbeiten – die rote Gewürzsoße verabscheute er daraufhin zeit seines Lebens – und lebte später als Rundfunkjournalist in der Nähe von Mainz. Im hohen Alter begannen die Kriegserlebnisse aus seiner Jugend Kieffer zunehmend zu beschäftigen. Gemeinsam mit seiner Frau reiste er als Tourist nach Mallorca, um nach den Gräbern der toten Kameraden zu suchen. Er fand nichts vor, weder eine Fähre, die die unter Militärverwaltung stehende Felseninsel Cabrera zu jener Zeit gar nicht anfuhr, noch irgendeine Auskunft bei den Behörden in Spanien.

Daraufhin wandte sich Kieffer im Jahre 1995 an den Volksbund Deutsche Kriegsgräberfürsorge. Dort ist ein Brief erhalten, in dem der ehemalige Pilot die dramatischen Ereignisse von 1944 schildert. Der Zeitzeuge hielt in dem Schreiben fest:

Ich war Leutnant und Flugzeugführer, der Jüngste der Besatzung. (...) Über Mallorca hatte ich mit schweren technischen Mängeln an der Maschine zu kämpfen, schließlich fiel ein Motor aus, wir mussten mit dem Fallschirm abspringen, ich als letzter. Peter Brühl sprang als Erster ab, er wurde 11 Tage danach an der Küste Mallorcas angelandet, wie man mir noch in Spanien sagte. Johannes Böckler fanden wir mit dem Fischerboot, das mich auffischte (nach 11 Stunden) mit aufgeblasener Schwimmweste, neben einem halb aufgeblasenen Schlauchboot tot im Wasser. Von Richard Weise fanden wir nur noch den Fallschirm auf dem Wasser; er hat ihn wohl zu früh gelöst und ist im Wasser aufgeschlagen und versunken. Es war stockdunkle Nacht (ca. 4 Uhr), nur ein Leuchtfeuer gab phasenweise etwas Orientierungshilfe. Noch am Fallschirm hängend hatte ich Leuchtmunition verschossen, was am Mittag zur Bergung führte. Die genaue Absturzstelle war ca. 3-5 km südlich dem Leuchtfeuer Punta Anciola an der Südküste der kleinen Felseninsel Cabrera, 2 1/5 Schiffsstunden süd-süd-östlich von Palma de Mallorca. Es war also ein Absturz ohne Feindeinwirkung, lange vor dem festgelegten Angriff.[142]

Hans Kieffer

Seit dem Jahre 2000 ist das Mallorca Magazin dem Fall des toten Fliegers Johannes Böckler sowie der übrigen Besatzungsmitglieder nachgegangen. Es gelang, Angehörige ausfindig zu machen, Dokumente einzusehen und Zeitzeugen zu sprechen. Ziel war stets, die deutschen Beziehungen zu der Geschichte Cabreras zu dokumentieren. Die Insel, heute ein Juwel für den balearischen Natur- und Qualitätstourismus, ist nicht allein wegen des Absturzes der »schwangeren Wanze« von deutschen Belangen berührt worden. Es waren auch deutsche Kontakte gewesen, die das Schicksal der Insel über Jahrzehnte prägten. Denn bereits im Ersten Weltkrieg soll dort ein deutsches U-Boot aufgetaucht sein, um in der stillen Bucht der Felseninsel mit Proviant versorgt zu werden.

Bis dahin hatte sich das Eiland in Privatbesitz der mallorquinischen Familie Feliu befunden. Die spanische Regierung, besorgt um die Aufrechterhaltung der Neutralität, nahm den Vorfall zum Anlass, um Cabrera 1916 zu enteignen und unter Militärverwaltung zu stellen. Die Armee etablierte einen Militärposten auf der Insel. Die Soldaten errichteten dort in den 1940er Jahren ein halbes Dutzend Baracken als Feldlager. Diese spartanischen Unterkünfte dienen heute, renoviert und verschönert, Ausflüglern auch aus Deutschland zur Übernachtung.

Es waren Angehörige dieser Militäreinheit, die nach dem Zerschellen der Do-217 E 5 im Meer per Fischerboot nach Überlebenden suchten und Hans Kieffer sowie den toten Johannes Böckler aus dem Wasser bargen. Sie brachten die Besatzungsmitglieder nach Cabrera an Land und versorgten dort den Überlebenden. Das Meer der Balearen weist Anfang April seine tiefsten Temperaturen von zirka 14 Grad auf. Kieffer muss ungeachtet seiner Fitness als junger Soldat nach fast einem halben Tag treibend im Meer reichlich ausgekühlt gewesen sein. Seinem Bericht ist es zu verdanken, Näheres über seine Tage auf der Insel zu erfahren. So hatte Kieffer in einem Brief an die Eltern von Johannes Böckler, datiert vom 1. Juli 1944, folgendes geschildert:

Sehr verehrte Familie Böckler, es ist heute nicht das erste Mal, dass ich ansetze um Ihnen zu schreiben. Sie werden verstehen, wie schwer es mir ist, Ihnen vom Heldentod Ihres Sohnes und meines guten Bordfunkers zu berichten. (...) Als ich damals am 1. April von spanischen Fischern aufgenommen worden war, fand ich etwa 20 Minuten später Johannes im Wasser, er war leider schon tot. Am rechten Oberschenkel hatte er eine Wunde, sicher konnte er, darüber behindert, nicht ins Schlauchboot einsteigen. Er hatte auf mein Rufen und Leuchtsignal-Schießen nicht geantwortet, sonst hätte ich ihm vielleicht noch rechtzeitig helfen können, aber er war zu weit von mir weg, um ihn sehen zu können.

Johannes Böckler

Wir brachten Johannes dann hier ans Land, wo er aufgebahrt wurde. Die Insel heißt Cabrera und liegt südlich von Mallorca, der Hauptinsel der Balearen. Auf dieser kleinen Felseninsel Cabrera leben nur drei Fischerfamilien, außerdem ist sie von einem Bataillon Infanterie besetzt.

Der Pfarrer, der die spanischen Soldaten begleitet, leitete die Beisetzung sehr ergreifend und für die äußerst dürftigen und ärmlichen Verhältnisse auf der Insel sehr schön. Johannes wurde ausgezogen und für die Beisetzung zurechtgemacht und dann im Sarg feierlich aufgebahrt. Am Abend las der Geistliche im Beisein der spanischen Offiziere und Soldaten die Totenmesse, worauf der Sarg zugemacht wurde und im Freien aufgestellt wurde, wobei eine spanische Ehrenkompanie das Gewehr präsentierte.

Sämtliche Offiziere und Soldaten und die wenigen Bewohner waren da, als ein Soldat für alle rief: »Unteroffizier Johannes Böckler!« Daraufhin antwortete alles: »Hier!« Anschließend marschierte die Ehrenkompanie im Achtungsmarsch am Sarg vorbei und alle anderen Anwesenden erwiesen ihm die letzte Ehre. Der Sarg wurde dann im Schweigemarsch mit Fackeln zum Friedhof getragen, ich selbst habe Johannes die erste Handvoll Erde auf den Sarg geschüttet und ihm nochmal gesagt, wie sehr er mir bei den gemeinsamen Flügen ans Herz gewachsen war.

Da auf Cabrera keine Blume wächst, brachte eine Fischerfrau schöne Blumen aus Palma mit, womit das Grab geschmückt wurde wie in der Heimat. Das Grab liegt an der Nordseite von Cabrera auf einer Anhöhe, von wo aus der Blick über das Meer zur Insel Mallorca geht. Ich habe es in den elf Tagen, die ich dort war, jeden Tag besucht und mich in Gedanken mit Johannes unterhalten, die spanischen Kameraden haben mir versprochen, das Grab zu pflegen.

Ich wollte Ihnen gerne eine Aufnahme von dort mitbringen, doch ist es wirklich unmöglich, weil auf der Insel kein Fotoapparat aufzutreiben war. Es ist so primitiv dort, dass nicht mal eine Zeitung hinkommt, geschweige denn ein Radioapparat. Aber trotzdem haben sich die Spanier solche Mühe gegeben, dass ich oftmals darüber gerührt war.

In diesem Brief lege ich Ihnen noch einen Ring bei, den Johannes trug, es war der einzige Privatbesitz, den er mithatte, da es bei Feindflügen verboten ist, mehr als den Feindflugausweis mitzuführen. (...)[143]

Bei dem besagten Ring dürfte es sich mit Sicherheit um den Verlobungsring Johannes Böcklers handeln. Für den jungen Bordfunker hatte der Einsatz vorerst der letzte Feindflug werden sollen. »Johannes hatte seinen Heimaturlaub schon bewilligt bekommen, damit wir heiraten können«, erinnerte sich seine damalige Freundin, die Österreicherin Maria de Cillia aus Sirnitz in Kärnten, im Jahre 2001.

Nach Böcklers Tod durfte die bereits angesetzte Hochzeit dennoch vollzogen werden. Die Wehrmacht gestattete eine in damaligen Zeiten übliche »Nachtrauung«. Statt des Bräutigams erschien seine Dienstmütze im Standesamt. Auf diese Weise sollten die junge Witwe und ihr Nachwuchs – Maria de Cillia war von Böckler schwanger – versorgt sein. Im Herbst kam das Kind zur Welt. Maria Böckler nannte ihren Sohn nach dem Vater Johannes. Der Halbwaise lebte später als Bauunternehmer in Kanada.

In Briefen an die Eltern berichtet Johannes Böckler Anfang März 1944 von seinen ersten Feindflügen an der Front. Es gehe ihm noch ausgezeichnet, schreibt er. Vier Einsätze habe er bereits hinter sich, drei bei Nettuno in Italien und einen auf einen Geleitzug vor der nordafrikanischen Küste. »Es hat alles fehlerlos geklappt, haben ganz schönen Erfolg gehabt«, meldet der Bordfunker.

Neun Tage nach seinem Tod erhielt die Familie einen Brief von einem Vorgesetzten Böcklers, der im üblichen Nazi-Pathos den Eltern versicherte, ihr Sohn sei ein »braver, tapferer Soldat« gewesen.

Sie können gewiss sein, dass die Staffel Ihrem Sohn stets ein ehrendes Andenken bewahren wird und dass Johannes sein Leben gegeben hat für unseren Führer, für die Größe und Zukunft Deutschlands. Er starb, damit sein Vaterland lebe.[144]

Für die Familie wie für die Verlobte dürften diese Zeilen kaum Trost gespendet haben. Die Nachricht von seinem Tod sei für sie »schrecklich, furchtbar« gewesen, erinnerte sich Maria Böckler exakt 65 Jahre nach seinem Tod an die Ereignisse zurück. »Es waren alle Papiere zur Hochzeit vorbereitet. Er hatte nur noch einen Flugeinsatz, dann wäre er auf Heimaturlaub gekommen«, sagte die einstige Braut. Selbst im hohen Alter von fast 80 Jahren zündete Maria Böckler alljährlich ein Gedenklicht für den Toten an. »Die Zeit heilt die Wunden. Aber man denkt schon noch dran.«

Nach ihren Worten war Johannes Böckler »ein lustiger, ein guter Kerl« gewesen. Es sei ihm schwer gefallen, sie zurückzulassen. War der Unteroffizier stolz darauf, bei den Fliegern zu sein? »Ja, aber ganz zum Schluss hatte er keine Freude mehr daran«, erinnerte sie sich an das letzte gemeinsame Zusammensein, bevor er zum Fronteinsatz nach Südfrankreich musste. Ein Abschied, der letztlich für immer war. »Er ist sehr schwer gegangen.«

In dem winzigen Dorf Heskem-Mölln bei Marburg litten auch die Eltern und Geschwister von Johannes Böckler unter dem Verlust. Heinrich Böckler, der jüngere Bruder des Bordfunkers, erinnerte sich genau, wie seiner Familie die Todesnachricht vom Dorflehrer überbracht wurde. »Das war seine Aufgabe«, sagte Heinrich Böckler, der zu jenem Zeitpunkt keine elf Jahre alt war. Dass der Lehrer in dem Weiler häufig dieser Aufgabe nachkommen musste, beweist das Gefallenendenkmal am Friedhof samt schwarzer Namenstafel. Die jungen Männer aus dem hessischen Weiler sind in ganz Europa gestorben. Johannes Böckler wird an achter Stelle aufgeführt. Als Todesort ist »Span.« eingraviert, für Spanien. Wie Heinrich Böckler schilderte, sei aus Rücksicht auf die Eltern nie viel von Johannes gesprochen worden. »Aber er war immer irgendwie da. Erst recht, als sein Sohn als junger Mann ein Jahr bei uns im Haus lebte und im Sägewerk eine Ausbildung absolvierte.«

Am Grab der Eltern auf dem Friedhof befindet sich neben ihrem Stein eine weitere Gedenkplatte, die sie einst für Johannes Böckler anfertigen ließen. »Zum Gedächtnis, unserem lieben Sohn und Bruder«, sagt die verwitterte Goldschrift, »Ruhe sanft in Spaniens Erde bis wir uns einst wiedersehen.« Sein dortiges Grab haben weder die Eltern noch Heinrich Böckler je besucht. »Wir sind keine Flugzeug-Flieger«, sagte er 2002 bei einem Treffen in Heskem-Mölln.

Wie Johannes Böckler fand auch sein Kamerad Peter Brühl sein Grab in Spanien. Der Obergefreite aus Mainz wird zehn Tage nach dem Absprung aus der havarierten Maschine bei Ses Salines an der Südküste von Mallorca angespült. Der Leichnam des 21-Jährigen wird nach Palma gebracht. Den Aufzeichnungen in den alten Bestattungsbüchern zufolge trifft er am 11. April um 19 Uhr auf dem Friedhof ein und ist bereits eine Stunde später bestattet. »Das heißt, es musste alles sehr schnell gehen«, sagte der Mitarbeiter des Friedhofsamtes und deutet damit einen starken Verwesungszustand an.

Es ist mit Sicherheit Konsul Dede, der im Namen der deutschen Gemeinschaft auf Mallorca einen Kranz mit Hakenkreuzschleife organisiert und das Grab Brühls von den deutschen Fotografen Emil Orsinger oder Heinz Hausmann ablichten lässt. Das ist auf der Rückseite der Aufnahme dem Stempel »Foto Balear« zu entnehmen.

Nach Auskunft des Friedhofsamtes hatte Konsul Dede die Grablage für drei Jahre angemietet. Es sei davon auszugehen, dass das Grab nach Ablauf der Pachtzeit nicht mehr lange Bestand hatte. Dennoch bezahlte die verwitwete Mutter des Fliegers noch bis weit in die 1970er Jahre jährlich umgerechnet bis zu 80 Euro für die Grabpflege. Die Frau ist demnach vermutlich Opfer eines Betrügers geworden. Jener Unbekannte schrieb der Rheingauerin einmal im Jahr einen Brief, per Hand und auf Deutsch, erzählte darin von frischen Blumen, die den Stein des Toten schmückten und stellte gleichzeitig die Grabkosten in Rechnung. Ein starkes Stück: Auf den Gräbern der mallorquinischen Friedhöfe, allesamt Steinplatten, wachsen keine Pflanzen. Hinzu kommt: Selbst die gegenwärtigen Gebühren für eine Grabnische in Palma reichen nicht an die Hälfte jener Kosten heran, die die Mutter des toten Fliegers Jahr für Jahr per Briefpost an den vermeintlichen Grabpfleger sandte. »Aber es war das Grab ihres einzigen Kindes, und darum war die Tante gerne bereit zu zahlen«, erinnerte sich eine Cousine Peter Brühls. Erst als 1974 ein weiterer Angehöriger als Tourist nach Mallorca reiste und den Friedhof aufsuchte, stellte sich heraus, dass das Grab längst nicht mehr existierte. Von da an stellte die Mutter die Zahlungen ein. Die Schreiben jenes »Brieffreundes« sind nicht erhalten geblieben. So konnte die Identität des Betrügers nicht geklärt werden.

Peter Brühl

Vom Bombenschützen Richard Weise aus Rumsdorf in Sachsen-Anhalt wurde lediglich der auf dem Meer treibende Fallschirm gefunden. Die Wehrmacht vermerkte für den Flieger in ihren Akten »Seemannsgrab« als letzte Ruhestätte. Auch in diesem Fall war der Tod des 27 Jahre alten Unteroffiziers für seine Angehörigen ein Ereignis von tragischer Reichweite. »Die Betty hängt sehr an ihm«, berichtete seine Nichte Susanne Hinkelmann über Weises Ehefrau. Das Paar hatte in einer jener kurzfristigen »Kriegshochzeiten« geheiratet, sodass nicht einmal ein richtiges Hochzeitsfoto zustande gekommen war, wie Hinkelmann bedauerte. Richard Weise sei dem Vernehmen nach ein guter, ruhiger Mensch gewesen, »nicht aus der Rolle fallend«. Als Kind hatte sich Susanne Hinkelmann in ihrer Phantasie stets ausgemalt, wie ihr Onkel im Meer von Eingeborenen gerettet wurde und nun auf einer fernen Insel lebte. Nach dem Tod von Richard Weise heiratete seine Frau ein zweites Mal. Der neue Mann zwang sie, alle Fotos und Briefe aus erster Ehe zu verbrennen, gleichzeitig trug er anscheinend gerne die Anzüge des Vorgängers auf. Als jener Gatte starb, nahm Betty als Ausdruck ihrer Verbundenheit mit dem ersten Ehemann wieder den Namen Weise an.

Richard Weise mit Ehefrau Betty

»Ruhe sanft in Spaniens Erde« – dieses Motto galt für weitere deutsche Flieger auf Mallorca. Bis heute ist auf dem Friedhof von S'Alqueria Blanca bei Santanyí im Osten Mallorcas ein Grabstein zu sehen, auf dem drei Namen zu lesen sind. Es handelt sich um Oberstleutnant Ernst Szillat, Unteroffizier Wilhelm Wichert und Unteroffizier Kurt Koch. Wie aus den Unterlagen des spanischen Militärarchivs in Palma hervorgeht, musste das Kampfflugzeug vom Typ Junkers Ju 88 bei Portopetro notlanden. Nur ein Besatzungsmitglied überlebte die Bruchlandung. Alte Männer in den Bars von S'Alqueria Blanca, Calonge und S´Horta können davon erzählen, wie sie als Kinder jene Stelle aufsuchten, an der das Flugzeug gegen eine Trockensteinmauer geprallt war. Das Wrack wurde bald darauf vom spanischen Militär fortgeschafft. Ein Bericht des Zivilgouverneurs von 1954 erwähnt, dass die Toten einen Tag nach dem Unglück im Beisein des deutschen Konsuls auf dem dortigen Friedhof bestattet wurden. Der Mallorquiner Nicolás Rigo Rotger hatte spontan eine Grabnische in seinem Besitz zur Verfügung gestellt. Dort befindet sich noch heute das Grab der Familie Rigo-Rotger.

Von Ende 1943 bis Ende 1944 mussten sich der deutsche Konsul sowie sein Kollege Fenn auf Menorca wiederholt um tote wie gerettete Flieger kümmern. Eine Zusammenstellung aller heranziehbaren Daten aus spanischem Archivmaterial und vereinzelten Medienberichten macht deutlich, dass die Balearischen Inseln für Hitlers Luftwaffe durchaus zu einem Flugzeugfriedhof wurden. Insgesamt 22 Wehrmachtssoldaten wurden tot aus dem Meer oder aus den zerschellten Maschinen geborgen und in Gräbern beigesetzt, neun von ihnen auf Ibiza, acht auf Mallorca, jeweils zwei auf Menorca und Formentera sowie Johannes Böckler auf Cabrera. Mindestens drei weitere Flieger blieben für immer im Meer verschollen.

Nachweislich elf Flieger wurden auf den Balearen lebend gerettet und mit Zivilkleidung, Lebensmitteln und Unterkunft versorgt, bevor die Männer anschließend von der deutschen Botschaft über die Grenze und zurück zu ihren Einheiten befördert wurden. Bis es soweit war, vergingen Tage, wenn nicht Wochen, die die Männer abwarten mussten.

Jenen überlebenden Kameraden der Gefallenen brannten sich die Inseln tief ins Gedächtnis ein. So mancher Pilot – wie etwa Hans Kieffer – suchte an seinem Lebensabend noch einmal die Balearen auf, um der Erinnerung an die entschwundenen Jahre nachzuspüren.

Der deutsche Pilot hatte seinerseits bei spanischen Zeitgenossen bleibenden Eindruck hinterlassen. Das war zumindest bei Baltasar Morell Cotoner der Fall. Der spanische Militär war im Jahre 1944 Kommandant des Infanteriepostens auf Cabrera gewesen. In seiner Zeit wurde dort das Barackenlager errichtet. Morell war anwesend, als der tote Böckler vom Fischerboot aus an Land gebracht wurde. Mehr schlecht als recht tauschte sich der Kommandant mit Kieffer in Französisch aus, die Kommunikation war mangels Fremdsprachenkenntnissen auf beiden Seiten sehr eingeschränkt. 2004 erinnerte sich Morell, wie überrascht er gewesen war, einen dermaßen jungen Piloten vor sich zu haben. Die Verwunderung des ehemaligen Militärs ist ein vielsagender Beleg dafür, wie hoch der Bedarf der Luftwaffe an Besatzungen war. Im Verlauf des Krieges wurden die blutjungen Männer nach immer kürzeren Ausbildungseinheiten in die Kampfflugzeuge gesetzt.

Nach Morells Schilderung nahm die Trauerfeierlichkeit für Böckler den Flugzeugführer sichtlich mit. »Auf dem Friedhof wurde er beinahe ohnmächtig. Man sah ihm an, wie getroffen er war vom Verlust des Kameraden. Die beiden schienen befreundet gewesen zu sein«.

Die spanischen Offiziere und Soldaten versuchten Kieffer während der mehrtägigen Wartezeit auf Cabrera abzulenken und aufzuheitern. Kieffer selbst hatte seiner Frau später wiederholt erzählt, wie ihm der dortige Militärpfarrer das Zigarettendrehen beigebracht hatte, obwohl der Geistliche selbst kein Raucher war.

Capitán Morell, damals 25 Jahre alt, konnte sich indes lebhaft an eine andere Episode erinnern: Sie brachten Kieffer einmal in die Kantine. In dem Saal waren willkürlich etliche Stühle verteilt worden. Sie machten ihm in Gebärdensprache klar, dass er die Hindernisse umgehen sollte. Dann verbanden sie ihm die Augen und Kieffer tastete sich vorsichtig durch den Raum. Was er nicht wusste: Die Anwesenden hatten in aller Stille die Stühle beseitigt, sodass Kiefer gegen keinerlei Hindernisse stoßen würde. Als man ihm am Ende die Binde wieder abnahm und Kieffer den Klamauk durchschaute, musste er ein dermaßen verdutztes Gesicht gemacht haben, dass Morell beim Erzählen der Anekdote sechs Jahrzehnte später einen solchen Lachanfall erlitt, dass dem 87-Jährigen die Augen tränten.

Anekdoten en masse: Im Jahre 2004 besuchte der ehemalige Wehrmachtspilot Horst Hampel, mittlerweile 83 Jahre alt, ein weiteres Mal Mallorca. Sein Debüt: Er hatte seine Maschine am 6. November 1943 bei S'Estanyol – unweit des heute beliebten Badestrandes Es Trenc – notwassern müssen. Die Ju 88 war zuvor bei einem Angriff beschossen und beschädigt worden. Der 22 Jahre alte Pilot hatte auf dem Rückweg, als die Maschine kaum mehr in der Luft zu halten war, es gerade noch geschafft, das Fischerdorf zu überfliegen und die Bewohner aufzuschrecken.

In Sichtweite der Küste versinkt die Maschine in nur eineinhalb Minuten im Meer. Zeit genug für die Männer, die Ju 88 über den Dachabwurf zu verlassen. Angetan mit Schwimmwesten treiben sie im nachtschwarzen Wasser. Kurz darauf treffen die Fischer ein und ziehen die Flieger in die Boote. Hampel erinnerte sich ganz ausgezeichnet daran, wie er und seine drei Kameraden von den Dorfbewohnern trockene Kleidung erhielten. Dann brachte die Guardia Civil die Männer im Hotel Mediterráneo in Palma unter. Dort wurden sie auf das Reichlichste bewirtet. Tags darauf erschien ein Angestellter des deutschen Konsulats, der sich darum kümmerte, die Flieger neu einzukleiden. »Ich weiß noch, wie uns Montag in dem Geschäft El Águila bei der Plaça Major Anzüge angemessen wurden. Dienstag war Anprobe, und am Mittwoch hatten wir unsere Anzüge. Meine Frau behauptet, es sei der schönste Anzug gewesen, den ich je hatte.«

Belastete es den ehemaligen Kampfpiloten, mit seinen Bomben getötet zu haben? »Ja«, sagte Hampel, aber zu seiner Erleichterung wisse er nicht, wieviele Menschen es waren, die starben. »Ich hoffe, es haben möglichst alle überlebt.« Das Hitler-Regime hielt er im Nachhinein für »wahnsinnig. Aber da haben wir damals nicht die Einsicht gehabt.«

Die Rettung noch einmal nacherleben: Was Hans Kieffer und Horst Hampel hochbetagt nach Mallorca trieb, das führte Konrad Grabert im Jahre 2006 nach Menorca. Der frühere Luftwaffenpilot war im März 1944 ebenfalls von Fischern aus dem Meer gezogen worden. Der 22-Jährige und seine Kameraden hatten ihre zerschossene Dornier Do 217 nachts per Fallschirmsprung verlassen.

Konrad Grabert ist vermutlich die Lösung eines Rätsels zu verdanken, das den Piloten Hans Kieffer zeit seines Lebens beschäftigt hatte: Woran hatte sich sein Bordfunker Johnnes Böckler so stark verletzt, dass er eine blutende Wunde am rechten Oberschenkel davontrug, an der er offenbar im Meer verblutete? Und warum hatten Peter Brühl und Richard Weise nicht wie Kieffer selbst den Absprung heil überstanden?

Nach Graberts Worten konnte eine Maschine vom Typ Do 217 auf zwei Wegen verlassen werden: Durch den Ausstieg nach oben und durch einen Ausstieg nach unten. »Man hatte mir gesagt, wir sollen den Ausstieg nach unten wählen. Beim Ausstieg nach oben kann man sich an der Funkantenne sowie an den Höhenrudern verletzen, wenn man beim Absprung gegen sie prallt. Man hatte uns bei allen Trainingseinheiten gesagt, die Maschine durch die Bodenluke zu verlassen.«

War das also der Grund für die tödliche Verletzung, die Johannes Böckler davongetragen hatte? Aber selbst ein Ausstieg durch die Bodenluke »nach unten« war keine Garantie dafür, den Absprung mit Fallschirm unbeschadet zu überleben. Denn letztlich sind zwei Besatzungsmitglieder aus Graberts Maschine ebenfalls im Meer verschollen.

Konrad Grabert

»Ruhe sanft in Spaniens Erde.« Das gilt nach wie vor für die deutschen Flieger, die in den Jahren des Weltkriegs auf den Friedhöfen der Inseln zu Grabe getragen worden waren. Allerdings liegen die Toten heute nicht mehr auf dem Archipel. Zu Beginn der 1980er Jahre wurden ihre Gebeine auf den einzigen deutschen Soldatenfriedhof in Spanien umgebettet, der sich in Cuacos de Yuste, 210 Kilometer südwestlich von Madrid in der Region Extremadura befindet. Das sehenswerte Kloster Yuste ist jener Ort, an den sich Spaniens König Carlos I. nach seiner Abdankung zurückgezogen hatte. Carlos I. (1500-1558) war jener König, von dem es hieß, die Sonne gehe in seinem Reich nie unter. Als Karl V. war er zugleich deutscher Kaiser gewesen.

Wenige Autominuten von seinem Sterbeort entfernt liegt in einem Korkeichenwald die gleichnamige deutsche Kriegs-

»Die schwangere Wanze« Dornier Do 217

gräberstätte. Dort haben insgesamt 180 Soldaten aus beiden Weltkriegen ihre ewige Ruhe gefunden, unter ihnen Johannes Böckler, der von seinem winzigen Friedhof auf Cabrera nach Yuste befördert wurde. Dort findet sich seine letzte Ruhestätte im Schatten eines Steinkreuzes aus Granit, Reihe 7, Grab 142.

Dass es, wie die Legende auf Cabrera fabuliert, eine Verwechslung der sterblichen Überreste Böcklers mit denen des alten Fischers gegeben haben könnte, schließen die Mitarbeiter des Volksbundes Deutsche Kriegsgräberfürsorge aus. Im Jahre 2001 nahm Fritz Kirchmeier, Referent der Organisation, Stellung zu dieser Angelegenheit und schrieb:

Die Ausbettung von Johannes Böckler fand am 9. Juni 1982 durch Fachkräfte des Volksbundes statt. Dabei stellte die für die Insel Cabrera zuständige spanische Militärkommandantur eine Ehrengarde bereit. Das alte Betonkreuz auf dem Grab wurde auf Wunsch des Kommandanten auf dem Friedhof belassen.

Die Legende von den verwechselten Leichnamen ist natürlich eine schöne Geschichte. Ich finde jedoch keinerlei Anhaltspunkte dafür, dass sie stimmt. Auf dem Friedhof befanden sich nur zwei Gräber, die man nur schwerlich verwechseln kann. Aus dem Umbettungsprotokoll geht hervor, dass die Gebeine von Johannes Böckler in Augenschein genommen wurden. Sie ließen Rückschlüsse auf das Alter zu. Der Tote muss etwa 20 Jahre alt gewesen sein. Johannes Böckler ist wenige Tage vor seinem 21. Geburtstag gestorben.[145]

Somit entbehrt die Mär vom deutschen Flieger, der als geisterhafte Erscheinung auf Cabrera spukt, jeglicher Grundlage. In einem Depot auf der Felseninsel sind noch Reste des Kreuzes vorhanden, das nach dem Krieg spanische Militärs auf den Namen »Joannes Bochler« anfertigen ließen und es ihm zum Gedenken an seinem Grab aufstellten. Später stürzte das schwere Steinkreuz um und zerbrach in mehrere Teile.

Seit wenigen Jahren erinnert im Museum auf Cabrera eine Erklärtafel an Johannes Böckler. Der frühere Leiter des Naturparks, Josep Amengual, hatte – nachdem das Mallorca Magazin die wahre Identität des verunglückten Bordfunkers recherchiert hatte – sich für die Gestaltung und das Anbringen der Gedenktafel eingesetzt. Zur Begründung sagte Amengual: »Das Schicksal des deutschen Fliegers auf Cabrera ist ein Teil unserer Inselgeschichte geworden.«

Geschichte, das sind auch die Flugzeuge der Piloten. Eine Maschine vom Typ Ju 88, die 1943 an der Ostküste von Menorca notwassern musste, wurde im Oktober 2014 von Sporttauchern entdeckt. Die Unterwasserbilder von dem mit Algen überwucherten Wrack gingen um die Welt.

Die Do 217 von Konrad Grabert war ebenfalls vor Menorca gesunken – ohne Bombenlast. Nicht so die Maschine von Hans Kieffer, die mit bis zu 2,5 Tonnen Bomben an Bord vor Cabrera in den Gewässern des heutigen Nationalparks versank. Dort liegt die tödliche Fracht der »schwangeren Wanze« noch immer verborgen am Meeresgrund.

Das Ende des Dritten Reiches auf Mallorca

Lebensabend auf den Galapagos-Inseln

Wenige Wochen vor Kriegsende, genauer gesagt am 1. März 1945, schreibt die jüdische Cembalistin Alice Ehlers, deren Familie sich zeitweise auf Mallorca vor Hitler in Sicherheit gebracht hatte, an Albert Schweitzer:

Es sieht jetzt so aus, als ob dieser schreckliche Mann in Europa am Ende wäre; armes Deutschland, was ist aus ihm geworden? Für mich ist Deutschland das Land von Bach und Goethe und Beethoven und Dürer, und ich empfinde großes Mitleid mit diesem Volk, das solche großen Geister hervorbringen konnte und nun seinen Weg so gänzlich verloren hat.[146]

Das Ende des Dritten Reiches, dessen Niederlage schließlich im Mai 1945 mit der bedingungslosen Kapitulation besiegelt wurde, beseitigte nicht nur das Nazi-Regime in Deutschland, sondern brachte auch das Aus für seine offiziellen Repräsentanten in Spanien mit sich. Auf Mallorca bedeutete dies die Schließung des deutschen Konsulats. Die Tage von Hans Dede als »Konsul« waren gezählt.

Formell trug sich das Geschehen folgendermaßen zu: Am 8. Mai erschienen drei Polizeibeamte im Konsulat an Palmas Rathausplatz Nummer 5, erster Stock, um die Diensträume im Auftrag des balearischen Zivilgouverneurs schließen zu lassen. Die Beamten wurden von Dede empfangen und in den Raum für die konsularischen Angelegenheiten geleitet. Die Polizisten versiegeln die Tür zu diesem Dienstzimmer. Nicht geschlossen wurde der angrenzende Büroraum, in dem Dede als Kaufmann seine Import-Export-Handelsgeschäfte betrieb. Diese durfte er, zumindest von spanischer Seite aus, unbeanstandet fortführen. Allerdings ermahnte ihn die Staatsbeamten, in Zukunft nicht mehr als Konsul zu fungieren. Keine Stunde später war die Amtshandlung beendet.

Was steckte hinter dem Vorgehen? Mit dem Ende des Weltkriegs drängten die Alliierten das Franco-Regime, die deutschen Organisationen in Spanien streng zu kontrollieren sowie deren Vertreter festzusetzen. In Anbetracht der neuen Machtverhältnisse in Europa zeigte sich die Spanische Regierung nach außen hin kooperativ. Sobald das Dritte Reich aufgehört hatte zu existieren, wurden dessen Repräsentanzen, die Botschaft und die Konsulate sowie die deutschen Schulen und Kirchen geschlossen. Palma bildete keine Ausnahme.

Deutsche Präsenz in Palma: Die geschmückte Rathausfront zur Feier des franquistischen Sieges im Bürgerkrieg. Deutlich ist die Hakenkreuzfahne zu erkennen

Die Alliierten waren es auch, die das Dokumentenmaterial in den versiegelten Vertretungen beschlagnahmten und nach Großbritannien schaffen ließen, wo das Material auf dem Landsitz Whaddonhall ausgewertet wurde. So manche Akte kam später bei den Kriegsverbrecherprozessen gegen hohe Mitarbeiter des Auswärtigen Amtes zum Einsatz.

Auch die Dokumente aus Mallorca wurden erfasst. Eine Inventarliste der Alliierten in englischer Sprache vermerkte über den Archivbestand von Ex-Konsul Dede, dass er sämtlichen behördlichen Briefverkehr fein säuberlich abgelegt und aufbewahrt hatte. Interessant ist der Vermerk: »6 card indexes of Jews who lost German nationality«. Es geht also um sechs Karteieintragungen von deutschen Juden, denen die Staatsangehörigkeit aberkannt worden war. Wer die Personen im Einzelnen waren, wurde jedoch nicht aufgeführt.

Die Alliierten beließen es nicht allein bei der Durchsicht der deutschen Dokumente, derer sie in Spanien habhaft werden konnten. Wie der Historiker Carlos Collado-Seidel

Plaza Cort 5: Hier, im ersten Stockwerk des rechten Gebäudes, befand sich bis 1945 das deutsche Konsulat. Im Hintergrund der Aufnahme ist die Front des Rathauses von Palma zu erkennen

in seinem Buch »Angst vor dem 'Vierten Reich'« schildert, wollten sie verhindern, dass NS-Parteigänger in Spanien einen »sicheren Hafen« vorfänden, wo sie sich hätten neu organisieren können. Entsprechend der »Safe haven«-Politik erstellten die Alliierten Personenlisten von Nazi-Funktionären, die man von Spanien aus an die Besatzungsbehörden nach Deutschland überstellt haben wollte. Im Oktober 1947 übergab die US-Botschaft dem spanischen Außenministerium eine Liste mit 104 Namen. In Zusammenhang mit Mallorca tauchten darin drei Namen auf: Dem Ex-Konsul wurden dort »engste Verbindungen zur deutschen Spionage« angelastet.

Der zweite Gelistete war Anton Emmerich Zischka (1904-1997), ein in der Weimarer Republik und im Dritten Reich bekannter Sachbuchautor. Der aus Wien stammende Journalist lebte seit 1935 auf Mallorca, wo er sich ein Haus in der Cala Molins bei Pollença gekauft hatte. Ferner besaß er ein Kleinflugzeug, mit dem er jene Länder bereiste, über die er anschließend Reportagen und Bücher publizierte. Die Alliierten stuften den Österreicher als einen Geheimagenten ersten Ranges ein. Er soll beteiligt gewesen sein, deutsche U-Boote in balearischen Gewässern zu betreuen. Gegenüber dem Mallorca Magazin stritt Zischka, der bis zu seinem Tod auf der Insel lebte, die Beschuldigungen als absurde Verleumdungen ab.

Zur Einbindung Dedes in geheime Vorgänge wusste sein ehemaliger Konsulatsmitarbeiter Erich Esch zu berichten: »Ich habe davon gehört, dass Dede die deutschen U-Boote versorgte, mit Lebensmitteln. Von hier aus wurden auch Lammfelle verhökert. Sie wurden mit Segelbooten nach Genua gebracht, für den Russlandfeldzug, gegen die Kälte.«

Bei dem dritten Mallorca-Deutschen, der beschuldigt wurde, ein Spion zu sein, handelte es sich um Johann Dumpert, von Beruf Techniker. Der gebürtige Pfälzer, Jahrgang 1898, gehörte zu den wenigen Spanien-Deutschen, die tatsächlich an die Alliierten nach Deutschland ausgeliefert wurden. Dort kam der Mann auf der württembergischen Festung Hohenasperg in Haft. Bereits vor seiner Ausweisung hatten die spanischen Behörden Dumpert, der mit einer Mallorquinerin verheiratet war, gemeinsam mit der Ehefrau und zwei Kindern in einem Internierungslager speziell für Deutsche untergebracht.

Die Rede ist von dem Kurort Caldes de Malavella in der katalonischen Provinz Girona, wo auch das bekannte Mineralwasser »Vichy Catalán« herkommt. In den dortigen Hotels wurden einige Dutzend Deutsche untergebracht. Sie durften den Ort nur mit Sondergenehmigung verlassen. Dieses Sammellager war bereits im Herbst 1944 von der spanischen Regierung eingerichtet worden, um damit den drängenden Forderungen der Alliierten entgegenzukommen. Collado-Seidel schildert die Situation folgendermaßen:

Je länger sich der Aufenthalt in Caldas hinzog, um so stärker traten aber auch Probleme in den Vordergrund – vornehmlich finanzieller Art. Die deutsche Botschaft hatte sich zwar ursprünglich bereit erklärt, für die Kosten der Internierung aufzukommen, doch spätestens mit dem Zusammenbruch des Deutschen Reichs war diese Geldquelle versiegt. Die Internierten mussten jetzt ihre Hotelrechnungen selbst zahlen. Da manche über zwei Jahre in Caldas blieben, führte das oft zu ernsthaften finanziellen Schwierigkeiten, denn neben den eigenen Aufenthaltskosten mussten auch noch die Lebenshaltungskosten von Frau und Kindern bestritten werden – ohne regelmäßige Einkünfte beziehen zu können. Das Nachsehen hatten wohl im Endeffekt die Hoteliers: Waren die Deutschen, als sie den Kurort schließlich verließen, nicht in der Lage, für die Aufenthaltskosten aufzukommen, fuhren sie ab, ohne die Hotelrechnung zu begleichen.[147]

Dem Konsulatsregister ist zu entnehmen, dass die Familie Dumpert bereits am 12. November 1944 aus Palma ausgewiesen wurde. Johann Dumpert war also einer der ersten Deutschen, die in Caldes eintrafen. Der Pfälzer aus Hagenbach hatte bereits seit

1929 auf Mallorca gelebt, er arbeitete beim Stromversorger Gesa. Bei einer Wanderung auf dem Puig de Santa Magdalena bei Inca brach sich Dumpert den Fuß. Während er sich pflegen lassen musste, lernte er die Mallorquinerin Antonia kennen. Das Paar heiratet, 1935 wurde eine Tochter geboren, dann brach der Bürgerkrieg aus und die Familie flüchtete nach Deutschland. Nach der Rückkehr nach Mallorca 1938 erblickte ein Jahr später Adolfo das Licht der Welt.

Der Sohn kann sich noch lebhaft an jene Tage der Ausweisung nach Caldes de Malavella erinnern, wo die Familie des Fünfjährigen auch das Weihnachtsfest feierte. Im Frühjahr zog die Familie plötzlich um nach Barcelona. Während die Mutter und die beiden Kinder in einer Pension lebten, war der Vater verschwunden, tauchte dort aber hin und wieder als »Onkel Pepe« auf. Dumpert senior hatte demnach versucht, sich abzusetzen, wenn auch ohne Erfolg. Es kommt zur Festnahme sowie zu seiner Ausweisung nach Deutschland.

Frau und Kinder blieben unterdessen in Barcelona zurück, wo Antonia die Familie als Modistin durchbrachte. Johann Dumpert war in Deutschland zunächst bei den britischen, später bei den amerikanischen und zuletzt bei den französischen Verwaltungsbehörden interniert. Irgendwann, so entsinnte sich Adolfo der Erzählung seines Vaters, gelang dem Mann angeblich die Flucht. Mit Hilfe des Roten Kreuzes gelangte er über die Schweiz wieder nach Mallorca.

Auf der Insel kommt Dumpert schließlich beim Radiosender Balear unter und lässt sich als Spanier einbürgern. 1957, als der Tourismus wieder anzieht, legt Dumpert seine Prüfung als Fremdenführer ab. Von den Trinkgeldern der deutschen Urlaubergruppen kann die Familie auskömmlich leben. Der Pfälzer stirbt 1968 und liegt in Palma begraben.

Dass sein Vater ein Geheimagent gewesen sein soll, hält Adolfo für völlig abwegig. »Was sollte er auch spionieren?« Dumpert senior habe in jenen Jahren viele Freundschaften gepflegt, auch zum Polizeichef in Palma und zum Gouverneur, er sei aber weder politisch eingestellt noch Mitglied der NSDAP gewesen. »Mein Vater war katholisch und er hielt Franco für den Hüter der Ordnung. Aber er war kein Spion und kein Nazi.«

Adolfo ist der festen Überzeugung, dass sein Vater als »Bauernopfer« herhalten musste: Um hochrangige Nazis vor der Auslieferung an Deutschland zu bewahren, hätten die spanischen Behörden als Gefälligkeit den Alliierten gegenüber zuvorderst jene Deutschen ausgewiesen, die nicht über ausreichend Beziehungen und Kontakte verfügten. Der Sohn hegt keine Zweifel: »Sie haben den Schwächsten abgeschoben.«

Mehr Glück als Dumpert hatte Dede. Dem Ex-Konsul gelang es unterzutauchen, bis die akute Gefahr vorüber war und das Interesse an seiner Person nachließ. Denn es zeigte sich, dass der Impetus der Alliierten, die Deutschen zu »entnazifizieren«, mit der Zeit erlahmte. Parallel mit dem Aufkommen des Kalten Krieges und der Teilung Deutschlands beginnen die USA den »Generalísimo« Franco als »Anti-Kommunisten« neu zu entdecken und wertzuschätzen.

Bevor dieser Wandel in Spanien greifbar wurde, versteckte sich Dede, so wird von verschiedenen Seiten kolportiert, in jener Zeit im Raum Valencia. Dort soll er eine spanische Geliebte gehabt haben. Aus der Beziehung entstammte angeblich Nachwuchs. Überprüfen lassen sich diese Hinweise nur schwierig, da die Angehörigen des Ex-Konsuls über jene Zusammenhänge nicht zu sprechen bereit sind. So liegen die Nachkriegsjahre Dedes weitgehend im Dunkel.

Fest steht, dass der Ex-Konsul nach dem Intermezzo von Valencia wieder nach Mallorca zurückkehrte und hier mit seiner Ehefrau Erna lebte. Sein ehemaliger Konsulatsangestellter Erich Esch, der nach der Kriegsgefangenschaft ebenfalls nach Mallorca zurückgelangte, berichtete, dass Dede in einem Einfamilienhaus in El Terreno lebte. Daneben besaß das Ehepaar einer anderen Quelle zufolge eine Sommervilla in Palmas Vorort Son Ferriol, im Hinterland der Playa de Palma. An den beiden Flügeltoren der Garageneinfahrt ließen Hans und Erna Dede die Stadtwappen ihrer Geburtsorte aufmalen: Hamburg und Lübeck.

Dede lebte die folgenden Jahrzehnte unbehelligt in Palma. Er war als Kompagnon mit spanischen Partnern im Agrarhandel tätig. Ein ehemaliger Mitarbeiter, der 1971 als junger Mann in den Handelsbetrieb eintrat, erinnerte sich an die Abläufe in dem Unternehmen: Dede hatte seinen Schreibtisch an der Stirnseite eines Saales, während seine Mitarbeiter durch Glaswände getrennt um ihn herum postiert worden waren. Wenn Dede am Morgen in dem Büro erschien und durch den Saal schritt, erhoben sich alle Mitarbeiter hinter ihren Schreibtischen und begrüßten den Vorgesetzten stehend.

»Dede war wie ein Schweizer Uhrwerk. Er betrat immer um 9.15 Uhr das Büro. Man konnte die Uhr nach ihm stellen«, sagte der Ex-Mitarbeiter. Dede sei zu jener Zeit eine »gewisse Autorität« gewesen, von der Statur her nicht sehr groß, so etwa 1,60 bis 1,62 Meter. Das weiße Haupthaar bedeckte er auf der Straße mit einem Hut, dazu trug er dunkle Anzüge. Ins Büro fuhr er mit »einem alten schwarzen Wagen, aus den 1950er Jahren«.

Der ehemalige Mitarbeiter beschreibt Dede als zuvorkommend und aufmerksam. »Du hattest den Eindruck, eine sehr freundliche Person vor dir zu haben.« Die Stimmlage des Ex-Konsul sei ruhig und angenehm gewesen. Er habe sehr gut Spanisch gesprochen, wenn auch nicht akzentfrei. »Man hörte heraus, dass er Deutscher war«. Dass Dede einst der Honorarkonsul des Dritten Reichs gewesen war, erfuhr der Mitarbeiter erst Jahre später.

Als die Bundesrepublik Deutschland 1952 erstmals wieder diplomatische Beziehungen mit Spanien aufnahm und eine Gesandtschaft einrichtete, wurde kurioserweise bei Hans Dede noch einmal angefragt, ob er als Honorarkonsul erneut zur Verfügung stünde. Wie aus den Unterlagen des Auswärtigen Amtes hervorgeht, lehnte Dede jedoch ab. Die Beamten des Außenministeriums in Bonn hielten Ende 1957 fest:

In Palma bestand bis zum Kriegsende ein Wahlkonsulat, dessen Leiter Herr Dede heute noch in Palma lebt. Er hat für die Übernahme des Postens kein Interesse bekundet. An ihn erneut heranzutreten, dürfte sich nicht empfehlen.[148]

Die Tatsache, dass Dede von den Bonner Beamten überhaupt noch einmal als Konsul in Betracht gezogen wurde, ist um so bemerkenswerter, wenn man bedenkt, dass der Insel-Roman von Albert Vigoleis Thelen, in dem die Nazi-Vergangenheit Dedes literarisch publik gemacht wurde, bereits 1953 erschienen war. Dieser Sachverhalt zeigt einmal mehr, wie unverfänglich und unbedenklich die junge Bundesrepublik in den Jahren des »Wiederaufbaus« und des »Wirtschaftswunders« auf Repräsentanten des alten Nazi-Regimes zurückgriff.

Hans Dede konnte jedoch, wie oben geschildert, auch ohne die honorige Würde eines konsularischen Postens ein gutbürgerliches Leben auf Mallorca führen. Dem Vernehmen nach zog er Mitte der 1970er Jahre zu seiner Adoptivtochter, die mittlerweile auf den Galapagos-Inseln lebte. Erna Dede blieb offenbar in Palma zurück, wo sie laut Friedhofsamt 1988 starb und feuerbestattet wurde. Dede selbst erlag 1990, kurz nach seinem 90. Geburtstag, einem Krebsleiden. Er wurde auf dem pazifischen Archipel beerdigt.

Kontinuität und Neubeginn

Der Wiederaufbau mit Wurst und Bier

Die ersten Deutschen, die sich nach 1945 auf Mallorca niederließen, waren Versprengte des Weltkrieges, Flüchtlinge und entflohene Kriegsgefangene, die für sich im sonnigen Spanien bessere Chancen sahen als im zerstörten Deutschland. Es waren junge, ungebundene Soldaten, die mit Glück den Krieg überstanden hatten und nun nach einem weitgehend unproblematischen Fortkommen in ihrem Leben trachteten. Ein Hauch von Glücksrittertum und Unternehmergeist kann diesen Männern nicht abgesprochen werden. Sie schlugen sich illegal nach Spanien durch und strandeten meist per Zufall auf Mallorca. Hier jedoch gelang es ihnen, sich mit Zähigkeit und Fleiß eine neue Existenz aufzubauen und mit Spanierinnen Familien zu gründen.

Karl »Carlos« Oberst (r.)

Der Fleischwarenunternehmer Karl »Carlos« Oberst ist diesen Weg gegangen. Geboren 1924 in Ruit, wuchs Karl Oberst bei Pforzheim auf. Mit 14 begann er eine Metzgerlehre, nach Abschluss mit 17 meldete er sich freiwillig zur Wehrmacht. »Das war eine Dumme-Jungen-Idee. Ich hatte Angst, der Krieg ist bald aus, und ich war nicht einmal dabei«, erinnerte sich Oberst.

Der Kriegsfreiwillige brennt darauf, in einer Panzereinheit zu dienen, und wird dem Afrikakorps zugeteilt. Doch statt am Geschütz landet der junge Metzger in der Feldküche. Anfangs ist er enttäuscht, bald aber sehr froh. Denn im Dienst fallen immer wieder kleine Häppchen ab. »Hunger habe ich nicht gelitten.«

Das afrikanische Abenteuer dauert ein halbes Jahr, dann gerät Oberst in britische Gefangenschaft, wird in ein Lager nach Schottland gebracht. Weiter geht es per Gefangenentransporter in die USA, seinen 19. Geburtstag verbringt Oberst in Louisiana. Im dortigen Arbeitslager meldet sich der junge Mann, der erneut im Küchendienst landet, zu den

Holzfällern. »Das waren gigantische Wälder, mit zwei Stunden Anfahrt per Lastwagen und Bahn. Die hatte zuvor kein Mensch betreten.«

Nach Kriegsende überstellen die USA die Gefangenen zu weiteren Arbeitseinsätzen nach Toulouse in Südfrankreich. Oberst muss an Staudämmen, Hotels und Skiliften arbeiten, verätzt sich die Hände an der Plackerei mit Zementsäcken, fasst bald Fluchtpläne. Im Mai 1947 kann er – mittlerweile arbeitet er an der Ausbesserung einer Bahnlinie – mit neun Mitgefangenen nachts über die Pyrenäengrenze nach Spanien entkommen. »In Deutschland, das wussten wir, gab es keine Arbeit. Darum zog ich Spanien vor.«

Die Aufnahme der ehemaligen Wehrmachtsangehörigen in Franco-Spanien ist freundlich. 14 Tage verpflegen die spanischen Grenzer die Männer. Mit den Zivilgardisten werden gemeinsame Erinnerungsfotos geschossen. Dann geht es weiter ins Internierungslager Nanclares de la Oca. Bald melden sich ansässige Spanien-Deutsche, die sich um ihre Landsleute kümmern. Dank einer Vermittlung kommt Oberst rasch frei und erhält Arbeit bei einem deutschen Metzger in Barcelona. Dort schließt er mit einem weiteren Mitarbeiter, Rudolf Hennig, Freundschaft.

Erinnerungsfoto: Karl Oberst mit Zivilgardisten nach dem Grenzübertritt

Im Jahre 1951 gelangen die beiden nach Mallorca. Ein Tierzüchter, der die Schlachterei beliefert, will die zwei Männer als Landwirte in Formentor anstellen. »Ich bin auf dem Land aufgewachsen. Als ich auf der Insel die Felder sah, wusste ich gleich, das ist viel Arbeit und wenig Lohn.« Es dauert nicht lange und die beiden Männer orientieren sich nach Palma um. Oberst und Hennig fangen bei einem mallorquinischen Metzger an zu arbeiten. »Das war ein Betrieb!«, schauderte es den Zeitzeugen noch Jahrzehnte später, »der Boden war festgestampfte Erde, nicht einmal gefliest!«

Aus diesen Anfängen heraus macht sich Oberst mit der Zeit selbständig und eröffnet einen Stand in der Olivar-Markthalle. Mit seiner Frau, die er dort kennenlernt, zieht der Metzger das Unternehmen auf. Sie sorgt für den Verkauf, er für den Nachschub. Abnehmer seiner Wurstwaren sind nicht nur Mallorquiner, »teils in den höchsten Kreisen«, sondern auch aufstrebende Hoteliers, die ihre zunehmend deutschen Gäste mit heimatlicher Wurst versorgen wollen.

Später gab Oberst den Marktstand auf und eröffnete eine Produktionsstätte in Palmas Industriegebiet Son Castelló. Bis zu seinem späten Ruhestand ließ es sich der Senior-Chef nicht nehmen, in den Betrieb zu fahren und nach dem Rechten zu sehen. Heute wird die Firma von seinen Söhnen und Enkeln fortgeführt.

So erfolgreich wie Oberst hatte sich auch sein Freund Rudolf Hennig auf der Insel etablieren können. Hennig, der später als »Rudi« zu einer deutschen Institution auf Mallorca avancierte, schrieb Gastronomie-Geschichte. Das 1952 eröffnete Kellerlokal »Tirol« in der Altstadtgasse Apuntadores existiert nahezu unverändert bis heute.

Über den »dicken Rudi«, wie er später wegen seines Bauchumfangs genannt wurde, ist weit weniger bekannt als über Oberst. Nicht einmal der Nachname Hennig, oder Henning, kann als gesichert gelten, denn schon damals wurde der Deutsche von allen nur geduzt.

Auch bei Hennig handelte es sich um einen ehemaligen Wehrmachtsangehörigen, der offenbar aus Kriegsgefangenschaft nach Spanien geflohen war. Wie Oberst wurde er von engagierten Deutschen aus dem Internierungslager herausgeholt.

Der mallorquinische Rechtsanwalt und Bauunternehmer Fernando Dameto hatte zu Beginn der 1950er ein Anwesen in der heutigen Fußgängerzone Carrer Oms erworben. Zu der Immobilie zählte auch der Fleischereibetrieb, in dem Oberst und Hennig arbeiteten. Rudi Hennig wiederum, der wusste, dass Dameto ein weiteres Anwesen in der Altstadtgasse Apuntadores gekauft hatte, schlug ihm vor, in dem Keller des Hauses ein Bierlokal zu eröffnen. Der Mallorquiner willigte ein, das »Tirol« startete und wurde zum Erfolg. »Vom ersten Tag an war es immer voll«, erinnerte sich Dameto 2005.

Die »Cervecería« befand sich in den engen Räumlichkeiten einer ehemaligen Wasserzisterne aus dem 14. Jahrhundert, über die im 17. Jahrhundert der heutige Stadtpalast errichtet worden war. In diesem traditionsreichen Gemäuer etablierte sich nun die Bierschenke, während in dem Patrizierhaus oberhalb noch Nonnen ihr Zuhause hatten.

Die geistlichen Schwestern dürften über das rege Treiben im Keller wenig erbaut gewesen sein. Denn in dem Lokal »war immer schwer was los«, erinnerte sich Uli Werthwein, ein deutschstämmiger Gartenbauingenieur aus Barcelona, der sich 1954 auf Mallorca niederließ: »Man kam die Stufen in das Lokal hinab, rechts war der Tresen, wo Rudi das Bier zapfte, während seine Frau auf einem Kocher kleine Gerichte zubereitete.«

Bald darauf, um 1955, übernahm Rudi, nachdem die Nonnen ausgezogen waren, auch das Erdgeschoss des Gebäudes und richtete in dem Innenhof samt den zwei Palmen die Gartenwirtschaft »Tirol« ein, in der vor allem deutsche Gerichte, Schnitzel

Rudi Hennig mit seiner Ehefrau Pepita (r.) und einer unbekannten Frau (l.)

und Braten, serviert wurden. Ein historischer Patio allzumal: Aller Wahrscheinlichkeit nach handelt es sich um jenen Innenhof, den Vigoleis Thelen in seinem Inselroman beschreibt, als er zeitweise in der Apuntadores in der »Pension des Grafen« logierte. Heute gehört der Patio zum Boutique-Hotel »Tres«, das vor wenigen Jahren von Schweden eröffnet wurde.

Das Bierlokal in der Apuntadores war, wenn man so will, die Vorwegnahme des touristischen Kampftrinkens auf Mallorca. Das galt sowohl für den Biergarten unter Palmen als auch für das kleine »Tirol«. Der Österreicher Toni Mikesch pachtete das Kellerlokal um 1957 von Rudi Hennig, der sich seinerseits ganz auf die florierende Gartenwirtschaft konzentrierte. In seinen unveröffentlichten Memoiren schreibt Toni Mikesch über das Kellerlokal:

Am Abend ab 18 Uhr hat sich dieses »kleine Tirol« angefangen zu füllen, und mit zunehmendem Sommer verlängerte sich die Sperrstunde bis 3 oder 4 Uhr früh. Das Lokal war oft so voll, dass die Leute sogar auf der Stiege bis zur Straße gesessen sind. Meist waren es Deutsche, aber im Hochsommer kamen auch viele Engländer, die im Stehen oft bis zu sechs oder acht Halbe Bier tranken.[149]

Auch Spanier fanden den Weg ins »Tirol«. Werthwein erinnert sich, dass in dem Lokal spanische Piloten und Stewardessen verkehrten. Sie tauschten dort ausländische Devisen – schwarz, versteht sich. Andere Zeitzeugen wie der spätere »Wurstkönig« Horst Abel wussten über Hennig zu berichten, sein Lokal sei die größte »Schmuggler-Anlaufstelle« auf Mallorca gewesen. Er habe seine Beziehungen spielen lassen und eingefädelt, dass ausländische Piloten an Bord ihrer Maschinen Waren mitbrachten, die damals in Spanien nur schwer zu erhalten waren. »Der Rudi konnte das organisieren.«

Das Restaurant »Tirol« im Erdgeschoss galt in den 1950er und 60er Jahren »als das bekannteste und beste Lokal, das es damals auf der Insel gab«, befand Karl Oberst. Mehr noch: »Die Gartenwirtschaft war die schönste, die in Palma zu finden war.« Heftig getrunken wurde dort nicht minder als im Kellerlokal. »Zu jedem Bier gab es auch einen Steinhäger«, erinnerte sich Oberst an die Spirituosen. Und Adolf Grund, der das »Tirol« 1968 nach Rudis Tod übernahm, stellte klar: Aus den Steinhäger-Flaschen wurde den Gästen bei Rudi einheimischer Gin aus Menorca eingeschenkt – eine heute mehr als fragwürdige Praxis. Aber: »Damals war nichts verboten.«

Ein Biergarten unter Palmen namens »Tirol«. Warum das Lokal so hieß, ist nicht mehr nachvollziehbar. Zumindest stammte Rudi nicht aus »Tirol«, selbst wenn den überlieferten Erzählungen nach seine Herkunft mal ins Sudetenland, mal ins Rheinland, mal nach Bayern verlegt wurde. Sicher ist nur: Der Name »Tirol« ging auf Hennig zurück. »Das war eine Idee von Rudi«, erinnerte sich Dameto.

Hennigs Kapital waren seine Kontakte. »Wer immer ein Problem hatte, mit der Immobilie, dem Auto oder den Behörden, der suchte Rat bei Rudi, der ihm die Wege ebnete«, sagte Adolf Grund. »Er hat jedem geholfen, egal wie.« Auch langjährige Insel-Deutsche wussten das »Tirol« zu schätzen. Adolf Grund, Stammgast seit 1962, erinnerte sich, dort dem Fotografen Hausmann begegnet zu sein. »Der gehörte mit zum Verein.«

Neben der deutschen Inselprominenz gab sich auch der internationale Jetset in jenen Jahren ein Stelldichein im »Tirol«. Das Goldene Gästebuch enthält Einträge etwa von der Box-Legende Max Schmeling oder von Hitlers Lieblingsregisseurin Leni Riefenstahl. Die ehemaligen Prominenten des Dritten Reiches waren mit ihrer Anwesenheit ein Beleg dafür, dass die Insel wieder ins Zentrum der Sehnsüchte rückte. Mallorca war zunehmend gefragt bei den Bundesbürgern der höheren Gesellschaftsschichten, die im Wirtschaftswunderland wieder rasch zu überdurchschnittlicher Kaufkraft gelangt waren und sich jene noch reichlich exklusive Insel der Zeit vor dem Massentourismus tatsächlich leisten konnten.

Zu den braunen »Stars«, die sich im »Tirol« deutsche Gaumenfreuden unter mediterranen Sternenhimmeln auftischen ließen, gesellten sich Anfang der 1950er Jahre prominente Gäste aus aller Welt. Einer der bekanntesten dürfte Hollywood-Schauspieler Errol Flynn gewesen sein. Alte Fotos, die ihn gemeinsam mit Rudi Hennig zeigen, sind

Errol Flynn (l.) und Gastwirt Rudi Hennig (kariertes Hemd) im »Tirol«

Die Ansichtskarte aus Palma von 1931 war im Auftrag der Woermann-Linie (Deutsche Ost-Afrika-Linie) gedruckt worden. Das Motiv zeigt den Panoramablick von der Burg Bellver über El Terreno und den Hafen in Richtung Kathedrale. Damals wie heute: »Sehr herzliche Grüße« aus Mallorca

ein vergilbter Abglanz jener Tage, in denen auf Mallorca vor allem die Leichtigkeit des Seins zu regieren schien.

Die Anekdoten, wie intensiv Errol Flynn im »Tirol« dem Alkohol zusprach, sind Legion. Adolf Grund glaubte sich zu erinnern, dass der gebürtige Australier einmal leblos aus dem Lokal herausgetragen werden musste. Ein handsigniertes Foto an der Wand des Kellerrestaurants beschwört das Leben, das der Haudegen und Herzensbrecher nicht nur auf der Leinwand, sondern auch als Privatmann lebte, bis er an den Folgen der Exzesse 1959 in Vancouver starb, als er dort einen Käufer für seine in Palma liegende Yacht »Zaca« kontaktiert hatte.

Rudi Hennig erging es nicht viel besser. Wenig nützte es dem Gastwirt, der mittags mit einem Bier zu frühstücken pflegte, sich mitunter in die Kältekammer des Betriebes zu setzen, um wieder halbwegs nüchtern zu werden. Der Mann, der nach Angaben seiner Freunde ein Vermögen mit dem »Tirol«, Keller wie Gartenrestaurant, verdient hatte, verlor am Ende seine Gewinne in dubiosen Immobiliengeschäften auf der Insel. Hennig starb um 1967, weitgehend verarmt, an den Folgen seiner Alkoholsucht. Noch heute erinnert im »Tirol« ein Foto an den »dicken Rudi« und dessen Frau Pepita.

Hennig und Oberst waren mit die ersten Deutschen, die nach dem Zweiten Weltkrieg auf Mallorca Fuß gefasst und sich hier eine Existenz aufgebaut hatten. Sie waren einerseits Pioniere, andererseits standen sie damit für Kontinuität. Denn schon lange vor ihnen hatten Tausende Deutsche die Insel für sich entdeckt und hier, wie in diesem Buch geschildert, Phasen ihres Lebens aktiv zugebracht.

Der Gastronom Hennig und der Metzgermeister Oberst sowie alle nachfolgenden Neu-Residenten waren damit letztlich nur weitere Glieder in einer langen Kette von Deutschen, die auf der Insel ihren Traum vom Leben im lichtdurchfluteten Süden zu verwirklichen suchten. Das ist ein Trend, der auch heute ungebrochen ist und nichts von seiner Attraktivität verloren hat. Mallorca wirkte und wirkt wie ein magnetischer Anziehungspunkt auf Deutsche.

Hier entfaltete sich, ob im Schatten des Hakenkreuzes oder zu anderen – »sonnigeren« – Zeiten, die gesamte Bandbreite existenzieller Erfahrungen: Gut und Böse, Glanz und Elend, Triumph und Tragödie, Verrat und Freundschaft, Herzlichkeit und Heimtücke, Momente größter Glückseligkeit und himmelschreiender Ungerechtigkeit – sie lagen und liegen auf diesem Eiland auf engstem Raum dicht beieinander. Mallorca, der Felsen im ewigen Meer, ist dadurch für viele Deutsche, die hier ihren Fuß an Land setzten, nicht nur zur Daseinsinsel, sondern letztlich auch zur Schicksalsinsel geworden.

Anmerkungen

1 INSEL, Nr. 32 vom 3. Juni 1933, S. 4

2 INSEL, Nr. 41 vom 5. August 1933, S. 6

3 HEROLD, Ausgabe vom 4. Febr. 1934, S. 19

4 HEROLD, Ausgabe vom 4. März 1934, S. 15

5 INSEL, Nr. 41 vom 5. August 1933, S. 6

6 Thelen, S. 527

7 INSEL, Nr. 15 vom 4. Febr. 1933, S. 2

8 PAAA, RAV Madrid 659, Besuch deutscher Handelsschiffe in Spanien (u.a. Flaggenzwischenfälle), Schreiben Deutsches Generalkonsulat Barcelona an Botschaft Madrid, vom 20. November 1934

9 INSEL, Nr. 20 vom 11. März 1933, S. 4

10 Thelen, S. 811

11 Thelen, S. 813

12 PAAA, RAV Barcelona 2/3, Akten betreffend Konsulat Palma de Mallorca, Abschrift »Beobachtungen eines Neutralen während 6-jährigen Aufenthaltes in Palma de Mallorca« vom 5. Sept. 1939, S. 2

13 PAAA, RAV Barcelona 2/3, Parteiverfahren gegen Konsul Dede, Schreiben Konsul Dede in Palma an die Deutsche Botschaft in San Sebastián vom 6. Sept. 1939

14 PAAA, RAV Barcelona 2/3, Parteiverfahren gegen Konsul Dede, Schreiben des NSDAP-Landesgruppenleiters Spanien, Thomsen, an Konsul Dede vom 27. Oktober 1940, S. 1

15 PAAA, RAV Barcelona 2/3, Parteiverfahren gegen Konsul Dede, Abschrift Schreiben Konsul Dede an NSDAP-Landesschlichter in Madrid vom 17. Januar 1941, S. 1

16 PAAA, RAV Barcelona 2/3, Z. – Kn. Dede, Abschrift Beschwerdebrief des stellvertretenden Ortsgruppenleiters Rup an Deutsche Botschaft Madrid vom 7. Novemeber 1938

17 PAAA, RAV Barcelona 2/3, Parteiverfahren gegen Konsul Dede, Abschrift Schreiben Konsul Dede an NSDAP-Landesschlichter in Madrid vom 17. Januar 1941, S. 2

18 PAAA, RAV Barcelona 2/3, Parteiverfahren gegen Konsul Dede, Abschrift Bericht über die Monatsversammlung der Ortsgruppe Palma de Mallorca der NSDAP am 2. Febr. 1938 im Saal des Ateneo, Borne, Palma.

19 PAAA, RAV Barcelona 2/3, Z. – Kn. Dede, Abschrift Schreiben Wilhelm Lindner aus Celerina/Schweiz an das Auswärtige Amt vom 12. Febr. 1938, S. 2

20 PAAA, RAV Barcelona 2/3, Z. – Kn. Dede, Anonymes Schreiben »Bericht über den Konsul Hans Dede alias Wilhelmine Meising« vom Febr. 1938 (Eingangsstempel: 28. Februar 1938)

21 PAAA, RAV Barcelona 2/3, Z. – Kn. Dede, Abschrift Erklärung Konsul Dede in Burgos an die Deutsche Botschaft, vom 17. März 1938

22 PAAA, RAV Barcelona 2/3, Z. – Kn. Dede, Abschrift Erklärung Konsul Dede in Berlin an Auswärtiges Amt vom 22. Juni 1938

23 PAAA, RAV Barcelona 2/3, Z. – Kn. Dede, Abschrift Schreiben Z. an Auswärtiges Amt vom 14. Oktober 1938

24 INSEL, Nr. 34 vom 20. Juni 1933, S. 4

25 PAAA, RAV Barcelona 2/3, Akten betreffend Konsulat Palma de Mallorca, Abschrift »Beobachtungen eines Neutralen während 6-jährigen Aufenthaltes in Palma de Mallorca« vom 5. Sept. 1939, S. 3 Rückseite

26 PAAA, RAV Barcelona 2/3, Parteiverfahren gegen Konsul Dede, Abschrift Schreiben Konsul Dede an NSDAP-Landesschlichter in Madrid vom 17. Januar 1941, S. 4

27 PAAA, ebenda, S. 5

28 PAAA, ebenda, S. 5

29 PAAA, RAV Barcelona 2/3, Parteiverfahren gegen Konsul Dede, Abschrift Schreiben Rup an Konsul Dede vom 11. April 1939

30 Feliciano, S. 154, frei übersetzt

31 Spielhagen: Spione und Verschwörer in Spanien: nach offiziellen nationalsozialistischen Dokumenten – Paris 1936, S. 152f.; hier zitiert nach Hofe, S. 29

32 PAAA, RAV Barcelona 2/3, Parteiverfahren gegen Konsul Dede, Abschrift Schreiben Konsul Dede an NSDAP-Landesschlichter in Madrid vom 17. Januar 1941, S. 1

33 PAAA, Mil.Po. 15, Nr.1, Agenten- und Spionagewesen, Einzelfälle, A-K, Bd.1, Abschrift Schreiben Konsul Dede an Deutsche Botschaft vom 29. Januar 1938

34 Hofe, S. 26

35 PAAA, RAV Barcelona 2/3, Parteiverfahren gegen Konsul Dede, Abschrift Schreiben Konsul Dede NSDAP-Landesgruppenleiter für Spanien, Hans Hellermann, vom 26. Juni 1936

36 INSEL, Nr. 32 vom 3. Juni 1933, S. 2

37 HEROLD, Ausgabe vom 8. Oktober 1933, S. 19

38 PAAA, R60214, Förderung des Deutschtums in Spanien, Abschrift Auszug aus dem Bericht des Flottenkommandos vom 2. Juni 1930 über den Aufenthalt der Linienschiffe »Schleswig-Holstein«, »Hannover«, »Hessen« und »Schlesien« in Palma de Mallorca vom 27.-30. Mai 1930, S. 1

39 Privatarchiv der Nachkommen Esch-Hörles, Gästebuch Casa Tibur

40 PAAA, RAV Barcelona 2/3, Sonderband Konsulat Palma de Mallorca (Angelegenheit Esch-Hoerle u. Fenn Beschwerde gegen Konsul Müller), Schreiben Osswald an Generalkonsulat Barcelona vom 17. März 1926, S. 2 Rückseite

41 PAAA, RAV Madrid 671, Akten betreffend Konsulat Palma de Mallorca 1868-1930, Abschrift Schreiben Lobisch an Generalkonsulat Barcelona vom 5. Sept. 1918

42 PAAA, RAV Barcelona 2/3, Sonderband Konsulat Palma de Mallorca (Angelegenheit Esch-Hoerle u. Fenn Beschwerde gegen Konsul Müller), Eingabe Fenn an Generalkonsulat Barcelona vom 5. Febr. 1926, S. 2

43 PAAA, ebenda, Schreiben Konsul Palma an Generalkonsulat Barcelona vom 9. Febr. 1926 unter Beilegung eines Zeitungsausschnitts aus ULTIMA HORA vom 8. Febr. 1926, frei übersetzt

44 PAAA, ebenda, Schreiben Konsul Müller an Generalkonsulat Barcelona vom 9. Febr. 1926

45 PAAA, ebenda, Schreiben Konsul Müller an Generalkonsulat Barcelona vom 10. Febr. 1926, Kommentare über die Antragsteller, S. 3

46 PAAA, ebenda, Schreiben Esch-Hörle an Generalkonsulat Barcelona, ohne Datum, um Mitte Februar 1926

47 PAAA, ebenda, Schreiben Konsul Müller an Generalkonsulat Barcelona vom 2. März 1926, S. 3

48 PAAA, ebenda, Schreiben Konsul Müller an Generalkonsulat Barcelona vom 20. Febr. 1926, S. 3

49 PAAA, ebenda, Aktennotiz Generalkonsul von Hassell vom 20. April 1926

50 PAAA, RAV Madrid 671, Akten betreffend Konsulat Palma de Mallorca Bd.2 1931-1936, Abschrift Schreiben Generalkonsul von Hassell an Botschaft Madrid vom 20. April 1926

51 PAAA, ebenda, Aufzeichnung über die Dienstreise des Vizekonsuls Dr. Deiters nach Palma de Mallorca vom 5. Februar 1932, S. 3

52 SÓLLER, Sonderbeilage der Wochenzeitung zum 75. Bestehen 1960, S. 49

53 INSEL, Nr. 24 vom 8. April 1933, S. 8

54 PALMA POST, Ausgabe vom 8. April 1933, S. 5, frei übersetzt

55 MAJORCA SUN, Nr. 35 vom 29. Juli 1934, S. 1, frei übersezt

56 MAJORCA SUN, ebenda, freiübersetzt

57 Thelen, S. 815

58 PAAA, R103003, Akten betreffend Innere Sicherheit, Parlaments- und Parteiwesen Spanien, Schreiben Konsul Dede an Auswärtiges Amt Berlin vom 1. Sept. 1936

59 PAAA, ebenda, Schreiben Konsul Dede an Auswärtiges Amt Berlin vom 26. Sept. 1936, S. 1

60 PAAA, ebenda, S. 2

61 Privatarchiv der Nachkommen Esch-Hörle, Tagebuch Maria Esch, geborene Hörle, Sept. 1935 bis April 1939. Alle weiteren Zitate in dem Kapitel entstammen dem Tagebuch

62 Otten, S. 194, 207 und 249

63 Baruch, S. 178

64 Pérez Vengut, S. 24, frei übersetzt

65 PAAA, RAV Palma de Mallorca 7/1, Allgemeiner Schriftwechsel des Konsulats, Schreiben Konsul Dede an Konsulat Sevilla vom 8. Januar 1937

66 Otten, S. 198. Zu Deutschböhme siehe S. 20

67 DEUTSCHES EVANGELISCHES KIRCHENBLATT FÜR SPANIEN, Flüchtlings-Sondernummer Ostern 1937, S. 10

68 DEUTSCHES EVANGELISCHES KIRCHENBLATT, ebenda, S. 9-11

69 PAAA, RAV Barcelona 2/3, Akten betreffend Konsulat Palma de Mallorca, Abschrift »Beobachtungen eines Neutralen während 6-jährigen Aufenthaltes in Palma de Mallorca« vom 5. Sept. 1939, S. 4

70 Privatarchiv Heinemann-Enkel Ernst-Peter Krüger

71 ebenda

72 Kraschutzki, S. 41

73 Gespräch mit dem Zeitzeugen Erich am 3. August 2006

74 http://us.geocities.com/jordividal2000/aviacion.html?200712 vom 12. Januar 2007

75 PAAA, RAV Madrid 52, Legion Condor – Tagebuch der deutschen Marinemission in Spanien, siehe Datumseinträge

76 PAAA, RAV Madrid 52, Legion Condor – Mitteilungen und Berichte 1938-1939, Bericht über Feststellungen gelegentlich der Informationsreise mit Fregattenkapitän Heve vom 27. Juni 1938, S. VII

77 PAAA, RAV Madrid 52, Legion Condor – Tagebuch der deutschen Marinemission in Spanien, siehe Datumseintrag

78 PAAA, RAV Madrid 52, Legion Condor – Mitteilungen und Berichte 1938-1939, Abschrift Bericht Maat Ruppel an Büro Anker vom 3. Sept. 1938

79 PAAA, ebenda, Feststellungen auf einer Reise des Marineattachés nach Sevilla-Cadiz-Gibraltar-Mallorca, Bericht Marineattaché Meyer-Döhner an Oberkommando der Kriegsmarine vom 13. Sept. 1938, S. IV

80 MALLORCA MAGAZIN, Nr. 10, 2008, S. 29

81 PAAA, RAV Madrid 52, Legion Condor – Tagebuch der deutschen Marinemission in Spanien, S. 73

82 PAAA, RAV Madrid 52, Legion Condor – Mitteilungen und Berichte 1938-1939, Abschrift Vorläufiger Bericht über den Untergang der »Baleares«, vom 6. März 1938

83 PAAA, ebenda

84 PAAA, RAV Madrid 52, Legion Condor – Mitteilungen und Berichte 1938-1939, Abschrift Bericht über die Versenkung des Kreuzers »Baleares«, vom 8. März 1938

85 Siehe die Wasserbecken-Umrandung des Denkmals in Parque Sa Feixina in Palma

86 PAAA, RAV Madrid 755, Sympathie-Kundgebungen Deutschland, Abschrift Schreiben Konsul Dede an Auswärtiges Amt vom 2. Juni 1937

87 EL DÍA, Ausgabe vom 2. Juni 1937, S. 3, frei übersetzt

88 El DÍA, ebenda, frei übersetzt

89 PAAA, RAV Madrid 755, Sympathie-Kundgebungen und Ähnliches, Abschrift des Telegramms Hitlers an den Bürgermeister von Ibiza vom 24. Juni 1938

90 Webpage Bürgerkriegsmuseum Almería: http://www.turismodealmeria.org/motivo-tematico/los-refugios-de-la-guerra-civil-espanola/

91 HEROLD, Ausgabe vom 15. Oktober 1933, S. 19

92 MAJORCA SUN, Ausgabe vom 18. Februar 1934, S.17

93 PAAA, RAV Palma de Mallorca 7/1, Allgemeiner Schriftwechsel des Konsulats, Schreiben Möritz an Konsul Dede vom 19. Dezember 1937

94 Majorca Sun, Ausgabe vom 3. Juni 1934, S. 18

95 Riefenstahl, S. 216

96 Riefenstahl, S. 219

97 Riefenstahl, S. 220

98 INSEL, Nr. 12 vom 14. Januar 1933, S. 7

99 INSEL, Nr. 13 vom 21. Januar 1933, S. 4

100 INSEL, Nr. 39 vom 22. Juli 1933, S. 4

101 Privatarchiv der Familie Dameto, Goldenes Gästebuch, Restaurant Tirol, Palma de Mallorca

102 Bönisch, S. 3 und 4

103 PAAA, RAV Palma de Mallorca 7/1, Schriftwechsel des Konsulats, Durchschlag Schreiben Dede an Hisma Ltda. Sevilla vom 9. August 1937

104 Einsele, Massanet, Rexach, S. 51

105 Döhl, 1999

106 Gespräche mit dem Zeitzeugen Erich Esch am 3. August und am 7. Dezember 2006

107 Mendelssohn, S. 5, frei übersetzt

108 Mendelssohn, S. 6 und 7, frei übersetzt

109 SPIEGEL, Ausgabe 40 vom 30. Sept. 1953, S. 9

110 MAJORCA SUN, Ausgabe vom 21. Januar 1934, frei übersetzt

111 PAAA, RAV Palma de Mallorca 13/5, Nachlass Bruno Butterweck, Handschriftlicher Bericht des Fritz Schulz, Eingangsstempel des Konsulats vom 18. April 1934, S. 2

112 PAAA, ebenda, S. 3

113 PAAA, ebenda, Durchschlag Schreiben Konsul Dede an Familie Butterweck vom 24. April 1934

114 Vidal Alcover, S. 56

115 INSEL, Nr. 12 vom 14. Januar 1933, S. 4

116 Privatarchiv der Nachkommen Esch-Hörle, Tagebuch Maria Esch, geborene Hörle, Eintrag vom 13. Januar 1929

117 Privatarchiv der Nachkommen Esch-Hörle, Gästebuch Casa Tibur

118 ebenda

119 PAAA, RAV Palma de Mallorca 16/2, Verschiedene Konsularangelegenheiten, Schreiben Ellmaurer an Konsulat vom 11. April 1943

120 PAAA, ebenda, Schreiben Ellmaurer an Konsulat vom 2. Oktober 1943, S. 2

121 PARISER TAGESZEITUNG, Nr. 57 vom 7. August 1936, S. 2

122 INSEL, Nr. 8 vom 17. Dezember 1932, S. 4

123 PAAA, RAV Palma de Mallorca 7/1, Schriftwechsel des Konsulates, Schreiben Erna Tischner an Erna Dede vom 9. Dezember 1936, S. 4

124 PAAA, RAV Palma de Mallorca 7/1, Schriftwechsel des Konsulates, Schreiben Wenzel an Konsulat vom 21. Dezember 1937, S. 2

125 PAAA, RAV Palma de Mallorca 7/1, Schriftwechsel des Konsulates, Schreiben Tischner an Konsulat vom 9. Dezember 1936, S. 1

126 PAAA, RAV Palma de Mallorca 15/2, Anträge spanischer Staatsangehöriger auf Erteilung von Durchlassscheinen zu Reisen nach Frankreich und Belgien A-J, Antragsformular Johanna Fichtner, unterzeichnet 6. Juni 1943, Rückseite

127 PAAA, RAV Palma de Mallorca 7/1, Schriftwechsel des Konsulates, Schreiben Tischner an Konsulat vom 14. Dezember 1936

128 PAAA, RAV Palma de Mallorca 7/2, Allgemeiner Schriftwechsel des Konsulats 1937-1938, Schreiben Hübscher an Konsulat vom 1. Juli 1938

129 PAAA, ebenda, S. 2

130 PAAA, RAV Palma de Mallorca 7/2, Allgemeiner Schriftwechsel des Konsulats 1937-1938, Schreiben Magnus an Konsulat vom 3. April 1938

131 PAAA, RAV Palma de Mallorca 7/1, Schriftwechsel des Konsulates, Schreiben Orsinger an Konsul Dede vom 28. Januar 1937

132 PAAA, ebenda

133 Bundesarchiv BDC-PK – Hausmann, Heinz, geb. 4. April 1905

134 Andress, S. 167

135 Richter, S. 10

136 Arnau, S. 11

137 INSEL, Nr. 34 vom 20. Juni 1933, S. 4

138 E-Mail Rosa Maria Krebs vom 21. April 2007

139 Gespräch mit Erich Esch am 5. August 2006

140 E-Mail Rosa Maria Krebs vom 21. April 2007

141 Gespräch mit Carmen Klein am 28. Mai 2009

142 Archiv Volksbund Deutsche Kriegsgräberfürsorge e.V., Schreiben Kieffer an den Volksbund vom 27. März 1995

143 Familienarchiv Böckler, Schreiben Kieffer an die Eltern Johannes Böckler vom 7. Juli 1944

144 Ebenda, Schreiben Leutnant Dirk Hüttmann an die Eltern Johannes Böckler vom 9. April 1944

145 Schreiben Volksbund Deutsche Kriegsgräberfürsorge e.V. an Buchautor Sepasgosarian vom 17. August 2001

146 Schweitzer, S. 69

147 Collado-Seidel (1995), S. 150

148 PAAA, B 101-431, H.-Konsul Las Palmas / Palma de Mallorca 1955-1968, Abschrift Schreiben Generalkonsulat Barcelona an Botschaft Madrid vom 23. November 1957

149 Mikesch, S. 156

Archive

Politisches Archiv des Auswärtigen Amtes (PAAA), Berlin
Bundesarchiv (ehemaliges Berlin Document Center (BDC), Berlin
Archivo Intermedio Militar de Baleares, Palma
Arxiu del Regne de Mallorca, Palma

Literatur

Alcover, Manuela; Llorenc Villalonga i les belles artes, Palma 1996
Alemany, Arnau; **Garau**, Bartomeu; **Mir**, Guillem; Les petjades dels oblidats. La Repressió a Esporles, Mallorca 2016
Alenyà Fuster, Miquel; Vuit voluntaries i un voluntari de Creu Roja moren a Manacor l'estiu de 1936, Palma 2011
Andress, Reinhard; Der Zaubergarten. Das Exil deutschsprachiger Schriftsteller auf Mallorca 1931-1936, Amsterdam 2001
Arnau, Frank; Gelebt, geliebt, gehasst. Ein Leben im 20. Jahrhundert, München 1972
Balke, Ulf; Kampfgeschwader 100 »Wiking«, Stuttgart 1981
Bayo, Alberto; Mi desembarco en Mallorca, Palma 2010, Erstveröffentlichung 1987
Bacher, Katrin; **Alba**, Tyto; Tante Wussi. Història d'una família entre dues guerres, Palma 2015
Barreiro, Guerra Civil 19 de Julio de 1936. El Desembarco en Mallorca; Palma de Mallorca 1992
Baruch, Hugo; Käpt'n Bilbo, Rebell aus Leidenschaft, München 1965
Bernanos, Georges; Die großen Friedhöfe unter dem Mond, Reinbek 1992, Erstveröffentlichung 1938: »Les grands cimtières sous la lune«
Bernecker, Walther L.; Spanische Geschichte. Von der Reconquista bis heute, 2. Auflage, Darmstadt 2012
Bönisch, Ulrich; Mallorka. Ein kurzgefasster Führer durch das Paradies des Mittelmeeres, hrsg. vom Hotel Royal, Dritte verbesserte Auflage, 17. bis 27.000, Palma de Mallorca 1931
Breuninger, Martin; **Garcia i Boned**, Germà; Mallorcas vergessene Geschichte, Palma de Mallorca 2011
Christie, Agatha; »Paradies Pollença«, in: Die mörderische Teerunde, Frankfurt 2006, Erstveröffentlichung 1936: »Problem at Pollensa Bay«
Collado Seidel, Carlos; »Zufluchtsstätte für Nationalsozialisten?«, in: Vierteljahreshefte für Zeitgeschichte, Heft 1/München 1995
Collado Seidel, Carlos; Die Angst vor dem »Vierten Reich«. Die Alliierten und die Ausschaltung des deutschen Einflusses in Spanien 1944-1954, München 2001
Collado Seidel, Carlos; Der Spanische Bürgerkrieg. Geschichte eines europäischen Konflikts, München 2001
Darder i Sastre, Impresions d'un infant d'abans i de l'inici de la Guerra Civil a Mallorca, Palma 2009

Döhl, Reinhard; Essay zu Hermann Finsterlin: Eine Wandmalerei in Schömberg, Katalog, Schömberg 1999
Durrán Pastor, Miguel; 1936 en Mallorca, 4 Bände, Palma de Mallorca 1982
Durrán Pastor, Miguel; Sicut oculi, Vigilantes y vigilados en la Mallorca de la postguerra 1941-1944, Palma de Mallorca 1992
Ferrer, Tomeu; Vint dies de guerra, Palma (Mallorca) 2005
Einsele, Gabi; **Massanet**, Maria; **Rexach**, Gregori; El Temps S'Esmicola. L'Exil centroeuropeu a Cala Rajada, Capdepera 2015
Herrnbrodt-Fechhelm, Maria; Sobre la historia del Consulado de Alemania en Mahón, Mahón 2000
Feliciano, Héctor; El Museo desaparecido. La conspiración nazi para robar las obras maestras del arte mundial, Madrid 2004
García i Boned, Germà; La segunda cara de la isla de la segunda cara de Albert Vigoleis Thelen Mallorca 1931-1936, Palma de Mallorca 1998
Garcia i Boned, Germà; Johanna Ey i Jacob Sureda, Palma de Mallorca 1999
Garcia i Boned, Germà; Albert Vigoleis Thelen y sus »recuerdos aplicados«, Mallorca 1931-1936, Palma de Mallorca 2005
Ginard i Féron, David; Mallorca während der Franco-Diktatur, Berlin 2001
Gual Truyol, Simón; Aproximación histórica sobre las Tropas de Mallorca; Palma 1995
Herranz, Albert; **Roque Company**, Joana Maria; La segona república a Mallorca, Palma 2006
Hoffmann, Felix; Lore Krüger, Ein Koffer voller Bilder, Berlin 2015
Hofe, Alexander vom; Vier Prinzen zu Schaumburg-Lippe, Kammler und von Behr, Madrid 2013
Kraschutzki, Heinz; Memòries a les presons de la guerra civil a Mallorca, Miquel Font Editor, Palma de Mallorca 2004
Krüger, Lore; Quer durch die Welt – das Lebensbild einer verfolgten Jüdin, 2012
March, Jaume; **Cerdà**, Andreu; **Salas**, Pere; Pollença, La revolta contra la rebel.lió, Inca 2006
Massot i Muntaner, Josep; Els escriptors i la guerra civil e les illes Balears, Montserrat 1990
Massot i Muntaner, Josep; El cònsol Alan Hillgarth a les Illes Balears (1936-1939), Barcelona 1995
Massot i Muntaner, Josep; Alconovaldo Bonacorsi, el »Conde Rossi«, Montserrat 2017
Mendelssohn, Heinrich; Säume, Max; Santa Ponsa. La nueva ciudad de Mallorca, Palma de Mallorca 1933
Mestre Mestre, Bartolome; ¿La última palabra? Mallorca 1936-1939, Palma de Mallorca 1976
Mikesch, Toni; Mein Leben. Unveröffentlichtes Buchmanuskript
Moll Marquès, Josep; Crònica d'una infàmia, Palma 2009
Mulet, Maria-Josep; »Fotògrafs de projecció internacional a les Balears. Motivacions i objectius«, in: Imatge i turisme, Estudis Baleàrics, Nùm. 94/95; Palma de Mallorca 2009, S. 91-104
Ordinas Fúster, Bartomeu; una actitud davant la càmera, Palma 2002
Otten, Karl; Torquemadas Schatten, Hamburg 1982
Pérez Vengut, José; Porto-Cristo, El legionario y otros héroes, Palma de Mallorca 1937
Pomar, Jaume; Llorenç Villalonga i el seu mon, Binissalem 1998
Pufendorf, Astrid von; Mut zur Utopie. Otto Keppler, ein Mensch zwischen den Zeiten, Frankfurt 2015

Quetglas, Damià; Aproximació al que passà amb la república poble a poble (1), Inca 2005
Richter, Hans; Die Frau zwischen Noch und Schon, Berlin 1933
Riefenstahl, Leni; Memoiren, München 1987
Sanllorente, Francisco; La persecución económica de los derrotados, Palma 2005
Santaner Bosch, José Manuel; Llompart Llompart, Paul; La aviación militar en Baleares (1939-2008), Inca 2009
Sbert, Cristòfol-Miquel; El cine a les Balears, Inca 2006
Schalekamp, Jean A.; Mallorca any 1936, ohne Ortsangabe und Erscheinungsjahr
Schweitzer, Albert; Ehlers, Alice; »Liebes Cembalinchen ...«. Eine Freundschaft in Briefen, Hrsg. Alice R. und Kurt Bergel, Mainz 1997
Sepasgosarian, R. Alexander; Eine ungetrübte Freundschaft? Deutschland und Spanien 1918-1933, Forschungen zu Spanien, Band 12, Walther L. Bernecker (Hrsg.), Saarbrücken 1993
Sepasgosarian, R. Alexander; »Akte Mallorca: Das deutsche Konsulat«, 14-teilige Artikelserie, Mallorca Magazin, Nummer 38 bis 52 vom 23. September bis 23. Dezember 2005
Sepasgosarian, R. Alexander; »El Primer Camp de Golf de Mallora (Alcúdia, 1934)«, in: VI Jornades d'estudis locals d'Alcúdia, Alcúdia 2010, S. 225-236
Siebeneicker, Arnulf; Wagener, Mathias; Reif für die Insel. Tourismus auf Sylt, Hiddensee und Mallorca, Ausstellungskatalog, Essen 2016
Stoye, Johannes; Spanien im Umbruch, Leipzig 1936
Suarez Salva, Manel; La presó de Can Mir; Palma 2011
Thelen, Albert Vigoleis; Die Insel des zweiten Gesichts, Erstausgabe Düsseldorf 1953, Ungekürzte Ausgabe, München 1999
Thorer, Axel; Mallorca. Lexikon der Inselgeheimnisse, Hamburg 2005
Tugores Manresa, Antoni; La história robada. Antonio Amer (1882-1936), Palma 2006
Tugores Manresa, Antoni; Moriren dues vegades, Palma 2017
Vidal Alcover, Jaime; Sóller, Palma 1957
Villalonga, Llorenç; Falses memòries de Salvador Orlan, Madrid 1967
Villalonga, Lorenzo; La muerte de una dama, Editores Salvat, Estella 1972, Erstveröffentlichung 1931: »Mort de dama«
Zayas, Alfonso Marqués de; Historia de la vieja guardia de Baleares, 1955

Zeitungen und Zeitschriften

Amigo del Forastero (Der Freund des Ausländers – wöchentliches Anzeigenblatt in Spanisch, Englisch, Französisch, Deutsch), Palma de Mallorca 1933
Brisas, Revista mensual ilustrada, Palma de Mallorca 1934-1936
Der Herold, Deutsche Wochenschrift für Spanien und Balearen, Palma de Mallorca 1933-1934
Deutsches Evangelisches Kirchenblatt für Spanien, Flüchtlings-Sondernummer Ostern 1937
Die Insel, Deutsche Wochenschrift für die Balearischen Inseln, 1932-1933, Palma de Mallorca
Illustrierter Film-Kurier, Nr. 666, Wien 1933
El Día, Palma de Mallorca

Majorca Sun, The Majorca Sun and Spanish Times, 1932-1936, Palma de Mallorca
Mallorca la isla de oro y de nácar, Suplemento de El Día Gráfico, Barcelona 1933
Mallorca Magazin, deutschsprachige Wochenzeitung seit 1971, Palma de Mallorca
Palma Post, The Daily, Palma de Mallorca
Pariser Tageszeitung, Jahrgang 1. 1936, Nr. 57
Sóller, Semanario de Información local, Bodas de Oro (1935); Bodas de Diamante (1960)
Der Spiegel, Deutsches Nachrichtenmagazin, Jahrgang 1953
Ultima Hora, Diario independiente, seit 1893

Zeitzeugen

Nadal Antelmo Morey
Matías Barceló Frau
Joan Bennàsser
Heinrich Böckler
Maria Böckler
Adolf Dumpert
Erich Esch
Konrad Grabert
Horst Hampel
Carmen Klein
Lore Krüger
Peter Liesegang
Matías Llompart
Brigitte Möritz
Baltasar Morell Cotoner
Marianne Orsinger
Gabriel Panisa Moll
Isabel Raabe
Roland Sy
Bernat Torrandell
Ulrich Werthwein

Alexander Sepasgosarian, Seite 59, 93, 117, 140, 161, 186, 187, 189, 195, 203, 220 links, 220 rechts, 225, 281, 297
Antiquariat Christian Strobel, Stöttwang-Thalhofen, Seite 205
Archiv Alexander vom Hofe, Seite 80
Archiv Arnulf Siebeneicker, Seite 218
Archiv Konrad Grabert, Seite 106, 306
Archiv Matthias Roters, Seite 105
Archiv Obermain Tagblatt, Seite 81
Archiv von Gablenz, Seite 151, 152, 153
Archivo Andreu Muntaner Darder, Seite 237
Archivo Base de Hidros Pollença, Seite 160
Archivo fotográfico Andrés Jaume Rovira, Seite 159
Archivo Relojería Alemana, Seite 23
Archivo Ultima Hora, Grup Serra, Seite 114, 115, 116, 118, 119, 120, 121, 135, 137, 138, 166, 169, 171, 172, 173, 310, 321
Arxiu Ajuntament de Búger, Seite 204
Arxiu Arnau Alemany, Bartomeu Garau, Guillem Mir, Seite 272 links, 272 rechts
Arxiu Miquel Font, Editor, Seite 33, 54, 154, 155
Arxiu particular Pere Salas Vives, Seite 24, 165, 167
Biblioteca Can Sales, Seite 26, 27, 28, 29, 75, 87, 224, 236, 239, 270, 271
Biblioteca Lluís Alemany, innerer Einband vorne (Stadtplan), Seite 229, 231, innerer Einband hinten (Landkarte)
Bundesarchiv (BDC), Seite 32, 66
Dornier-Museum Friedrichshafen, Seite 294, 307
Familienarchiv Barceló Frau, Seite 163
Familienarchiv Böckler, Seite 299
Familienarchiv Brühl, Seite 302
Familienarchiv Colom, Sóller, Seite 240
Familienarchiv Esch, Seite 37, 50, 94, 97, 123
Familienarchiv Fester, Seite 209 rechts
Familienarchiv Hauf, Seite 292
Familienarchiv Kieffer, Seite 295, 298
Familienarchiv Klein, Seite 291
Familienarchiv Krebs, Seite 284 links, 288
Familienarchiv Krüger, Seite 141
Familienarchiv Luban, Seite 282, 283
Familienarchiv Mendelssohn, Seite 232
Familienarchiv Mikesch, Seite 319
Familienarchiv Möritz, Seite 185

Familienarchiv Oberst, Seite 316, 317
Familienarchiv Orsinger, Seite 265, 267
Familienarchiv Sklarek, Seite 184
Familienarchiv Sy, Seite 156 links, 156 rechts
Familienarchiv Weise, Seite 303
Familienarchiv Wentworth, Seite 209 links, 213 links, 213 Mitte, 213 rechts
Familienarchiv Werthwein, Seite 179
Fotos Antiguas de Mallorca (FAM), Seite 131
*M*atrix*M*edia Verlag, Seite 109, 196, 208 oben u. unten, 250
Miquel Duran Pastor, 1936 en Mallorca, Seite 145
Murnau-Stiftung, Seite 200
Patricia Lozano Barrena, Seite 39, 243
Picture-Alliance, Seite 201
Politisches Archiv des Auswärtigen Amtes (PAAA), Seite 221, 222 links, 222 Mitte, 222 rechts, 241, 247, 252, 253, 255, 259, 284
Privatarchiv C. Dede, Seite 58, 74, 257
Privatarchiv Ernst Schmid, Seite 51
Privatarchiv Hans-Christian Napp, Seite 276
Privates Sammlerarchiv Sepasgosarian, Seite 15, 17, 18, 19, 20, 45, 49, 67, 86, 127, 199, 217, 219, 223, 242, 264, 268 links, 268 rechts, 322
Regine Ines Schlosser, Seite 246
Semanario de Sóller, Seite 92
Serge Cases Ensenyat, Seite 235
Ullstein, Seite 41

Danksagung:
Dieses Buch wäre ohne die vielen Zeitzeugen und ihren Angehörigen, die in dieser Arbeit zu Wort kommen, nicht möglich gewesen. Ihnen gebührt der Dank, sich geöffnet und auch über schwierige Erlebnisse in Zeiten von Krieg, Terror und Verfolgung gesprochen zu haben.
Dank gebührt ferner denen, die dieses Werk mit Wohlwollen begleitet haben, seien es Archivare, Verleger, Arbeitgeber, Angehörige oder Freunde gewesen.
Ein besonderer Dank gebührt meiner Frau und meinen Töchtern. Sie haben das Entstehen dieses Buches in über einem Jahrzehnt mitgetragen.

Mallorca im August 2017
Alexander Sepasgosarian

Landkarte der Insel Mallorca von 1934